U0963796

| 新法新释名家解读系列 |

民法典侵权责任编解释
法理基础与适用规则

MINFADIAN QINQUANZERENBIAN JIESHI
FALI JICHU YU SHIYONG GUIZE

杨立新　李怡雯◎著

人民法院出版社

图书在版编目（CIP）数据
民法典侵权责任编解释法理基础与适用规则 / 杨立新，李怡雯著. -- 北京 : 人民法院出版社，2025. 6.
(新法新释名家解读系列). -- ISBN 978-7-5109-4501-4
Ⅰ. D923.75
中国国家版本馆CIP数据核字第2025E706S2号

民法典侵权责任编解释法理基础与适用规则

杨立新　李怡雯　著

责任编辑　余茂玉　杨佳瑞
封面设计　尹苗苗
出版发行　人民法院出版社
地　　址　北京市东城区东交民巷27号（100745）
电　　话　（010）67550638（责任编辑）　67550558（发行部查询）
65223677（读者服务部）
客 服 QQ　2092078039
网　　址　http：//www.courtbook.com.cn
E – mail　courtpress@sohu.com
印　　刷　河北鑫兆源印刷有限公司
经　　销　新华书店

开　　本　787毫米×1092毫米　1/16
字　　数　353千字
印　　张　21.75
版　　次　2025年6月第1版　2025年6月第1次印刷
书　　号　ISBN 978-7-5109-4501-4
定　　价　78.00元

版权所有　侵权必究

前 言

2024年9月25日颁布、2024年9月27日施行的《侵权责任编司法解释（一）》，是最高人民法院在实施《民法典》以后颁布的第一部关于侵权责任法的司法解释，虽然条文不多，但是法理基础深厚，不仅对司法实践操作起到统一裁判规则的重要作用，而且也给侵权责任法理论研究提供了重要依据，对民事主体的合法民事权益的保护提供了明确具体的路径。

作者在该部司法解释颁布的当晚，就理解和适用这一司法解释在线上作了讲座。在两个小时的讲座过程中，在线收看的人数达到37万多人。这虽然不是作者线上讲座收看人数的最高纪录，但是这样的规模也足以说明公众（不仅仅是民法学者和民法实务工作者）对侵权责任法的关注和兴趣。

讲座结束后，应人民法院出版社约稿，我与北京大学法学院博雅博士后、我指导的李怡雯博士，经过几个月的努力，写作完成了这部书稿，希望可以通过对该解释的解读，阐释法理，以作适用参考。本书共分为十章并一导读，不同于以往对每个条文进行分别解读，而是采取了“导读＋专题归纳”的形式，从该解释中提炼总结十个方面的问题进行说明与分析。

《侵权责任编司法解释（一）》的特点是解决司法实务中存在的适用《民法典》侵权责任编的难题，针对性很强。因此，在对该司法解释进行研究时，不仅要说明统一裁判规则的方法，更要说明裁判规则本身的基本法理。只有将其法理基础与实务操作结合起来，才会收到理论指导实践的事半功倍的效果。因此，在写作本书时，笔者一方面注重对法理的深入探讨，另一方面注重结合实际案例进行分析。此番写作尝试愿起抛砖引玉之效，唯期各位读者不吝斧正。

最后，感谢人民法院出版社的各位编辑，感谢长期支持我的热心读者！

中国人民大学民商事法律科学研究中心研究员

杨立新

2025 年 1 月 22 日 · 北京世纪城

凡　例

1.《最高人民法院关于适用〈中华人民共和国民法典〉侵权责任编的解释（一）》（法释〔2024〕12号），简称《侵权责任编司法解释（一）》。

2.《最高人民法院关于审理生态环境侵权责任纠纷案件适用法律若干问题的解释》（法释〔2023〕5号），简称《生态环境侵权解释》。

3.《最高人民法院关于适用〈中华人民共和国民法典〉合同编通则若干问题的解释》（法释〔2023〕13号），简称《民法典合同编通则解释》。

4.《最高人民法院关于适用〈中华人民共和国民法典〉总则编若干问题的解释》（法释〔2022〕6号），简称《民法典总则编解释》。

5.《最高人民法院关于审理人身损害赔偿案件适用法律若干问题的解释》（2022年修正），简称《人身损害赔偿解释》。

6.《最高人民法院关于适用〈中华人民共和国民事诉讼法〉的解释》（2022年修正），简称《民事诉讼法解释》。

7.《最高人民法院关于适用〈中华人民共和国民法典〉有关担保制度的解释》（法释〔2020〕28号），简称《民法典担保制度解释》。

8.《最高人民法院关于审理道路交通事故损害赔偿案件适用法律若干问题的解释》(2020年修正),简称《道路交通事故损害赔偿解释》。

9.《最高人民法院关于确定民事侵权精神损害赔偿责任若干问题的解释》(2020年修正),简称《精神损害赔偿解释》。

10.《最高人民法院关于贯彻执行〈中华人民共和国民法通则〉若干问题的意见(试行)》[法(办)发〔1988〕6号],简称《民通意见》。

目　录

导 读

《侵权责任编司法解释（一）》是《民法典》实施以来，最高人民法院对《民法典》侵权责任编进行的首次系统解释。在此之前，最高人民法院依据《民法典》的规定，及时清理、修订了原有的有关侵权责任的司法解释。《民法典》施行以后，在民事审判实践中遇到了一些适用《民法典》侵权责任编的新情况、新问题，需要明确和统一法律适用标准。经过长时间的准备和讨论，《侵权责任编司法解释（一）》于2024年9月25日公布，2024年9月27日开始施行。该司法解释共26个条文，除了最后一个条文是有关时间效力的规定外，有关实质性侵权责任规则的解释共25条，涉及9个侵权责任类型的法律适用问题。这些解释都蕴含着深刻的侵权责任法的法理，具有切实可行的操作性。

应当说明的是，《民法典》施行前后，最高人民法院对适用《民法典》颁布新的司法解释，清理、修订原有的司法解释，使目前正在施行的《民法典》司法解释仅民事部分就达到近1100条，接近于《民法典》的条文数量。如果将有关《民法典》商法部分的司法解释加到一起，总数量已经超过《民法典》的条文数量。可见，《民法典》的司法解释已经构成了一个庞大的体系，对正确适用《民法典》起到了非常重要的作用。

《侵权责任编司法解释（一）》的条文数量较少，与《民法典合同编通则解释》的69个条文相比，差距较大。《侵权责任编司法解释（一）》条文少的主要原因是：第一，《民法典》侵权责任编的规定已经比较完善。第二，在《民法典》公布后施行前，修订的原侵权法司法解释比较多，例如最高人民法院发布的《关于审理铁路运输损害赔偿案件若干问题的解释》、《关于审理铁路运输人身损害赔偿纠纷案件适用法律若干问题的解释》、《关于审理环境侵权责任纠纷案件适用法律若干问题的解释》(已失效)、《关于审理医疗损害责任纠纷案件适用法律若干问题的解释》、《关于审理生态环境损害赔偿案件的若干规定（试行）》、《精神损害赔偿解释》、《人身损害赔偿解释》、《道路交通事故损害赔偿解释》、《关于审理食品药品纠纷案件适用法律若干问题的规定》、《关于审理利用信息网络侵害人身权益民事纠纷案件适用法律若干问题的规定》；《民法典》施行后、《侵权责任编司法解释（一）》颁布实施之前，最高人民法院还颁布了《关于审理食品药品惩罚性赔偿纠纷案件适用法律若干问题的解释》《生态环境侵权解释》等司法解释。因此，总的来算，有关《民法典》侵权责任编的司法解释的数量并不少。第三，对于《民法典》侵权责任编适用比较有争议的一些问题，《侵权责任编司法解释（一）》还没有规定，留待以后适当时机再作新的解释。因此，《侵权责任编司法解释（一）》主要还是针对最新应当解决的一些具体问题制定了新规则。

《侵权责任编司法解释（一）》涉及《民法典》侵权责任编适用的以下9个问题：（1）**关于诱使被监护人脱离监护的侵权责任**。这是该解释第1~3条的规定。（2）**有关监护人责任和受托监护责任的规定**。这是解释《民法典》第1188条和第1189条规定的规则，是该解释的第4~10条，共7个条文，是解释条文最多的一种侵权行为类型。（3）**关于教唆、帮助被监护人实施侵权行为责任的解释**。这部分包括第11~13条，是对《民法典》第1169条第2款规定的具体适用方法。（4）**该解释第14条规定的是有关教育机构责任中第三人责任的责任分担规则的解释**，是具体适用《民法典》第1201条规定的规则。（5）**关于用人者责任的解释**，是该解释的第15~18条，4个条文分别对适用《民法典》第1191条和第1193条规定的用人单位与工作人员范围的解释、劳务派遣责任中派遣单位和用工单位的责任分担规则、工作人员执行工作任务致人损害构成刑事犯罪的用人单位赔偿责任，以及定作人指示过失责任的责任分担规则。（6）**该解释第19条规定的是产品责任损害赔偿包括产品自损的解释。**（7）**关于机动车交通事故责任适用《民法典》规定的规则**，是该解释的第20~22条。（8）**该解释第23条是对禁止饲养的烈性犬等危险动物的损害责任**，适用绝对责任条款的法律后果，统一对绝对责任条款适用的裁判规则。（9）**最后是对高空抛物损害责任中的建筑物管理人损害赔偿责任的性质和责任的承担规则**，共2个条文。这些解释都具有很强的针对性，确定的规则都比较准确。

在上述9个方面的解释中，涉及《民法典》侵权责任编"一般规定"的有两个：一是诱使被监护人脱离监护责任，既属于监护法的问题，也属于侵权责任法的问题，适用的法律是《民法典》第1165条第1款；二是教唆、帮助被监护人实施侵权行为的责任，是《民法典》第1169条第2款的适用规则。这两个方面的解释属于侵权责任法总则性规定的内容。《侵权责任编司法解释（一）》草案原本还有一个关于人身损害赔偿的近亲属奔丧费用赔偿的规定，属于侵权责任编"一般规定"的问题，规定得比较完善，也比较适用，但最终被删除，比较遗憾。这一规定旨在明确因侵权行为导致受害人死亡时，除了《民法典》第1179条和《人身损害赔偿解释》规定的赔偿范围外，还要赔偿近亲属参加死者奔丧的费用。如果这一条款得以保留，将是人身损害赔偿的一个新的赔偿项目。

其他7个方面的解释，都是《民法典》侵权责任编分则性规定的问题，都是针对具体侵权责任类型规定的新规则，这部分在下文的导读中具体说明。这些侵权行为类型，是《民法典》侵权责任编第三章至第十章规定的，分成两部分，一部分是第三章"责任主体的特殊规定"中规定的侵权责任类型，另一部分是第四章到第十章规定的侵权责任类型。在这两部分中，对个人劳务损害责任、网络侵权责任、违反安全保障义务损害责任、医疗损害责任、生态环境侵权责任和高度危险责任，没有作出具体解释，这是因为以往这些侵权责任类型的司法解释比较完善、丰富。

《侵权责任编司法解释（一）》对有关监护问题的侵权行为类型作出的解释是最多的，对非法使被监护人脱离监护、监护人责任和受托监护责任、教唆帮助被监护人实施侵权行为的责任，就用了13个条文（第1~13条），占全部条文的二分之一。对用人者责任的解释为4个条文（第15~18条），机动车交通事故责任的解释为3个条文（第20~22条），高空抛物责任的解释为2个条文（第24~25条），对于产品责任（第19条）、教育机构的第三人责任（第14条）、饲养动物损害责任（第23条），都各用1个条文进行解释。

本部分对《侵权责任编司法解释（一）》9种侵权责任类型进行深度法理解读，说明具体的裁判规则，作为本书的导读。

一、非法使被监护人脱离监护的损害责任

《侵权责任编司法解释（一）》第1~13条，规定的都是有关监护的侵权责任法律适用规则。其中，一是第1~3条是对非法使被监护人脱离监护侵权行为的法律适用规则，这是以往不够重视的侵权行为类型；二是对《民法典》第1188条、第1189条的解释，是第4~10条，内容比较多，是关于监护人责任和受托监护责任的新规则；三是第11~13条，是关于教唆、帮助无民事行为能力人或者限制民事行为能力人（被监护人）实施侵权行为的侵权责任的新规则，解释的是《民法典》第1169条第2款的适用方法。这13个条文的核心问题，是对监护关系和监护权的保护以及违反监护义务的责任的规定。

《侵权责任编司法解释（一）》对涉及监护的侵权责任给予特别关注，是有原因的。在《民法典》立法过程中，对怎样规定监护及其规则存在很大争论，主要是针对监护规则应当放在《民法典》总则编规定，还是在婚姻家庭编中予以规定。大多数学者主张在婚姻家庭编中规定监护制度，因为监护法本身就是亲属法的内容，监护权也是身份权或者准身份权，放在婚姻家庭编中规定是理所当然的，而且还会有更大的空间作出更详细的规定。《民法典》总则编的立法空间较小，规定的是民事法律关系都要适用的一般性规则，监护制度在其中不可能占有

很大篇幅，无法展开规定。而监护是身份关系问题，在婚姻家庭编里专门设立一章写监护制度，效果会更好。因此，中国法学会婚姻家庭法学研究会和有些亲属法研究专家主张，监护制度不应当放到《民法典》总则编，而是应当放到《民法典》婚姻家庭编规定。但由于曾经的《民法通则》就将监护制度规定在总则的民事主体部分，作为民事主体制度的组成部分，因而立法机关仍然沿用《民法通则》原有的立法体例，在《民法典》总则编规定监护。《侵权责任编司法解释（一）》用了 13 个条文规定有关监护的侵权责任类型，也说明了我国监护制度的规定比较抽象、缺少具体规则的问题，而该解释弥补了立法上的这一不足。

《侵权责任编司法解释（一）》解释有关监护的侵权责任，主要解释的是三种侵权责任类型，条文规定的内容比较清楚，但是透过条文的表述，涉及这些条文背后更深的侵权法理论是比较复杂的。

下面介绍第一种解释的侵权责任类型，即非法使被监护人脱离监护的损害赔偿责任。

非法使被监护人脱离监护责任，是一种侵害身份权的侵权行为类型，侵害的是亲权、亲属权或者配偶权。2001 年《精神损害赔偿解释》第 2 条就对这种侵权行为类型作了规定，但一直没有引起学界和司法实务界的重视。检索学术资料发现，专门研究“非法使被监护人脱离监护”的文献，只有程啸教授在 2024 年发表的一篇文章，其他数篇文章对此虽有所涉及，但都没有展开深入的论述，都是点到为止。之所以出现这种情况，是因为非法使被监护人脱离监护是一般侵权行为，不是特殊侵权责任。2020 年修正的《精神损害赔偿解释》，将原有条文修订为 6 条，还是把第 2 条保留了下来，继续对非法使被监护人脱离监护这种侵权责任类型作出规定。

关于非法使被监护人脱离监护的侵权行为类型，本导读主要说明以下三个问题。

（一）《侵权责任编司法解释（一）》第1~3条与《精神损害赔偿解释》第2条的关系

《精神损害赔偿解释》第2条虽然是在2001年制定的，但是在2020年经过修正后，就成了现行有效的对《民法典》侵权责任编的解释。既然如此，为什么《侵权责任编司法解释（一）》又对非法使被监护人脱离监护这种侵权行为作出了3条解释呢？从表面上看，《精神损害赔偿解释》第2条规定非法使被监护人脱离监护是解决这种侵权行为的精神损害赔偿问题，与其对应的是《侵权责任编司法解释（一）》第2条，第1条则是关于非法使被监护人脱离监护造成财产损失的赔偿规则，似乎跟《精神损害赔偿解释》第2条没什么关系；第3条规定的是致被监护人死亡的人身损害赔偿，与《精神损害赔偿解释》第2条好像也没有太大关系。但其实这样理解是不准确的。

这两部司法解释对于上述规定的关系可以这样来理解：《精神损害赔偿解释》第2条最后的落脚点虽然是规定这种侵权行为的精神损害赔偿责任，但是其真正的目的却在于确认非法使被监护人脱离监护这种侵权行为的类型和责任构成等，行为人非法使被监护人脱离监护，导致亲子关系或者近亲属间的亲属关系遭受严重损害的，构成这种侵权责任。当从这个角度去理解这一条文时，《精神损害赔偿解释》第2条与《侵权责任编司法解释（一）》第1~3条的关系就可以看得更加清楚、更加明确。

进一步地说，这4个条文的关系是"总—分"结构，《精神损害赔偿解释》第2条虽然规定的是精神损害赔偿责任，但却把非法使被监护人脱离监护责任作了高度概括，规定了侵权责任类型和构成要件，是一个"总"的规定，而《侵权责任编司法解释（一）》第1~3条是"分"的规定，分别规定非法使被监护人脱离监护侵权行为的财产损害赔偿、精神损害赔偿和人身损害赔偿的规则。如此理解，就可以把两部司法解释的这4个条文整合到一起，形成完整的非法使被监护人脱离监护侵权责任的规则体系，无论是在理论研究上还是在司法实践操作中，都会有清晰的理念和统一的裁判规则。

（二）两部司法解释的 4 个条文与《民法典》第 1165 条的关系

进一步研究非法使被监护人脱离监护的法律适用规则，涉及两部司法解释的 4 个条文应当具体对应《民法典》的哪一个条文。这一点，从两部司法解释 4 个条文的内容上似乎看不出来。侵权责任法的基本逻辑和规则是把侵权行为分成两部分：一是一般侵权行为，二是特殊侵权行为；一般侵权行为适用侵权行为一般条款，特殊侵权行为适用特别规定。非法使被监护人脱离监护这种侵权行为不是特殊侵权行为，尽管司法解释对其予以专门规定，但仍然改变不了其行为的一般侵权行为的性质。一般侵权行为应当适用过错责任原则，要符合侵权责任四个构成要件的要求，一般是自己责任，举证责任由被侵权人负担。既然如此，非法使被监护人脱离监护就是一般侵权行为。

按这个思路推导，规定非法使被监护人脱离监护的这两部司法解释 4 个条文对应的，是《民法典》第 1165 条第 1 款。侵权行为一般条款也称为侵权责任一般条款，学说上有两种不同的看法。一是认为概括所有侵权行为的条文称作侵权行为一般条款，二是认为概括一般侵权行为的条款称为侵权行为一般条款。按照侵权行为一般条款概括的是一般侵权行为的观点来理解，非法使被监护人脱离监护的侵权行为就是一般侵权行为，它不必由侵权责任法作出特别规定予以规范，而是直接依照侵权行为一般条款确定其请求权基础、归责原则、构成要件等，直接适用《民法典》第 1165 条第 1 款。司法实践中，审理非法使被监护人脱离监护纠纷的案件，特别是拐卖未成年儿童行为的民事责任，应当用这样的规则去处理，仅仅援引两部司法解释的条文还不够，还应当援引《民法典》第 1165 条第 1 款，这样才有《民法典》的依据。

对于这个问题，两部司法解释都没有明文说法，但是应该有这样的明确认识。裁判这种案件，首先要引用《民法典》第 1165 条第 1 款，然后再引用《精神损害赔偿解释》第 2 条，涉及财产损害赔偿的引用《侵权责任编司法解释（一）》第 1 条，涉及精神损害赔偿的引用《侵权责任编司法解释（一）》第 2 条，涉及人身损害赔偿的引用《侵权责任编司法解释（一）》第 3 条。

（三）是否应当对被监护人的权益进行保护

在研究《侵权责任编司法解释（一）》规定的非法使被监护人脱离监护责任时，应当提出一个更深入的问题：《侵权责任编司法解释（一）》第1~3条规定的规则，都是对监护人权益的保护，两部司法解释的4个条文都没有提到对被监护人的权益损害是否应当予以全面保护。

《侵权责任编司法解释（一）》只有第3条规定了对死亡的被监护人的人身损害赔偿，这是对被监护人享有的生命权的保护，生命权的权利人是受害人，造成权利人死亡后，其近亲属有权按照《民法典》第1179条和第1181条的规定请求死亡赔偿金等赔偿。被监护人在被非法脱离监护期间，还会有其他权利受到侵害，从而造成损失，为什么没有对被监护人的这些损失规定赔偿方法呢？最起码的是，被监护人在脱离监护期间受到伤害以及造成残疾，甚至丧失民事行为能力，没有规定救济规则。当然，被监护人没有死亡的，有权依照《民法典》的规定起诉侵权人承担侵权责任，维护自己的权益。但是，被监护人在脱离监护期间死亡的，近亲属也可以依照《民法典》的规定请求损害赔偿，司法解释不予规定也是可以的。

重点在于，非法使被监护人脱离监护，监护人的权利通过两部司法解释的4个条文可以得到充分保护，被监护人死亡的，其近亲属也可以得到人身损害赔偿的救济，但是，却没有规定被监护人的监护权益受到损害的救济规则。任何身份权的权利主体都是相对应的双方近亲属，例如配偶权的权利人是夫和妻，亲权的权利主体是父母和未成年子女等。监护权的权利主体也是对应的监护人和被监护人，双方互为权利义务主体。在非法使被监护人脱离监护中，监护人的身份权和身份利益受到损害，被监护人的身份权和身份利益必然受到损害。例如，被监护人的身体遭受强制，本身就会同步受到精神损害，在逃离行为人设置的困境时必定造成财产损失或者人身受到损害，这些损害也应该予以赔偿。

所以，非法使被监护人脱离监护的侵权责任所保护的，不仅是监护人的权益，还应当包括被监护人的权益。故《侵权责任编司法解释（一）》第1~3条规定的损害赔偿应当包括被监护人的损害赔偿。被监护人在被脱离监护的侵权行为中也是受害人，也有权请求赔偿。对此，对被监护人行使损害赔偿请求权的，应当依照《民法典》第1165条第1款的规定予以支持。

二、监护人责任和受托监护责任

《侵权责任编司法解释（一）》第4~10条的7个条文，是对《民法典》第1188条和第1189条规定的监护人责任和受托监护责任这两种侵权责任类型的法律适用规则的规定。这7条对这两种侵权责任类型的法律适用进行了规定，解决了七个方面的问题，其中有些规则比较简单，不必详细说明。下文选择四个比较重要的问题进一步研究、探讨。

（一）《民法典》第1188条第1款和第2款之间的关系

《侵权责任编司法解释（一）》第4条和第5条，是对《民法典》第1188条第1款和第2款之间关系的规定。对此，很多人说得不是很清楚，甚至作出不当理解，是一个争论比较大的问题。查阅文献资料可知，很多人关注监护人责任，从《民法通则》第133条开始，到《侵权责任法》第32条，再到《民法典》第1188条，对两款（《民法通则》第133条是一款两句）之间的关系看法各异。

《侵权责任编司法解释（一）》第4条和第5条针对这个问题，说清楚了《民法典》第1188条两款之间的关系。

应当看到的是，《民法通则》第133条和《侵权责任法》第32条是《民法典》第1188条的前身，具体内容没有太大变化，只是《民法通则》第133条只有一款，分为前段和后段。《侵权责任法》第32条将其分成两款规定，《民法典》第1188条仍然分为两款。事实证明，把监护人责任规则分成两款规定是正确的。

理解这一条文的立法背景，有助于正确理解《民法典》第1188条与《侵权责任编司法解释（一）》第4条和第5条的关系。

在起草《侵权责任法》时，很多学者反对《民法通则》第133条的这种规定，建议修改，原因是没有遵从大陆法系侵权法规定这种侵权行为的传统。传统侵权法对此是以行为人的民事责任能力为基础规定的，行为人有责任能力的应当自己承担赔偿责任，没有责任能力的由其亲权人或者监护人承担替代责任。我国《民法通则》则是以被监护人有无财产作为基础，被监护人造成他人损害，虽然也规定了替代责任，但被监护人有财产的就用他的财产去支付赔偿费用，财产不够或者没有财产的，就由监护人支付赔偿费用。对这种规则，很多学者都持反对态度，特别是青年学者的反对态度更坚决。

制定《侵权责任法》时，青年学者反对继续这样规定监护人责任的规则；年龄比较大的学者认为，既然《民法通则》第 133 条在司法实践中没有发现不好操作的问题，也没有错误，那就没必要修改。立法机关和最高人民法院对此也都持这种态度。所以,《民法通则》第 133 条规定的内容就被保留下来，成为《侵权责任法》第 32 条，只是将其分成两款，基本规则没有改变,《民法典》第 1188 条对此予以沿袭。

《民法典》第 1188 条规定的两款究竟是什么关系，应当作如下理解：

该条第 1 款规定的是监护人责任的责任构成，包括适用的归责原则、责任人、责任人承担的责任形态等。首先，适用的是过错推定原则。当监护人能够证明自己没有监护过失时，依照法律规定公平分担损失，监护人还是要承担一定的责任。其次，监护人责任的形态是替代责任，是被监护人造成的损害由监护人承担责任，是最典型的《法国民法典》第 1384 条规定的替代责任，不是自己责任。最后，规定监护人责任的构成要件。

该条第 2 款规定的是赔偿费用的支付方法，是具体操作规则，即在监护人的替代责任确定后，要看被监护人有没有财产，被监护人有的是未成年人，有的是无民事行为能力或者限制民事行为能力的成年人，他们有可能是有财产的。被监护人造成他人损害以后，自己有财产的，就用他们自己的财产去支付赔偿费用；如果他们的财产不够支付赔偿费用，剩余部分赔偿费用当然还是替代责任的范围，仍然是由监护人支付赔偿费用。

按照这样的思路理解《民法典》第 1188 条两款的关系，就会看到，第 1 款讲的是责任构成规则，第 2 款讲的是确定了侵权责任后支付赔偿费用的规则。按照这样的逻辑，再认为《民法典》第 1188 条是补充责任，或者是相应的补充责任，或者是公平分担损失责任，就是错误的。最起码的依据是，公平分担损失是规定在《民法典》第 1188 条第 1 款的最后一句，不是在第 2 款中规定的，因此，公平分担损失只是在监护人没有过错的情况下，依照《民法典》第 1178 条的规定，对权益保护进行衡平的结果。

只有把《民法典》第 1188 条这两款的关系厘清，才能正确适用监护人责任的规则，这就是《侵权责任编司法解释（一）》第 4 条和第 5 条在规定监护人责任规则中所提到的问题。第 4 条主要是规定如何列当事人，应当将监护人和被监护人都列为共同被告，从而纠正实践中存在的不当做法。第 5 条是被监护人造成他人损害，被侵权人请求监护人承担全部责任的（替代责任），法院应该支持。这是对《民法典》第 1188 条第 1 款规则的正确解释。作出判决时，被监护人有财产的，应当写明赔偿费用先从有财产的被监护人的财产中支付，不足部分由监护人支付。这是赔偿费用的支付方法，不是责任构成问题。

（二）父母承担监护人责任的三种情形

《侵权责任编司法解释（一）》第 7~8 条规定的都是父母承担监护人责任的情形，具体分为以下三种方法。

1. 夫妻实行夫妻婚后所得共同制的替代责任承担方法

父母作为监护人，在其未成年子女造成他人损害时，一般规则是共同承担赔偿责任。这是第一种情形。

在正常的夫妻家庭生活中，夫妻和未成年子女在一起共同生活。未成年子女造成他人损害，夫妻之间是婚后所得财产共同制即夫妻法定财产制的，就用夫妻共同财产承担责任，不会发生争议。从理论上来说，虽然夫和妻之间是共有权的权利主体，共同享有一个财产权利，但是他们作为民事主体却是两个自然人，财产是共有关系、两个人却不可能成为一个主体。在这种情况下，是他们两个人用共有财产来承担替代责任，这是夫妻对未成年子女致人损害承担责任的典型情形。这里存在一个伏笔，就是夫和妻既然是两个人，为未成年子女致人损害承担赔偿责任就会发生下面两种情形。

2. 夫妻约定实行婚后财产分别所有的替代责任承担方法

父母作为监护人对被监护的未成年子女致人损害承担责任，如果夫妻约定财产“AA 制”，承担责任的规则就会发生变化。既然父和母是两个主体、财产约定“AA 制”，父母各方是自己财产的单独所有权人，这时的情形就是两个主体用各自的财产承担同一个替代责任，变成了两个主体承担一个赔偿责任，两个监护人对同一个监护人致害承担替代责任。这种情形在侵权责任法领域类似于共同侵权行为，只不过未尽监护职责的行为是不作为行为，但是，不作为行为也能构成共同侵权行为，在后果上也要承担连带责任。虽然父母是一对夫妻，但此时认为他们夫妻同体是不适当的，他们各自是一个个体，财产又是分别所有，承担的责任又是一个，对这种情形用“客观关联共同”的共同侵权行为来解释是比较恰当的，父母承担的替代责任就是连带责任。

3. 离异夫妻承担监护人替代责任的承担方法

《侵权责任编司法解释（一）》第 8 条规定的是夫妻离异后对未成年子女致人损害承担替代责任的规则。

夫妻离异后，未成年子女跟随一方共同生活，另一方不能与未成年子女共同生活的，该方就与未成年子女没有直接监护关系，尽管仍然实行共同亲权原则，但是监护职责必然会有所不同。

在这种情形下，未成年子女造成他人损害，父和母要用自己的财产共同对其造成的损害承担赔偿责任，用其他理论和规则解释都不准确，只有用共同侵权行为和连带责任来解释，才是最恰当的。对此，《侵权责任编司法解释（一）》第 8 条提到的是双方要共同承担责任，不区分谁是有抚养权的一方、谁是无抚养权的一方，这里的基础仍然是共同亲权原则，父和母共同行使亲权，离异的父或者母仍然是未成年子女的监护人，仍然要对其进行监护，要对其致人损害承担替代责任。不过，此种情形下的父或者母与未成年子女的关系毕竟有所不同，跟未成年子女共同生活的一方履行监护职责比较方便，未跟未成年子女共同生活的一方履行监护职责存在一定困难。对此，父或者母都要承担赔偿责任当然没有问题，但是，如果未跟未成年子女共同生活的一方主张自己承担的责任份额应当适当减少，亦存在一定道理。可见，夫妻离异以后对抚养未成年子女，不管是否在一起共同生活，对未成年子女致人损害都要承担责任，只是在履行监护职责上有区别。双方依照共同侵权行为规则承担的责任是连带承担，各自的责任份额应当有所区别，因为不仅监护职责有所区别，而且不作为的未尽监护职责行为的原因力也有差别。法官在最后判决离异夫妻对共同监护的未成年子女致人损害承担责任时，应当有责任份额的区别。

综上三种情况，都是父母作为监护人，对造成他人损害的未成年子女承担替代责任，其实际皆为一种共同侵权行为，夫妻作为责任主体承担的是连带责任。存在的差别是夫妻财产制的状态，实行夫妻共同财产制的用共同财产承担；约定财产“AA 制”的，以及夫妻离异后财产为独立财产权的，都是两个主体用两个自己的财产承担同一个责任，既是连带承担，又有责任份额的区别。如果是约定财产“AA 制”的夫妻，承担的责任份额是平均的，每个人承担一半的责任份额；如果是离异夫妻，承担连带责任的份额一定会有所区别，但不能过于悬殊，具体应当由法官裁量，与未成年子女共同生活的一方要承担较大的责任份额，没有与未成年子女共同生活的一方承担较小的责任份额。

（三）监护人与受托监护人的责任形态是混合责任

《侵权责任编司法解释（一）》第 10 条规定的是监护人与受托监护人的责任分担规则，是对《民法典》第 1189 条规定的受托监护责任的具体解释，其关键之处在于第 1189 条规定的“相应的责任”是何种责任形态。《侵权责任编司法解释（一）》有 5 个条文的规定都是对“相应的责任”的解释。

按照《民法典》第 1189 条规定，受托监护人在受托监护时，对被监护人致人损害没有过错的，那就是监护人的责任，与受托监护人没有关系。但是，这种侵权行为的常态是监护人要承担责任，受托监护人对被监护人致人损害也有过失。此时，监护人承担的是侵权人应当承担的全部责任，受托监护人承担的是相应的责任，对此种侵权责任形态应当怎么解释呢？

两个以上的行为人实施的侵权行为造成他人损害的，侵权法学理上称之为多数人侵权行为，多数人侵权分担责任的方式称为多数人侵权责任。在受托监护责任中，监护人承担侵权责任，受托监护人承担相应的责任，这种侵权行为是多数人侵权行为，责任形态是多数人侵权责任。不过，这种侵权行为和责任分担形态到底是一种什么样的多数人侵权行为，是一种什么样的多数人侵权责任，是《侵权责任法》实施以后出现的新问题，学者的看法也都不一样。

笔者原来的想法是，《民法典》侵权责任编规定的“相应的责任”很多，概括起来，这种部分行为人承担侵权责任，部分行为人承担相应的责任，是单向连带责任。在解释《民法典》第1169条第2款即下面将要提到的教唆、帮助被监护人实施侵权行为，教唆人、帮助人要承担侵权责任，监护人有过错时也应当承担与过错程度相应的责任，也属于这种侵权行为和侵权责任形态，即多数人侵权责任中的单向连带责任。

对单向连带责任的说法，最高人民法院在相关重要著述中认为，这种责任形态是单向连带责任观点对保护受害人还是有利的，但问题在于，《民法典》第1169条并没有说它是连带责任，既然《民法典》规定连带责任就是两种：法定与约定，而法律既没有规定且当事人也没有约定相应的责任是连带责任的，就不能认为它是连带责任。对此，有人认为，这是一种“混合侵权”，也有人在解释《侵权责任编司法解释（一）》时认为，这是一种不真正连带责任。对此，笔者作如下分析：

第一，不能同意这种侵权责任形态不是不真正连带责任，因为它不符合侵权责任法的逻辑：在受托监护责任中，监护人承担的是侵权责任，也可以说其承担的是全部责任；受托监护人有过错的，要承担与其过错程度相应的责任；把这两个主体的责任加到一起也就是共同承担责任时，也不能违反侵权损害赔偿的“填平原则”、不能超过百分之百的损失，就是要以受到的实际损失数额为限。这样的规则，究竟是连带责任，还是不真正连带责任呢？

首先，“相应的责任”应如何定义。我国侵权法规定的“相应的责任”数量众多，如果再加上司法解释规定的“相应的责任”，就更加数不胜数。笔者在学术交流中，与欧洲侵权法的专家说起“相应的责任”这个概念，他们都表示不理解。这有点像我国民法使用的“近亲属”概念，同日本、韩国以及欧洲的亲属法专家讲到“近亲属”的概念，他们都会问什么叫近亲属，因为在他们的民法中没有近亲属的概念，讲“亲属”就讲“亲等”，在几亲等以内的直系血亲之间有什么样的权利义务关系。我国侵权法使用相应的责任的概念也是这样。对“相应的责任”这种侵权责任形态，可以考虑借鉴《美国侵权法重述（第三次）》关于责任分担部分的说法，即“混合责任”。这和最高人民法院法官说的“混合侵权”十分相似。美国法中的混合责任，就是在一个多数人侵权行为中，一人要承担全部责任，另一人要承担按份责任，这种责任分担形态就是混合责任。这种说法与我国侵权法中“相应的责任”规则基本上是一样的。

其次，在这种责任分担的形态中，必须界定清楚“相应的责任”是什么责任。受托监护人有过错的，就要承担相应的责任，一定是责任与他的过错和原因力程度相适应，有多大过错就承担多少责任，有多大的原因力就承担多少责任，所以，一定是按份责任。

再次，相反的是，监护人要承担的责任是对整个损害负责，即“监护人承担侵权人应承担的全部责任”，即对全部损害像侵权人那样承担全部赔偿责任。在“侵权人应承担的全部责任”中，也包括受托监护人承担的与其过错程度相应的赔偿责任，监护人的“全部责任”一定包括受托监护人的按份责任。当前应防止出现的问题是，司法解释中提到两个责任主体实际支付的赔偿费用的总和不应超出被侵权人应受偿的损失数额，也就是两个侵权人的赔偿数额加到一起，不能超过损失的100%，不能违反填平原则。监护人一方要对整个损害全部负责，受托监护人有过错的要承担相应的责任即按份责任，而直接相加，一定会违反填平原则，遵守填平原则就应当认为监护人承担的责任是连带责任，要对整个损害负责；作为多数人侵权中的一人，在连带责任中又必须承担自己的责任份额，被侵权人请求他承担全部责任，他就得承担全部责任，受托人有过错的按份责任，侵权人可以向他追偿；如果是两个责任主体一起参加诉讼，受托监护人承担了按份责任，剩下的责任份额就是监护人的，必定不是全部赔偿。如此认识这一问题，与连带责任的规则就是相同的。笔者在提出单向连带责任这一概念时就想到，被侵权人要求监护人承担赔偿责任，可以请求其承担全部责任，性质就是连带责任；被侵权人找受托监护人承担赔偿责任，就是按份责任，超过的部分不承担责任。这不就是一种单向的连带责任吗？不过，单向连带责任的说法不如“混合责任”说法更为妥当，将这种一人承担全部责任，另一人承担按份责任的形态称作混合责任，相较而言，这种说法表述更佳。

最后，为什么说这种侵权责任形态并非不真正连带责任。按照侵权责任法的逻辑，多数人侵权行为是两个人以上实施的侵权行为，分为三种类型：第一，当数个行为人实施侵权行为有共同意志或者具有客观关联共同时，构成共同侵权行为，责任形态是连带责任。第二，数个侵权行为人中，每个人的行为都构成单独侵权行为，分别实施，最后造成同一个损害事实；每个人的行为对损害的发生都具有各自的原因力，是分别侵权行为，责任形态是按份责任（也包括《民法典》第 1171 条规定的原因力叠加的分别侵权行为承担连带责任）；每个人的行为和责任基本上都是单独的，自己承担自己的责任。第三，数个人实施的数个行为，有的行为对损害的发生具有直接原因，有的行为对损害的发生具有间接原因，两个行为发生竞合，就是竞合侵权行为，此时的责任形态是不真正连带责任。

第二，关于受托监护责任的结构。监护人未尽监护责任的不作为行为是损害发生的直接原因，受托监护人未尽监护职责的不作为行为也是损害发生的直接原因，这样的两个行为构成的多数人侵权行为，肯定不是竞合侵权行为，而是共同侵权行为，只是与典型共同侵权行为有所不同，笔者称其为非典型共同侵权行为，承担的责任是单向连带责任即混合责任。这样的多数人侵权行为绝不会是竞合侵权行为，为主的侵权行为是直接原因，为辅的侵权行为是间接原因。例如，最典型的不真正连带责任是产品责任，生产者生产出的产品有缺陷，销售者把它卖给了消费者，缺陷产品造成了消费者损害，此时即可分为一个直接原因与一个间接原因。生产缺陷产品的行为是消费者遭受损害的直接原因，销售者出售缺陷产品的行为是损害发生的间接原因，因此，生产者和销售者承担不真正连带责任。被侵权人请求销售者承担责任，销售者必须承担全部责任，但这个责任是中间性责任，销售者赔偿后，有权向生产者进行追偿，因为生产者生产缺陷产品的行为是损害发生的直接原因，应当承担最终责任。这才是不真正连带责任，间接原因的行为对直接原因的行为起到了帮助、辅助的作用。受托监护责任则并非如此。没有受托监护人的过错行为，就不能造成被监护人致人损害的后果，这是直接原因，直接原因产生最终责任，间接原因产生中间责任，而不是最终责任。这就是连带责任和不真正连带责任的区别。

（四）另外两种有关监护人责任的解释

1. 行为人实施行为致人损害时尚未成年，而诉讼时已经成年的责任承担

《侵权责任编司法解释（一）》第 6 条规定："行为人在侵权行为发生时不满十八周岁，被诉时已满十八周岁的，被侵权人请求原监护人承担侵权人应承担的全部责任的，人民法院应予支持，并在判决中明确，赔偿费用可以先从被监护人财产中支付，不足部分由监护人支付。前款规定情形，被侵权人仅起诉行为人的，人民法院应当向原告释明申请追加原监护人为共同被告。"这一规定与《最高人民法院关于贯彻执行〈中华人民共和国民法通则〉若干问题的意见（试行）》第 161 条第 1 款关于"侵权行为发生时行为人不满十八周岁，在诉讼时已满十八周岁，并有经济能力的，应当承担民事责任；行为人没有经济能力的，应当由原监护人承担民事责任"的规定不同。这是因为未成年子女致人损害之时，就已经确定了这种侵权行为法律关系的性质是监护人责任，并不因为诉讼时行为人已经成年而改变。即使行为人在致人损害时差一天不满 18 周岁，第二天被侵权人就向法院提起诉讼，也不能改变这种侵权行为类型的性质，仍然应当适用《民法典》第 1188 条第 1 款规定确定监护人承担侵权责任，不能因为被监护人已经不是被监护人，且其有经济能力，就由其承担侵权责任，而应当依据《民法典》第 1188 条第 2 款的规定，由其财产支付赔偿费用。

2. 继父或者继母对未成年继子女致人损害的责任承担

《侵权责任编司法解释（一）》第 9 条规定："未成年子女造成他人损害的，

依照民法典第一千零七十二条第二款的规定，未与该子女形成抚养教育关系的继父或者继母不承担监护人的侵权责任，由该子女的生父母依照本解释第八条的规定承担侵权责任。”这一解释比较明确，即继父或者继母与继子女没有形成抚养教育关系的，未成年继子女致人损害，继父或者继母不承担替代责任，而由其生父母承担监护人责任。

三、教唆、帮助被监护人实施侵权行为的损害责任

《侵权责任编司法解释（一）》第11~13条这3个条文，规定的是教唆、帮助无民事行为能力人或者限制民事行为能力人实施侵权行为的损害责任，简称为教唆、帮助被监护人实施侵权行为责任，解释的是《民法典》第1169条第2款。这个问题比较复杂，以下主要说明三个问题。

（一）行为性质：非典型共同侵权行为

教唆、帮助被监护人实施侵权行为，首先是一种多数人侵权行为。这种多数人侵权行为是何种类型，特别值得研究。

多数人侵权行为的基本类型包括分别侵权行为、共同侵权行为和竞合侵权行为。教唆、帮助被监护人实施侵权行为是何种多数人侵权行为呢？首先，由于教唆人、帮助人教唆、帮助被监护人实施侵权行为中有一种单向的意思联络，因而其与竞合侵权行为不同，也与分别侵权行为不同。比较之后的结论是，教唆、帮助被监护人实施侵权行为的类型是共同侵权行为。其次，这种侵权行为又与典型共同侵权行为有所不同。典型共同侵权行为是两个人实施侵权行为，不管是主观上的结合还是客观上的结合，总是要有关联共同，或者是主观关联共同，或者是客观关联共同，正是这种关联共同将两个人的行为结合成一个侵权行为，造成同一个损害，所以，数个行为人一定要承担连带责任。而非典型共同侵权行为是两个以上的行为人中，一个人的行为是造成损害的主要原因，另一个人的行为是次要原因；一个是为主的行为，一个是为辅的行为；在意思联络上，为主的行为人

在主观上是单方故意，并且可以联络到为辅的行为人，由于被监护人不具有民法上的辨别能力，不存在认定过错的基础，因而形成的意思联络是单向的，而不是双向的。最后，这种多数人侵权行为就是区别于典型共同侵权行为的非典型共同侵权行为。它的后果就是产生混合责任即单向连带责任，就是《民法典》规定的“相应的责任”。概括起来，单方意思联络构成非典型共同侵权行为，后果是成立单向连带责任。这样解释对承担“相应的责任”的侵权行为的性质，能够解释得比较简单，也比较贴切。

有学者认为:《侵权责任编司法解释（一）》对“相应的责任”的解释，所有的规则都符合非典型共同侵权行为的特征，也符合单向连带责任的规则要求，只是官方不便说这就是非典型共同侵权行为，也不便说是单向连带责任，原因是《民法典》第1169条第2款没有规定为连带责任。这种观点过于机械，过于拘泥于《民法典》第178条第3款关于“连带责任，由法律规定或者当事人约定”的规定，没有法定、没有约定，就不予认定为连带责任。

《民法典》第1168条规定的是共同侵权行为，共同侵权行为的责任是连带责任。接下来,《民法典》第1169条第1款规定的是教唆人、帮助人的共同侵权行为，当然是连带责任。该条的第2款是说教唆人、帮助人教唆、帮助无民事行为能力人或者限制民事行为能力人实施侵权行为，在监护人有过错时出现了“相应的责任”。因此,《民法典》第1169条第2款规定与第1款规定的共同侵权行为和连带责任相衔接，第2款规定的也是共同侵权行为，也是连带责任，只不过共同侵权行为有所变形，连带责任的规则也有所变化，因而属于非典型共同侵权行为，承担的责任形态是单向连带责任。

为了更好地理解《民法典》第1169条第2款，要从这一规定的演变梳理开始。

《民法通则》第130条规定共同侵权行为，由于没有规定教唆人、帮助人的侵权责任，因而最高人民法院在《民通意见》第148条规定:“教唆、帮助他人实施侵权行为的人，为共同侵权人，应当承担连带民事责任。教唆、帮助无民事行为能力人实施侵权行为的人，为侵权人，应当承担民事责任。教唆、帮助限制民事行为能力人实施侵权行为的人，为共同侵权人，应当承担主要民事责任。”该条第1款演变为《民法典》第1169条第1款，第2款和第3款演变为《民法典》第1169条第2款。

后一个演变发生在《侵权责任法》制定过程中。立法机关认为，教唆、帮助被监护人实施侵权行为的责任是应当规定的，但是《民通意见》第148条规定过于烦琐，也存在一定问题，因而改成现在这样的形式，《民法典》第1169条继续这样规定。

通过对《民通意见》第148条的规定进行分析，可以肯定的是，教唆、帮助无民事行为能力人实施侵权行为，或者教唆、帮助限制民事行为能力人，都是共同侵权行为，只是承担责任的方式有区别。规定教唆、帮助无民事行为能力人实施侵权行为，教唆人为侵权人，要承担全部责任当然是对的，因为这时的教唆人是将无民事行为能力人作为自己的侵权工具；但是，帮助无民事行为能力人实施侵权行为，帮助人就不应当承担全部责任，其应当承担的是主要责任。规定教唆、帮助限制民事行为能力人实施侵权行为要承担主要责任，其中规定教唆人承担主要责任是对的，但规定帮助人承担主要责任欠妥，因为这毕竟是帮助行为。对其中监护人的责任没有明确规定，因为是共同侵权行为，当然承担连带责任。

《侵权责任法》第8条第2款所进行的改造，使用了比较抽象的表述方法，改变了《民通意见》第148条的具体规定，同时也避免了该条中存在的不当之处，只是不易理解。《民法典》第1169条第2款同样存在这样的问题。概括其中的规则是：（1）教唆无民事行为能力人实施侵权行为的，教唆人是侵权人，应当承担全部赔偿责任；监护人没有过错，不承担责任。（2）帮助无民事行为能力人实施侵权行为，或者教唆限制民事行为能力人实施侵权行为的，教唆人和帮助人的过错程度是相等的，都是损害发生的主要原因，应当承担主要责任；监护人存在未尽监护职责的过失，应当承担次要责任。（3）相较而言，帮助限制民事行为能力人实施侵权行为，帮助人应当承担的责任应小于帮助无民事行为能力人、教唆限制民事行为能力人。

《侵权责任编司法解释（一）》第11条对《民法典》第1169条第2款的解

释，是没有问题的，只是没有前述表达的具体而已。但是，将这种责任形态说成是不真正连带责任，是错误的。因为教唆、帮助被监护人实施侵权行为一定是共同侵权行为，只是与共同侵权行为相比有一定的变形，因而把它称为非典型共同侵权行为，承担的也是连带责任，只不过是单向连带责任而已。

（二）责任形态：不是部分连带责任

在教唆、帮助被监护人实施侵权行为中的另一个理论问题，是这种多数人侵权的责任形态是不是部分连带责任。

在解读《侵权责任编司法解释（一）》关于教唆、帮助被监护人实施侵权行为的责任形态时，程啸教授认为是部分连带责任，这个看法否定其不真正连带责任的说法是正确的，但认为是部分连带责任则不完全正确。

部分连带责任是日本的川井健教授提出的学术主张，引进这种观点，能够为我国的侵权责任形态理论提供支持。《最高人民法院关于审理环境侵权责任纠纷案件适用法律若干问题的解释》第3条第3款规定了部分连带责任的规则，2023年《生态环境侵权解释》规定在第7条。

部分连带责任，是指在多数人侵权行为中，对一个完整的损害，一部分由全体行为人承担连带责任，另一部分由单独行为人承担单独责任的侵权连带责任形态。部分连带责任的特征有：一是承担部分连带责任的侵权行为形态是多数人侵权行为，而不是单独侵权行为；二是多数人侵权行为所造成的同一个完整的损害分成了两个部分，一部分要承担连带责任，另一部分要承担单独责任；三是对于应当承担连带责任的部分，应当由全体连带责任人承担，对于单独承担赔偿责任的部分，由承担单独责任的行为人自己承担。故部分连带责任与典型连带责任的规则是不同的。

关于教唆、帮助被监护人实施侵权行为的责任形态有两种观点：一是认为构成单向连带责任，二是认为构成部分连带责任，两种观点的区别在哪里呢？这就需要比较部分连带责任和单向连带责任的区别。部分连带责任的最典型事例，是《民法典》第1195条第2款规定的“对损害的扩大部分与该网络用户承担连带责任”，即规定网络侵权红旗原则中的通知规则，网络服务提供者接到通知后没有及时采取必要措施，网络服务提供者要就损害扩大的部分承担连带责任。事实是，网络用户在他人的网络上实施侵权行为，就已经给受害人造成损害了，这个损害一直在持续，通知后如果网络服务提供者予以删除，网站就进入避风港，不承担侵权责任；网络服务提供者若未及时删除，这时的损害还在扩大，直至最终确定侵权责任之时，网络服务提供者接到通知后没有及时删除而导致的损害扩大部分，要与网络用户承担连带责任，网络用户和网络服务提供者共同承担扩大部分损害的赔偿责任。就网络用户利用网络实施侵权行为造成的同一个损害，即分成两部分，一部分由网络用户承担责任，另一部分由网络用户和网络服务提供者承担连带责任，这就是部分连带责任。

再比如，生态环境侵权中的部分连带责任，《生态环境侵权解释》第 7 条规定：“两个以上侵权人分别污染环境、破坏生态，部分侵权人的行为足以造成全部损害，部分侵权人的行为只造成部分损害，被侵权人请求足以造成全部损害的侵权人对全部损害承担责任，并与其他侵权人就共同造成的损害部分承担连带责任的，人民法院应予支持。被侵权人依照前款规定请求足以造成全部损害的侵权人与其他侵权人承担责任的，受偿范围应以侵权行为造成的全部损害为限。”这就是部分连带责任及其规则。

有人认为，无论是受托监护责任，还是教唆、帮助被监护人实施侵权行为，都是一部分损害由个人负责、另一部分损害由全体责任人连带负责，这不是一样的吗？

对此，笔者认为，部分连带责任与混合责任是不一样的。简单来说，混合责任是一个人就全部损失承担连带责任，另一个人只是承担与自己的过错程度相应的按份责任，其中确实有重合的部分，但是重合的部分对相应的责任人而言，就不是连带责任，只有对承担侵权人应承担的全部责任这一部分才是连带责任，是单方连带责任，而不是双方连带责任。这就是混合责任的规则。部分连带责任是重合部分双方连带，只有不连带的部分才由一个人自己负责，所以称为部分连带责任。这样比较，就可以看出混合责任与部分连带责任的区别了。

（三）认定无民事行为能力人、限制民事行为能力人适用客观标准

《侵权责任编司法解释（一）》第 11 条规定："教唆、帮助无民事行为能力人、限制民事行为能力人实施侵权行为，教唆人、帮助人以其不知道且不应当知道行为人为无民事行为能力人、限制民事行为能力人为由，主张不承担侵权责任或者与行为人的监护人承担连带责任的，人民法院不予支持。"这是在认定无民事行为能力人或者限制民事行为能力人时，对行为人的认知采用客观标准的规定。如果采用主观标准，教唆人、帮助人就可以以自己不知道或者不应当知道被监护人是无民事行为能力人或者限制民事行为能力人为由抗辩，能够证明的，就可以免责或者减责。这显然对教唆人、帮助人有利，对监护人不利，对保护被侵权人也不利。采用客观标准，则不管教唆人、帮助人知道或者不知道被教唆人、被帮助人是无民事行为能力人还是限制民事行为能力人，只要客观上被教唆人、被帮助人是无民事行为能力人或者限制民事行为能力人，就要承担单向连带责任。这虽然对教唆人、帮助人不利，但对监护人和被侵权人有利，当然是公平的。

可见，《侵权责任编司法解释（一）》第 10 条规定适用客观标准确定行为人对无民事行为能力人或者限制民事行为能力人的认知，是完全正确的。同样，《侵权责任编司法解释（一）》第 20 条规定非法转让拼装车、报废车的责任也采用客观标准，也是正确的。

四、教育机构责任中的第三人责任

《侵权责任编司法解释（一）》第 14 条是对适用《民法典》第 1201 条规定所作的解释，这种侵权行为类型是教育机构责任中的第三人责任，也称为学生伤害事故中的第三人责任。

对《侵权责任编司法解释（一）》第 14 条规定的适用，应当着重理解以下四个问题。

第一，未成年学生在教育机构受到第三人侵害的，第三人承担全部赔偿责任，教育机构有过错的承担相应的补充责任。这种行为也是多数人侵权行为，属于竞合侵权行为的变形，承担的责任是相应的补充责任。有些学者通常将相应的补充责任认定为一种单独的责任形态，但其应当是不真正连带责任的变形。形成的机理是，第三人的行为是造成损害的全部原因，因此应当对全部损害承担赔偿责任；教育机构的过失行为对损害的发生不具有直接原因，而是间接原因，而且这种间接原因也不可能造成全部损害，因而教育机构承担的责任并非全部补充责任，而是部分补充责任，即与自己的过失相适应的补充责任。这是理解《民法典》第1201条规定的规则的基础，只有这样理解，才能正确适用这一规定。《侵权责任编司法解释（一）》第14条第1款规定的规则，符合《民法典》第1201条规定的要求。

相应的补充责任与相应的责任的基本区别是，相应的责任是按份责任，承担了按份责任份额的人，只要没有超过自己应当承担的责任份额，就不存在追偿权，只有当其承担的责任超过自己的责任份额，才享有追偿权。相应的补充责任却不是这样，承担补充责任的人在承担了补充责任后，对这里的第三人享有全额的追偿权，可以追偿其承担的全部补充责任。

这种区别的原理在于，当有第三人侵权时，第三人的行为是造成损害的全部原因，具有100%的直接原因力；教育机构有过失应当承担相应的补充责任时，其行为对造成的损害是间接原因力。直接原因产生赔偿责任，间接原因产生补充责任，承担了补充责任的人，对具有100%直接原因力的行为人当然享有追偿权。而相应的责任中的主要侵权人和次要侵权人的行为，对损害的发生都是直接原因，不存在间接原因，因此承担的相应的责任是连带责任的变形，并且在承担按份责任后不得追偿。

第二，教育机构与第三人在诉讼中为共同被告。《侵权责任编司法解释（一）》第14条第2款规定，教育机构责任中因第三人责任发生纠纷后诉讼到法院的，应当将第三人和教育机构列为共同被告，这是因为这种侵权行为的性质为多数人侵权行为。不过仍然有所区别，区别在于：（1）被侵权人起诉第三人的，列第三人为被告没有问题，不必追加教育机构为共同被告，第三人有财产但无法承担全部责任的，可以追加教育机构为共同被告。（2）被侵权人起诉教育机构的，因为教育机构承担的是相应的补充责任，因而教育机构可以申请追加第三人为共同被告，如果没有申请追加第三人，法院负有释明责任，应当向原告释明申请追加第三人为共同被告。（3）被侵权人直接起诉第三人和教育机构的，列为共同被告即可。

第三，教育机构承担补充责任后享有对第三人的追偿权。不能确定第三人的，判决教育机构承担相应的补充责任且予以执行的，应当明确教育机构对第三人享有追偿权。《侵权责任法》第 40 条规定教育机构责任的第三人责任规则时，没有规定教育机构享有追偿权，是不正确的；《民法典》第 1201 条规定了教育机构的追偿权，是正确的。

第四，适用《民法典》第 1198 条第 2 款时，可以参照适用本条解释的规定。研究《侵权责任编司法解释（一）》时有一点疑问是，《民法典》第 1198 条第 2 款所规定的违反安全保障义务损害责任的第三人责任中，安全保障义务人也承担相应的补充责任，《民法典》第 1201 条对于教育机构损害责任中的第三人责任规定的也是相应的补充责任。由于这两个条款规定的规则是一样的，因此，适用《民法典》第 1198 条第 2 款时，可以参照适用《侵权责任编司法解释（一）》第 14 条的规定。

五、用人单位责任、劳务派遣责任和定作人指示过失责任

《侵权责任编司法解释（一）》规定的第五种侵权责任类型，是用人者责任，其中着重解释了《民法典》第 1191 条规定的用人单位责任和劳务派遣责任，以及第 1193 条规定的定作人指示过失责任，共 4 个条文。

（一）扩展用人单位责任中的“用人单位”和“工作人员”的范围

《侵权责任编司法解释（一）》第 15 条规定的主要规则，一是扩展用人单位

的范围，二是扩展用人单位中工作人员的范围。

通常认为，用人单位是指依法成立的法人和非法人组织。但是也有观点认为，《民法典》第1191条第1款规定的用人单位，不仅包括法人和非法人组织，还包括法人、非法人组织之外的个体经济组织，例如个体工商户和农村承包经营户。该条司法解释规定，除了法人和非法人组织是用人单位（与用人单位形成劳动关系的工作人员）之外，个体工商户也是用人单位，因为个体工商户不管是个人还是家庭，总有一定的组织形式，雇用从业人员要签署劳动合同，确定双方的权利义务关系，还要有工伤保险，因而具有雇主责任的特征。而农村承包经营户则不具有这些特征，即使雇用他人劳动，也不能认为是用人单位。

该条司法解释规定用人单位的工作人员，除了与用人单位形成劳动关系的工作人员之外，还包括执行用人单位的工作任务的其他人员，以及个体工商户雇用的从业人员。“执行用人单位工作任务的其他人员”这个概念，在以往对《民法典》第1191条第1款的研究和适用中，并不被经常使用，本条司法解释确认执行用人单位工作任务的其他人员也是用人单位的工作人员。判断的基本标准是用人单位与执行用人单位工作任务的其他人员之间不存在劳动关系，而是通过合同的方式，确定双方之间在承担用人单位工作任务中的权利和义务，并且依照合同履行执行用人单位工作任务的义务，用人单位给予约定的薪酬和待遇的义务。这样的人员主要包括：一是与用人单位存在劳务关系的人员；二是与用人单位存在聘用合同关系的临时聘用工作人员；三是用人单位返聘已经超过退休年龄的退休员工；四是用人单位特聘的其他单位的退休员工。例如，受聘为境外院校授课的教师，自离开自己家门开始，至返回自己家门为止，都在受聘院校的劳动保险合同的保护之下，受聘人员在这个期间依照合同约定执行受聘院校的教学任务，享受用人单位的薪酬待遇，这是典型的执行用人单位工作任务的其他人员。

个体工商户的从业人员也是工作人员，是个体工商户的工作人员。对此不再详述。

（二）劳务派遣责任的侵权责任形态

《侵权责任编司法解释（一）》对用人者责任解释的第二个问题，是第 16 条对劳务派遣责任的两个问题作出解释，一是劳务派遣单位过错的认定方法，二是劳务派遣单位和接受派遣的用工单位的责任分担规则。

1. 劳务派遣单位过错的认定方法

在劳务派遣关系存续期间，被派遣的工作人员因执行工作任务造成他人损害，接受派遣的用工单位应当承担侵权责任，有过错的派遣单位承担相应的责任。对于派遣单位的过错应当如何认定？首先，应当确定《民法典》第 1191 条第 2 款规定的“过错”是过失，不包括故意，如果劳务派遣单位故意派遣劳务人员致害他人，就属于刑事犯罪问题。其次，对劳务派遣单位的过失作出定义，是指劳务派遣单位在不当选派工作人员、对工作人员存在培训教育等方面未尽职责的主观形态。当劳务派遣单位在选派、培训工作人员时未尽职责，派遣的工作人员不符合派遣要求，即可认定劳务派遣单位有过失，成立该过错要件。

2. 劳务派遣单位和接受派遣的用工单位的责任分担规则

根据《民法典》的规定，接受劳务派遣的用工单位应当承担侵权人应承担的全部责任。劳务派遣单位在不当选派工作人员或未依法履行培训义务等过错范围内，与接受劳务派遣的用工单位共同承担责任，但责任主体实际支付的赔偿费用总和不应超过被侵权人应受偿的损失。劳务派遣单位先行支付赔偿费用后，超出自己相应责任的部分，向接受劳务派遣的用工单位追偿的，法院予以支持，但是，另有约定的除外。这仍然是混合责任的规则，不再作具体说明。

（三）执行工作任务的行为构成犯罪时用人单位仍应承担替代责任

《侵权责任编司法解释（一）》第 17 条规定，根据《民法典》第 1191 条的规定，工作人员在执行工作任务中实施的违法行为造成他人损害，构成自然人犯罪的，工作人员承担刑事责任，不影响用人单位依法承担民事责任。也就是说，即使工作人员利用职务之便实施犯罪行为，造成他人损害，用人单位仍应承担赔偿责任。依照《民法典》第1191条的规定，用人单位应当承担侵权责任的，在刑事案件中已经完成的追缴、退赔，可以在民事判决书中明确并扣减，也可以在执行程序中予以扣减。

首先，这涉及法规竞合理论。民事法律与刑事法律竞合属于非冲突性法规竞合，民事责任和刑事责任可以各自依法进行追究。用人单位或者接受派遣的用工单位的工作人员在执行工作任务中造成他人损害，不仅触犯刑事法律构成犯罪，同时也应当依照《民法典》第1191条的规定追究用人单位的侵权责任，这是非冲突性法规竞合，对于民事责任和刑事责任都应当分别依法予以追究。

其次，刑事判决追缴、退赔被害人的损失，不妨碍民事判决对赔偿范围的认定，应当依照《民法典》第1179条、第1182~1184条的规定，应当如何认定就如何认定，确定应当承担的全部损害赔偿的范围，不受刑事判决的影响，也为将来的执行或者扣减提供基础。如果犯罪所得已在刑事案件中追缴或者退赔，返还给被害人，应当在用人单位的赔偿责任中予以扣减。

最后，按照行文的逻辑，《侵权责任编司法解释（一）》第17条规定的上述规则，应当是针对《民法典》第1191条规定的用人单位责任和劳务派遣责任规定的规则。但是，《民法典》第1192条第1款前段规定的提供劳务一方因劳务造成他人损害的，接受劳务一方承担替代侵权责任的规则，与用人单位责任的规则是一样的，因而可以参照适用该条司法解释的规定，提供劳务一方因劳务致害他人的行为构成刑事犯罪的，也不影响接受劳务一方承担替代责任。

（四）定作人指示过失责任的责任分担规则

《侵权责任编司法解释（一）》对用人者责任的第四个解释，是第18条对定作人指示过失责任的规定。在理解这种用人者责任侵权类型时，首先应当知道，《民法典》第1193条规定的定作人指示过失责任，不是大陆法系的传统，而是英美法系的传统，即“独立契约”或者“独立合同人”。《民法典》规定的定作人指示过失责任与传统的定作人指示过失责任的规则不同，另有特色。从2003年《人身损害赔偿司法解释》第10条，到《民法典》第1193条，再到《侵权责任编解释（一）》第 18 条，都与传统的定作人指示过失责任规则有所不同。最基本的区别就是定作人指示过失责任中，根本就不存在一个“相应的责任”的问题，而是替代责任。

1. 我国的定作人指示过失责任与传统规则的区别

定作人指示过失责任的认定，主要是将其区别于承揽人执行承揽任务造成第三人损害的责任。承揽人执行承揽任务致第三人损害的，承揽人承担侵权责任，这就是独立契约的要旨。构成定作人指示过失责任，前提必须有定作人对于定作、指示的过失，只有定作人有过失，才能构成定作人指示过失责任。

我国的定作人指示过失责任与传统定作人指示过失责任的区别在于，我国的定作人指示过失责任是混合责任，即相应的责任，而传统定作人指示过失责任的责任形态是替代责任。对此，《侵权责任编司法解释（一）》第 18 条进行了规定，与该司法解释对其他“相应的责任”的解释基本相同。而这一规则与传统的定作人指示过失责任规则完全不同。例如，《日本民法典》第 716 条规定，“定作人对承揽人因工作而对第三人造成的损害不负赔偿责任”，区别在于，“但若定作人有过错，则不在免责范围内”。这与我国的“被侵权人合并请求定作人和承揽人承担侵权责任的，依照民法典第一千一百六十五条、第一千一百九十三条的规定，造成损害的承揽人承担侵权人应承担的全部责任；定作人在定作、指示或者选任过错范围内与承揽人共同承担责任，但责任主体实际支付的赔偿费用总和不应超出被侵权人应受偿的损失数额”的规则，是完全不一样的。

2. 定作人的过失为 100% 原因力的责任承担

《侵权责任编司法解释（一）》第 18 条有一个没有注意到的问题，即定作人的过失是造成损害发生的 100% 原因力时的责任承担规则。按照《民法典》第 1193 条的规定，定作人因指示等过失承担的责任是按份责任（相应的责任）。如果定作人的过错是损害发生的 100% 的原因，定作人承担的责任肯定就不是按份责任，而是全部责任。这时，就回到了传统的定作人指示过失责任的规则上来。定作人承担的不是“相应的责任”，而是全部赔偿的替代责任。因此，不应适用《民法典》第 1193 条规定的规则，也不再适用《侵权责任编司法解释（一）》第

18条的规定，而是应当按照传统定作人指示过失责任的规则，由定作人对承揽人造成的他人损害承担替代责任，对全部损害予以赔偿。

六、产品责任损害赔偿包括产品自损

《侵权责任编司法解释（一）》第19条是对《民法典》第1202条和第1203条规定的“损害”范围的解释，核心是产品自损算不算产品责任的损害。

《民法通则》对产品责任的表述，仅限于因产品质量不合格造成他人财产、人身损害的，产品制造者、销售者应当依法承担民事责任，并未明确损害是否包括固有利益的损害即产品本身的损失。传统产品责任法认为，产品自身损害不是产品责任的损害，只有缺陷产品造成产品以外的财产损失或者人身损害的，才是产品责任的损害。例如，购买的电视机因质量问题爆炸，不仅造成人身伤害，电视机本身也遭到损毁，产品责任法不认为电视机本身的损失是产品责任损害，而是属于合同法的问题，用违约损害赔偿对消费者进行保护。只有缺陷产品造成人身损害或产品之外的财产损害，才是产品责任的损害。对此，《产品质量法》第41条第1款对此作出了明确规定：“因产品存在缺陷造成人身、缺陷产品以外的其他财产（以下简称他人财产）损害的，生产者应当承担赔偿责任。”

《侵权责任法》采取的办法是，不明确说产品责任损害包括产品自损，而是采取与《产品质量法》第41条规定不同的表述，也就是把《产品质量法》第41条关于“造成人身、缺陷产品以外的其他财产[①]损害”的定语删除，只说“造成损害”，以此将产品自损概括在产品责任的损害之中。《民法典》第1202条（包括第1203条）也是这样规定的。正因为如此规定，学界发生了对这一“损害”的不同理解，有人认为这一“损害”包括产品自损，有人否认其包括产品自损，许多学者反对这一规定，认为这一规定并未明确包括产品自损。

《侵权责任编司法解释（一）》第19条明确规定，《民法典》规定的产品责

① 以下简称他人财产。

任的损害包括产品自损，为学术上的争论和司法实务中的不同做法给出了最终结论，不论学术上有何不同意见，最终裁判一定要落在《民法典》规定的产品责任损害赔偿的要旨上——产品责任损害包括产品自损。

要说明的是，虽然确认产品自损是产品责任损害，被侵权人可以一并向法院起诉赔偿违约损害赔偿和侵权损害赔偿，但是实际上，这并不是一个诉，而是两个诉，即侵权之诉和违约之诉，应当采用诉的合并的方法进行。即因产品存在缺陷造成买受人损害的，买受人请求产品的生产者或者销售者赔偿缺陷产品本身的损害以及其他财产损害的，法院应当支持，这就是诉的合并。

七、机动车交通事故责任

对《民法典》规定的机动车交通事故责任，《侵权责任编司法解释（一）》第 20~22 条对三个问题作出了解释。

（一）对拼装车、报废车的认定标准

适用《民法典》第 1214 条的规定，实践中，认定拼装车和报废车发生交通事故致人损害责任时，对转让人和受让人认知拼装车、报废车以何种标准认定时存在争论，即主要是对以主观标准还是客观标准来认定的争论。《侵权责任编司法解释（一）》第 20 条规定，以买卖或者其他方式转让拼装或者已经达到报废标准的机动车发生交通事故造成损害的，转让人、受让人以其不知道或者不应当知道该机动车是拼装或者已经达到报废标准为由，主张不承担侵权责任的，法院不予支持。这就是采用客观标准，而不是采用主观标准确定转让人和受让人的认知。其基本理由有二：一是保护交通参与人的安全，二是严厉制止这种非法交易行为。

《民法典》第 1214 条的规定是绝对责任条款，不得以任何理由减免赔偿责任。对此，可以参照适用《侵权责任编司法解释（一）》第 23 条关于禁止饲养的烈性犬等危险动物致人损害的责任规则，即饲养人或者管理人“主张不承担责

任或者减轻责任的，人民法院不予支持”。

（二）未投保交强险的投保义务人和侵权人不是同一人的责任承担

研究《侵权责任编司法解释（一）》第 21 条的规定，应当与研究《道路交通事故损害赔偿解释》第 16 条关于“未依法投保交强险的机动车发生交通事故造成损害，当事人请求投保义务人在交强险责任限额范围内予以赔偿的，人民法院应予支持。投保义务人和侵权人不是同一人，当事人请求投保义务人和侵权人在交强险责任限额范围内承担相应责任的，人民法院应予支持”的规定结合起来。后者规定的是，投保义务人和侵权人不是同一人，投保义务人和侵权人在交强险责任限额范围内承担相应责任。前者进一步规定，如果被侵权人合并请求投保义务人和交通事故责任人承担侵权责任，交通事故责任人承担侵权人应承担的全部责任；投保义务人在机动车强制保险责任限额范围内与交通事故责任人共同承担责任，但责任主体实际支付的赔偿费用总和不应超出被侵权人应受偿的损失数额。可见，这两个司法解释条文是前后衔接的关系，第 21 条的解释是对第 16 条规定的责任怎样承担作出的进一步解释，即这种责任是单向连带责任，即混合责任。

《侵权责任编司法解释（一）》第 21 条规定的规则是：首先，投保义务人与交通事故责任人不一致的，交通事故责任人应承担全部责任。其次，投保义务人在强制保险责任限额内与交通事故责任人共同承担责任。再次，投保义务人承担的责任就是交强险范围内的限额赔偿数额，是按份责任。最后，投保义务人对自己承担的超出强制保险限额的部分，对交通事故责任人享有追偿权。

（三）交强险、第三者商业险中驾驶人下车后的损害责任

《侵权责任编司法解释（一）》第 22 条规定的是，投保机动车的驾驶人在保险关系中的身份转换，其责任随之转换的规则。交强险和第三者责任商业险，都是对交通事故中的第三人的保险。驾驶人在车上，是车上人员，不是第三者；如果在车下，在一般情况下是可以认定为第三人的，但是，驾驶人下车后，因自己

的过错受到本车的碰撞、碾压等造成损害的，既不适用交强险的理赔规则，也不适用第三者商业险的理赔规则。例如，机动车驾驶人在离开车辆后，因未拉手刹或未采取制动措施，致使本车溜车导致自己受到本车的碰撞或碾压造成损害，向法院起诉请求保险公司理赔的，法院不予支持。这是因为被保险机动车的驾驶人的身份虽然转化为第三者，但是本车遭受的损害是驾驶人自己的过错造成的，保险公司不予理赔。

八、禁止饲养的烈性犬等危险动物损害的绝对责任条款

《侵权责任编司法解释（一）》第 23 条规定，明确了《民法典》第 1247 条规定的禁止饲养的烈性犬等危险动物损害责任的绝对责任条款的后果。

《民法典》第 1247 条规定，禁止饲养的烈性犬等危险动物造成他人损害的，饲养人或管理人应当承担侵权责任，这里的侵权责任是连带。其后果是，无论有何种原因，饲养人或管理人都必须全额赔偿，没有任何免责、减责的事由。例如，如果饲养人饲养藏獒，某人因故意挑逗藏獒而被咬伤，尽管受害人自己有过错，也不能减轻责任，更不能免除饲养人的赔偿责任。

在普通的无过错责任中，如果受害人故意造成损害，饲养人或者管理人不承担赔偿责任。然而，《民法典》第 1247 条规定的禁止饲养的烈性犬等危险动物致人损害，确定责任适用绝对责任条款，就是要保障公众的权益和安全，因而饲养人或者管理人不得以受害人过错、不可抗力等任何事由进行抗辩，免除或者减轻自己的责任。

《民法典》第 1214 条和第 1247 条这 2 个条文都是绝对责任条款，但是条文并未写明不得适用任何理由减免责任的内容。《侵权责任编司法解释（一）》第 22 条将绝对责任条款的这一含义明示出来，能够统一裁判规则，避免实践中错误适用。

九、高空抛坠物损害责任中的物业管理人责任

《侵权责任编司法解释（一）》第 24 条和第 25 条规定的是最后一种侵权责任类型，即《民法典》第 1254 条规定的高空抛坠物损害责任中的建筑物管理人侵权责任。

《侵权责任法》第 87 条规定了高空抛坠物损害责任的规则后，并未发挥显著作用，高空抛坠物损害事件还是时有发生。编纂《民法典》过程中，起初并未打算对第 87 条规定的规则进行重大修改。由于新闻媒体集中报道了几个高空抛物致害案件，引起普遍关注，笔者应邀撰写了一篇文章进行评论，说明《侵权责任法》第 87 条的立法初衷是为受害人提供无奈之中的救济途径，体现公平原则和对受害人的人文关怀。相应地，那些未能证明自己不是实施高空抛物行为人的利益被牺牲了，因为要求他们在证据不足的情况下予以适当补偿类似于“连坐”。为何《侵权责任法》规定了责任规范，而高空抛坠物行为仍屡禁不止，关键在于民法对此类行为进行了规定，公安机关会以该行为受民法侵权规则调整而不再介入。有人因高空抛坠物受伤，原本通过侦查手段可以查明行为人的高空抛坠物案件，却因不能使用有效的侦查手段而导致无法查明责任人，从而引发“连坐”现象的发生。因此，应当规定对高空抛坠物致害事件采用刑事手段，一旦发生导致人员伤亡，首先应当由公安机关进行调查和处理，查清真正的侵权人或者犯罪嫌疑人后，就不会触发《侵权责任法》第 87 条的适用问题，同时也会给不法行为带来更大的震慑力，从而预防高空抛坠物行为的发生。

由于当时正在编纂《民法典》侵权责任编，立法机关对此非常重视，在《侵权责任法》第 87 条的基础上，拟定了详细的条文，最后形成了《民法典》第 1254 条，规定的基本规则是：（1）禁止高空抛坠物是强制性义务，居住在建筑物内的人不得向外抛掷物品。（2）高空抛坠物造成他人损害的，侵权人须承担侵权责任。（3）无法查明侵权人的，由可能造成损害的人补偿。（4）一旦查清侵权人，承担补偿的人可以向侵权人追责。（5）建筑物管理人未尽安全保障义务造成损害的，应当承担未履行安全保障义务的侵权责任。（6）公安机关对这类案件应

当依法进行调查。

《侵权责任编司法解释（一）》第 24 条和第 25 条解释的是物业服务企业等建筑物管理人与具体侵权人、物业服务企业等建筑物管理人与可能加害的建筑物使用人之间的责任承担规则。

（一）建筑物管理人与具体侵权人的责任承担关系

根据《侵权责任编司法解释（一）》第 24 条的规定，物业服务企业等建筑物管理人未采取必要的安全保障措施，导致从建筑物中抛掷物品或从建筑物上坠落的物品造成他人损害的，法院应当依照《民法典》第 1198 条第 2 款和第 1254 条的规定，在判决中明确未采取必要安全保障措施的物业服务企业等建筑物管理人，在法院就具体侵权人的财产依法强制执行后仍不能履行的范围内，承担与其过错相应的补充责任。这是典型的补充责任规则，是对侵权人不能承担的赔偿责任的补充，并且是限额补充责任。

《民法典》第 1254 条第 2 款规定高空抛坠物责任，建筑物管理人要承担依法未尽安全保障义务的侵权责任。这个责任的性质，就是《侵权责任编司法解释（一）》第 24 条明确规定的违反安全保障义务的侵权责任，应当适用的法律是《民法典》第 1198 条第 2 款，即因第三人的行为造成他人损害的，第三人承担侵权责任；经营者、管理者或者组织者未尽到安全保障义务的，承担相应的补充责任。

所以，《侵权责任编司法解释（一）》第 24 条的核心问题在于，建筑物管理人在高空抛坠物行为中承担的是未尽安全保障义务的侵权责任。只有当建筑物管理人违反了安全保障义务时，才承担相应的补充责任。如果建筑物管理人没有过错，则不承担责任。

根据该条司法解释的规定，这种侵权责任有顺位关系，物业服务企业等建筑物管理人未采取必要的安全保障措施，防止从建筑物中抛掷物品或者从建筑物上坠落的物品造成他人损害的，经公安等机关调查，在民事案件一审法庭辩论终结前仍难以确定具体侵权人的，未采取必要安全保障措施的物业服务企业等建筑物管理人承担与其过错相应的补充责任。这就是侵权人与未尽安全保障义务的建筑物管理人的顺位关系，侵权人的责任在先，建筑物管理人的责任在后，且为补充责任。

（二）建筑物管理人与可能加害的建筑物使用人的责任关系

根据《侵权责任编司法解释（一）》第25条的规定，建筑物管理人的责任要根据其过错程度承担相应的补充责任，而不是全额补充责任。既然如此，就会存在不能赔偿的部分，对赔偿责任的剩余部分，要由有可能造成损害的建筑物使用人予以补偿。这两者的关系也有先后顺序，建筑物管理人的责任在先，有可能造成损害的建筑物使用人的补偿在后。高空抛坠物造成损害，通过公安机关侦查无法找到真正加害人时，建筑物管理人和建筑物使用人存在顺位关系，首先由建筑物管理人承担相应的补充责任，剩余部分再由可能造成损害的建筑物使用人予以补偿。

总之，高空抛坠物损害责任的三个责任主体有顺位关系：第一顺位是侵权人，第二顺位是建筑物管理人，第三顺位是可能造成损害的建筑物使用人。首先，已经找到真正侵权人的，后面两个顺位的责任人都不承担责任。其次，找不到真正侵权人的，第二顺位的建筑物管理人承担相应的补充责任。再次，建筑物管理人承担了相应的补充责任后还有剩余损失没有赔偿的，由有可能造成损害的建筑物使用人予以补偿，这个补偿是适当补偿，根据补偿人的经济能力酌定补偿数额。最后，当真正侵权人出现后，建筑物管理人对已经承担的补充责任可以向其追偿，承担适当补偿的建筑物使用人当然也有追偿权。

第一章 非法使被监护人脱离监护损害责任

法律和司法解释

《中华人民共和国民法典》

第1165条第1款 行为人因过错侵害他人民事权益造成损害的，应当承担侵权责任。

《最高人民法院关于适用〈中华人民共和国民法典〉侵权责任编的解释（一）》

第1条 非法使被监护人脱离监护，监护人请求赔偿为恢复监护状态而支出的合理费用等财产损失的，人民法院应予支持。

第2条 非法使被监护人脱离监护，导致父母子女关系或者其他近亲属关系受到严重损害的，应当认定为民法典第一千一百八十三条第一款规定的严重精神损害。

第3条 非法使被监护人脱离监护，被监护人在脱离监护期间死亡，作为近亲属的监护人既请求赔偿人身损害，又请求赔偿监护关系受侵害产生的损失的，人民法院依法予以支持。

《最高人民法院关于确定民事侵权精神损害赔偿责任若干问题的解释》

第2条 非法使被监护人脱离监护，导致亲子关系或者近亲属间的亲属关系遭受严重损害，监护人向人民法院起诉请求赔偿精神损害的，人民法院应当依法予以受理。

解析与适用

《侵权责任编司法解释（一）》第1~3条规定了非法使被监护人脱离监护的损害赔偿责任；此前，2001年《精神损害赔偿解释》第2条作过规定，经过2021年修订，第2条继续作此规定。《侵权责任编司法解释（一）》第1~3条加上《精神损害赔偿解释》第2条4个条文规定的规则，形成了我国非法使被监护人脱离监护损害责任规则的完整体系。依据这些司法解释，以《民法典》第1165条第1款的规定为基础，下文就非法使被监护人脱离监护损害责任这一侵权类型进行探讨。

一、我国非法使被监护人脱离监护损害责任规则的发展

（一）非法使被监护人脱离监护损害责任的提出和完善

1949年以来，我国的非法使被监护人脱离监护损害责任规则从无到有，经历了较长时间，直至2001年最高人民法院发布《精神损害赔偿解释》第2条规定了这种侵权责任类型，即“非法使被监护人脱离监护，导致亲子关系或者近亲属间的亲属关系遭受严重损害，监护人向人民法院起诉请求赔偿精神损害的，人民法院应当依法予以受理。”这是我国侵权法第一次确认这种侵权责任类型。

2020年12月23日，最高人民法院依据《民法典》的规定对2001年《精神

损害赔偿解释》进行了修订，使之成为适用《民法典》的司法解释，第2条继续规定："非法使被监护人脱离监护，导致亲子关系或者近亲属间的亲属关系遭受严重损害，监护人向人民法院起诉请求赔偿精神损害的，人民法院应当依法予以受理。"两个条文的内容没有变化。

2024年9月，《侵权责任编司法解释（一）》用3个条文，对非法使被监护人脱离监护损害责任作出新规定。其中第1条规定："非法使被监护人脱离监护，监护人请求赔偿为恢复监护状态而支出的合理费用等财产损失的，人民法院应予支持。"第2条规定："非法使被监护人脱离监护，导致父母子女关系或者其他近亲属关系受到严重损害的，应当认定为民法典第一千一百八十三条第一款规定的严重精神损害。"第3条规定："非法使被监护人脱离监护，被监护人在脱离监护期间死亡，作为近亲属的监护人既请求赔偿人身损害，又请求赔偿监护关系受侵害产生的损失的，人民法院依法予以支持。"这3个条文是在2020年《精神损害赔偿解释》第2条规定的基础上，对这种侵权损害赔偿责任进行具体解释。至此，我国的非法使被监护人脱离监护损害责任规则形成了完整的规范体系。

（二）两部司法解释规定非法使被监护人脱离监护损害责任的关系

截至目前，我国侵权法理论对非法使被监护人脱离监护损害责任的关注度不高，学术研究文章亦不多，专题研究的论文仅见程啸教授发表的《论侵害监护权的损害赔偿责任》[①]一篇，其他关于这种侵权责任类型的研究，基本上是在论著中进行简要说明。例如，笔者在《最高人民法院〈关于确定民事侵权精神损害赔偿责任若干问题的解释〉释评》一文中，将其界定为对亲权和亲属权的司法保护的侵权行为，对非法使被监护人脱离监护侵害亲权和亲属权的行为，可以请求精神损害赔偿。这是在以前的立法和司法解释中没有规定过的，对于保护亲属法上的身份权具有重要意义。[②]张新宝教授也认为，《精神损害赔偿解释》第2条规定，

① 程啸：《论侵害监护权的损害赔偿责任》，载《现代法学》2024年第4期。

② 杨立新、杨帆：《最高人民法院〈关于确定民事侵权精神损害赔偿责任若干问题的解释〉释评》，载《法学家》2001年第5期。

对非法使被监护人脱离监护，侵害亲子关系或亲属关系的，可以请求精神损害赔偿。身份权利通常基于婚姻家庭关系产生，内含特定的人格和精神利益。在近亲属范围内，监护不只是一种职责，实际上兼有身份权利的性质。在《精神损害赔偿解释》中，规定对亲子关系或者近亲属间的亲属关系造成的侵害，实际上就是对亲权和亲属权这两种身份权的侵害。这是在以前的立法和司法解释中没有规定过的。司法解释中的该条规定表面上是对监护权的司法保护，本质上是对亲权和亲属权的保护。[①] 由此可见，对这种侵权责任类型还缺乏深入的研究。

研究非法使被监护人脱离监护损害责任，一是要研究两部司法解释关于这种侵权责任类型的规定是何种关系，二是要研究这种侵权责任类型与《民法典》侵权责任编的规定是何种关系。

1.《精神损害赔偿解释》第 2 条是《侵权责任编司法解释（一）》第 1~3 条规定的基础规范

研究非法使被监护人脱离监护损害责任，不能只把研究基础界定在《侵权责任编司法解释（一）》的 3 条规定上，还必须看到《精神损害赔偿解释》第 2 条是这 3 条解释的基础规范。如果仅仅将研究的侧重点集中在《侵权责任编司法解释（一）》的 3 条规定上，没有与《精神损害赔偿解释》第 2 条的规定结合起来研究，就缺少了研究的基础和灵魂。

之所以这样认识问题，是因为《精神损害赔偿解释》第 2 条是非法使被监护人脱离监护损害责任构成的认定规则，而《侵权责任编司法解释（一）》的第 1~3 条规定都是对这种侵权行为的损害赔偿责任作出的具体解释。两者之间的关系，一个是认定侵权责任构成的规则，一个是确定损害赔偿责任的规则，二者在适用法律上的地位不同，显然认定侵权责任构成的规则比确定损害赔偿责任的规则更重要。若只对《侵权责任编司法解释（一）》的规定进行研究，由于没有认定构成责任的基础规范，就无法正确认定非法使被监护人脱离监护损害责任，无

① 张新宝：《从司法解释到侵权责任法草案：精神损害赔偿制度的建立与完善》，载《暨南学报（哲学社会科学版）》2009 年第 2 期。

法准确适用法律。例如，认定《侵权责任编司法解释（一）》第1~3条规定的是侵害监护权的侵权责任，就违反了《精神损害赔偿解释》第2条关于“导致亲子关系或者近亲属间的亲属关系遭受严重损害”规定，认定侵权行为的性质和侵害客体就会出现误差。

2. 非法使被监护人脱离监护损害责任的请求权基础是《民法典》第1165条第1款

为什么在2001年颁布《精神损害赔偿解释》以来20多年内，学界对非法使被监护人脱离监护的侵权责任类型没有予以特别关注？原因在于，这种侵权责任不是典型的特殊侵权责任，而是适用过错责任原则的一般侵权责任。在通常情况下，对一般侵权行为的责任认定，适用侵权责任一般条款，因为侵权责任一般条款是有关过错责任的全部构成要件之概括规定的条款。该条款仅针对过错责任作出规定，并且要将责任的全部构成要件规定在法律中；同时，它是侵权责任法中有关责任规定的一个高度抽象的条款，在法律没有特别列举性规定的情况下，依据一般条款可以确定行为人是否应当承担侵权责任。[①] 正因为如此，非法使被监护人脱离监护损害责任是一般侵权责任，应当适用《民法典》规定的侵权责任一般条款确定侵权责任，无须法律特别规定。

我国侵权责任一般条款是《民法典》第1165条第1款，凡属于一般侵权行为，其请求权基础都在这一条款中，不仅因非法使被监护人脱离监护的侵权责任认定要适用过错责任原则，而且责任的全部构成要件均须依照一般条款的规定予以认定。所以，认定非法使被监护人脱离监护不仅要适用两部侵权责任司法解释的规定，更要依据《民法典》第1165条第1款的规定。因此，认定非法使被监护人脱离监护损害责任，既有《民法典》的依据和请求权基础，又有司法解释的具体规定。也正是因此，学界才对这种侵权责任类型关注不够，论述不多。

《侵权责任编司法解释（一）》把这种侵权责任类型放在最突出的地位作出规定，显然是特别重视的。最高人民法院民一庭负责人指出：“将监护纳入侵权

① 张新宝:《侵权责任一般条款的理解与适用》，载《法律适用》2012年第10期。

责任调整的民事权益予以保护，加强对拐卖、拐骗儿童行为和其他非法使被监护人脱离监护的侵权行为的民事制裁，与刑事制裁共同构成制裁违法、救济权益的一体两翼，切实保障公民基本权益，维系亲情稳定。”[①]这指明了最高人民法院重视这种侵权行为类型的原因，应当引起特别重视，加强对非法使被监护人脱离监护损害责任的研究。

二、对非法使被监护人脱离监护责任的认定

（一）正名

对非法使被监护人脱离监护这种侵权类型应当怎样称谓，目前有三种说法。一是司法解释称为非法使被监护人脱离监护[②]，二是称作侵害监护权[③]；三是使用诱使未成年子女脱离家庭的概念，是美国侵权法使用的称谓，概括的是未成年子女被诱拐离开家庭，脱离父母的监护。《美国侵权法重述（第二次）》第700条规定：“明知其父母不同意而诱拐、强迫或诱使未成年子女离开对其有合法监护权的父母，或者使未成年人离开父母后拒绝回家的，行为人应当向该父母承担责任。”

笔者曾经使用过“诱使未成年子女脱离家庭”这个称谓，只是这个概念概括的内容与我国司法解释规定的非法使被监护人脱离监护的含义相差较多，因为非法使被监护人脱离监护这个概念，不仅包括诱使未成年人脱离有监护权的父母，而且也包括使被监护的无民事行为能力或者限制民事行为能力的成年人脱离监护，尽管后者数量较少，但是仍有存在。诱使未成年子女脱离家庭的概念无法涵盖后一种情形。

① 《最高法民一庭负责人就民法典侵权责任编司法解释（一）答记者问》，载微信公众号“最高人民法院”，2024年9月26日。

② 这是司法解释使用的称谓，《精神损害赔偿解释》和《侵权责任编司法解释（一）》都用了这个称谓。

③ 程啸：《论侵害监护权的损害赔偿责任》，载《现代法学》2024年第4期。

将这种侵权责任界定为侵害监护权，虽然概括了侵害监护权人享有的监护权的内容，但非法使被监护人脱离监护的称谓还能包括被监护人受监护权的侵害。监护权并非只是指监护人的权利，也包括被监护人的权利，因为监护权不是单纯的民事权利，其中也包括甚至更侧重于应当承担的义务，是权利和义务的综合体，且以义务为中心，因而监护人和被监护人同为权利主体和义务主体。将这种侵权责任类型称为侵害监护权，有不周之处，不如“非法使被监护人脱离监护”的概念更为全面。

经过上述比较，结论是：用司法解释确定的“非法使被监护人脱离监护”的概念更准确，是比较好的侵权责任类型的命名。在指称侵权行为类型时可以称为非法使被监护人脱离监护行为，指称侵权责任类型时可以称为非法使被监护人脱离监护损害责任，如果只使用非法使被监护人脱离监护的概念，则兼指非法使被监护人脱离监护的行为和责任。

（二）保护客体

非法使被监护人脱离监护损害责任的保护客体，有学者认为是监护权，即非法使被监护人脱离监护的行为所侵害的民事权益就是监护人的监护权。监护权是一种基于婚姻家庭关系而产生的人身权利，其属于身份权，受到侵权法的保护。[①] 另一种见解则认为，司法解释中的该条规定表面上是对监护权的司法保护，本质上是对亲权和亲属权的保护。[②] 诚然，监护权属于身份权，乃法律赋予监护人的一种资格，即赋予其对无民事行为能力和限制民事行为能力人的人身权、财产权所拥有的监督、保护权，[③] 但前一种意见仍然不妥，因为不符合司法解释关于保护客体为“亲子关系或者近亲属间的亲属关系”或者“父母子女关系或者其他近亲属关系”的规定，而这些规定所指的客体就是亲权、亲属权或者配偶权，

① 程啸：《论侵害监护权的损害赔偿责任》，载《现代法学》2024 年第 4 期。

② 张新宝：《从司法解释到侵权责任法草案：精神损害赔偿制度的建立与完善》，载《暨南学报（哲学社会科学版）》2009 年第 2 期。

③ 王道春、袁文静：《论监护疏忽行为的入刑》，载《学术交流》2021 年第 7 期。

监护权更侧重于监护关系，一般也称为准身份权。后一种意见准确体现了两部司法解释规定的保护客体，也是笔者一直坚持的立场。①

《精神损害赔偿解释》第2条规定“导致亲子关系或者近亲属间的亲属关系遭受严重损害”;《侵权责任编司法解释（一）》第2条的规定是“导致父母子女关系或者其他近亲属关系受到严重损害”。两个解释的区别是，一个使用“亲子关系”，一个使用“父母子女关系”，两个概念并不一致，前者表达的是父母与未成年子女的关系，即亲权；后者既包括亲子关系（亲权），也包括父母与成年子女的关系（亲属权）。在司法解释的语境中，父母子女关系主要是亲权关系，但也不排除无民事行为能力或者限制民事行为能力的成年子女受父母监护的情形。使用亲子关系和近亲属间的亲属关系两种概念，在身份权上不会发生重复，但使用父母子女关系或者其他近亲属关系却会使父母与成年子女间的亲属权与其他近亲属间的亲属关系发生重合。至于近亲属间的亲属关系与其他近亲属关系意思接近，但在“非法使被监护人脱离监护”的语境中，都是指父母子女关系之外的其他身份关系，如配偶权和亲属权。只是这样会把亲属权分为父母与成年子女之间的亲属权和其他亲属权两部分。不论怎样，非法使被监护人脱离监护行为所侵害的，都是身份权。

具体而言，非法使被监护人脱离监护责任保护的客体是身份权中的以下权利。

首先，是父母与未成年子女间的亲权、父母与成年子女间的亲属权，以及其他近亲属间的亲属权或者配偶权。当这些亲属担任被监护人的监护人时，受到非法使被监护人脱离监护行为的侵害，民法通过保护监护关系，实际上保护的是这些亲属之间的身份权。尽管我国《民法典》未明确区分亲权、亲属权、配偶权和监护权，而是统称为监护关系，但司法解释进一步明确这种侵权责任的保护客体为身份权。

① 杨立新:《精神损害赔偿——以最高人民法院精神损害赔偿司法解释为中心》，人民法院出版社2004年版，第9页。

其次，监护关系与身份关系一样，既是权利又是义务，相互为权利人和义务人。故监护人享有监护权，被监护人也享有监护权，即受监护的权利。因此，非法使被监护人脱离监护损害责任所保护的客体，也包括被监护人的身份权。

最后，这种侵权责任除了保护被侵权人的身份权之外，还保护被监护人的生命权、身体权和健康权。在非法使被监护人脱离监护行为造成被监护人的物质性人格权损害的，侵权责任也保护被监护人的这些权利不受侵害。《侵权责任编司法解释（一）》第 3 条的规定就是保护被侵权人的物质性人格权即生命权，只是被监护人的物质性人格权受到侵害，发生独立的损害赔偿请求权，可以在非法使被监护人脱离监护的诉讼中一并行使。

非法使被监护人脱离监护损害责任所保护的客体是复杂的，将其界定为侵害监护权并不适当。

（三）归责原则

非法使被监护人脱离监护损害责任的请求权基础是《民法典》第 1165 条第 1 款，确定请求权成立和侵权责任构成应当适用过错责任原则。学界对此没有异议。

非法使被监护人脱离监护损害责任适用过错责任原则，除了明确构成这种侵权责任应当具备过错要件之外，还明确这种侵权责任过错要件的举证责任在于原告。原告主张被告实施非法使被监护人脱离监护的行为构成侵权责任，须证明被告的过错要件，不能证明或者证明不足的，其损害赔偿请求权不成立。

（四）责任构成

构成非法使被监护人脱离监护损害责任，应当依照《民法典》第 1165 条第 1 款的规定，须具备违法行为、损害事实、因果关系和过错四个要件。依照《精神损害赔偿解释》第 2 条的规定，构成非法使被监护人脱离监护损害责任，具体的构成要件如下。

1. 使被监护人脱离监护的违法行为

使被监护人脱离监护的行为，是将监护人监护下的被监护人转移至他处，脱离了监护人对被监护人的照护，形成被监护人丧失监护状态的后果。使被监护人脱离监护行为的实质，在于违背监护人的意愿，使被监护人离开监护人的控制，使监护人无法对被监护人实施监护。被监护人是无民事行为能力人或者限制民事行为能力人，脱离监护后，被监护人丧失了监护人的监护，失去了监护人对其的照顾和保护。

使被监护人脱离监护行使的实施方法，《美国侵权法重述（第二次）》概括为诱拐、强迫或诱使。最高人民法院民事审判第一庭负责人认为，这种行为“既有拐卖、拐骗儿童等刑事犯罪行为，也有亲子错换等民事行为，还有未达到刑事追诉年龄的未成年人实施的非法使被监护人脱离监护的行为”[①]。可见，拐卖、拐骗、诱使、强制被监护人脱离监护的行为是非法使被监护人脱离监护行为的主要方法，亲子错抱、医院抱错新生婴儿、未成年人强制被监护人脱离监护等也是使被监护人脱离监护的行为。黑煤窑主雇用不满 16 周岁的未成年人从事超强度体力劳动的行为，以暴力、关押等手段完全剥夺受害人人身自由，使之沦为现代奴隶的行为，[②] 更是情节严重的非法使被监护人脱离监护的行为。

使被监护人脱离监护行为的违法性，包含在“非法”二字的定性上。任何身份权以及人格权、物权都是绝对权，即使监护权没有被《民法典》总则编第五章“民事权利”明文界定为民事权利，但通常认为其是准身份权，也是绝对权，属于《民法典》第 126 条规定的其他民事权利。[③] 任何绝对权，其权利主体之外的其他任何人都是该权利的义务主体，都对该权利负有不可侵犯之义务。违反不可侵犯之义务，侵害这些民事权利，就具有违法性。

符合上述要求的行为，就是非法使被监护人脱离监护的违法行为。20 世纪

---

① 《最高法民一庭负责人就民法典侵权责任编司法解释（一）答记者问》，载微信公众号“最高人民法院”，2024 年 9 月 26 日。

② 赵军：《略论我国拐卖犯罪的立法缺陷——以山西黑砖窑事件及联合国“The UN Trafficking Protocol”为视角》，载《法学评论》2008 年第 1 期。

③ 杨立新：《人身权法论》（第三版），人民法院出版社 2006 年版，第 862~863 页。

90 年代，最高人民法院曾经函复过一个案件，案情是，辛某与张某婚后感情不和而登记离婚，约定 6 岁的儿子归女方抚养，女方再婚后，子女归男方抚养。其实，女方离婚时就有外遇，离婚后不久即与他人再婚。辛某主张约定的条件成就，儿子应由自己抚养，张某不同意。辛某对前岳母谎称看望儿子，实际上是将儿子带回自己家中抚养。张某向法院起诉辛某侵害监护权，主张孩子由自己抚养。法院判决不构成侵害监护权，其理由是，双方约定改变抚养关系的条件是双方的真实意思表示，约定的条件成就，可以变更抚养关系。按照违法行为的要件分析，辛某将儿子强制接回由自己抚养的行为虽有所不当，但是不具有违法性，因而即使该行为已经使被监护人脱离了原来监护人的监护，却不构成非法使被监护人脱离监护的违法行为。

2. 被监护人脱离监护的损害事实

构成被监护人脱离监护的损害事实，首先是被监护人已经离开了监护人的监护，监护人无法对被监护人实施监护。违法行为侵害的是身份权，也可能侵害被监护人的物质性人格权，导致身份利益和人格利益的损害。

依照《侵权责任编司法解释（一）》第 1~3 条和《精神损害赔偿解释》第 2 条的规定，首先造成损害的是亲权或者亲属权，产生的损害后果是财产利益的损失和精神利益的损害。其次，侵害被监护人的人格权，造成人身损害的后果。这些损害结果表现为以下三种情况。

（1）财产损失。非法使被监护人脱离监护造成的财产损失，是“为恢复监护状态而支出的合理费用”。恢复监护状态是指通过救助或者其他行为，使被监护人重新回归监护人的监护下，监护人能够对被监护人进行照顾，尽到抚养、教育和保护的义务。恢复监护状态，包括被监护人已经回归监护人的监护，也包括监护人不能恢复被监护人的事实（如被监护人已经死亡）。为实现上述目的而支出的必要费用，就属于为恢复监护状态而支出的费用，包括为恢复监护状态而支出的交通费、住宿费、印刷费、通信费、调查费、取证费、律师费、鉴定费等合理费用。

为恢复监护状态而支出的合理费用是否包括为恢复监护状态而所失利益？笔

者对此持肯定意见，故为寻找被监护人而无法工作或营业所遭受的误工损失等，应当予以赔偿。司法解释未明确对所失利益的赔偿，这一解释以“等财产损失”的表述兜底，能够包含为恢复监护状态的所失利益。只要是在因果关系范围内，对于并非过于遥远的所失利益，侵害监护权的侵权人就应当承担赔偿责任。同时，侵害监护权造成的财产损失赔偿的请求权人是监护人，不限于自然人，更不限于近亲属。①

（2）精神损害。对认定非法使被监护人脱离监护造成的精神损害，理论与实践中主要有两种不同观点：一种意见认为，非法使被监护人脱离监护即构成严重精神损害。另一种意见认为，对精神损害的认定标准不能失之过宽，非法使被监护人脱离监护造成了精神损害，需要达到严重程度，才能承担精神损害赔偿责任。②《侵权责任编司法解释（一）》第 2 条规定：“非法使被监护人脱离监护，导致父母子女关系或者其他近亲属关系受到严重损害的，应当认定为民法典第一千一百八十三条第一款规定的严重精神损害。”该条坚持精神损害须达到严重程度，才能构成精神损害赔偿要件，这与《民法典》第 1183 条第 1 款的规定相一致。不过，这样的规定还是比较保守的，试想，被监护人脱离监护，无论对监护人还是被监护人，造成的都是严重的精神损害，因而笔者还是坚持上述第一种意见。

司法解释规定认定严重精神损害的方法，是从非法使被监护人脱离监护导致亲属身份关系受到严重损害的事实，来推定造成的精神损害严重，即用身份利益损害的程度推断精神损害的程度。最高人民法院在解释《精神损害赔偿解释》第 2 条时，采用的是“亲子关系或近亲属间的亲属关系遭受严重损害”③，就是造成了严重精神损害。《侵权责任编司法解释（一）》第 2 条仍然坚持这样的认定标准。所以，非法使被监护人脱离监护行为造成被侵权人的严重精神损害，是指亲

① 程啸：《我国侵权法规则的发展与完善》，载《中国法律评论》2024 年第 6 期。

② 《最高法民一庭负责人就民法典侵权责任编司法解释（一）答记者问》，载微信公众号“最高人民法院”，2024 年 9 月 26 日。

③ 最高人民法院民事审判第一庭编著：《最高人民法院〈关于确定民事侵权精神损害赔偿责任若干问题的解释〉的理解与适用》，人民法院出版社 2001 年版，第 39 页。

子关系和其他亲属关系的身份利益的严重损害，并非一定要造成被侵权人的严重精神痛苦或者精神疾病。

使用这样的标准判断非法使被监护人脱离监护造成的严重精神损害，还有一个重要的价值，就是划定侵权责任救济的范围。有学者认为，我国法上监护人的范围很大，包括自然人和组织。但我国法上不承认组织的精神损害，故应将组织作为监护人的情形排除在外。此外，即便是自然人担任监护人，与被监护人的远近亲疏也有差异，《侵权责任编司法解释（一）》将与被监护人没有近亲属关系的监护人也排除在精神损害赔偿请求权主体之外。[①]

判断非法使被监护人脱离监护是否造成严重精神损害，应当依据行为人采取的行为方式的恶劣程度、被监护人脱离监护的时间长短、对被监护人采取强制方法的程度、监护人和被监护人的近亲属关系造成损害的严重程度等因素，综合认定。

（3）人身损害。在非法使被监护人脱离监护期间，有可能造成被监护人死亡、残疾、病痛等人身损害。例如，实施诱骗、拐卖儿童等行为的行为人为实现其罪恶目的，殴打、强制被监护人造成人身伤亡，明知被拐儿童生病而不送医治疗导致其病重、伤残或死亡，为防止儿童哭闹而给其服用精神或麻醉药品导致人身伤害等。这种损害事实虽然与非法使被监护人脱离监护行为基于同一个事实造成的损害后果，却是行为人实施行为时因其行为的强制或者暴力而对被监护人的人身造成的损害，系侵害了被监护人的物质性人格权造成的人身损害后果，是单独的侵权行为，构成另一个独立的人身损害赔偿责任。为了简化诉讼，方便当事人维护权利，本着快捷解决纠纷、保障权利人及时受偿的原则，在请求非法使被监护人脱离监护的财产损失和精神损害赔偿的同时，可以合并请求赔偿人身损害赔偿责任。

3. 违法行为与损害结果之间的因果关系

证明和判断非法使被监护人脱离监护的因果关系要件并不复杂。当行为人实

---

① 程啸：《我国侵权法规则的发展与完善》，载《中国法律评论》2024 年第 6 期。

施了非法使被监护人脱离监护的行为，导致父母子女关系和其他近亲属关系受到严重损害的，就成立该因果关系要件。

确定因果关系要件的意义，一是在于确定是否构成这种侵权责任，二是确定损害赔偿责任的范围。在讨论侵权责任构成时，应当在第一个意义上进行，要求是使监护人脱离监护的行为是发生财产损害、精神损害以及人身损害事实后果的原因即可，判断标准以相当因果关系规则为尺度。

4. 行为人的过错

构成这种侵权责任，要求实施非法使被监护人脱离监护的行为人具备过错要件。非法使被监护人脱离监护的行为人的过错主要是故意，即希望或者放任被监护人脱离监护的后果发生，即包括直接故意和间接故意。行为人的过失也能构成这种侵权责任，例如，医院抱错孩子，或者错抱他人孩子，一般不是使被监护人脱离监护的故意，通常是过失，但是刻意抱错他人的子女为自己子女的，为故意；又如，未成年行为人对未成年人的监护人实施脱离监护的侵权行为，不能认定行为人主观方面的故意或者过失，只能按照《民法典》第1188条关于监护人责任的规定，认定未成年行为人的监护人未尽监护职责的过失，确定侵权责任的构成，不存在监护人已尽监护职责而须适用公平分担损失规则的可能性。

三、非法使被监护人脱离监护责任的损害赔偿

（一）非法使被监护人脱离监护的损害赔偿法律关系的主体

《侵权责任编司法解释（一）》第1~3条规定的都是非法使被监护人脱离监护的损害赔偿。确定这种侵权损害赔偿责任，应当首先分析该种损害赔偿法律关系的主体，在此基础上确定损害赔偿责任的承担。

1. 损害赔偿请求权人

非法使被监护人脱离监护行为产生的损害赔偿法律关系主体，即损害赔偿请求权人。《侵权责任编司法解释（一）》的这3个条文都规定了监护人是损害

赔偿法律关系的权利主体，第 3 条提到了被监护人死亡的侵权行为及损害赔偿责任，因被监护人已经死亡，因而监护人成为死亡被监护人的人身损害赔偿权利主体。这些规定都是正确的。这 3 个条文都没有规定被侵权人是否为非法使被监护人脱离监护的损害赔偿请求权人。笔者认为，非法使被监护人脱离监护损害赔偿的请求权人，不仅包括监护人，也应当包括被监护人。

（1）监护人。在通常情况下，监护人是被监护人的父母或者其他近亲属。他们作为监护人，对被监护人在脱离监护后所遭受的损失，当然享有损害赔偿请求权。故对此遭受的财产损失、严重精神损害以及被监护人死亡的人身损害，都可以行使损害赔偿请求权，救济损害，制裁侵权人。

应当研究的是，依照《民法典》第 27 条第 2 款第 3 项和第 28 条第 4 项的规定，其他愿意担任监护人的个人或者组织担任的监护人，其监护的被监护人被非法脱离监护的，是否可以成为损害赔偿的请求权人，《侵权责任编司法解释（一）》没有明文规定，但是从条文的含义中可以推导出来。首先，《侵权责任编司法解释（一）》第 1 条规定的为恢复监护状态的合理费用的损害赔偿，没有限制监护人的身份，故非近亲属的个人或者组织作为监护人有此损失的，是其财产损害赔偿的请求权人。其次，不能成为第 2 条规定的精神损害赔偿的请求权人，因为他们与被监护人不具有父母子女关系和其他近亲属关系，不存在身份权，因而不存在侵害身份权而导致身份利益受到损害，不能请求精神损害赔偿。最后，对被监护人死亡的人身损害赔偿，非近亲属监护人也不享有损害赔偿请求权，也是因为其不具有《侵权责任编司法解释（一）》第 3 条规定的与被监护人的身份关系，不能作为死亡被监护人的死亡赔偿的请求权人。

（2）被监护人亦为损害赔偿请求权人。《侵权责任编司法解释（一）》第 1~3 条都没有规定被监护人是否为非法使被监护人脱离监护的损害赔偿请求权主体。笔者认为，在这种损害赔偿法律关系中，被监护人并非只具备受害人的身份，也应当具有损害赔偿请求权人的身份。其理由是：

第一，非法使被监护人脱离监护的行为不仅侵害了监护人的身份权，也侵害了被监护人的身份权。监护人的身份权被侵害，表现为被监护人无踪迹、下落不明，身份关系受到破坏，遭受严重精神痛苦；同样，被监护人脱离监护，身份利益同样遭到破坏，失去了监护人的人身照护和财产照护，受到的精神痛苦非比寻常。如果只认可监护人是这种侵权行为的损害赔偿请求权人，不承认被监护人是损害赔偿请求权人，则被监护人的损害无法得到救济。特别是未成年人在智力、体力、心理等方面都较成年人处于弱势，他们自我保护能力差，缺乏独立生活能力，维护他们的合法权益需要家庭和社会的共同努力，[①] 民法更应当如此。

第二，身份权的特殊性决定了受到侵害时的权利主体的双重性。身份权虽然也是绝对权，权利主体之外的其他任何人都是身份权的义务主体，但是，身份权的权利主体是相对的，近亲属间相互都是身份权的主体，且为相对的义务人。例如，配偶权是绝对权，尽管权利主体之外的其他人都是义务人，但是配偶权的权利主体却是配偶双方，配偶相互之间既是权利主体，也是义务主体，相互享有相对的权利，负有相对的义务。其他身份权如此，作为准身份权的监护权也是如此。在身份权受到其他绝对权义务人的侵害时，相对的权利主体是“一损俱损、一荣俱荣”，身份利益受到损害的是双方权利主体。非法使被监护人脱离监护“导致父母子女关系或者其他近亲属关系严重损害”，受到损害的就不是只有监护人，被监护人是受害人，也是被侵权人，甚至是直接受害人。因此，从《侵权责任编司法解释（一）》第 2 条的规定中可以推导出被监护人在脱离监护期间遭受人身损害（死亡除外）的，有权请求获得人身损害赔偿，那么，被监护人因此导致身份关系、身份利益受到严重损害，同样可以推导出其享有财产损害赔偿、精神损害赔偿的请求权。

所以，笔者认为，在非法使被监护人脱离监护的侵权损害赔偿诉讼中，应当列监护人和被监护人为共同原告，他们有权共同提起损害赔偿请求，既包括人身损害赔偿，也包括财产损害赔偿和精神损害赔偿。只是被监护人通常不存在因寻亲等造成的财产损失，但被监护人也可能在脱离监护期间遭受其他财产损失，例如收入损失或者逃离困境所支出的费用，后者也是为恢复监护状态支出的合理费

① 林艳琴:《论我国未成年人监护监督制度》，载《学术交流》2013 年第 8 期。

用。对于被监护人在监护期间遭受伤残等人身损害的，可以单独诉讼，也可以在监护人诉讼中加入，一并提出人身损害赔偿请求。

2. 损害赔偿义务人

非法使被监护人脱离监护的赔偿义务主体，是实施非法使被监护人脱离监护的行为人，由其对监护人和被监护人造成的损害承担赔偿责任。

非法使被监护人脱离监护的行为人中，最严重、最恶劣的是拐卖、诱骗人口的人贩子，这类犯罪分子除了应当承担刑事责任外，还应当承担民事赔偿责任，包括精神损害赔偿责任。对于其他有过失的行为人，例如误抱他人亲子的，仍在民事责任范围内，承担损害赔偿责任即可。

未成年人诱骗、强制被监护人脱离监护，因其实施该行为时尚未成年，不具有民事行为能力或者民事行为能力受限制，应当依照《民法典》第1188条的规定和《侵权责任编司法解释（一）》第4条和第5条的规定，在诉讼中将行为人和其监护人列为共同被告，由其监护人承担替代责任，行为人有财产的由其自己财产支付赔偿费用，不足部分由其监护人承担赔偿责任。

（二）非法使被监护人脱离监护损害赔偿责任的承担规则

《侵权责任编司法解释（一）》第1~3条规定了三种非法使被监护人脱离监护的损害赔偿责任承担规则。

1. 承担财产损害赔偿的规则

非法使被监护人脱离监护责任中的财产损害赔偿，是《侵权责任编司法解释（一）》最重视的规则，放在第1条作出规定，凸显其重要地位。其主要原因在于以财产方式制裁拐卖、诱骗未成年人脱离监护的行为人。按照规定，这里的财产损害赔偿包括以下两种。

（1）为恢复监护状态支出的合理费用的财产损害赔偿。

确定这种财产损害赔偿的基准，是为恢复监护状态而支出的合理费用。恢复监护状态，是指被监护人脱离监护后，通过寻亲等方法，使被监护人重新回归监护人的监护之下，使监护人能够依法履行对被监护人的人身照护和财产照护的职责。

对此，应当按照责任范围成立的因果关系规则的要求确定赔偿范围。如果作为原告遭受损害条件的被告行为极大地增加了该损害发生的客观可能性，则被告的行为就属于损害发生的充分原因。判断被告的行为是否极大地增加了损害发生的客观可能性，需要在被诉侵权人实施侵权行为时已经知道或者应当知道的全部情形基础上，再结合以经验为基础的一般实践性知识予以认定。[①] 对被监护人逃脱困境等支出的费用，亦应如此。

按照这样的因果关系判断标准，为恢复监护状态而支出的合理费用应当包括为调查、取证而支出的交通费、住宿费、印刷费、通信费、鉴定费以及委托律师的费用等必要费用，都应当依照《侵权责任编司法解释（一）》第1条的规定予以赔偿。

（2）其他财产损失赔偿。

请求赔偿其他财产损失的依据，是《侵权责任编司法解释（一）》第1条关于“等财产损失”的规定。这种财产损失并不在“为恢复监护状态支出的合理费用”的范围之内，因而是其他财产损失，包括所失利益。例如，为寻找被人贩子拐卖的未成年子女或者被引诱脱离监护的被监护人，父母等监护人为寻亲遭受的误工等财产损失，就属于其他财产损失。由于《侵权责任编司法解释（一）》第3条规定人身损害赔偿没有包含监护人以及其他近亲属因非法使被监护人脱离监护而导致精神性疾患的诊疗、护理费用等财产损失，可以包含在这种财产损失赔偿的范围内索赔。

典型案例解读

罗某、黄某等一般人格权纠纷案[②]

【案情】 1999年7月16日，被告黄某、刘某分工合作，自原告罗某手中骗得吴某川（现名张某）后离开现场。被告黄某、刘某随即搭乘长途汽车将吴某川

① 程啸：《论侵害监护权的损害赔偿责任》，载《现代法学》2024年第4期。

② 参见广东省广州市花都区人民法院（2022）粤0114民初179号民事判决书。

带到广东省汕头市潮阳区，并通过中间人将吴某川出卖给他人。原告罗某于案发当日向派出所报案，此后一直在寻找被拐的儿子。2021 年，被告刘某、黄某投案，因拐卖儿童罪获刑。原告罗某遂向法院起诉，请求被告赔偿交通费 9 万元、误工费 8 万元以及精神损害赔偿 3 万元。

【裁判】法院认为，孩子被拐，父母多方寻找是人之常情。原告因吴某川被拐，为寻找孩子花费了大量交通费，原告有权要求两被告赔偿。虽然原告仅提供了一张高铁票，但综合其寻找吴某川的行为持续了 20 多年的事实，且原告诉称找小孩的过程中未想到赔偿问题，故未保留相关交通费票据，符合常理，对原告主张的交通费 9 万元，法院予以支持。原告因寻找被拐小孩而被误工客观存在，虽然误工的准确时间缺乏证据证实，但从寻找小孩的持续时间看，原告主张误工费 8 万元，在合理范围内，予以支持。二被告对吴某川的拐卖行为，使吴某川脱离原告监护多年，明显导致原告与吴某川的亲子关系遭受严重损害，原告诉求二被告赔偿精神损失费 3 万元，合法合理，法院予以支持。综上，法院判决被告黄某、刘某向原告罗某连带赔偿 20 万元。

【解读】本案是典型的“非法使被监护人脱离监护”的情形，即被告刘某、黄某拐卖儿童，使得原告罗某的儿子脱离原告的监护。一方面，黄某、刘某应承担拐卖儿童罪的刑事责任；另一方面，根据《民法典》第 187 条的规定，犯罪分子黄某、刘某承担刑事责任后，并不影响民事责任的承担。

由于本案涉及刑事犯罪，可以通过刑事附带民事诉讼的方式提起损害赔偿。近期新闻媒体报道所提及的杨某被拐案中，杨某本人提起刑事附带民事诉讼，主张余某英（犯拐卖儿童罪）赔偿 920 万元，该费用包含财产损失和精神损失。《最高人民法院关于适用〈中华人民共和国刑事诉讼法〉的解释》第 175 条第 2 款规定，被害人因受到犯罪侵犯，提起附带民事诉讼或者单独提起民事诉讼要求赔偿精神损失的，人民法院一般不予受理。据此，刑事附带民事诉讼一般只赔偿物质损失。法院判令的 3 万元正是对杨某本人财产损害的赔偿。

如果单纯提起民事诉讼，在民事责任方面，应当包含两个要件：一是存在非法使被监护人脱离监护的行为；二是存在损害。

就第一点而言，非法使被监护人脱离监护，除了“故意”之外，也包含过失。系争拐卖儿童案件，就是典型的“故意”使被监护人脱离监护。在孙某东等与通化市人民医院侵权责任纠纷案中，因通化市人民医院医护人员的管理过失，孙某东夫妇错抱他人的孩子抚养22年，自己的亲生孩子则下落不明，多番寻找依旧未果。对于孙某东夫妇实际寻亲发生的费用，也应予以支持。[①]

就第二点而言，损害应当存在相应的事实依据。非法使得被监护人脱离监护后，既包括对被监护人的财产损害、人身损害以及精神损害等，也包括对监护人的财产损害、人身损害以及精神损害。《侵权责任编司法解释（一）》第1条针对的则是监护人为恢复监护状态所形成的财产损害，财产损害应当具有事实依据。在某案件中，被告因与原告亲属的债务纠纷而将原告的儿子带走，使得原告儿子脱离原告监护十余分钟。违法行为持续时间较短，不存在误工费、交通费等。[②]诉争案件中，寻亲二十余年，以该条规定为依据，交通费和误工费应当得到支持。[③]当然，并不是所有的“非法使监护人脱离监护”都存在交通费、误工费。

2. 承担精神损害赔偿的规则

《精神损害赔偿解释》第2条规定了非法使被监护人脱离监护的精神损害赔偿责任，《侵权责任编司法解释（一）》第2条是继续确认非法使被监护人脱离监护适用《民法典》第1183条第1款的规定，确定精神损害赔偿责任。这2条解释除了将非法使被监护人脱离监护行为纳入《民法典》规定的精神损害赔偿范围之外，更重要的是确立了一个认定严重精神损害的公式，即

父母子女关系或者其他近亲属关系受到严重损害 = 严重精神损害

---

① 只不过彼时孙某东等人还未开始寻亲，实际寻亲发生的费用尚未确定，法院遂未予以支持。至于孙某东实际支出的抚养费用和精神损害赔偿则得到了支持。参见最高人民法院中国应用法学研究所编：《人民法院案例选》（总第46辑），人民法院出版社2004年版，第93页。

② 杨某与周某生命权、健康权、身体权纠纷案，江苏省徐州市泉山区人民法院（2018）苏0311民初4435号民事判决书。

③ 类似的案件裁判可见何某、谢某等与张某、李某等人格权纠纷案，重庆市潼南区人民法院（2021）渝0152民初3074号民事判决书。

如前所述，《精神损害赔偿解释》第2条和《侵权责任编司法解释（一）》第2条规定的有关侵害客体的表述，即亲子关系和父母子女关系有所区别。按照“从新”原则解释，是较为稳妥的方法。因而，“父母子女关系”主要是父母与未成年子女的关系，即亲权关系，但也包括父母与无民事行为能力或者限制民事行为能力的成年子女关系，即亲属权。其他近亲属关系是其他近亲属的亲属权和配偶之间配偶权的关系，被监护人是无民事行为能力或者限制民事行为能力的成年近亲属或者配偶，其他近亲属或者配偶担任监护人的，构成其他近亲属关系。非法使被监护人脱离监护行为实施后，父母子女关系或者其他近亲属关系就会受到损害。至于损害是否严重，笔者认为，原则上父母子女关系和其他近亲属关系受到损害，只要不属于较轻损害的，应当认定为严重损害，例如非法使被监护人脱离监护行为中止或者结果未遂的，不能认定为父母子女关系受到严重损害。认定父母子女关系和其他近亲属关系受到损害达到严重程度的，即可认定监护人和被监护人受到严重精神损害，可以确认精神损害赔偿责任。

确定精神损害赔偿责任的数额，是法官自由裁量的范围，应当依据非法使被监护人脱离监护行为的严重程度、行为人的过错程度、被监护人脱离监护的时间长度、亲子关系和近亲属关系的损害程度、被侵害人遭受精神痛苦的程度等，确定适当的精神损害赔偿数额。

典型案例解读

赵某与尚某禄等侵权责任纠纷案①

【案情】1995年，赵某与尚某禄、张某娥夫妇之女尚某云结婚育有一女名赵甲。2000年9月19日，尚某云病逝，赵甲随尚某禄、张某娥二人共同生活。同年9月28日，赵某向尚、张二人出具了代为看护孩子的委托书，载明“同意孩子先暂由岳父、岳母抚养，我每月给抚养费叁佰元整。允许我自由探望，待孩

① 参见甘肃省高级人民法院（2017）甘民再40号民事判决书。

子到16岁成人后，其家庭归属，由孩子自行选择决定”。因抚养赵甲的问题，双方当事人发生矛盾，2001年4月，赵某诉至法院要求尚某禄、张某娥归还赵甲，恢复其抚养权。同年5月，法院作出一审判决，确认赵某对赵甲具有法定监护权。该判决发生法律效力后，同年7月11日，赵某向法院申请强制执行，但尚某禄、张某娥以赵甲由他们监护抚养更有利于其健康成长为由未履行。法院以孩子不能被作为强制执行的对象为由，终结执行程序。之后，赵某再未给付过赵甲抚养费。2014年1月16日，尚某禄、张某娥起诉要求赵某支付抚养赵甲的各项垫付费用，法院判决赵某给付尚某禄、张某娥为抚养赵甲垫付的抚养费等150900.15元。宣判后，赵某不服提出上诉。二审法院驳回上诉，维持原判。2015年，赵某起诉请求尚某禄、张某娥承担侵犯其监护权的民事赔偿责任。

【裁判】一审法院认为，赵某的妻子病逝后，赵某书面委托尚某禄、张某娥二人抚养赵甲，并承诺由其承担抚养费。后双方当事人因抚养问题协商未果，赵某提起恢复监护权诉讼，法院作出的生效判决认定赵某具有法定的监护权。因尚某禄、张某娥二人拒不履行生效判决，经法院多次执行，其二人均拒绝将赵甲交由赵某监护抚养，客观上阻碍和侵害了赵某的监护权。该侵权行为直接造成赵某与赵甲父女亲情疏离，对赵某的精神造成了伤害，故二人应赔偿赵某的精神损失。赵某给付赵甲生活垫付费用一案，虽与本案的监护权不属同一法律关系而得以支持，但不能以此认定赵某放弃了对赵甲的监护权。因此，法院认为尚某禄、张某娥拒绝将赵甲交由赵某监护抚养的行为侵害了赵某的监护权，尚某禄、张某娥赔偿赵某精神损害抚慰金5万元。

二审法院认为，赵某作为赵甲的父亲，对赵甲负有法定的抚养义务，但赵某即使在委托抚养期间也不履行抚养义务，直到赵甲成年后，在人民法院的判决后才承担支付抚养费的义务，因此，赵某对其与赵甲父女感情疏离负有主要责任。尚某禄、张某娥抚养赵甲的行为本身并无过错，故，赵某要求二人赔偿对其精神损害抚慰金的诉讼请求，不予支持。

再审法院认为，本案是家事纠纷，关于本案尚某禄、张某娥是否侵害了赵某的监护权的问题。首先，监护权是指对无民事行为能力人和限制民事行为能力人的人身、财产和其他合法权益依法进行监督和保护的权利或资格。监护权是基于特定的身份关系而产生的权利，为未成年子女的父母所固有，实质是一种义务。父母与未成年子女之间存在的特殊身份关系及血缘关系，使得双方建立非同寻常的亲情，在感情上相互依赖。本案中被监护人赵甲在3岁时生母病故，赵某为赵甲的法定监护人，但其在赵甲长达十几年的成长教育中未尽到父亲的法定监护责任，没有给予抚养、教育，更没有通过自己的行为努力维系、增进和加深父女亲情，造成父女感情疏离。本案双方当事人之间因赵甲的抚养发生的抚养权等系列纠纷，赵某未通过合法有效的途径解决纠纷，与尚某禄、张某娥及赵甲进行良好的沟通交流，主动担负起父亲的法定监护职责，承担每月赵甲的抚养费，以消除双方的矛盾，而是懈怠、消极地对待上述问题。赵甲自幼受尚某禄、张某娥即外祖父母的抚养，共同生活，祖孙之间感情深厚，并于2014年9月考入大学。尚某禄、张某娥抚养赵甲不仅是费用问题，耗费的精力之大、投入的感情之深都是无法用金钱衡量的。虽因尚某禄、张某娥的行为客观上造成了赵某对赵甲监护权行使的阻碍，但赵某身为中学人民教师，并与女儿生活在同一个城市，本应主动创造更多的便利条件加强彼此接触，增进感情交流，但其并没有采取适当、积极有效的方法来改善父女关系，对赵甲的成长教育未履行日常的法定义务，即使在委托期间也未给付抚养费。作为父亲，其女儿的成长、教育非一朝一夕，在长达十余年间不履行抚养义务，给赵甲的身心健康造成了严重伤害，以至于在其成年之后对赵某仍然不能谅解。因此，与赵甲感情疏离，与赵某自身的消极、懈怠不依法负担抚养义务有直接关系。

其次，赵某认为其监护权受到尚某禄、张某娥二人的阻碍，但不免除父母对被监护人的抚养义务的法律立场。法院认为，抚养义务与监护权二者是既相互独立又紧密联系的法律关系，赵某对女儿的抚养义务，不因监护人资格受阻而免除。维护未成年人合法权益是处理监护权纠纷的一项重要原则，赵某不给付抚养费，实际是损害了被监护人的利益。而且，本案赵某于2015年起诉时，被监护人赵甲已年满18周岁，具备了完全民事行为能力，在没有特殊情形下，根据法律规定，其与赵甲之间的监护关系在赵甲年满18周岁时自然解除。因此，赵某以尚某禄、张某娥侵犯其监护权提起的民事诉讼的目的已经无法实现。一审及再审中，经征询赵甲的意见，其向法庭书面陈述，愿意随其外祖父母继续生活，不认为二人构成对赵某的侵权，目前尚不能谅解赵某，但随着时间的推移，赵甲结婚、为人母，相信赵某与赵甲之间的父女关系有修复的可能。

再审法院认为，未成年人的父母是未成年人的监护人。自 2000 年 9 月 28 日尚某禄、张某娥受托对赵甲行使监护权至委托抚养关系解除后，赵甲与其二人共同生活 14 年之久，其间，赵某未支付过抚养费，其行为是导致赵甲与其感情疏离的重要原因，赵某对造成父女感情疏离负有责任。关于本案支付赔偿精神损害抚慰金的问题，尚某禄、张某娥的行为侵害了赵某的监护权，使赵某对女儿的法定监护权受到了侵害，造成父女关系受损，赵某本人也因此遭受了精神痛苦，尚某禄、张某娥对损害事实和损害后果有过错。但其二人在抚养赵甲成人的 14 余年间，所倾注的大量心血，从社会层面、家庭层面、公民个人层面而言，赵某也已得到了相应的补偿。鉴于二人现已年老体迈，衡平其二人的过错程度，在充分考虑现实情况的基础上，让其二人承担对赵某精神损害抚慰金不符合公平、正义的社会主义核心价值观，应免除侵权人精神损害的赔偿责任。

【解读】诉争案件中，有如下三个问题值得讨论。

第一，区分监护权和抚养权。父母是子女的监护人。离异夫妻尽管婚姻关系消灭，但均是子女的监护人，抚养权可能归属于一方，但是监护职责未发生变更。因此，若离异一方擅自带走孩子，侵害的是抚养权，属于抚养权纠纷；非婚生育状态下，生父将女儿隐藏起来，构成的是对生母抚养权的侵害，而不是监护权纠纷。[①] 但如果是父母一方擅自将子女送养给他人，[②] 祖父母、外祖父母拒绝交出孩子等，则使得被监护人脱离了监护的状态，涉及监护权，而不是抚养权。

---

① 莫某与谭某、周某一般人格权纠纷案，广东省广州市越秀区人民法院（2019）粤 0104 民初 13735 号民事判决书。在该案中，谭某与周某系夫妻。谭某隐瞒已婚事实与莫某生育一女，法院将抚养权判给了莫某。但是谭某和周某合谋私自将女儿藏了起来，谭某的行为应当是侵害抚养权，周某的行为应当是侵害监护权。

② 缪某某、钟某某侵权责任纠纷案，广东省湛江市中级人民法院（2023）粤 08 民终 4689 号民事判决书。

第二，是否构成非法脱离监护。非法脱离监护，应当是指未经监护人同意使被监护人脱离监护。本案的特殊性在于，起初是父亲赵某和外祖父母达成了委托抚养的合意，属于《民法典》第1189条规定的委托监护。按照《最高人民法院关于适用〈中华人民共和国民法典〉总则编若干问题的解释》第13条的规定，监护人的职责并不随之发生转移，但与此同时，受托人也应当承担相应的监护职责。而且，本案是无偿的委托监护，赵某支付抚养费并不是基于委托监护关系，而是亲子关系中父亲本来就应当支付的费用。按照约定，委托监护关系一直持续至赵甲16岁。但是，后来双方未能协商一致，而是由法院判令监护权恢复至父亲赵某。通过法院判决的方式，委托监护关系实际上"终止"。从此刻开始计算，外祖父母阻碍的行为属于"非法使被监护人脱离监护"的状态。

法院恢复监护权的纠纷未能得到执行后，赵某未支付过抚养费。正如再审法院所言，委托监护期间（3岁到16岁），赵甲与被告二人共同生活14年之久，而赵某并没有支付后续的抚养费，没有履行监护职责，更没有尽到监护义务。监护权的侵害是赵某与外祖父母之间的争议，但赵某不支付抚养费的行为是对被监护人利益的侵害，二者应分别论证。二审法院其实就是混淆了脱离监护与抚养费给付之间的关系。"脱离监护"的"因"是外祖父母的阻碍执行行为，而不是赵某不支付抚养费的行为。因此，以赵某不支付抚养费使得父女感情疏离为由否认处于非法脱离监护的状态，尚缺乏说服力。

第三，何以免除精神损害赔偿。因外祖父母不归还赵甲，使得赵甲脱离了赵某的监护状态，二人无法常常相见。对此，外祖父母确实应当承担赔偿责任。与之相对应，赵某怠于履行抚养职责，对于亲子关系受损也有一定的过错。因此，外祖父母只需要承担部分的赔偿责任即可。问题在于，诉争案件中免除外祖父母的损害赔偿责任在法理上是否妥当。裁判中所提供的论证理由是：（1）二人对赵甲抚养成人的14余年间，倾注了大量心血，赵某也已得到了相应的补偿；（2）鉴于二人现已年老体迈，衡平其二人的过错程度，在充分考虑现实情况的基础上，让其二人承担对赵某的精神损害抚慰金不符合公平、正义的社会主义核心价值观。

笔者以为，第一，免除债务应当是当事人的权利，而不是法院的权力。此处的免除理解为是侵权责任法中的“免责”更为妥当，而本案尚未出现免责事由。因此，再审法院这里提出“免除”外祖父母的责任在法理上欠妥。第二，从法院提供的第一个论证理由来看，其本质是填平规则，即赵某的损失已经得到补偿，如此一来，赔偿责任应当是因清偿完毕而消灭，而不是因免除或者免责而消灭。

事实上，法院提供的第二个论证理由才是实质性的，即由被告二人向原告赔偿精神损害不符合情理。对于这一价值判断的结论，笔者深表赞同。不过，诚如上述所言，采用“免除”不符合法理，可以考虑采取“名义上的精神损害赔偿”来处理。

3. 承担人身损害赔偿的规则

《侵权责任编司法解释（一）》第 3 条规定的是非法使被监护人脱离监护行为导致被监护人死亡的赔偿规则，即被监护人在脱离监护期间遭受死亡后果，其监护人亦即被监护人的近亲属，在请求赔偿身份利益受到损害的财产损失赔偿和精神损害赔偿的同时，也对死亡的被监护人的人身损害请求赔偿的，其实是诉的合并，行使的请求权并非一个而是两个，即依据监护人的身份产生的非法使被监护人脱离监护的财产损害赔偿或者精神损害赔偿请求权，对于被监护人死亡的事实，作为被监护人的死者的父母或者其他近亲属依照《民法典》第 1181 条第一句规定产生的人身损害赔偿请求权，这本是两个不同的请求权，权利主体虽然是一个人，但其身份地位并不相同。只是由于发生损害的事实为同一个，实际的请求权主体亦为同一人，故“本着快捷解决纠纷、保障权利人及时受偿的考虑”，准许这两个不同的损害赔偿请求权一并行使，合并审判。这一点，与《侵权责任编司法解释（一）》第 19 条规定的产品自损的违约损害赔偿可以同产品责任的侵权损害赔偿请求权一并行使，[①] 其目的和方法都是相同的，体现了司法为民的精神，值得赞许。

对被监护人死亡的人身损害赔偿责任，应当依照《民法典》第 1179 条和

① 杨立新：《产品责任损害赔偿范围问题研究——〈侵权责任编司法解释（一）〉第 19 条的理解与适用》，载《中国应用法学》2024 年第 5 期。

《人身损害赔偿解释》(2022年)的规定确定，特别是关于死亡赔偿金的赔偿，应当适用城乡统一标准。

对被监护人在脱离监护期间，行为人对其造成的其他身体权或者健康权的损害，应当由被监护人自己行使人身损害赔偿请求权，主张权利救济。如果认为"司法解释既然已经对被监护人在脱离监护期间死亡的赔偿责任作出了规定，就应当一并规定伤残的赔偿责任，以防实践中出现混乱——伤残的被监护人不能单独请求赔偿"[①]，这种看法并不妥当。这种人身损害赔偿请求权，在《侵权责任编司法解释（一）》的草案中确实作过规定，正式文本将其予以删除是正确的，因为这不必规定，是侵权责任法的应有之义，不必明文规定，适用《民法典》第1179条的规定即可，不会造成伤残的被监护人不能单独请求赔偿的混乱。

典型案例解读

李某发、李某林等与某医院侵权责任纠纷案[②]

【案情】李某发与丁某系夫妻关系，生育一子即李某林、一女即李某瑰。2017年12月7日，李某发、李某林、李某瑰将丁某送往某医院住院治疗。丁某入院精神检查时初步诊断：精神分裂症。李某发、李某林、李某瑰向医院预交费用2000元。2017年12月15日上午，医院两名护士带领丁某和另两名病人前往医院门诊科进行检查时，丁某趁人不备自行离开医院。2022年7月25日，某村村民委员会出具证明一份，写明丁某自被告医院离开后至今杳无音信。截至起诉之日，丁某未被申请宣告失踪或死亡。但某医院提交的某网站公示的2021年6月份农村低保公示名单中依然有丁某的名字，某办公室出具的社保卡发放记录显示：截至2020年4月，丁某社保卡依然正常发放，李某发、李某林、李某瑰自认丁某的最低生活保障费于2020年7月停止发放、残疾人补贴至今仍在发放。

【裁判】一审法院认为，关于丁某是否属于失踪人员，李某发、李某林、李

---

① 程啸：《论侵害监护权的损害赔偿责任》，载《现代法学》2024年第4期。

② 参见河南省南阳市中级人民法院（2023）豫13民终2365号民事判决书。

某瑰虽然提交了某村委会出具的证明，但对于2017年12月15日丁某从医院离开后仍然能够获得上述登记和费用的情况，未能作出合理解释，且丁某未经法定程序被宣告失踪，故依据现有证据无法认定丁某自2017年12月15日从医院出走至今一直处于失踪状态。关于李某发、李某林、李某瑰主张的误工费、精神损害抚慰金和寻人产生的必要费用，因其未提供证据证明实际参与寻找丁某的人员情况以及产生的实际误工损失、因寻人而产生的实际支出情况，故李某发、李某林、李某瑰的主张没有事实和法律依据，一审法院不予支持，李某发、李某林、李某瑰可待相关证据充分后另行主张权利。

二审法院认为，丁某于2017年12月7日被其家人送往某医院治疗，入院后被诊断为精神分裂症，某医院予以接收并对丁某进行了治疗，由于精神病患者的特殊性，某医院作为有资质的、专业的精神病医院，并且其医疗区属于全封闭对病人进行看护及治疗的医院，应当具有与普通医院不同的专门监督、看护和安全管理职责，特别是在带领精神病患者外出期间，医院应当具有高度的注意义务和安全保障义务。2017年12月15日，某医院的工作人员带领丁某前往该医院门诊科进行检查时，疏于对患者的管理，导致丁某走失。某村民委员会及某派出所于2022年7月25日出具的证明载明丁某自2017年12月在某医院住院治疗时失踪，至今杳无音信。某医院称丁某从医院离开后已回家，李某发、李某林、李某瑰对此不予认可，某医院并未举证证明丁某自行离开医院后已经回家，某医院关于丁某离开医院后已经回家的主张，缺乏证据支持，不予采信；某医院对精神病患者丁某在该院住院治疗期间的走失存在管理不当的过错，应承担相应的赔偿责任；李某发、李某林、李某瑰并未举证证明其曾经外出对丁某进行过寻找并实际发生了交通费、食宿费等相关费用，故对李某发、李某林、李某瑰要求某医院向其支付为寻人所支出的交通费、食宿费、误工费的主张不予支持；丁某作为精神病患者在某医院住院治疗期间因医院的管理疏漏而走失，给其近亲属李某发、李某林、李某瑰造成严重的精神损害，李某发、李某林、李某瑰主张精神损害赔偿，符合上述法律规定，应予支持。

【解读】本案有如下三个问题值得讨论。

第一，医院的行为是否构成“非法使被监护人脱离监护”。丁某是精神病患者，李某发作为配偶担任其监护人，并将其安顿于医院，属于委托监护，即医院是受托人，也应当尽到监护的义务。监护的内容之一是，采取严格的安全保障措施，保障丁某的人身安全。一方面，应当谨慎看管，避免患者走失；另一方面，如果有人员试图接走患者，应当审查其是否有权限，是否受到监护人的委托，是否属于患者的近亲属，而不是任一家庭成员。因此，从这方面来说，林某、兰某等与福建省某养老服务有限公司一般人格权纠纷案[①]中，该公司使得兰某甲被其他家庭成员接走，行为上具有违法性。尽管该公司不是直接的“非法使被监护人脱离监护”的侵权责任人，但是由于该公司疏于防范，主观上具有过失，同样应当承担侵权责任。本案中，由于医院疏于防范，导致丁某走失，其脱离了监护人的监护状态，具有违法性。

第二，医院是否需要赔偿精神损害。精神损害赔偿应当根据违法行为的情节（比如持续时间长短、是否得以恢复）等方面来确定。比如杨某与周某生命权、健康权、身体权纠纷一案中，被告因债务纠纷将原告儿子带走十余分钟，法院考虑到被告的违法行为持续时间较短，原告的精神伤害可以随时间推移得以恢复，以及原告也自认精神伤害得以缓解，最终酌定精神损失费2000元。[②]林某、兰某等与福建省某养老服务有限公司一般人格权纠纷案中，兰某甲是被其他家庭成员接走，而不是走失。就该行为的严重性来看，造成的精神损害程度尚且难以达到“严重”的程度。因此，在没有其他证据证明林某的精神受到严重损害的情况下，该养老服务有限公司无须对林某精神损害进行赔偿。这明显不同于本案，丁某作为精神病患者在某医院住院治疗期间因医院的管理疏漏而走失，至今下落不明，给其近亲属李某发、李某林、李某瑰造成严重的精神损害，应当予以赔偿。

第三，如果在走失期间死亡，医院也需要承担赔偿责任。丁某走失后，如果因意外事件身亡，医院应当承担赔偿责任，其请求权基础是丁某的生命权、健康

① 参见福建省福州市晋安区人民法院（2018）闽0111民初1070号民事判决书。
② 参见江苏省徐州市泉山区人民法院（2018）苏0311民初4435号民事判决书。

权受损而产生的损害赔偿请求权。李某发作为其近亲属，有权请求医院赔偿人身损害。根据《侵权责任编司法解释（一）》第3条的规定，这与因监护关系受侵害产生的损害赔偿请求权并行不悖。

结　语

确认非法使被监护人脱离监护损害责任的法律依据是《民法典》第1165条第1款规定的侵权责任一般条款，具体规则是《精神损害赔偿解释》第2条和《侵权责任编司法解释（一）》第1~3条的规定。其中，《精神损害赔偿解释》第2条是认定非法使被监护人脱离监护损害责任的构成规范，据此确定是否构成非法使被监护人脱离监护损害责任。《侵权责任编司法解释（一）》第1~3条的规定是确定非法使被监护人脱离监护的损害赔偿方法的规范，确定这种侵权责任类型的财产损害赔偿、精神损害赔偿和人身损害赔偿，应当依照这一规定进行。在具体诉讼中，应当将监护人和被监护人列为共同原告，一并审理监护人和被监护人因非法使被监护人脱离监护所造成的损失，判决侵权人承担赔偿责任。

第二章 监护人责任和受托监护责任规则

法律和司法解释

《中华人民共和国民法典》

第1188条 无民事行为能力人、限制民事行为能力人造成他人损害的，由监护人承担侵权责任。监护人尽到监护职责的，可以减轻其侵权责任。

有财产的无民事行为能力人、限制民事行为能力人造成他人损害的，从本人财产中支付赔偿费用；不足部分，由监护人赔偿。

第1189条 无民事行为能力人、限制民事行为能力人造成他人损害，监护人将监护职责委托给他人的，监护人应当承担侵权责任；受托人有过错的，承担相应的责任。

《最高人民法院关于适用〈中华人民共和国民法典〉侵权责任编的解释（一）》

第4条 无民事行为能力人、限制民事行为能力人造成他人损害，被侵权人请求监护人承担侵权责任，或者合并请求监护人和受托履行监护职责的人承担侵权责任的，人民法院应当将无民事行为能力人、限制民事行为能力人列为共同被告。

第5条 无民事行为能力人、限制民事行为能力人造成他人损害，被侵权人请求监护人承担侵权人应承担的全部责任的，人民法院应予支持，并在判决中明确，赔偿费用可以先从被监护人财产中支付，不足部分由监护人支付。

监护人抗辩主张承担补充责任，或者被侵权人、监护人主张人民法院判令有财产的无民事行为能力人、限制民事行为能力人承担赔偿责任的，人民法院不予支持。

从被监护人财产中支付赔偿费用的，应当保留被监护人所必需的生活费和完成义务教育所必需的费用。

第6条 行为人在侵权行为发生时不满十八周岁，被诉时已满十八周岁的，被侵权人请求原监护人承担侵权人应承担的全部责任的，人民法院应予支持，并在判决中明确，赔偿费用可以先从被监护人财产中支付，不足部分由监护人支付。

前款规定情形，被侵权人仅起诉行为人的，人民法院应当向原告释明申请追加原监护人为共同被告。

第7条 未成年子女造成他人损害，被侵权人请求父母共同承担侵权责任的，人民法院依照民法典第二十七条第一款、第一千零六十八条以及第一千一百八十八条的规定予以支持。

第8条 夫妻离婚后，未成年子女造成他人损害，被侵权人请求离异夫妻共同承担侵权责任的，人民法院依照民法典第一千零六十八条、第一千零八十四条以及第一千一百八十八条的规定予以支持。一方以未与该子女共同生活为由主张不承担或者少承担责任的，人民法院不予支持。

离异夫妻之间的责任份额，可以由双方协议确定；协议不成的，人民法院可以根据双方履行监护职责的约定和实际履行情况等确定。实际承担责任超过自己责任份额的一方向另一方追偿的，人民法院应予支持。

第9条 未成年子女造成他人损害的，依照民法典第一千零七十二条第二款的规定，未与该子女形成抚养教育关系的继父或者继母不承担监护人的侵权责任，由该子女的生父母依照本解释第八条的规定承担侵权责任。

第10条 无民事行为能力人、限制民事行为能力人造成他人损害，被侵权人合并请求监护人和受托履行监护职责的人承担侵权责任的，依照民法典第一千一百八十九条的规定，监护人承担侵权人应承担的全部责任；受托人在过错范围内与监护人共同承担责任，但责任主体实际支付的赔偿费用总和不应超出被侵权人应受偿的损失数额。

监护人承担责任后向受托人追偿的，人民法院可以参照民法典第九百二十九条的规定处理。

仅有一般过失的无偿受托人承担责任后向监护人追偿的，人民法院应予支持。

解析与适用

《民法典》第1188条和第1189条规定的是监护人违反监护职责损害责任，其中第1188条规定的是监护人责任，第1189条规定的是受托监护人责任，对该条文的一些问题在司法适用和理论研究上一直存在不同见解。这些争论在《民法通则》以及《侵权责任法》颁布实施后就存在，《民法典》实施后仍然有不同意见。《侵权责任编司法解释（一）》第4~10条对这些问题进行了具体解释，统一了裁判规则，也对侵权法理论研究具有重要价值。下文对这些条文如何理解和适用进行解读。

一、我国监护人责任的立法发展和理论争议

（一）自《民法通则》到《民法典》：我国监护人责任规则的发展

1986年《民法通则》第133条第一次规定了我国的监护人责任，即“无民事行为能力人、限制民事行为能力人造成他人损害的，由监护人承担民事责任。

监护人尽了监护责任的，可以适当减轻他的民事责任。有财产的无民事行为能力人、限制民事行为能力人造成他人损害的，从本人财产中支付赔偿费用。不足部分，由监护人适当赔偿，但单位担任监护人的除外。"《民法通则》这一规定与传统民法的规定明显不同，其他国家和地区民法典规定监护人责任是以行为人无民事责任能力或者限制民事责任能力为基础，确定其亲权人或者监护人承担替代责任，我国却以被监护人是否有财产而有规则上的区别，具有中国特色，也奠定了我国侵权法监护人责任规则的基础。对此，学界虽然多持不同见解，但在具体适用上并不存在更多质疑。

2009年《侵权责任法》对监护人责任规则进行了改进，将其作为“有关责任主体的特殊规定”一章的第一种侵权责任类型。该法第32条规定：“无民事行为能力人、限制民事行为能力人造成他人损害的，由监护人承担侵权责任。监护人尽到监护责任的，可以减轻其侵权责任。有财产的无民事行为能力人、限制民事行为能力人造成他人损害的，从本人财产中支付赔偿费用。不足部分，由监护人赔偿。”这一条文将《民法通则》第133条的规定分为两款，但其具体规则未发生改变，只是删除了两个“适当”和“但单位担任监护人的除外”这一有争议的但书。在立法过程中，参与立法的青年学者普遍建议改变“有财产的”被监护人支付赔偿费用的规则，采纳民事责任能力为确定监护人承担替代责任的标准，但多数立法专家以及立法机关都认为这一有特色的立法在司法实践中比较好用，不存在适用的难题，效果也很好，因而没有改变《民法通则》规定的基本规则，删除两个“适当”则加重了监护人的责任。有学者认为，《侵权责任法》第32条的规定多年来饱受争议。无论采取哪种解释思路和方法，皆难使之得到较为周全、合理的解释。之所以如此，与该规定本身在法理与法技术上存在诸多缺陷不无关系。[①]

编纂《民法典》时，就《侵权责任法》第32条规定的监护人责任的基本规则没有大的争议，除了将其规定在第1188条外，还在第1189条增加规定了受托

① 参见朱广新：《论未成年人致人损害的赔偿责任》，载《法商研究》2020年第1期。

监护人承担相应责任的规则，适应了我国目前农村由空巢老人对孙子女、外孙子女等受托监护等实际问题的需要，完善了我国的监护人责任制度。

（二）对《民法典》规定的监护人责任规则的理论争论

在立法表面的平静之下，理论研究和司法实践却暗流涌动。对监护人责任制度的解读一直是学术热点，其基本问题包括是否承认责任能力制度，监护人和被监护人责任的基础为何，如何协调监护人责任与被监护人责任之间的关系等。司法实践中的裁判结果更是尺度不一。①

综合起来，对《民法典》规定的监护人责任的主要争论如下。

1.《民法典》第1188条第1款和第2款是何种关系

《民法典》第1188条与《侵权责任法》第32条的规定一样，将《民法通则》第133条的前段和后段分为两款。对这两款究竟是何种关系，学术见解纷纭。

一般认为，该条第1款是监护人责任的认定规则。分歧集中在第2款，一种观点认为，第2款意味着在被监护人自己有财产时，被监护人应承担首位赔偿责任，被侵权人、监护人可以请求判令有财产的被监护人承担赔偿责任，监护人承担的只是补充责任。②另一种观点认为，《民法典》第1188条第1款是被侵权人请求赔偿的外部责任条款，第2款是赔偿费用来源的内部关系条款，由于支付赔偿费用是由监护人来执行，故此是《民法典》第35条第1款第2句的例外规定，使监护人避开了侵害被监护人利益的嫌疑，允许监护人从被监护人的财产中支付赔偿费用，但应当保留被监护人的基本生活费用。③《民法典》实施之前，也有观点认为，《侵权责任法》第32条第2款的法律规范属性属于广义上的实质民事强制执行规范，是监护人责任案件判决执行力扩张的法律依据而非独立请求权基

---

①　参见王家阳：《民法典监护人责任制度的适用困境与纾解之道》，载《黑龙江省政法管理干部学院学报》2023年第1期。

②　参见张新宝：《中国民法典释评·侵权责任编》，中国人民大学出版社2020年版，第91~92页。

③　参见邹海林、朱广新主编：《民法典评注·侵权责任编（1）》，中国法制出版社2020年版，第285页。

础，监护人责任诉讼形态应采用监护人单独被告形式。[①]

还有学者将《民法典》第1188条第1款和第2款定位为“原则与例外”的关系，为该条构建一个更为妥适的解释论方案和教义学分析框架。依此定位，《民法典》第1188条第1款对被监护人的责任能力和监护人责任的基本规则作出了一般性规定，通常情形下应予优先适用；第2款则适用于非常例外的特定情形，即只有同时满足被监护人拥有价值较大财产和监护人非亲属这两项要件，方可予以例外适用。这样，《民法典》第1188条第1款和第2款之间的规范逻辑和法律适用关系可以厘清，潜在的体系冲突和价值评价矛盾可以避免，法律适用的安定性和妥当性亦可实现。[②]

2. 监护人和被监护人之间承担的是何种责任

《民法典》第1188条规定的监护人责任中，监护人与被监护人的责任是何种形态，监护人与被监护人的责任关系如何，谁应当优先承担责任，是否都要对外承担责任，学界存在多种解释方案。[③]

有学者认为，《民法典》第1188条几乎完全沿袭了《侵权责任法》第32条，后者的缺陷依旧存在，因此应当在《民法典》施行背景下通过妥当的解释论发展第1188条。被监护人应依行为时识别能力之有无，来确定是否应当自己承担责任。监护人应对被监护人致人损害的行为承担过错推定责任。以上两种责任若同时发生，则产生连带责任；以上两种责任若均不发生，则可通过公平分担损失规则解决损害分散问题。[④]

一般认为，《民法典》第1188条第1款规定的是监护人的替代责任，是监护人为自己监护下的被监护人的行为造成的损害承担赔偿责任。认识分歧主要是对第2款规定的责任的认识。

---

① 参见祝颖：《我国监护人责任诉讼形态的反思与厘定》，载《河北法学》2020年第8期。

② 参见郑晓剑：《〈民法典〉监护人责任规则的解释论——以〈民法典〉第1188条为中心》，载《现代法学》2022年第4期。

③ 参见王家阳：《民法典监护人责任制度的适用困境与纾解之道》，载《黑龙江省政法管理干部学院学报》2023年第1期。

④ 参见于飞：《〈民法典〉背景下监护人责任的解释论》，载《财经法学》2021年第2期。

有见解认为，《民法典》第 1188 条第 1 款明确监护人责任的性质是解决监护人制度现存问题的前提，基于法定监护义务之违反，监护人责任的性质应为特殊的自己责任而非替代责任，此特殊性在责任构成和承担上皆有体现。[①] 第 2 款是在监护人减轻责任的前提下基于公平责任的补充赔偿规则，且第 2 款的赔偿规则不应影响监护人侵权责任的性质，也并非意味着监护人承担的是补充责任，只是为实现监护人、被监护人一方与被侵权人一方之间的利益平衡而作出的特殊规定。[②]

还有见解认为，将《民法典》第 1188 条第 2 款解释为公平分担损失的条款，考虑在被侵权人、被监护人（行为人）、监护人之间进行利益衡量，让被监护人的财产成为分担损害后果的一种选项，而监护人作为补充承担也是一种公平分担损失的规则。[③]

由于认识分歧，司法实务中，根据责任的最终承担，以监护人和被监护人是否为共同被告的做法不同，以判决监护人承担侵权责任和赔偿责任的为主。检索发现，自 2010 年 7 月 1 日至 2023 年 5 月 1 日，中国裁判文书网的 388 份有关监护人责任案件的判决中，最终责任由监护人承担的为 311 份，占 80.15%；由未成年子女自行承担责任的为 7 份，占 1.80%；由监护人承担补充责任的为 13 份，占 3.35%；由监护人和被监护人承担连带责任的为 57 份，占 14.69%。[④]

3. 监护人和被监护人应当如何列被告

在侵权法理论和实务中，适用《民法典》第 1188 条争论最大的，是监护人责任纠纷在诉讼中如何列被告，既有被监护人单独被告说[⑤]，也有监护人单独被

① 参见张靖晗：《〈民法典〉监护人责任的性质再论与规范统合》，载《河南财经政法大学学报》2023 年第 5 期。

② 参见张靖晗：《〈民法典〉监护人责任的性质再论与规范统合》，载《河南财经政法大学学报》2023 年第 5 期。

③ 参见李国强：《老龄化背景下〈民法典〉监护人责任构成的规范解释》，载《当代法学》2023 年第 6 期。

④ 参见包冰锋、郎莉：《论被监护人侵权之诉的被告：兼评〈民法典〉侵权责任编解释征求意见稿第七条》，载《河南财经政法大学学报》2024 年第 1 期。

⑤ 参见王杏飞：《论监护人的侵权责任与诉讼地位——以〈民法典〉第 1188 条的适用为中心》，载《法学评论》2021 年第 2 期。

告说[①]，还有监护人和被监护人共同被告说[②]。学者检索中国裁判文书网的388份判决中，297份将监护人和被监护人列为共同被告，占76.55%；55份将监护人单独列为被告，占14.16%；36份将被监护人单独列为被告，占9.28%。在2015年《民事诉讼法解释》第67条生效后，仍有60份判决书将监护人或者被监护人单独列为被告。[③]

也有人认为，上述解释第67条确立的监护人责任纠纷适用必要共同诉讼规则，有悖于《民事诉讼法》关于必要共同诉讼"诉讼标的同一"的法定构成要件规定。既无法在制度层面形成必要共同诉讼识别标准规则内部的程序体系自洽，也无法在"合一确定必要性"与"共同诉讼必要性"理论识别标准下，从固有必要共同诉讼和类似必要共同诉讼的理论类型再划分中得到正当阐释，[④]因此提出质疑。

4. 离异夫妻对未成年子女致害如何承担责任

确定监护人责任，离异夫妻一方能否以自己未与被监护人共同生活为由主张减责或者免责，也有很大争论。肯定说认为，没有与被监护人共同生活的一方确实难以履行管教义务，应当免除或者适当减轻其赔偿责任。《民通意见》第158条曾采取这种观点。否定说认为，离异夫妻仍是未成年子女的父母，按照《民法典》第1084条的规定，子女无论由父或者母直接抚养，仍是父母双方的子女。离婚后，父母对于子女仍有抚养、教育、保护的权利和义务，故此，不应当对未与被监护人共同生活的一方减责或免责。[⑤]

① 参见祝颖：《我国监护人责任诉讼形态的反思与厘定》，载《河北法学》2020年第8期。

② 参见傅强：《监护人责任归责原则——基于〈侵权责任法〉第32条的解读与思考》，载《中山大学法律评论》2013第11期；冯德淦：《被监护人致人损害侵权解释论研究》，载《华侨大学学报（哲学社会科学版）》2019年第1期。

③ 参见邹海林、朱广新主编：《民法典评注·侵权责任编（1）》，中国法制出版社2020年版，第285页。

④ 参见祝颖：《我国监护人责任诉讼形态的反思与厘定》，载《河北法学》2020年第8期。

⑤ 参见邹海林、朱广新主编：《民法典评注·侵权责任编（1）》，中国法制出版社2020年版，第285页。

5. 对受托监护人承担的“相应的责任”如何界定责任形态

《民法典》第1189条在法律适用上的难题是，受托监护人承担的“相应的责任”是何种形态的侵权责任，受托监护人的责任与监护人责任之间是何种关系。根据《民法典总则编解释》第13条规定，监护人将全部或部分监护职责委托给他人履行，监护关系不受影响，受托监护人未获得监护人身份。被监护人在受托监护的情形下造成他人损害，受托监护人仅对监护人负有因未适当履行监护委托合同义务的损失赔偿责任，而对受害人不承担侵权责任。监护人承担侵权责任后，可以根据《民法典》第929条请求受托人赔偿损失。[①] 这是认为受托监护人的责任不是侵权责任，而是合同违约责任，且被侵权人不得向受托监护人请求赔偿。

也有学者认为，“相应的责任”是指侵权人向被侵权人直接承担的与其过错程度、原因力大小相适应的侵权责任，并非各个侵权人之间的内部责任的分摊，他们之间构成部分连带责任。被侵权人可以在各个侵权人的赔偿范围相互重合的部分请求他们承担连带责任，但是，就超过该重合范围的损害部分，只能请求承担全部赔偿义务的侵权人继续承担赔偿责任。[②]

最高人民法院相关审判实务图书对“相应的责任”解释为“原则上的单独侵权与例外的混合侵权”，认为“将这种责任概括为单向连带责任有利于受害人求偿，但依本款文义，没有承担连带责任的依据”。不过，将“相应的责任”解释为“属于监护人自己责任的一种形态；从多数人责任的角度讲，应为一种按份责任，确定这一责任的大小，就要适用比较过错和原因力规则”，[③] 是有道理的。

6. 对监护人责任规则有争论的其他问题

对《民法典》第1188条规定的监护人责任规则还有其他争论的问题：一是

---

① 参见朱广新：《论监护委托下被监护人致人损害的责任承担》，载《法律适用》2023年第6期。

② 参见程啸：《我国侵权法上的“相应的责任”的体系解释》，载《环球法律评论》2024年第3期。

③ 参见最高人民法院民法典贯彻实施工作领导小组编著：《中国民法典适用大全·侵权责任卷（一）》，人民法院出版社2022年版，第101页、第104页。

造成他人损害时的未成年人在诉讼时已经成年的，如何承担赔偿责任；二是父母作为共同侵权人，如何承担赔偿责任；三是继父母对于继子女致人损害是否承担赔偿责任等，不再一一列举。

二、司法解释完善监护人责任规则的理论基础与适用规则

应当看到的是，我国《民法典》规定的监护人责任与其他国家和地区民法典规定的同类侵权责任制度是不同的，完全依照传统立法经验和理论解释我国《民法典》的规定，不完全正确。《侵权责任编司法解释（一）》依照我国的立法和司法经验，针对司法实务和理论研究的争论问题，对《民法典》第 1188 条规定的监护人责任规则作了解释，体现了立法本意，明确了裁判规则。对此，应当从以下方面进行解读，确定其理论基础和适用规则。

（一）监护人与被监护人的诉讼当事人地位

监护人责任诉讼中的监护人和被监护人的当事人地位，是一个老问题，实务中的传统做法，是把被监护人作为被告，监护人列为法定代理人，最后不是判令被告承担赔偿责任，而是判决法定代理人承担赔偿责任。

这在逻辑上虽然说不通，但是在《民法通则》实施之前的惯常做法，而且惯性很强，直到《民法典》实施后仍然存在。《民事诉讼法解释》第 67 条统一规定将监护人和被监护人列为共同被告后，仍然有监护人被告说、被监护人被告说和共同被告说等不同见解和不同做法。

依照《民法典》第 1188 条第 1 款的规定，监护人责任下诉讼中的被告应当是监护人，如果存在第 2 款规定的被监护人有支付赔偿费用的财产，被侵权人请求其支付赔偿费用的，被监护人也是被告，而且立案之初，并未明确被监护人是否有支付赔偿费用的财产。所以，将监护人和被监护人作为共同被告，并不违反必要共同诉讼的“诉讼标的同一”原则。《侵权责任编司法解释（一）》第 4 条规定：“无民事行为能力人、限制民事行为能力人造成他人损害，被侵权人请求

监护人承担侵权责任，或者合并请求监护人和受托履行监护职责的人承担侵权责任的，人民法院应当将无民事行为能力人、限制民事行为能力人列为共同被告。”

这样，监护人责任诉讼当事人地位中的被告如何处理，在实体法和程序法上都有了司法解释依据，对这个历史遗留问题，有了统一的裁判规则。

典型案例解读

深圳市元某实业有限公司与何某监护人责任纠纷案[①]

【案情】2021 年 8 月 19 日，被告携带一名儿童到原告经营的维某酒店入住 6203 房。入住期间，该儿童玩水导致 6203 房大面积浸水，并漫至楼道走廊，房间内家具、地毯及走廊部分地毯被水浸泡。2021 年 8 月 20 日早上，被告携带该儿童离开酒店。2021 年 8 月 20 日，原告工作人员与被告沟通赔偿事宜，被告认为原告主张的赔偿金额过高。2021 年 8 月 20 日，原告工作人员再次与被告沟通时，被告拒绝回复。2021 年 9 月 17 日，原告提起诉讼，请求被告赔偿财产损失。

【裁判】法院认为，被告携带的儿童玩水导致原告房间及走廊泡水，给原告财产造成损害，被告作为监护人或负有监护职责的受托人，未尽到监护职责，应当承担财产侵权责任。关于原告损失的认定，涉案房间内家具未发生膨胀、发霉现象，原告主张的家具损失，法院不予支持。原告主张需安排人工对涉案房间、走廊溢水进行清理、使用机器对房间进行吹干、被水浸泡的部分地板发生膨胀发霉、被水浸泡部分的墙纸需更换等符合常理，结合原告对涉案房屋清理、修复期间无法安排客人入住，存在经营损失等情况，法院酌定被告需向原告赔偿的财产损失为 2000 元。

【解读】不完全民事行为能力人侵权时，应当如何确定诉讼主体资格，一直存有争议。

---

① 参见广东省深圳市坪山区人民法院（2021）粤 0310 民初 5686 号民事判决书。

观点之一是由监护人作为被告。既然明确了不完全民事行为能力人是行为人，监护人承担的是替代责任，属于责任主体，则应当由监护人作为被告。本案即是这种观点的典型体现。被告作为该名儿童的监护人（也有可能是受托监护人），原告提起诉讼，只将被告作为诉讼主体。但是实践中，依旧存在其他做法，比如将被监护人单独作为被告、监护人与被监护人作为共同被告[①]等。有研究发现，自2010年7月1日至2023年5月1日的案例中，有297个案例将监护人和未成年人列为共同被告，55个案例是将监护人单独列为被告、36个案例是将未成年人单独列为被告。[②]

2015年《民事诉讼法解释》第67条明确了由监护人和被监护人作为共同被告。《侵权责任编司法解释（一）》也对这一问题再次进行了明确。核心理由之一是有利于审判执行工作的开展。在审理案件过程中，被监护人是行为人，监护人是责任人，将双方列为共同被告，有助于案件事实的查清，分清责任。与此同时，结合《侵权责任编司法解释（一）》第5条提及的执行问题，即先由被监护人的财产支付，不足的由监护人支付，也有必要将被监护人和监护人列为共同被告，否则在执行中会因缺乏执行依据而导致执行难。

以此为基本论调，诉讼中，监护人与被监护人应当是共同被告。尽管《侵权责任编司法解释（一）》第4条只提及了合并请求监护人与受托监护人承担侵权责任时，被监护人作为共同被告的情形，但即使是在教唆、帮助的场合，被侵权人同时起诉监护人，被监护人也应当是被告之一。

（二）《民法典》第1188条两款规定的关系和责任形态

《侵权责任编司法解释（一）》第5条规定："无民事行为能力人、限制民事行为能力人造成他人损害，被侵权人请求监护人承担侵权人应承担的全部责任的，人民法院应予支持，并在判决中明确，赔偿费用可以先从被监护人财产中支

① 参见安徽省六安市中级人民法院（2024）皖15民终196号民事判决书。

② 参见包冰峰、郎莉：《论被监护人侵权之诉的被告：兼评〈民法典〉侵权责任编解释征求意见稿第七条》，载《河南财经政法大学学报》2024年第1期。

付，不足部分由监护人支付。监护人抗辩主张承担补充责任，或者被侵权人、监护人主张人民法院判令有财产的无民事行为能力人、限制民事行为能力人承担赔偿责任的，人民法院不予支持。从被监护人财产中支付赔偿费用的，应当保留被监护人所必需的生活费和完成义务教育所必需的费用。”这一规定虽然有关于适用监护人责任时赔偿费用如何支付的规定，[①]但更重要的是对《民法典》第1188条两款内容的关系以及责任形态的解释。

1.《民法典》第1188条第1款和第2款的关系

从立法的历史演变上看，《民法典》和《侵权责任法》是把《民法通则》第133条的一个条款改为两款。之所以作这样的改变，是因为《民法通则》第133条规定的是两个不同规则：其一，“无民事行为能力人、限制民事行为能力人造成他人损害的，由监护人承担民事责任。监护人尽了监护责任的，可以适当减轻他的民事责任”，即概括地认定监护人责任的实体法规则，确定监护人责任的性质、构成以及具体责任承担方法。其二，“有财产的无民事行为能力人、限制民事行为能力人造成他人损害的，从本人财产中支付赔偿费用。不足部分，由监护人适当赔偿”，规定的是监护人责任确定后的赔偿费用支付方法，是如何依据前段规则认定的赔偿责任，在实际操作中如何支付赔偿费用。简言之，该条的前段规定了实体侵权责任的认定，后段规定了赔偿费用的具体支付方法。两个规则不同，在一个条款中规定尽管也能区分，但终究不够科学。因此，《侵权责任法》第32条将其分为两款，分别规定这两个不同规则。《民法典》第1188条继续沿袭《侵权责任法》的做法，形成了我国监护人责任规则的基本结构。

正确的理解是，《民法典》第1188条第1款规定的是认定监护人责任的规则；第2款规定的是在被监护人有财产的情形下赔偿费用的支付方法。由于被监护人无民事行为能力或者民事行为能力受限制，即使其用自己的财产支付赔偿费用，也不是承担赔偿责任。《侵权责任编司法解释（一）》第5条关于“在判决

① 参见程啸：《最高人民法院民法典侵权责任编司法解释理解与适用》，中国法制出版社2024年版，第57页。

中明确，赔偿费用可以先从被监护人财产中支付，不足部分由监护人支付”的规定，是对《民法典》第 1188 条两款关系的正确解释。

在理论上，将《民法典》第 1188 条的两款规定解释为外部关系和内部关系，[①] 定位为原则与例外[②] 等，都不无道理，但并不是两款关系的实质。将该条第 2 款的法律规范属性认定为广义上的实质民事强制执行规范，是监护人责任案件判决执行力扩张的法律依据而非独立请求权基础，[③] 有一定道理，但第 2 款不是纯粹的强制执行规范，而是对赔偿责任支付方法的特别规定，仍属于实体法规范。

2. 监护人责任的责任形态是替代责任

《民法典》第 1188 条第 1 款规定的核心，在于确定替代责任是监护人责任的基本形态。这是自罗马法、法国法、德国法以来的传统，只是罗马法将其称为“准私犯”，虽然未明确称为替代责任，但其实质如此。我国监护人责任的要点，一是监护人对被监护人的行为致害他人产生的赔偿责任，是责任人为行为人的致害行为负责的替代责任。二是监护人责任是推定过错责任，既不是过错责任，也不是无过错责任，监护人的过失是“未尽到监护职责”，故认为监护人责任是无过错责任[④] 是不正确的，只是监护人的过失采取直接推定方式。三是监护人对被监护人尽到监护职责的，监护人就没有过错，本不应承担责任，但由于适用公平分担损失规则，因而可以减轻其赔偿责任。这是《民法典》第 1188 条第 1 款规定的规则，认为《民法典》第 1188 条第 2 款规定的是适用公平分担损失规则，[⑤] 是不正确的。四是监护人与被监护人之间的“责任”不是连带责任，有的法院判

① 参见邹海林、朱广新主编：《民法典评注 · 侵权责任编（1）》，中国法制出版社 2020 年版，第 285 页。

② 参见郑晓剑：《〈民法典〉监护人责任规则的解释论——以〈民法典〉第 1188 条为中心》，载《现代法学》2022 年第 4 期。

③ 参见祝颖：《我国监护人责任诉讼形态的反思与厘定》，载《河北法学》2020 年第 8 期。

④ 参见张新宝：《中国民法典释评 · 侵权责任编》，中国人民大学出版社 2020 年版，第 93 页。

⑤ 参见李国强：《老龄化背景下〈民法典〉监护人责任构成的规范解释》，载《当代法学》2023 年第 6 期。

决监护人与被监护人承担连带责任，[①] 是严重的法律适用错误，因为在替代责任中不存在责任人与行为人承担连带责任的可能，《民法典》第 1188 条第 2 款也明确规定被监护人“从本人财产中支付赔偿费用”，连责任都不是，谈何“连带责任”呢？

《侵权责任编司法解释（一）》解决了以下三个问题。

第一，将监护人责任认定为自己责任 [②] 是不正确的，因为造成损害的行为人是被监护人，监护人是对被监护人的行为造成的损害承担责任。监护人将这种责任形态认为是自己责任，是因为监护人具有未尽监护职责的过失，但这种过失不产生自己责任，而是承担替代责任的依据。例如，工作人员执行工作任务造成他人的损害，用人单位因自己有选任、监督、管理过失而承担的责任就是替代责任，而不是自己责任。同样，监护人责任也不是被监护人的自己责任。该条解释第 2 款关于“被侵权人、监护人主张人民法院判令有财产的无民事行为能力人、限制民事行为能力人承担赔偿责任的，人民法院不予支持”的规定，也否认被监护人的自己责任，理由是，被监护人用自己的财产支付赔偿费用，并不是自己承担赔偿责任。

第二，监护人对被侵权人财产支付不足的赔偿责任不是补充责任。《民法典》第 1188 条第 2 款由于规定了有财产的被监护人用其财产支付赔偿费用，不足部分“由监护人赔偿”，似乎监护人的责任有“补充”之意。但是，监护人对被监护人财产支付不足所“补充”的，是监护人应当承担的替代责任，而不是对被监护人的“责任”进行补充。所以，《侵权责任编司法解释（一）》第 5 条规定，“监护人抗辩主张承担补充责任”的，“人民法院不予支持”。这意味着，被监护人造成他人损害，被侵权人请求监护人“承担侵权人应承担的全部赔偿责任”的，是应予支持的，即使被监护人的财产支付赔偿费用不足，监护人“补充”承

① 参见包冰锋、郎莉：《论被监护人侵权之诉的被告：兼评〈民法典〉侵权责任编解释征求意见稿第七条》，载《河南财经政法大学学报》2024 年第 1 期。

② 参见张靖晗：《〈民法典〉监护人责任的性质再论与规范统合》，载《河南财经政法大学学报》2023 年第 5 期。

担的仍然是自己应当承担的赔偿责任。

第三，该条司法解释第3款规定，从被监护人的财产中支付赔偿费用的，应当保留被监护人必需的生活费和完成义务教育所必需的费用。即使被监护人有财产，支付赔偿费用也必须有限度，以确保被监护人尤其是未成年人的基本生活和教育需求，体现了《民法典》的人文主义立法目的。

典型案例解读

欧某枝、徐某棋等机动车交通事故责任纠纷案①

【案情】欧某枝因涉案事故遭受损失，广东省江门市蓬江区人民法院（2023）粤0703民初2847号民事判决判定由徐某棋的父母徐某英、陶某英共同承担赔偿责任。欧某枝申请再审，请求法院认定（2023）粤0703民初2847号民事判决没有判决徐某棋承担赔偿责任是错误的，应改判徐某棋与徐某英、陶某英共同承担赔偿责任。

【裁判】根据《民法典》第1188条“无民事行为能力人、限制民事行为能力人造成他人损害的，由监护人承担侵权责任。监护人尽到监护职责的，可以减轻其侵权责任。有财产的无民事行为能力人、限制民事行为能力人造成他人损害的，从本人财产中支付赔偿费用；不足部分，由监护人赔偿”的规定，限制民事行为能力人造成他人损害的，在限制民事行为能力人有财产的情况下，先从限制民事行为能力人本人财产中支付赔偿费用，不足部分由监护人赔偿；在限制民事行为能力人没有财产的情况下，由监护人承担侵权责任。徐某棋在涉案事故发生时以及原审诉讼时均为限制民事行为能力人，且本案中并无相关证据证明徐某棋本人有财产，故原审判令徐某棋因涉案事故造成的损失由其监护人徐某英、陶某英赔偿并无不当。欧某枝以徐某棋应与其父母一同承担责任为由，主张原审判决适用法律错误理据不足，不予认可。

① 参见广东省江门市中级人民法院（2024）粤07民申33号民事裁定书。

【解读】关于《民法典》第1188条第1款与第2款的关系，素有争议，大致存在四种观点。分别是：（1）补充责任说，即监护人承担的是补充责任，当被监护人的财产不足时，才由监护人承担补充责任。[①]（2）一般与特别说，即监护人承担责任是一般规则，被监护人的财产中支付赔偿费用是在特殊情况下给予被侵权人充分的救济。[②]（3）公平责任说，第1款规定了监护人的减责规则，受害人可能得不到完全的赔偿，为了避免此种情况，第2款要求有财产的被监护人须独立承担责任。[③]（4）内外关系说，即第1款是对外关系，第2款是监护人和被监护人的内部关系。[④]有观点认为，监护人责任从《民法通则》的"特殊公平责任"定位转移为《民法典》中的特殊侵权责任，采用内外关系解读更为妥当。[⑤]

本条司法解释采用的是侵权责任和赔偿费用区分的思路，即由监护人承担侵权责任，但是赔偿费用先由被监护人的财产来支付，监护人予以补充。第2款更是否定了监护人承担补充责任、按照财产有无来判断被监护人承担责任的可能。

诉争案件中，第一，就诉讼主体资格而言，按照《侵权责任编司法解释（一）》第4条的规定，应当由徐某棋的父母徐某英、陶某英和徐某棋作为共同被告。第二，就侵权责任而言，按照《民法典》第1188条第1款及《侵权责任编司法解释（一）》第5条第1款的规定，应当由徐某棋的父母徐某英、陶某英承担侵权责任。第三，就损害赔偿费用的支付，按照《民法典》第1188条第2款和《侵权责任编司法解释（一）》第5条的规定，由被监护人徐某棋的财产支付，如果其财产不足以支付，则由徐某棋的父母徐某英、陶某英来承担。

如此一来，可以有效回应原告所提出的问题，即侵权责任就是应当由徐某棋

---

① 参见程啸：《侵权责任法》，法律出版社2011年版，第287~288页。

② 参见薛军：《走出监护人"补充责任"的误区——论〈侵权责任法〉第32条第2款的理解与适用》，载《华东政法大学学报》2010年第3期。

③ 参见朱广新：《被监护人致人损害的侵权责任配置——〈侵权责任法〉第32条的体系解释》，载《苏州大学学报（哲学社会科学版）》2011年第6期。

④ 参见陈帮锋：《论监护人责任——〈侵权责任法〉第32条的破解》，载《中外法学》2011年第1期。

⑤ 参见王竹：《论〈民法典·侵权责任编〉的监护人责任设计——以"体系位移效应说"为切入点》，载《四川大学学报（哲学社会科学版）》2018年第5期。

的父母徐某英、陶某英来承担，不涉及徐某棋的责任，原审判决并无不当。尤其是按照《侵权责任编司法解释（一）》第 5 条第 2 款的规定，不论徐某棋是否有财产，都不应当认定由徐某棋本人承担赔偿责任。再审法院以徐某棋本人无财产为由，认定应当是徐某棋父母承担责任，说理方面有所不当，应当予以调整。

（三）未成年被监护人致人损害被诉时已成年的监护人责任承担

行为人在实施致害行为时未成年，被诉时已成年的监护人责任承担，是适用《民法通则》时就存在的问题，延续多年仍有不同意见。对此，《侵权责任编司法解释（一）》第 6 条规定："行为人在侵权行为发生时不满十八周岁，被诉时已满十八周岁的，被侵权人请求原监护人承担侵权人应承担的全部责任的，人民法院应予支持，并在判决中明确，赔偿费用可以先从被监护人财产中支付，不足部分由监护人支付。""前款规定情形，被侵权人仅起诉行为人的，人民法院应当向原告释明申请追加原监护人为共同被告。"这一规定的第 1 款是实体法规则，第 2 款规定的是程序法规则。

产生侵权责任的依据，是实施侵权行为造成被侵权人损害的事实，侵权损害赔偿请求权在此时发生。未成年子女作为被监护人，造成他人损害，具备《民法典》第 1188 条第 1 款规定的要件，监护人即时产生替代责任，对被侵权人产生损害赔偿责任。侵权行为发生损害时，被侵权人尚未提起诉讼，在起诉时，即使未成年人已经成年，具有完全民事行为能力，能够承担侵权责任，也应当依据侵权损害赔偿请求权发生之时的法律关系，向原监护人请求损害赔偿。行为人成年后自己有财产可以支付赔偿费用的，也不能判令其承担赔偿责任，仍以其财产支付赔偿费用。司法解释使用"原监护人"的表述，就是因为在诉讼时，被监护人已不再是被监护人，监护人的身份也已消灭，只能称为原监护人。这种没有变化的法律关系，与《民法典》第 1188 条第 1 款规定的规则并无差异，即只要行为人在行为实施时未成年，监护人包含原监护人就应承担赔偿责任。

根据该条司法解释第 2 款的规定，被侵权人仅起诉已满 18 周岁的行为人为被告，不符合《民法典》第 1188 条第 1 款的规定要求，法院应当向原告释明申请追加原监护人为共同被告，仍然是将原监护人和原被监护人列为共同被告。

（四）父母对未成年子女致人损害共同承担赔偿责任

《侵权责任编司法解释（一）》第7条规定："未成年子女造成他人损害，被侵权人请求父母共同承担侵权责任的，人民法院依照民法典第二十七条第一款、第一千零六十八条以及第一千一百八十八条的规定予以支持。"理解该条解释的要旨，必须注意其中提到的《民法典》的3个条文。

1. 作为共同亲权人的父母承担责任的基础

《民法典》第27条明确规定，父母是未成年子女的监护人。之所以这样规定，是我国自《民法通则》开始，对父母之于未成年子女的权利就没有采用大陆法系的亲权制，而是借鉴英美法系的监护制。依大陆法系的亲权制，父母是未成年子女的亲权人，亲权的范围宽于监护权。《民法通则》选择了英美法系的监护制，很难再回归大陆法系的亲权传统。不过，《民法典》第26条确认父母与未成年子女间的关系是亲权，第27条规定父母为未成年子女的监护人。本条司法解释依据《民法典》第27条，确定父母是未成年子女的监护人，未成年子女造成他人损害的，父母应当承担监护人责任。

2. 父母对未成年子女致人损害应当共同承担替代责任

该条司法解释规定父母对未成年子女造成的他人损害，须共同承担赔偿责任。这是依据《民法典》第1068条确认的共同亲权原则，父母对未成年子女共同行使亲权（监护权）。未成年子女致人损害的，父母作为共同监护人，应当共同承担替代责任。

3. 父母共同承担的赔偿责任是连带责任

该条司法解释的主旨，是"被侵权人请求父母共同承担侵权责任的，人民法院予以支持"。这里规定的"共同承担责任"所指为何，值得研究。笔者认为，父母作为共同监护人，对未成年子女致人损害承担监护人责任，在多数情况下，夫妻财产实行婚后所得共同制，父母共同承担侵权责任似乎没有特别讨论的必要，因为共同承担侵权责任就是从夫妻共同财产中支付赔偿费用。问题是，当夫妻约定实行分别财产制时，双方共同承担赔偿责任，就须对这种侵权行为的性质作出正确认识。由于此时的夫和妻不是共有财产的权利主体，因而需要确定双方的行为和责任的属性。在这种情况下，认定父母双方未尽监护职责的行为为共同侵权行为，符合《民法典》第 1168 条关于共同侵权行为的规定，对替代责任须承担连带责任，夫或者妻任何一方都要对损害承担全部责任，具有连带性，一方承担的赔偿责任超出自己的责任份额的，有权向对方追偿。

双方对财产另有约定，并且对未成年子女致害他人单方承担赔偿的责任，该方个人财产能够承担全部赔偿责任的，应当依照约定；一方的个人财产不能承担全部责任的，对方应当承担补充责任。对约定分别财产制的父母承担连带责任及其各自的份额，可以从《侵权责任编司法解释（一）》第 8 条的规定中得到印证。

典型案例解读

王某 1 与龙某、龙某清机动车交通事故责任纠纷案[①]

【案情】龙某驾驶无号牌普通二轮摩托车行驶时，与正常行走的行人王某 1 发生刮撞事故，造成王某 1 受伤及无号牌普通二轮摩托车受损的道路交通事故。龙某清和张某荣系龙某父母，于 2002 年 10 月 21 日同居生活后生育龙某，后张某荣以子女抚养纠纷将龙某清诉至法院，法院判决龙某由张某荣抚养至 18 周岁。判决后，龙某仍随其父生活，后为方便读初中将户口从龙某清处迁至张某荣处，随母亲生活。

【裁判】法院认为，龙某的违法行为，是造成原告王某 1 身体损害后果的主要原因，应承担本案的侵权责任。离婚后，父母对子女仍有抚养和教育的权利和义务。龙某虽为龙某清与张某荣的非婚生子，亦应适用此规定，虽然二人分手不在一起生活，但这并不影响该二人与龙某的父母子女关系，该二人仍然是龙某的

① 参见贵州省台江县人民法院（2021）黔 2630 民初 22 号民事判决书。

监护人。龙某在事故发生时至今均为限制民事行为能力人，根据《侵权责任法》第 32 条“无民事行为能力人、限制民事行为能力人造成他人损害的，由监护人承担侵权责任”的规定，龙某清与张某荣应共同承担龙某的侵权责任。最高人民法院《民通意见》第 158 条规定：“夫妻离婚后，未成年子女侵害他人权益的，同该子女共同生活的一方应当承担民事责任；如果独立承担民事责任确有困难的，可以责令未与该子女共同生活的一方共同承担民事责任。”该条规定并没有免除对未与子女生活一方因未成年子女侵权应承担的民事责任，从本案的实际情况来看，龙某清与张某荣分手后，虽然龙某随父亲生活的时间多些，但法院在张某荣与龙某清子女抚养纠纷案中是判决龙某由张某荣抚养，读初中时龙某亦是与张某荣生活并把户口迁至其处。故张某荣抗辩监护权已转移给龙某清，不承担监护责任的意见，不予采纳。

【解读】未成年人侵权的特殊性在于，承担侵权责任的是父母。根据《民法典》第 27 条、第 1068 条的规定，父母负有法定的监护职责，应当对子女尽到抚养、教育等义务。未成年子女造成他人损害的，父母应当依法承担责任。

这一责任不因父母是否存在婚姻关系为要件，而是以亲子关系作为认定标准。诉争案件中，尽管龙某是龙某清与张某荣在同居期间生育的子女，属于非婚生子女，但是在父母子女关系这一层面上，并不受到婚姻关系的影响。《侵权责任编司法解释（一）》第 7 条、第 8 条规定采取的是相同的态度，只不过第 8 条侧重的是离异父母责任内部份额的分担。因此，龙某清与张某荣作为龙某的父母，均应当承担监护人责任。龙某清不得以法院判决龙某由张某荣抚养而抗辩主张不承担侵权责任；张某荣也不得以龙某跟随父亲生活更多而抗辩主张不承担侵权责任。

在责任内部的分担上，张某荣与龙某清已经分手，可以参照《侵权责任编司法解释（一）》第 8 条的规定处理，首先按照双方的协议来确定，不过该约定不能对抗被侵权人。如果协议不成，则可以由法院根据共同生活时间的长短、监护职责的实际履行情况等进行分配。

（五）离异夫妻对未成年子女致人损害承担监护人责任

离异夫妻对未成年子女致人损害的如何承担监护责任，这一问题自《民法通则》实施后就有争论，《民通意见》第158条按照当时的见解，规定了“夫妻离婚后，未成年子女侵害他人权益的，同该子女共同生活的一方应当承担民事责任；如果独立承担民事责任确有困难的，可以责令未与该子女共同生活的一方共同承担民事责任”的规则。这一规则的核心，是与未成年子女共同生活的一方父母承担责任，未与未成年子女共同生活的一方共同承担责任为例外。当时的理论依据是，监护人与被监护人是否共同生活，是确定是否有权监护的依据，未与未成年子女共同生活的一方无法行使监护权，故在一般情况下不应承担替代责任，只有与未成年子女共同生活的一方独立承担责任有困难的，才作为例外，双方共同承担赔偿责任。

这种裁判规则有违离异夫妻对未成年子女仍享有亲权、监护权的理论逻辑。无论离异夫妻是否与未成年子女共同生活，其亲权、监护权并不消灭，只是未共同生活一方履行监护职责时存在障碍。因此，不能因未与未成年子女共同生活而不承担监护人责任。

有学者认为，离婚后的父母对于子女仍有抚养、教育、保护的权利和义务，故此，不应当对未与被监护人共同生活的一方减责或免责。[①]笔者认为，离异夫妻对未成年子女在履行监护职责上是有差异的，既有时间和空间的限制，更有履行监护职责的条件限制。所以，作为监护人的离异夫妻已经不是同一个生活共同体，对未成年子女未尽监护职责存在共同过失，构成客观共同侵权行为，应当依照《民法典》第1168条规定，对被侵权人共同承担连带责任；在具体责任承担上，由于离异夫妻在履行监护职责方面存在的差异，作为共同监护人的离异夫或者妻要有责任份额大小的差别，未与未成年子女共同生活的一方监护人，责任份额应当少于与未成年子女共同生活的一方监护人的责任份额。这样才是公平合理的。

---

① 参见王利明主编：《中国民法典评注·侵权责任编》，人民法院出版社2021年版，第15页。

因此，《侵权责任编司法解释（一）》第 8 条规定："夫妻离婚后，未成年子女造成他人损害，被侵权人请求离异夫妻共同承担侵权责任的，人民法院依照民法典第一千零六十八条、第一千零八十四条以及第一千一百八十八条的规定予以支持。一方以未与该子女共同生活为由主张不承担或者少承担责任的，人民法院不予支持。离异夫妻之间的责任份额，可以由双方协议确定；协议不成的，人民法院可以根据双方履行监护职责的约定和实际履行情况等确定。实际承担责任超过自己责任份额的一方向另一方追偿的，人民法院应予支持。"

这一条文规定的要点是：

1. 离异夫妻共同承担监护人责任

可以看到，《侵权责任编司法解释（一）》的第 7 条和第 8 条之间存在递进关系。第 7 条依据共同亲权原则，规定父母对未成年子女致人损害的行为共同承担责任；第 8 条则强调，即使夫妻离婚后，也仍然依照《民法典》第 1068 条规定适用共同亲权原则，依照第 1084 条关于"父母与子女间的关系，不因父母离婚而消除。离婚后，子女无论由父或者母直接抚养，仍是父母双方的子女。离婚后，父母对子女仍有抚养、教育、保护的权利和义务"的规定，应当共同承担监护责任，未成年子女造成他人损害，仍需离异夫妻共同承担赔偿责任。因此，"一方以未与该子女共同生活为由主张不承担或者少承担责任的，人民法院不予支持"。

这里规定的"共同承担"，应当承担共同侵权行为的后果即连带责任，被侵权人主张离异夫妻任何一方承担全部责任，都应当支持，但通常可以将离异夫和妻列为共同被告，确定由其共同承担赔偿责任。至于双方的各自责任份额，首先是协商确定，协商不成的，法官享有裁量权。裁量的规则，是根据双方履行监护职责的约定和实际履行情况等确定。如果双方在离婚协议上有履行监护职责的约定的，应当依据该约定确定；没有约定的，按照实际履行监护职责的具体情形，确定各自的责任份额。从总体上说，未与未成年子女共同生活的一方履行监护职责有一定的限制，因此可以确定少于共同生活一方的份额。

2. 主张少承担责任与法官裁量

本条解释第1款规定，未与未成年子女共同生活的一方主张少承担责任的，法院不支持，但第2款又规定法院可以根据双方履行监护职责的约定和实际履行情况等确定责任份额。这两者之间是否有矛盾，依照约定或者法院裁量是否也不能减少该方的责任份额呢？

笔者认为，这两个规定并不矛盾。未与未成年子女共同生活的一方主张少承担责任，原则上是不行的，因为违反共同亲权原则。但是，该方当事人如果主张少承担责任有双方履行监护职责的约定，或者在实际履行监护职责时有较大差异并有事实证明的，其主张就有理由，法院依据自由裁量权，可以作出未与未成年子女共同生活的一方承担少于双方平均数额的责任份额。原则是，未与未成年子女共同生活的一方不得无根据地主张自己少承担赔偿责任；法官基于双方当事人履行监护职责的约定或者实际履行监护职责的情况，可以依据事实裁量责任份额的大小。

3. 承担超出责任份额赔偿责任的一方享有追偿权

该条解释第2款最后一句关于"实际承担责任超过自己责任份额的一方向另一方追偿的，人民法院应予支持"的规定，赋予了该方当事人追偿权。离异夫妻既然在共同承担监护责任上有份额，实际承担责任超过自己责任份额的一方就享有追偿权，可以向另一方追偿。例如，一方应当承担60%的责任份额，另一方应当承担40%的责任份额，但前者承担了100%的责任，就有权向另一方追偿40%的责任份额。

有学者认为，司法解释的上述规定比较合理，既有利于督促监护人履行监护职责，也考虑了实际情况的差异。[①] 从中可以看到，《侵权责任编司法解释（一）》规定的这些规则与共同侵权的连带责任基本相同，尽管解释并没有明确认定这就是共同侵权行为。但是，离异夫妻在为未成年子女承担侵权责任时，虽然他们并未共同实施作为的侵权行为，但都因疏于监护职责的过失存在不作为行

① 参见程啸：《我国侵权法规则的发展与完善》，载《中国法律评论》2024年第6期。

为，符合《民法典》第1168条规定的“共同实施”的要求，加之规定双方共同承担责任，各自承担的赔偿数额超出自己责任份额后的追偿权，都与共同侵权行为和连带责任的规则相同。这可以佐证笔者前文提出的夫妻共同对未成年子女承担监护人责任是共同侵权行为，应当承担连带责任见解的正确性。

典型案例解读

阳某萍与朱某宇、吕某等监护人责任纠纷案[①]

【案情】被告朱某宇骑自行车与正在过马路的原告阳某萍发生碰撞，致其倒地受伤。阳某萍向法院起诉被告朱某宇、吕某、朱某建承担赔偿责任。其中，被告吕某、朱某建于2018年2月24日经婚姻登记机关协议离婚。双方离婚后，婚生子朱某宇由被告吕某抚养。

【裁判】因被告朱某宇系限制民事行为能力人，依照《民法典》第1068条“父母有教育、保护未成年子女的权利和义务。未成年子女造成他人损害的，父母应当依法承担民事责任”、第1084条“父母与子女间的关系，不因父母离婚而消除。离婚后，子女无论由父或者母直接抚养，仍是父母双方的子女。离婚后，父母对于子女仍有抚养、教育、保护的权利和义务”、第1188条第1款“无民事行为能力人、限制民事行为能力人造成他人损害的，由监护人承担侵权责任。监护人尽到监护职责的，可以减轻其侵权责任”等规定，应依法由其父母朱某建、吕某承担侵权责任。被告朱某建离婚后并不直接抚养朱某宇，其监护责任相对较轻。综上，法院综合考虑监护责任大小等实际情况，酌定被告吕某承担50%的责任，被告朱某建承担20%的责任。

【解读】关于父母离异后，未成年子女侵害他人权益时的民事责任承担问题，《民通意见》第158条作出了规定，即：“夫妻离婚后，未成年子女侵害他人权益的，同该子女共同生活的一方应当承担民事责任；如果独立承担民事责任有困难

① 参见湖北省广水市人民法院（2024）鄂1381民初531号民事判决书。

的，可以责令未与子女共同生活的一方共同承担民事责任。”该规定并未否认未与子女共同生活的一方应当承担民事责任，但是施加了条件，变相地限定为由与该子女共同生活的一方承担民事责任。巫某文与巫某、巫某珍、巫某喜机动车交通事故责任纠纷案①中，法院的判决就遵循了这一精神。该法院认为，因被告巫某为限制民事行为能力人，其造成他人损害的，应该由与其共同生活及负有监护责任的被告巫某珍承担民事责任。被告巫某喜与被告巫某珍已离婚并就被告巫某的抚养权进行了约定，无证据证明被告巫某喜与被告巫某共同生活，原告要求被告巫某喜共同承担赔偿责任，于法无据，不予支持，最终只判令被告巫某珍承担赔偿责任。

《侵权责任编司法解释（一）》第8条未完全贯彻落实上述规定，而是认为离异父母均应当承担侵权责任。其核心理据是，离婚后，子女无论由父或母直接抚养，仍是父母双方的子女，父母仍是子女的法定监护人，对于子女仍有抚养和教育的权利和义务，法律上并未免除未与子女共同生活的一方父或者母对于子女致人损害的民事责任。诉争案件判令吕某、朱某建均承担责任，实属正确。

是否直接抚养、共同生活，只能作为内部责任分担的参考情形，而不能作为对外承担侵权责任的参考标准，离异父母应当对外共同承担责任。按照《侵权责任编司法解释（一）》第7条、第8条第1款的规定，离异父母承担责任的性质是“共同责任”，而非“按份责任”。原因在于，尽管父母离异，在对子女的教育、保护等方面，父母属于共同行使亲权，无论孩子判令由谁抚养、与谁共同生活，双方都应当为子女造成的损害负责。因此，本案法院判决被告吕某承担50%的责任，被告朱某建承担20%的责任。该责任比例可以作为内部责任的分担，但是对外时，吕某与朱某建应当共同承担70%的责任。

（六）继父母子女的监护责任

《侵权责任编司法解释（一）》第9条规定：“未成年子女造成他人损害的，

---

① 参见广东省龙门县人民法院（2020）粤1324民初164号民事判决书。

依照民法典第一千零七十二条第二款的规定，未与该子女形成抚养教育关系的继父或者继母不承担监护人的侵权责任，由该子女的生父母依照本解释第八条的规定承担侵权责任。”这一解释在立法依据和法理上是完全清楚的。《民法典》第 1072 条第 2 款规定：“继父或者继母和受其抚养教育的继子女间的权利义务关系，适用本法关于父母子女关系的规定。”已经形成抚养教育关系的继父母与未成年继子女间当然存在监护关系，未成年继子女致人损害的，继父或者继母应当依照《民法典》第 1188 条第 1 款的规定承担监护人责任。继父母子女之间没有形成抚养教育关系，则继父母子女之间只有父母子女关系之名，无监护关系之实，所以不发生监护关系，继父母也不应当承担对未成年继子女致人损害的赔偿责任。

存在的问题是，继父或者继母与未成年继子女之间没有形成抚养教育关系，但后来继父或者继母经过法定程序成为继子女的监护人，是否应当承担监护人责任，不在该条司法解释的范围之内。笔者认为，既然未形成抚养教育关系的继父或者继母已经成为未成年继子女的监护人，就应当承担《民法典》第 1188 条规定的监护人责任，因为该条规定的责任主体是监护人，而不是亲权人。

立法专家在编纂《民法典》时提出过，我国关于继父母子女关系的认定标准是形成抚养教育关系，可操作性不强。传统民法的做法是，再婚夫妻一方或双方有未成年子女的，通过收养的方法确定亲子关系，是科学且易判断的规则。[①] 未成年子女一经收养，即为养子女，发生亲子关系，所有问题便迎刃而解，无须判断抚养教育关系是否成立。立法机关未采纳这一建议，仍沿用《婚姻法》的原有规定。

根据《民法典》第 1072 条第 2 款规定，未与该子女形成抚养教育关系的，继父或者继母不承担监护人的侵权责任，由该子女的生父母依照本解释第 8 条的规定承担侵权责任。继父或者继母与继子女形成抚养教育关系，继子女的生父母

① 参见杨立新：《我国亲属制度改革的进展、问题与对策——〈民法典婚姻家庭编（草案·三审稿）〉述评》，载《中国社会科学院研究生院学报》2019 年第 6 期。

是否还要承担责任，司法解释没有规定，依条文内容推理，是不应承担责任的。

典型案例解读

卢某兵等与张某等机动车交通事故责任纠纷案[①]

【案情】被告卢某嫣驾驶电动二轮车造成道路交通事故，原告请求被告卢某嫣、卢某兵、范某霞共同赔偿。经查，卢某兵、范某霞结婚时卢某嫣（2008年9月23日生）已约3岁，卢某兵、范某霞再婚后仅生育一子，因感情不和，双方于2019年6月28日协议离婚，协议约定：长女卢某嫣归女方抚养，长子归男方抚养。道路交通事故发生在2022年6月7日，此时卢某兵已经与范某霞离婚，同非婚生长女卢某嫣不存在继父继子女关系。

【裁判】法院认为，卢某兵与范某霞已经离婚，卢某嫣并非卢某兵的亲生女儿，卢某嫣未跟随卢某兵生活，双方之间已无法律意义上的关系，对卢某嫣的侵权行为，卢某兵不应承担赔偿责任。

【解读】监护人责任的特殊性在于关涉“父母子女关系”。父母子女关系可分为两类：一是自然血亲关系；二是法律拟制的血亲关系，比如《民法典》第1072条第2款提及的“继父或者继母和受其抚养教育的继子女间的权利义务关系”和《民法典》婚姻家庭编第五章规定的收养。二者的不同之处在于，即使继父或者继母和继子女形成了抚养教育的关系，但是继子女与生父母的关系依旧存在。如果是收养，则收养关系成立后，养子女与生父母的关系便消除。因此，根据《侵权责任编司法解释（一）》第9条的规定，可以推导出三个规则：第一，继父或者继母和继子女间形成抚养教育关系，应当承担监护责任；第二，生父母子女的关系不因继父母子女之间形成抚养教育关系而丧失，因此生父母与继父母共同承担监护责任；第三，继父或者继母和继子女之间未成立抚养教育关系，或者成立抚养教育关系后继父母离婚，抚养教育关系终止，继父母不承担监护责任。

---

① 参见河北省邯郸市中级人民法院（2024）冀04民终1948号民事判决书。

诉争案件中，卢某嫣在卢某兵、范某霞婚姻存续期间，与卢某兵共同生活，受卢某兵抚养、教育、照顾。在此期间，卢某嫣造成他人损害，卢某兵作为形成抚养教育关系的继父，应当与范某霞共同承担监护责任。但是，在卢某兵与范某霞婚姻关系解除后，卢某嫣和卢某兵的抚养教育关系也终止，二人之间不再存在法律意义上的抚养关系。因此，对于卢某嫣的侵权行为，卢某兵无须承担监护人责任。

三、司法解释完善受托监护人责任的理论基础与适用规则

《侵权责任编司法解释（一）》第10条规定："无民事行为能力人、限制民事行为能力人造成他人损害，被侵权人合并请求监护人和受托履行监护职责的人承担侵权责任的，依照民法典第一千一百八十九条的规定，监护人承担侵权人应承担的全部责任；受托人在过错范围内与监护人共同承担责任，但责任主体实际支付的赔偿费用总和不应超出被侵权人应受偿的损失数额。监护人承担责任后向受托人追偿的，人民法院可以参照民法典第九百二十九条的规定处理。仅有一般过失的无偿受托人承担责任后向监护人追偿的，人民法院应予支持。"这是对受托监护人承担的"相应的责任"的解释，内容比较丰富，主要涉及法学界和司法实务界对"相应的责任"的理解问题。

（一）受托监护人承担的"相应的责任"是混合责任

《民法典》侵权责任编规定了较多的"相应的责任"，《民法典》第1189条规定受托监护人承担的责任便是其中之一。

对这种责任形态怎样定性，见解纷纭。有人持按份责任说，认为相应的责任就意味着责任人与其他侵权人是按照各自的过错和原因力的大小承担相应的责

任份额；[①] 有人持补充责任说，认为承担“相应的责任”的主体与其他侵权人之间应当属于补充责任的关系。[②] 有人持不真正连带责任说，认为责任主体承担的“相应的责任”与其他侵权人的责任之间属于不真正连带责任。[③] 也有人认为，不能将相应的责任与其他侵权人的侵权责任的关系界定为不真正连带责任关系，而应理解为部分连带责任。依据是监护人就被监护人造成他人的损害承担侵权责任与受委托履行监护职责的受托人因过错而承担相应的责任，均是为了填补被侵权人的同一损害，具有给付利益的同一性，且赔偿义务的层次完全相同，并不存在首要的义务人或者终极的义务人之分。被侵权人可以仅起诉监护人，也可以只起诉受托人，还可以将他们一并起诉。虽然他们在赔偿范围上有所不同，但都是在履行自己的债务，且因自己的履行而使其他债务人的债务范围发生变化。[④] 换言之，在相应的责任中，都存在一个就被侵权人有权请求赔偿的损害承担全部赔偿责任的主体，还存在一个因过错而承担与过错相适应的部分赔偿责任的主体。这两个侵权责任人的义务只是在部分赔偿范围内发生重叠，共同满足被侵权人的同一利益，但被侵权人也不能得到超出损害范围的赔偿。因此，客观上在相互重叠的赔偿范围内发生连带效果，被侵权人有权请求部分或全部侵权人承担责任。超出重叠部分后，被侵权人只能请求应承担全部侵权责任的侵权人赔偿。[⑤]

最高人民法院民事审判第一庭负责人的见解是，在比较、区分不同责任的情况下，《侵权责任编司法解释（一）》适当借鉴不真正连带责任原理，第 10 条第 1 款首先规定，无民事行为能力人、限制民事行为能力人造成他人损害的，被侵权人合并请求监护人和受托履行监护职责的人承担侵权责任的，依照《民法典》第 1189 条的规定，监护人承担侵权人应承担的全部责任；受托人在过错范围内

① 参见孟强：《民法典侵权责任编释论：条文缕析、法条关联与案例评议》，中国法制出版社 2020 年版，第 43 页。

② 参见梁慧星：《侵权责任法讲义》，法律出版社 2023 年版，第 131 页。

③ 参见张新宝：《中国民法典释评 · 侵权责任编》，中国人民大学出版社 2020 年版，第 93 页。

④ 参见程啸：《我国侵权法上“相应的责任”的体系解释》，载《环球法律评论》2024 年第 3 期。

⑤ 参见程啸：《我国侵权法规则的发展与完善》，载《中国法律评论》2024 年第 6 期。

与监护人共同承担责任。通俗地讲就是，一个责任主体在过错比例范围内承担的责任，与另一个承担全部责任的主体所承担的责任部分重合，执行中根据各个责任主体的责任范围和责任财产情况，协调处理执行数额。①

下面是笔者对相应的责任的见解。

1. 相应的责任不是相应的补充责任

相应的责任之所以不是补充责任，是因为相应的补充责任的产生，是基于补充责任人实施行为的间接原因力而不是直接原因力，而侵权责任人对全部损害的发生具有 100% 的直接原因力，对损害承担 100% 的责任，故补充责任人即使承担了相应的补充责任，也对侵权责任人享有追偿权。《民法典》第 1189 条规定受托监护人承担相应的责任，其行为对于损害后果的发生具有直接原因力，因而其承担了相应的赔偿责任，对侵权责任人不享有追偿权。所以，相应的责任不是补充责任。

2. 相应的责任也不是不真正连带责任

发生不真正连带责任的行为虽然也是多数人侵权行为，但是，产生不真正连带责任的多数人行为是竞合侵权行为。② 监护人与受托监护人之间的关系是委托关系，双方违反监护职责的行为并不是竞合关系，而是履行委托合同而发生的关系，只是受托监护人在履行委托监护的过程中有过失，因而应当承担与自己的过错相适应的那一份责任，即相应的责任。不过，据此就认为受托监护人承担的责任是合同违约责任，应当依据《民法典》第 929 条规定，监护人在承担了赔偿责任后请求受托监护人赔偿损失，③ 则是用合同法的逻辑观念解释侵权责任法的规则，违反《民法典》第 1189 条规定的立法意图。

最高人民法院民一庭负责人解释“相应的责任”是不真正连带责任的理由：一是，监护人将监护职责委托给他人履行，并不发生监护职责的移转。监护人仍

① 参见《最高法民一庭负责人就民法典侵权责任编司法解释（一）答记者问》，载微信公众号“最高人民法院”，2024 年 9 月 26 日。

② 参见杨立新：《论竞合侵权行为》，载《清华法学》2013 年第 1 期。

③ 参见朱广新：《论监护委托下被监护人致人损害的责任承担》，载《法律适用》2023 年第 6 期。

是履行监护职责的主体，应依照《民法典》关于监护人责任的规定，对被监护人的侵权行为承担全部替代赔偿责任。受托人的过错并不因此减少监护人的责任。二是，被侵权人可以任意选择由谁承担责任。受托人承担过错责任并不以监护人先行承担责任为前提，受托人的责任亦不符合补充责任的特征。三是，在连带责任法定化背景下，受托人的相应过错责任不宜解释为比例连带责任。[①] 笔者认为，上述第三个理由只是说认定连带责任须符合法定化要求，法律没有规定相应的责任为连带责任，就“不宜解释为”比例连带责任。这种说法过于绝对化。上述前两个理由，其实都能够说明监护人承担的责任就是连带责任，只是受托监护人承担的相应的责任不符合连带责任的要求，而这正是某种（部分）连带责任的规则。

3. **相应的责任也不是部分连带责任**

认为受托监护责任的属性是部分连带责任，是因为监护人和被监护人在承担全部责任的过程中，形成一部分责任份额的重合，由于在连带责任中，数人对一部分责任承担连带责任，另一部分却由一个责任人承担，因而称为部分连带责任。[②]

在侵权责任形态中，部分连带责任与相应的责任有一定的相似之处，即有的责任人承担全部责任，有的责任人承担部分责任，在承担责任的部分形成责任的重合。不过，经笔者研究，部分连带责任是在整体的责任中，必有一部分是两个以上的责任人须连带承担，但是在相应的责任中，虽然责任人只承担自己的那一部分责任份额，但在整体责任的承担上，却不存在双方共同承担连带责任的那一部分。[③] 例如，网络侵权责任的通知规则规定，当被侵权人行使通知权后，网络服务提供者没有及时采取必要措施，对于损失的扩大部分，与实施侵权行为的网络用户承担连带责任。这就是在一个整体的侵权责任中，通知之前的损害由网络

① 参见《最高法民一庭负责人就民法典侵权责任编司法解释（一）答记者问》，载微信公众号“最高人民法院”，2024 年 9 月 26 日。

② 参见程啸：《我国侵权法上的“相应的责任”的体系解释》，载《环球法律评论》2024 年第 3 期。

③ 参见杨立新：《侵权责任法》，法律出版社 2021 年版，第 109 页。

用户承担责任，通知之后的损害扩大部分，双方承担连带责任。在《民法典》第1189条规定的受托监护人责任中，不存在监护人和受托监护人连带承担责任的那一部分，而是监护人承担全部责任，受托监护人只承担自己的那一份相应的责任，不存在与监护人连带承担的部分，因而不能形成部分连带责任。在受托监护人责任中，监护人的责任与受托监护人的责任重合的部分，只有监护人承担连带赔偿责任；受托监护人的相应的责任只是自己承担全部赔偿，对重合的部分不承担连带责任。而部分连带责任中重合的部分，恰恰是两个责任人连带赔偿，且有责任份额的区分。例如，《民法典》第1195条对红旗原则规定的扩大的损失部分重合，由网络服务提供者和网络用户连带赔偿，且有责任份额规定。[①]

4. 相应的责任形态是混合责任

笔者研究《侵权责任法》规定的相应的责任，将其称为单向连带责任，即在一个整体责任中，一个人承担连带责任，另一个承担按份责任，因此形成混合责任。[②]最高人民法院专家认为，将这种责任概括为单向连带责任虽然有利于受害人求偿，但依法律条文的文义，没有承担连带责任的依据，所以称为"原则上的单独侵权与例外的混合侵权"[③]。这种所谓的"混合侵权"就是连带责任与按份责任结合而成的侵权责任形态，即混合责任。

说到底，单向连带责任和混合责任两个称谓并没有差别，都是在一个多数人侵权行为中，原本是应当承担连带责任的，但是出于政策和利益的考量，确定主要责任人承担全部损害的连带责任，次要责任人只承担与自己的过错程度相应的按份责任，结果是当被侵权人向主要责任人主张承担全部赔偿责任时，该责任人应当承担全部赔偿责任；当被侵权人主张次要责任人承担全部赔偿责任时，次要侵权人得依法律规定的其承担相应的责任进行抗辩而承担按份责任。

上文提到的部分连带责任与相应的责任的区别，就是部分连带责任与混合责

① 参见杨立新:《侵权责任法》，法律出版社2021年版，第109页。

② 参见杨立新:《侵权责任法》，法律出版社2021年版，第108页。

③ 参见最高人民法院民法典贯彻实施工作领导小组编著:《中国民法典适用大全·侵权责任卷（一）》，人民法院出版社2022年版，第101页、第104页。

任的区别，二者并不相同。

（二）相应的责任的具体承担方法

具体适用《民法典》第1189条和《侵权责任编司法解释（一）》第10条规定的规则如下。

1. 监护人对被监护人造成的全部损害承担连带责任

在受托监护人监护下的被监护人致人损害的，监护人不能因为将监护职责委托给他人而不承担责任，仍然应当承担赔偿责任。监护人承担何种责任，承担多少责任，该司法解释的规定是，“依照民法典第一千一百八十九条的规定，监护人承担侵权人应承担的全部责任”。何为侵权人应承担的全部责任，就是像一般侵权人那样对造成的损害承担全部赔偿责任。这里的“侵权人”是一个概称，是监护人承担责任的标准。在受托监护人有过错的情况下，监护人本不应承担全部赔偿责任，却要像侵权人那样承担全部责任，这不就是对全部损害承担连带责任吗？最高人民法院民事审判第一庭负责人回避连带责任的说法，理由是因为法律没有明文规定，但其实质说的正是侵权连带责任的特征。在被侵权人起诉监护人承担监护人责任时，判决监护人承担全部损失的连带责任，是不会错判的。

2. 受托监护人承担过错范围相应的按份责任

对于受托监护人的责任，本条规定的是“受托人在过错范围内与监护人共同承担责任”，最高人民法院民事审判第一庭负责人解释认为，“实践中，可综合过错情况，合理界定情谊行为与无偿受托的区别等来妥善认定无偿受托人的责任”[①]。在确定受托监护人的责任时，应当注意三点。

第一，区分受托监护是情谊行为还是无偿受托行为。在受托监护中存在情谊行为。纯粹的情谊行为不属于民事法律行为，而是处于法律调整范围之外的纯粹生活事实，是指行为人以建立、维持或者增进与他人相互关切、爱护的感情为目

① 参见《最高法民一庭负责人就民法典侵权责任编司法解释（一）答记者问》，载微信公众号“最高人民法院”，2024年9月26日。

的，不具有受法律拘束意思的，后果直接无偿利他的行为。[①] 如果无偿受托属于情谊行为，不适用《民法典》第 1189 条的规定。区分是情谊行为还是无偿受托，一是看受托是否基于感情协助，二是看受托是否符合《民法典》规定的委托的法律特征，三是看时间长短。只要是基于双方的感情基础帮助照看，临时帮忙，时间较短的，就是情谊行为，不适用《民法典》第 1189 条规定；监护人与受托人之间约定的权利义务清楚，时间较长，符合委托的要件和特征的，是无偿受托监护，适用《民法典》第 1189 条的规定。受托监护属于情谊行为，原则上应当由监护人承担监护责任，除非受托人具有故意。

第二，受托监护人的过错认定。这是确认受托监护人承担相应的责任的决定性要件。对受托人的过错认定，最高人民法院民事审判第一庭负责人认为："审判实践中应具体分析，综合被侵权人的人身财产权益，被监护人的年龄、性格和过往表现等自身特点，健康自由发展空间，教育义务履行情况，受托人的履行成本等因素，对受托人的过错作出认定。"[②] 这里涉及三个认定过错的要素：一是被侵权人权益的性质，不同的权益对认定监护人的过错有不同的判断价值；二是被监护人的情形，包括年龄、性格、过往表现等特点，以及健康自由发展空间和教育义务的履行情况；三是受托监护人履行监护义务的成本。这三个方面综合起来，能够准确认定受托监护人是否有过错。

第三，受托监护人相应的责任是按份责任。相应的责任就是按份责任，这是具有共识的见解。"受托人在过错范围内"承担责任，说的就是按照过错程度确定按份责任。

3. 监护人和受托监护人共同承担的赔偿责任受"填平原则"的约束

对于监护人和受托监护人共同承担责任的方法，该条司法解释强调"责任主体实际支付的赔偿费用总和不应超出被侵权人应受偿的损失数额"，体现的是损害赔偿"填平原则"，在多数人侵权行为中，不论怎样分担赔偿责任，只要不

---

① 参见王雷：《情谊行为基础理论研究》，载《法学评论》2014 年第 3 期。

② 参见《最高法民一庭负责人就民法典侵权责任编司法解释（一）答记者问》，载微信公众号"最高人民法院"，2024 年 9 月 26 日。

是法律规定的惩罚性赔偿，被侵权人得到的赔偿总额都不能超过实际损失的数额。尽管在监护人和受托监护人共同承担责任中，监护人要对全部损害承担赔偿责任，受托监护人还要承担相应的责任，会引起不受填平原则限制的误解。实际上，无论监护人承担全部赔偿责任，还是只承担自己应当承担的责任份额（即全部损失赔偿数额 - 相应的责任数额），受托监护人都要承担相应的责任的赔偿份额。在赔偿总额为全部赔偿数额的基础上，受托监护人承担相应的责任，必定要使监护人的赔偿数额减少，如果监护人已经承担了全部损失，对受托监护人应当承担的部分须以追偿权进行调整。这种情形只有用监护人承担全部责任是连带责任才能解释得通。正因为监护人承担的是连带责任，其责任份额加上受托监护人的相应的责任的份额，才符合“赔偿费用总和不应超过被侵权人应受偿的损失数额”的要求。在被侵权人共同起诉监护人和受托监护人的时候，应当判决受托监护人承担相应的责任的按份责任，剩余部分则都是监护人承担的赔偿责任。

4. 监护人承担了全部赔偿责任后对有过错的受托监护人享有追偿权

该条司法解释规定：“监护人承担责任后向受托人追偿的，人民法院可以参照民法典第九百二十九条的规定处理。”这里指的是监护人如果承担了全部赔偿责任，由于有过错的受托监护人还应当承担相应的责任，故对有过错却没有承担赔偿责任的受托监护人享有追偿权，将双方共同承担的赔偿责任最终分担给每一个应当承担赔偿责任的行为人。追偿的要求是按照《民法典》第929条规定：受托监护为有偿的，就受托监护人过失造成的损失数额有权全额追偿；受托监护为无偿的，只有受托监护人因故意或者重大过失造成损失时才有权追偿。

5. 无偿受托监护人承担相应的责任后对监护人享有追偿权

《侵权责任编司法解释（一）》第10条第2款关于“仅有一般过失的无偿受托人承担责任后向监护人追偿的，人民法院应予支持”的规定应当如何理解，最高人民法院认为，“一是对监护人和受托人之间的内部求偿，指引参照适用《民法典》第929条关于委托合同内部求偿的规定。二是鼓励相应责任主体积极履行赔付义务，若其自愿支付超出自己相应责任的赔偿费用的，人民法院应支持该责任主体就超出自己相应责任的部分向其他责任主体追偿”[①]。这只是一般的解释，其真实含义，是具有一般过失的无偿受托监护人未尽监护职责导致被监护人致害他人，依照《民法典》第1198条规定也应承担相应的责任，而依照《民法典》第929条规定，无偿受托人只有一般过失的不应承担赔偿责任，两条规定存在一定的冲突。为协调这一冲突，该条解释作出上述规定，即依照《民法典》第1189条规定，被侵权人主张受托监护人承担责任的，受托监护人应当承担相应的责任；在其具有一般过失并承担了相应责任后，依照《民法典》第929条规定，无偿受托人不对自己的一般过失造成的损害承担赔偿责任，就此损害的赔偿责任应当由监护人承担，故具有一般过失的受托监护人有权向监护人进行追偿。监护人已经承担了全部赔偿责任的，一般过失的受托监护人不享有该追偿权。

典型案例解读

张某超、李某南等与顾某真、李某民等非机动车交通事故责任纠纷案[②]

【案情】 2023年10月13日1时40分许，在南乐县某某乡爱某文具店前，李某民将三轮电动车停放下车买烧饼时，乘坐人张某沐（李某民的孙子，3岁）操作不当致三轮电动车碰撞到烧饼摊，造成烧饼摊设施损坏、烧饼摊工作人员顾某真及购物人员陶某平受伤的道路交通事故。《道路交通事故认定书》认定李某民承担本次事故的全部责任，顾某真、陶某平无责任。

【裁判】 关于本案侵权责任如何划分的问题。李某民停放电动三轮车时未确保安全，导致年幼的张某沐不当操作三轮车碰撞到烧饼摊，造成顾某真受伤的损害后果。事发时张某沐作为年仅3岁的未成年人，李某民放任其独自操作车辆，对其自身或他人都具有明显的危险性，李某民与张某沐的行为均存在过错，共同导致顾某真受伤，应当按过错责任赔偿相关损失。依据《民法典》第1188条的

---

① 参见《最高法民一庭负责人就民法典侵权责任编司法解释（一）答记者问》，载微信公众号“最高人民法院”，2024年9月26日。

② 参见河南省濮阳市中级人民法院（2024）豫09民终2296号民事判决书。

规定，无民事行为能力人、限制民事行为能力人造成他人损害的，由监护人承担侵权责任。张某沐作为无民事行为能力人，其赔偿责任应由其监护人张某超、李某南承担。《民法典》第1189条规定，无民事行为能力人、限制民事行为能力人造成他人损害，监护人将监护职责委托给他人的，监护人应当承担侵权责任；受托人有过错的，承担相应的责任。本案中张某沐作为无民事行为能力人，不能独立承担民事责任，李某民作为其祖母，带张某沐外出，与张某沐监护人之间系委托监护关系，这种关系的内容既包括保护被监护人的人身安全又包括防止被监护人对他人造成损害侵权。受托人李某民带孙子张某沐外出，停放电动三轮车时未确保安全，导致年幼的张某沐不当操作三轮车碰撞到烧饼摊，造成事故，存在过错。但考虑到该委托监护关系是基于特定的血缘关系，而非获得经济上的利益，故不应对受托人的注意义务有过高要求，即使存在过失，受托人的侵权责任也不宜过重，在责任认定上应着重考量事故的可预见性。本案系多因一果，行为人事先并无意思联络，但行为偶然结合产生损害后果，可预见性较低。结合事故的成因、侵权情节、过错程度、损害后果，法院酌定由李某民承担事故70%的赔偿责任，张某超、李某南承担事故30%的赔偿责任为宜。

【解读】本案是委托监护责任，应当注意以下四个问题。

第一，是否存在委托监护关系是判定应否适用该规则的前提。实践中，监护人委托亲朋好友代为照管被监护人的情形较为常见，属于无偿委托监护，系争案件即为典型。另外一种类型是有偿的委托监护，比如将被监护人安置在养老服务机构或者托管机构等。在刘某1、刘某2等民事纠纷案中，原告母亲及被告吕某的家人与养老院签订合同，约定由养老院负责原告母亲及吕某的生活、护理事项。吕某案发时患脑血管病所致精神障碍，殴打了原告的母亲。法院判令养老机构依据《民法典》第1189条的规定承担相应的责任。[①]

第二，监护人责任。首先，监护人不能以委托监护为由主张不承担责任。在

① 刘某1、刘某2等民事纠纷案，安徽省固镇县人民法院（2024）皖0323民初2333号民事判决书。

刘某某、马某某等健康权纠纷案[①]中，被告张某某的父母主张侵权纠纷发生在托管住宿期间，不应当由监护人承担责任。法院裁判进一步指出，《民法典》第26条第1款规定："父母对未成年子女负有抚养、教育和保护的义务。"这是监护人的法定职责，监护人应当按照最有利于被监护人的原则履行监护职责，应尽可能地加强对未成年人的教育、沟通及照顾，即使将未成年人委托至托管机构也不能免除父母的法定监护责任。其次，监护人承担的是全部责任，而不是部分责任。监护人是基于监护职责而承担责任，即使将被监护人委托给他人监护，监护人的身份也并未发生变化。因此，监护人应当对被监护人造成的损害承担全部责任。系争案件酌定张某超、李某南承担事故30%的赔偿责任有误，应当是张某超、李某南承担100%的责任。

第三，委托人责任。委托人的责任应当与其过错程度相适应。系争案件中，李某民作为完全民事行为能力人，理应知晓安全停放电动车的重要性。尤其是对于3岁的张某沐而言，其尚且不能认识到电动车的危险性。在此基础上，李某民停放电动车不当，导致张某沐不当操作电动车发生事故，具有重大过失。法院判决李某民承担70%的责任，符合本案的实际情况。

第四，追偿。《侵权责任编司法解释（一）》第10条第2款、第3款规定了追偿的规则。《民法典》第929条第1款规定，无偿委托合同中，因受托人的故意或者重大过失造成委托人损失的，委托人可以请求赔偿损失。诉争案件中，李某民与张某超、李某南之间形成的是无偿委托监护关系。李某民带张某沐外出时，未能妥善停放电动三轮车，导致年幼的张某沐不当操作三轮车碰撞到烧饼摊，造成事故，具有重大过失。因此，张某超、李某南在承担全部的赔偿责任后，可以向李某民追偿70%的责任。

---

① 刘某某、马某某等健康权纠纷案，黑龙江省肇东市人民法院（2023）黑1282民初1102号民事判决书。

结 语

《侵权责任编司法解释（一）》对监护人责任和受托监护人责任的解释是该司法解释的重点，该解释用了 7 个条文对《民法典》第 1188 条和第 1189 条适用中的几乎所有问题都作了具体解释，既涉及《民法典》侵权责任编的规则，也涉及婚姻家庭编、合同编以及总则编有关监护的规则。尽管规定的规则很复杂，但其内容都与《民法典》的基本规则保持一致，是行之有效的适用《民法典》第 1188 条、第 1189 条规定的裁判规则，也是研究监护人责任理论的基础。司法实践中，应当准确理解和正确适用这些规则，在维护监护秩序，促使监护人和受托监护人履行监护职责等方面发挥积极作用，维护好社会秩序，保护好民事主体的人身安全和财产安全。

第三章 教唆人、帮助人与监护人责任之解释

法律与司法解释

《中华人民共和国民法典》

第1169条 教唆、帮助他人实施侵权行为的，应当与行为人承担连带责任。

教唆、帮助无民事行为能力人、限制民事行为能力人实施侵权行为的，应当承担侵权责任；该无民事行为能力人、限制民事行为能力人的监护人未尽到监护职责的，应当承担相应的责任。

《最高人民法院关于适用〈中华人民共和国民法典〉侵权责任编的解释（一）》

第11条 教唆、帮助无民事行为能力人、限制民事行为能力人实施侵权行为，教唆人、帮助人以其不知道且不应当知道行为人为无民事行为能力人、限制民事行为能力人为由，主张不承担侵权责任或者与行为人的监护人承担连带责任的，人民法院不予支持。

第12条 教唆、帮助无民事行为能力人、限制民事行为能力人实施侵权行为，被侵权人合并请求教唆人、帮助人以及监护人承担侵权责任的，依照民法典第一千一百六十九条第二款的规定，教唆人、帮助人承担侵权人应承担的全部责任；监护人在未尽到监护职责的范围内与教唆人、帮助人共同承担责任，但责任主体实际支付的赔偿费用总和不应超出被侵权人应受偿的损失数额。

监护人先行支付赔偿费用后，就超过自己相应责任的部分向教唆人、帮助人追偿的，人民法院应予支持。

第13条 教唆、帮助无民事行为能力人、限制民事行为能力人实施侵权行为，被侵权人合并请求教唆人、帮助人与监护人以及受托履行监护职责的人承担侵权责任的，依照本解释第十条、第十二条的规定认定民事责任。

解析与适用

《民法典》第1169条第2款、第1189条规定的单向连带责任，强化了对受害人的救济，但对教唆人、帮助人、监护人、受托人之间的责任分担进行了留白。《侵权责任编司法解释（一）》第13条[①]虽规定，教唆人、帮助人、监护人、受托人之间的责任形态应当分别按照第10条[②]、第12条[③]的规定处理。然

① 第13条规定："教唆、帮助无民事行为能力人、限制民事行为能力人实施侵权行为，被侵权人合并请求教唆人、帮助人与监护人以及受托履行监护职责的人承担侵权责任的，依照本解释第十条、第十二条的规定认定民事责任。"

② 第10条规定："无民事行为能力人、限制民事行为能力人造成他人损害，被侵权人合并请求监护人和受托履行监护职责的人承担侵权责任的，依照民法典第一千一百八十九条的规定，监护人承担侵权人应承担的全部责任；受托人在过错范围内与监护人共同承担责任，但责任主体实际支付的赔偿费用总和不应超出被侵权人应受偿的损失数额。监护人承担责任后向受托人追偿的，人民法院可以参照民法典第九百二十九条的规定处理。仅有一般过失的无偿受托人承担责任后向监护人追偿的，人民法院应予支持。"

③ 第12条规定："教唆、帮助无民事行为能力人、限制民事行为能力人实施侵权行为，被侵权人合并请求教唆人、帮助人以及监护人承担侵权责任的，依照民法典第一千一百六十九条第二款的规定，教唆人、帮助人承担侵权人应承担的全部责任；监护人在未尽到监护职责的范围内与教唆人、帮助人共同承担责任，但责任主体实际支付的赔偿费用总和不应超出被侵权人应受偿的损失数额。监护人先行支付赔偿费用后，就超过自己相应责任的部分向教唆人、帮助人追偿的，人民法院应予支持。"

而，第10条、第12条只是分别规定了委托人与监护人的责任分担，教唆人、帮助人与监护人的责任分担。如何进一步实现有效的规范对接，还需要清晰的回应。以上述规范为中心，本章展开解释论的分析。

一、教唆人、帮助人承担全部责任的限定

《民法典》第1169条第2款的规定沿袭了《侵权责任法》第9条第2款的规则，确认了“教唆人、帮助人承担侵权责任”。《侵权责任编司法解释（一）》第12条指出教唆人、帮助人承担的是“全部责任”。

上述规则的确立，有效回应了《民法典》第1169条第2款面临的争议，殊值肯定。不过，依旧存在以下疑惑需要厘清。

（1）教唆人、帮助人是否一概承担“全部责任”？尤其是对于帮助人而言，监护人的原因力和过错程度一定小于帮助人吗？孟勤国教授所列举的例子比较鲜明地表示了这一点，比如母亲教唆未成年人在他人帮助下盗窃手机，[①] 此时监护人的过错程度和原因力明显大于帮助人。

（2）如果教唆人、帮助人是不完全民事行为能力人，责任形态是否有所区别？笔者查询了相关的案例，以《民法典》第1169条的适用为搜索词条，除去与第1189条第2款无关的、重复的、雷同的以及仅在当事人诉讼主张中使用该款的案例，保留法院判决中明确适用的案例，共有13个。在13个案例中，只起诉教唆人、帮助人，由教唆人、帮助人独立承担责任，自不待言。[②] 裁判分歧集中在同时起诉教唆人、帮助人与监护人的场合。第一种观点认为，教唆人、帮助人与被监护人属于共同侵权，应当按照连带责任处理；[③] 第二种观点则是按照各

---

① 孟勤国、张海龙：《质疑“单向连带责任”》，载《社会科学战线》2015年第3期。

② 见江西省南昌县人民法院（2021）赣0121民初3338号民事判决书；山东省无棣县人民法院（2021）鲁1623民初2301号民事判决书；河南省睢县人民法院（2020）豫1422民初4626号民事判决书。

③ 如广东省兴宁市人民法院（2023）粤1481民初991号民事判决书；山东省莘县人民法院（2021）鲁1522民初3966号民事判决书。

自的过错和原因力判定按份责任；[①]第三种观点是，教唆人承担连带责任，其他被教唆人承担按份责任。[②]

由上可知，上述争议分歧的本质是《民法典》第1169条第2款在多数人侵权行为规范中的体系定位，这背后实际与多数人侵权行为规范（第1168条、第1169条第1款、第1170条、第1171条、第1172条、第1198条、第1201条）产生了体系关联，同时还牵涉公平正义、损失分担等基本价值。

在这样的体系协调下，《民法典》第1169条第2款的适用范围应当进行限缩，与其他相关规范进行合理的区隔，以此来明确《侵权责任编司法解释（一）》第12条中“教唆人、帮助人承担全部责任”的适用范围。

（一）教唆人、帮助人对损害的发生具有全部的原因力

《民法典》侵权责任编相继规定了共同侵权行为（第1168条）、教唆帮助行为（第1169条）、共同危险行为（第1170条）、叠加分别侵权行为（第1171条）、典型分别侵权行为（第1172条），分别对应连带责任与按份责任。与此同时，《民法典》第1198条、第1201条还规定了安全保障义务人与教育机构的不作为侵权行为，对应补充责任形态。

上述规定确立的多数人侵权责任规范体系以原因力为要素进行区分。连带责任对应的是每个行为人对损害的发生都具有100%的原因力；按份责任对应的是

① 在判定按份责任的案件中，教唆人、帮助人均是未成年人，法院判令被教唆人、被帮助人属于主要实施人，承担更重的责任。（1）湖南省道县人民法院（2021）湘1124民初1757号民事判决书。该案中，帮助人是限制民事行为能力人。法院认为，虽然帮助人客观上未实施殴打行为，但加入了争吵，强化了被帮助人的故意，客观上促进了被帮助人实施殴打行为。最后判令被帮助人承担主要责任，帮助人承担次要责任，按照比例进行分配。（2）湖南省保靖县人民法院（2021）湘3125民初42号民事判决书。该案中，未成年人A帮助多名未成年人实施侵权行为，综合案情及各方当事人所起的作用，法院确认了每个人应当承担的责任比例，主要实施人承担20%的责任，帮助人各自承担5%的责任。

② 参见辽宁省海城市人民法院（2021）辽0381民初8161号民事判决书。该案中，6名未成年人受张某（未成年人）教唆殴打原告。法院一方面在判决书主文中认定张某作为教唆人（未成年人）应当承担连带赔偿责任；另一方面按照过错程度和原因力，确认主要实施者承担20%的责任，其他6人平均承担剩余份额的六分之一。

每个行为人对损害的发生都只具有部分原因力；补充责任对应的是第三人行为具有直接原因，安全保障义务人、教育机构的行为系间接原因。

《民法典》第1169条第2款规定的是教唆、帮助侵权行为，应当与上述规范相区分。

第一，排除一因一果的共同侵权行为。《民法典》第1168条规定的是一般的共同侵权行为，构成条件是主观关联共同。如果教唆人、帮助人与监护人之间形成共同的意思联络，达成合谋，通过被监护人造成他人损害，应当以该规范为依据承担连带责任。如果教唆人、帮助人与监护人之间形成共同过失，同样应当适用该规定，而非第1169条第2款。共同过失，包括“过失的共同”与“共同的过失”两个要素，前者指的是就损害结果的发生具有共同的可预见性，后者指的是须有各行为人过失的结合。[①] 比较典型的案例是，驾驶员和监护人同时下车，均忘记拔钥匙，被监护人单独在车上玩耍车钥匙致使车辆行驶后发生交通事故。在这一案件中，驾驶员和监护人都应当意识到未拔车钥匙所带来的危险，是驾驶员和监护人的过失行为结合造成了一种共同的危险状态，缺少任何一方的过失，损害结果都不会发生。因此，驾驶员和监护人应当承担连带责任。

第二，排除多因一果的叠加与典型分别侵权行为。《民法典》第1171条规定的是“每个人的侵权行为都足以造成全部损害”。就此展开，如果教唆人、帮助人的行为与监护人的行为都足以造成损害结果的发生，应当适用第1171条的规定由教唆人、帮助人与监护人承担连带责任，而非适用第1169条第2款。《民法典》第1172条规定的是，“每个人分别实施侵权行为造成同一损害”，则应当承担按份责任。如果教唆人、帮助人的行为与监护人的行为都不足以造成损害结果的发生，就应当适用第1172条的规定由教唆人、帮助人与监护人承担按份责任，按照彼此的过错和原因力确定责任份额。

第三，排除间接因果关系的补充侵权行为。补充责任中，第三人与补充责任

① 曹险峰：《数人侵权的体系构成——对侵权责任法第8条至第12条的解释》，载《法学研究》2011年第5期。

人处于不同的层次状态。第三人的行为是直接原因，补充责任人的行为是间接原因。在教唆、帮助与监护人之间，教唆、帮助是“准直接原因”，监护人是间接原因。若是单从直接、间接的区分来看，考虑到教唆人、帮助人、监护人均非事实上的直接致害人，综合评估二者应当处于不同的责任层次或者级别。[①]但是，如果进行更为细致的观察，可以发现，尽管监护人的行为与补充责任人的行为都是间接原因，但是二者的义务范围有所差别。安全保障义务人、教育机构，基于对危险源的控制，负有防范他人伤害的保障义务，面向的群体较多；监护人责任基于监护职责，不仅负有保障被监护人不受伤害的义务，还负有防范被监护人伤害他人的义务，所规范的只有被监护人的行为，承担的注意义务也应当更重。正是因此，《侵权责任编司法解释（一）》第 12 条将教唆人、帮助人与监护人责任与安全保障义务人、教育机构的补充责任相区分，区别的方式是，教唆人、帮助人、监护人责任处在同一顺位，而非不同的顺位。

第四，教唆人、帮助人承担全部责任的适用范围属于多因一果的半叠加分别侵权行为。《生态环境侵权解释》第 7 条规定了多因一果的半叠加分别侵权行为，即部分侵权人的行为足以造成全部损害，部分侵权人的行为只造成部分损害时，足以造成全部损害的侵权人对全部损害承担连带责任。从原因力角度来看，教唆人、帮助人承担 100% 的全部责任，是对损害的发生具有 100% 的原因力；监护人只承担部分责任，是对损害的发生只具有部分的原因力，属于该规定所概括出的“半叠加分别侵权行为”。但是，部分连带责任中，对损害发生重合的部分承担连带责任，进而再进行内部分摊。监护人承担的责任部分属于自己责任，不再进行内部分摊，故其责任形态不应当理解为部分连带责任。

（二）教唆人、帮助人未将被教唆人、被帮助人视为工具

《民法典》第 1169 条第 1 款是特殊的共同侵权，将教唆人、帮助人与被教唆人、被帮助人的行为认定是共同的致害原因，目的是将被教唆人、被帮助人的

① 李中原：《多数人侵权责任分担机制研究》，北京大学出版社 2014 年版，第 234~235 页。

行为所造成的损害结果归因于教唆人、帮助人。第1169条第2款第1句规定的“教唆人、帮助人应当承担侵权责任”应当与第1款相一致，即不完全民事行为能力人的行为造成的损害结果应当归因于教唆人、帮助人。不过，特别的是，不完全民事行为能力人的行为如果只是教唆人、帮助人的“工具”，监护人无过错，则不涉及监护人的责任。①

在这一点上，《民通意见》第148条的规定依旧有一定的参考价值，该规定指出：“教唆、帮助无民事行为能力人实施侵权行为的人，为侵权人，应当承担民事责任。教唆、帮助限制民事行为能力人实施侵权行为的人，为共同侵权人，应当承担主要民事责任。”《民法典》编纂过程中，有意见提出，应当区别无民事行为能力人和限制民事行为能力人，无民事行为能力人是被当作实施侵权行为的工具，应当由教唆人、帮助人承担全部责任。限制民事行为能力人有一定的判断力，依旧由其承担侵权责任，有失妥当。立法机关经研究认为，第1169条第2款的规定是从侵权人与被侵权人的相互关系的角度进行规定，侧重外部关系，即使考虑内部关系，也不能因其教唆或者帮助的对象的不同，而体现主观故意的区别。② 尽管这样的方式强化了对被害人的救济，也避免了固化地以“教唆或者帮助的对象”作为区分标准，但其实还是忽略了当被教唆人、被帮助人被视为工具时，教唆人、帮助人对损害的发生具有实质的贡献，直接、根本地影响了被监护人，监护人对损害的发生不具有原因力的问题。因此，仍有必要区分是否将教唆、帮助的对象作为工具。

在此，应当判断被教唆人、被帮助人的识别能力与控制能力，识别指的是依照其智识判断其行为是否具有加害他人的可能性的能力；控制则指的是行为人对自己行为的纯粹理性控制。③ 其实，《民法典》第1190条提到的“没有意识或者失去控制”就可以作为类推适用的参考。当被教唆人、被帮助人没有意识（没有识别能力）或者有意识但没有控制能力时，是被作为工具，应当由教唆人、帮助

① 杨立新：《教唆人、帮助人责任与监护人责任》，载《法学论坛》2012年第3期。
② 黄薇主编：《中华人民共和国民法典侵权责任编释义》，法律出版社2020年版，第21页。
③ 朱岩：《侵权责任法通论·总论》（上册），法律出版社2011年版，第313页。

人承担全部责任。有意识也有控制能力，但是依旧实施的，则应当由教唆人、帮助人和未尽到监护职责的监护人承担责任。是否具有识别能力和控制能力，属于法律问题，而不是事实问题。无法一概通过年龄来进行判断，同样应当考虑行为类型。比如驾车等危险活动，应当认定行为人具有一定的识别能力，能够识别该行为的危险系数。

从此路径出发，可以对不完全民事行为能力人教唆、帮助不完全民事行为能力人的情形作出妥当的回答。有观点认为，不论是从过错客观化角度，还是监护人过错角度，可以认为是共同过错，承担连带责任，内部则按照智力、年龄、原因力等来确定各自的份额。① 对此，笔者认为，还是应当回归到识别能力和控制能力中，进一步地作出细分。如 17 周岁的甲教唆 3 周岁的乙拿走隔壁邻居的钱包，则乙是甲的工具，应当由甲独立承担责任；如果是 17 周岁的甲教唆 8 周岁的乙，则考虑到乙对拿钱包这一行为具有一定的识别能力，应当属于《民法典》第 1169 条第 2 款适用的范围；但如果是 17 周岁的甲教唆 17 周岁的乙，则应当适用《民法典》第 1169 条第 1 款，属于共同侵权，应当承担连带责任。

（三）教唆人、帮助人是故意，监护人是过失

从原因力来讲，教唆人、帮助人与监护人本来可以按照“部分连带责任”的方式来处理。但《民法典》第 1169 条第 2 款和《侵权责任编司法解释（一）》第 12 条规定为单向连带责任，只有教唆人、帮助人承担连带责任，就是因为教唆人、帮助人的主观过错与监护人的主观过错并不属于同一个层级。

第一，不包含教唆人、帮助人过失的情形。传统上，教唆、帮助被认定为仅限于故意。我国台湾地区司法判决承认过失教唆、帮助构成共同侵权，如第三人听从某人的指示进行焊烧，引发火灾；成年人将机动车出借给没有驾驶证的未成年人，之后未成年人引发交通事故致人死亡。② 但即使承认过失教唆、帮助，也

① 邹海林、朱广新:《民法典评注 · 侵权责任编（1）》，中国法制出版社 2020 年版，第 7 页。

② 王泽鉴:《侵权行为》，北京大学出版社 2016 年版，第 442~443 页。

不应当认定按照《民法典》第1169条第2款的规定来处理。一方面，若是共同过失而侵权，则可以适用第1169条的规定；若是不同的过失分别侵权，则是适用第1172条的规定。比如，朱岩教授在其著作中曾提及这样一个案例，即被告13岁男孩发现司机离开后未拔钥匙，开着公交车导致发生交通事故。本案司机忘记停车拔钥匙，具有过失。[①] 笔者认为，司机提供了被告“开车”的便利条件；但是本案的被告是在知道开车的危险性后，依旧实施这样的行为，其监护人应当承担更重的责任，按照第1172条的规定处理即可。如此一来，没有必要将第1169条的教唆、帮助扩张为过失教唆、帮助。[②]

第二，监护人的过错程度应当弱于教唆人、帮助人。一般认为，教唆是故意，与监护人的责任轻重分明。比如，教唆人明知限制民事行为能力人未取得机动车驾驶证且依旧将无号牌摩托车交给其驾驶，帮助其启动车辆，指使其违章驾驶，造成事故发生。法院最后判定二者承担连带责任，[③] 有所不妥。教唆人应当承担全部的责任；父母平日教养不足，只承担与其过错相应的责任。帮助则有必要根据不同的情境确定。如校园里甲帮助未成年的乙殴打丙，帮助人的过错程度明显超过监护人；如甲帮助未取得机动车驾驶证的乙启动车辆，则有可能是监护人的过错程度明显超过甲。再比如，某家长向亲戚借车，用来给未成年的儿子学车，但是孩子在学车过程中发生交通事故，该案中监护人的过错程度远高于帮助人。[④]

综合考虑规范体系要求，以过错和原因力为标准，《侵权责任编司法解释（一）》第12条规定教唆人、帮助人承担全部责任的适用情形仅限定为教唆、帮助人对损害的发生具有全部的原因力，监护人对损害的发生仅具有部分的原因力；教唆、帮助人属于故意，监护人属于过失的情况。

---

① 朱岩：《侵权责任法通论·总论》（上册），法律出版社2011年版，第327页。

② 邹海林、朱广新：《民法典评注·侵权责任编（1）》，中国法制出版社2020年版，第55~56页。

③ 参见广东省中山市中级人民法院（2018）粤20民终6387号民事判决书。

④ 但是法院判决车主与监护人承担连带责任。参见孟勤国、张海龙：《质疑“单向连带责任”》，载《社会科学战线》2015年第3期。

二、监护人在过错范围内承担共同的责任

《民法典》第1169条第2款确定监护人承担的相应责任后，关于相应的责任及追偿问题，素有争论。主要有以下四种观点，分别是：（1）单向连带责任，即教唆人、帮助人承担连带责任，监护人承担按份责任。教唆人或者帮助人就超出自己份额部分，有权向监护人追偿，但是监护人不能向教唆人、帮助人追偿。① 另有观点认为，教唆人和帮助人无权向监护人追偿。②（2）补充责任，即仅在教唆人、帮助人不能完全弥补损害的情况下，监护人承担与其过错相应的责任，进而也不宜确立监护人的追偿权。③（3）按份责任，即监护人承担与其过错相适应的按份责任。④（4）内部责任。对外是监护人与教唆人、帮助人承担连带责任，相应的责任从内部角度理解。⑤ 不过，立法释义明确，如果要求监护人承担连带责任，则会过于严厉。⑥

《侵权责任编司法解释（一）》第123条第1款明确了监护人在“过错范围内承担共同的责任”，其实是采用了单向连带责任的观点，但未对追偿的问题作出回应。监护人内部还涉及离异夫妻、继父母的责任分担；财产支付时，还涉及应当以监护人还是被监护人的财产先行支付的问题，与第5~9条发生联动。笔者试对此逐一分析。

（一）监护人的过错

监护人之所以承担责任，是因为对被监护人的行为具有引导性，有可能避免

① 杨立新：《侵权责任法》，法律出版社2020年版，第109页。

② 王利明：《侵权责任法研究》（上册），中国人民大学出版社2011年版，第548页。

③ 薛军：《〈侵权责任法〉对监护人责任制度的发展》，载《苏州大学学报（哲学社会科学版）》2011年第6期。其论证基础在于，我国民法原则上未承认无民事行为能力人、限制民事行为能力人的侵权能力。因此，《民法典》第1169条第2款实际上是第1款的排除性规定，即教唆、帮助无民事行为能力、限制民事行为能力，不构成共同侵权，由教唆人、帮助人独立承担责任。监护人承担的是顺位在后的补充责任。

④ 程啸：《侵权责任法》（第3版），法律出版社2021年版，第393页。

⑤ 张海龙：《论监护人承担“相应的责任”》，载《学术论坛》2015年第11期。

⑥ 黄薇主编：《中华人民共和国民法典侵权责任编释义》，法律出版社2020年版，第21页。

损害的发生。由于未尽职责，增大了损害发生的机会。因此，有必要确定监护人的职责。

监护人的职责除了保护被监护人不受他人损害之外，也包括防范被监护人造成他人损害。监护人应当在日常对被监护人进行教养、监督，严格履行对其具体行为的监督义务。监督义务的认定基准，不仅应考虑被监护人的个性、年龄、发育程度等，还应当考虑行为或活动的性质。① 在监护人内部，按照《侵权责任编司法解释（一）》第7~9条，不论父母是否离异，都应当共同对被监护人的行为承担责任。离异后，未与该子女共同生活的一方不得以未共同生活为由主张不承担责任或者少承担责任。不过，在离异夫妻内部，可以按照双方协议确定的责任份额来处理；双方未有协议的，则由法院根据双方履行监护职责的约定和实际履行情况来确定。如果继父母未形成抚养教育关系或者形成抚养教育关系后又分离的，则继父母不承担监护人的侵权责任。如果是形成抚养教育关系的继父母，则与生父母一起共同承担监护人责任。

被侵权人应当首先举证证明监护人未尽到监护职责。如果被侵权人未能证明监护人存在过错，则由教唆人独立承担全部责任。② 如果被侵权人举证后，监护人主张不承担责任，应当举证证明其尽到了监护职责。监护人未提供证据证明其尽到监护职责的，监护人应承担相应的责任。③

（二）共同责任的意义

第一，“共同的责任”与“补充”责任相区分。“共同的责任”指向的概念是连带责任。有观点认为，由监护人对教唆人或者帮助人的最终责任承担连带责任是难以理解的，因为这意味着监护人的监护对象还包括教唆人或者帮助人。因此，从这一层面来看，应当是教唆人、帮助人对所有的损害承担连带责任，监护

① 王泽鉴：《侵权行为》，北京大学出版社2016年版，第470~471页。
② 参见山东省青岛市城阳区人民法院（2021）鲁16民终2888号民事判决书。
③ 参见湖南省保靖县人民法院（2021）湘3125民初42号民事判决书。

人仅仅就其部分承担责任。[①] 笔者认为，监护人看起来虽然是“过失”，承担“共同”的责任，目的主要是与补充责任相区分，确认监护人与教唆人、帮助人共同承担责任时，监护人不具有顺位抗辩权，而不是将教唆人、帮助人划分在监护人的监护对象范围内。

第二，“共同的责任”仅限于过错范围内。责任比例的计算有两种方法：一是绝对计算法，按照违法行为人的行为性质、主观过错、因果关系，在个案中予以确定。在这一方法下，由于每个人的责任比例是法院直接评价的结果，没有相加须为 100% 的要求，因而存在受害人超额受偿的可能。二是相对计算法，衡量所有造成或者促成损失的人的总过错，确定每个人的责任百分比。在这一方法之下，由于比例是每个责任人的责任与全部责任相除的结果，所以，所有责任的责任比例相加等于 100%，承担超过自己份额的人有权向他人追偿。[②] 从《侵权责任编司法解释（一）》第 12 条的规定可以看出，教唆人、帮助人与监护人责任采用的是绝对计算法，体现在：一是教唆人承担连带责任，监护人在其过错范围内与教唆人、帮助人共同承担责任。二是未明确规定追偿。与此同时，为了避免绝对计算法的弊端，规定受害人不得超过 100% 受偿。但是，尽管如此，最终依旧要回归到内部分担中去，因此有必要先确定监护人承担责任的比例。

第三，确定监护人承担“共同的责任”可以进一步适用关于连带责任的规则。在诉讼中，被侵权人可以自由选择合并起诉或者只起诉一方，但被侵权人放弃（或者免除）对教唆人、帮助人或者监护人一方的赔偿请求的除外。在这种情况下，涉及另一方能否免责的问题。按照《民法典》第 520 条第 2 款的规定，如果免除部分连带债务人的债务，在其应当承担的份额范围内，其他债务人的债务也随之消灭。据此，如果免除教唆人、帮助人的全部债务，则监护人的债务也随之消灭；如果免除了监护人的债务，则教唆人、帮助人在监护人应当承担的责任份额内的债务消灭。

---

① 王竹：《论教唆行为与帮助行为的侵权责任》，载《法学论坛》2011 年第 5 期。

② 邹学庚：《虚假陈述比例连带责任的认定模式与体系展开》，载《法学研究》2023 年第 4 期。

（三）追偿的单向性

原则上，只有当事人之间存在的数项义务具有内在联系时，才能确立追偿权制度。所谓内在联系，包括三种情形：一是基于法律关系的天然属性决定；二是基于当事人的约定；三是出于特殊的利益衡量，立法拟制义务之间具有内在的联系。[①] 与之相对应的是，如果没有追偿权制度，也是基于三种原因：一是法律关系的天然属性决定不具有追偿权；二是当事人约定不追偿；三是出于特殊的利益衡量，否定追偿权。

《侵权责任编司法解释（一）》征求意见稿曾否定教唆人、帮助人向监护人的追偿权，其特殊的立法考量在于对教唆人、帮助人的行为再一次进行否定性的评价。但正如曹险峰学者所言，否认二者之间的相互追偿，将使得责任最终在内部之间无法完成比例分配，解决纠纷；而且如果不允许双方之间的追偿，则有可能使得侵权法变成"中彩"的哲学，即原告选谁就是谁。然后，会进一步演变为贿赂的情境，诱发道德风险。[②] 因此，最终的成文稿中删去了这一条文内容，对追偿权的问题进行了留白。

笔者认为，既然立法未作特殊的考量，明确否定追偿权，还是应当回归到基本的法理中。单向连带责任属于中间地带创设出来的责任形态。存在追偿权制度是应有之义。教唆人、帮助人有可能承担超出自己的份额。既然如此，按照法律关系的天然属性，应当承认教唆人、帮助人向监护人的追偿权。追偿的范围应当限定为监护人承担的责任范围。监护人责任承担的是自己责任，即未尽到监护职责，与其过错范围相适应的责任，不具有向教唆人、帮助人追偿的权利。如果允许其追偿，就改变了自己责任原则，不具有绝对的正当性。而且，这也能督促监护人履行监护职责，避免无民事行为能力人、限制民事行为能力人受他人教唆、帮助致人损害。

---

① 崔建远：《混合共同担保人相互间无追偿权论》，载《法学研究》2020 年第 1 期。

② 曹险峰：《对〈侵权编解释意见稿〉的意见与建议》，载微信公众号"中国民商法律网"，2023 年 4 月 28 日。

至于《侵权责任编司法解释（一）》第12条第2款提到的监护人向教唆人、帮助人的追偿权，其法理基础不是单向连带责任，而是监护人对教唆人、帮助人应当承担的责任先行垫付赔偿费用，因此，就超过自己相应责任的部分有权向教唆人、帮助人追偿。

（四）赔偿费用的支付

监护人在“过错范围内”承担责任，进一步涉及赔偿费用的支付问题，而这关乎如何理解《民法典》第1169条第2款与第1188条的关系。

目前有四种观点：（1）二者并不相关。虽然《民法典》第1169条第2款是总则性的规定，但其针对的是共同侵权的行为，存在外部第三人原因；第1188条（《侵权责任法》第32条）针对的是单独侵权，不存在外部第三人，二者不存在法律适用的冲突。[①]结合《民法典》第1175条来看，适用的是损害完全由第三人造成的情形。从这方面来看，监护人责任是从第1188条向第1169条第2款、第1175条递减甚至于无的。[②]（2）特别法与一般法的关系。《民法典》第1169条第2款是特别法，优先适用；如果无法据此获得赔偿，则仍然可以诉诸第1188条来追究监护人的责任。[③]（3）衔接关系。在监护人尽到职责时，究竟是监护人责任减轻的部分由教唆人、帮助人承担，还是免除。有观点认为，如果是无民事行为能力人，则监护人责任应当免除；如果是限制民事行为能力人，则监护人的责任应当减轻。[④]（4）存在矛盾。《民法典》第1169条第2款是过错责任、自己责任；第1188条是无过错责任、替代责任，存在逻辑悖反。[⑤]对于观点（3），此种做法中，无民事行为能力人、限制民事行为能力人的区分，主要是用于界定教唆人、帮助人、监护人的过错程度和原因力的大小。例如，限制民事行为能力人

① 杨立新：《教唆人、帮助人责任与监护人责任》，载《法学论坛》2012年第3期。

② 曹险峰、徐恋：《监护人责任的解释论与立法论反思》，载《烟台大学学报（哲学社会科学版）》2019年第3期。

③ 李中原：《多数人侵权责任分担机制研究》，北京大学出版社2014年版，第234页。

④ 王竹：《论教唆行为与帮助行为的侵权责任》，载《法学论坛》2011年第5期。

⑤ 朱岩：《侵权责任法通论·总论》（上册），法律出版社2011年版，第329页。

比无民事行为能力人识别能力、判断能力更高，监护人在这个过程中“未尽到监护职责”的可能性要更大。[①] 就此而言，已经通过对“教唆人、帮助人承担全部责任”的适用范围进行限缩予以解决，故此处不予讨论。

上述观点（1）(2)(4）进一步影响《民法典》第 1169 条第 2 款与第 1188 条第 2 款的关系，即监护人承担责任时，究竟应当以监护人的财产支付还是应当先以被监护人的财产进行支付。

如果采用前述观点（1）认定为是两种情形，则第 1188 条第 2 款作为第 1 款的配套，第 1169 条只能类推适用第 1188 条第 2 款的规定，当监护人的财产不足以支付时，由被监护人的财产支付。[②] 如果采用前述观点（2），认为第 1169 条是特别规定，第 1188 条是一般规定，则可以直接适用，即由不完全行为能力人的财产支付，不足部分由监护人补足。如果采用前述观点（4），认为第 1169 条与第 1188 条是体系悖反，第 1169 条是自己责任、过错责任；第 1188 条是替代责任，则不存在适用的空间，只能从监护人自己的财产中进行支付。

考察立法背景，最高人民法院民事审判第一庭负责人就《侵权责任编司法解释（一）》答记者问中提到，《民法典》第 1188 条第 2 款所设定的财产支付办法，主要是针对非近亲属以外的人担任监护人的情况，避免由于监护人不愿意担责而采取责任主体和赔偿责任相区分的方式。按照这一考虑，该规则同样应当在教唆、帮助、受托等情境下适用。因此，对于监护人应当赔偿的部分，同样应当遵循《民法典》第 1188 条第 2 款和《侵权责任编司法解释（一）》第 5 条、第 6 条的规则，财产赔偿可以先从被监护人的财产中支付，不足的部分由监护人补足。而且，从被监护人的财产中支付，应当保留被监护人所必需的生活费和完成义务教育所需的费用。不过，《民法典》第 1188 条第 2 款采用的表述是“可以”，而非“应当”，代表法院有充分的裁量空间。如果被监护人名下的财产是为了保

① 姬新江:《论教唆、帮助行为——以〈侵权责任法〉为视角》，载《河北法学》2013 年第 6 期。

② 薛军:《〈侵权责任法〉对监护人责任制度的发展》，载《苏州大学学报（哲学社会科学版）》2011 年第 6 期。

障其生活、教育所需，就应当谨慎适用。有观点指出，只有监护人仅有轻微过错，且选择被监护人的财产不会产生重大不利影响时才可以适用。[①]

三、委托监护中的单向连带及追偿

《民通意见》第22条规定的委托监护责任具有两方面的特殊性。一是原则上由监护人承担责任，另有约定的除外，为监护人规避责任提供了借口，且该约定具有内部性，不能对抗被侵权人的损害赔偿请求；二是受托人有过错时和监护人承担连带责任，没有平衡委托人与受托人的利益。[②]

《民法典》第1189条则将委托监护的责任调整为“相应的责任”，但是立法机关的解释并不明晰，即“监护人应当承担侵权责任意味着实行监护人责任首负原则；除监护人外，如果受托人有过错的，也要承担相应的责任”[③]。对此，学理上存在四种争议：（1）单向连带责任。[④]（2）受托人承担的是与其过错及原因力相适应的按份责任。[⑤]（3）不是请求权基础，而是抗辩，即监护人可以提出由有过错的受托人承担相应的责任。若是理解为请求权基础，则被侵权人须证明委托关系的存在、受托人的过错，操作较难，对受托人而言也不公平。[⑥]（4）违约损害赔偿责任。此处的相应责任是，依据其与监护人之间的委托合同所应当承担的违约损害赔偿责任。最终监护人是否选择追偿，完全取决于自己的选择。原因在于：第一，受托人是基于委托合同关系，受到指示去行使职责，但是其本身不是监护人。受托人相对于被监护人，不存在义务违反，也不存在未尽到管理、教育

① 薛军：《走出监护人“补充责任”的误区——论〈侵权责任法〉第32条第2款的理解与适用》，载《华东政法大学学报》2010年第3期。

② 黄薇主编：《中华人民共和国民法典侵权责任编释义》，法律出版社2020年版，第77页。

③ 黄薇主编：《中华人民共和国民法典侵权责任编释义》，法律出版社2020年版，第79页。

④ 杨立新：《侵权责任法》，法律出版社2021年版，第289页。

⑤ 最高人民法院民法典贯彻实施工作领导小组编著：《中华人民共和国民法典侵权责任编理解与适用》，人民法院出版社2020年版，第228页。

⑥ 徐涤宇、张家勇主编：《〈中华人民共和国民法典〉评注》，中国人民大学出版社2022年版，第1246页。

等监护职责，不应当对外担责。第二，避免与教唆人、帮助人责任以及用人单位责任相比，以规范体系失衡的问题。[①]针对前述观点，司法实践也具有相应的例证。[②]

《侵权责任编司法解释（一）》第10条对此进行了回应，明确了监护人承担全部责任，受托人在其过错范围内与监护人共同承担责任，与第12条规定的责任形态相同，都属于单向连带责任形态。不过，该单向连带责任形态形成的基础不同于教唆人、帮助人和监护人责任。教唆人、帮助人和监护人责任形态的基础在于过错和原因力程度的区分，委托监护责任形态的基础在于监护职责和委托监护合同的区分，而这进一步影响了受托人未尽监护职责的认定和追偿的问题。

（一）受托人与监护人承担单向连带责任的基础

监护人承担责任，一是基于其和被监护人的关系。依照身份法定主义，父母是监护人的，不能免去监护职责。《民法典总则编解释》第13条规定，监护人因患病、外出务工等原因在一定期限内不能完全履行监护职责，将全部或者部分监护职责委托给他人，当事人主张受托人因此成为监护人的，人民法院不予支持。由此可见，监护人依旧承担着监护职责，只不过履行方式更改为“第三人”履行。就被监护人造成的损害，监护人应当承担全部责任。二是基于监护人和受托人之间的关系，由于受托人代为处理事项，扩大了其活动空间，从其获益和支配性出发，监护人也应当承担责任。

受托人承担责任，是基于其与监护人所产生的委托合同，受监护人的委托指示，代为履行监护职责，从而与被监护人发生照顾、教育、保护等关系。基于身份权的专属性，监护权不得让渡，因此受托人并不因委托监护而享有监护权，不

---

① 朱广新：《论监护委托下被监护人致人损害的责任承担》，载《法律适用》2023年第6期。

② 受托人在其过错范围内与监护人承担连带责任的是湖南省新化县人民法院（2022）湘1322民初3358号民事判决书；按份责任的是湖北省荆州市中级人民法院（2023）鄂08民终1437号民事判决书、湖南省石门县人民法院（2022）湘0726民初1722号民事判决书；作为监护人减责事由的是湖北省荆州市中级人民法院（2023）鄂08民终967号民事判决书。

承担“监护人”责任。[1] 受托人基于委托监护合同，向监护人作出监护被监护人的允诺，照管被监护人不受损害，监督被监护人不造成他人损害。受托人可以预见其不当履行会造成的损害，因此当被监护人的行为造成他人损害时，应当在其过错范围内承担责任，而不受相对性规则的影响。[2]

还可以作为补充论证的是意定与法定的区分。私法上的大原则是私人自治原则。由此引申出的自己责任，即承担因自己的自由意思活动而导致他人损害的责任。所谓有关他人行为的责任，则是因为自己的“意思”参与了他人的行为，对他人的行为进行了支配，进而将他人的行为归于自己的行为，结果也归责于自己。与之相对应的是，如果违反了务必对他人的行为进行意思性参与的义务，也应当归责于自身。[3] 就前者而言，从意思角度出发，在委托监护中，如果受托人超出了委托人的意思，即依自己的意思参与活动并承担责任；未超出委托人的意思，则由委托人承担责任。就后者而言，监护人具有法律规定的职责，对被监护人进行管理、教养，如果违反了该义务致使被监护人造成他人损害的，监护人也应当承担责任；受托人则是基于与委托人的约定，有必要对被监护人的行为进行管理、教养，如果违反了该约定的作为义务，未对被监护人的行为进行意思性参与，致使被监护人造成他人损害的，同样应当承担责任。

（二）受托人未尽职责的认定

如果受托人造成了被监护人的损害，监护人请求违约损害赔偿责任的，判定受托人是否尽到监护职责、保障被监护人的权益时，应当按照委托事项的标准来

---

① 最高人民法院民法典贯彻实施工作领导小组主编:《中华人民共和国民法典侵权责任编理解与适用》，人民法院出版社 2020 年版，第 226 页。

② 早期案件中，过失侵权诉讼也会受到相对性规则的影响，即假设 A 对 B 允诺提供某项服务，但服务未履行致使 C 受到损害，由于 A 对 C 不负有义务，则 C 无权要求 A 承担责任。后来相对性规则不再作为限制。只要 A 由于不当履行造成可预见的损害，就应当承担责任。参见［美］丹・B. 多布斯:《侵权法》(下册)，马静、李昊、李妍、刘成杰译，中国政法大学出版社 2014 年版，第 749~750 页。

③ ［日］前田达明、原田刚:《共同侵权行为法论》，罗丽、赵兰学译，商务印书馆 2020 年版，第 182~186 页。

认定。监护人若请求的是侵权责任，则应当按照法定的监护职责来判断。原因在于，监护人与受托人之间达成合意才能成立委托监护。因此，委托监护实际上是一种以监护人和受托监护人为主体，以监护职责的代为行使为主要内容的委托合同。[①] 在委托监护合同中，受托人所作出的允诺是监护被监护人，应当按照委托事项的约定尽到管理、教育等职责。有观点在讨论委托监护责任时认为，受托人对被监护人既不享有什么权利，也不负担任何义务。由此出发判断受托人的行为是否适当，其标准只能是委托合同的约定，监护人对受托人所作的指示，而非《民法典》第35条规定的监护人履行监护职责的原则。[②] 这一观点并不妥当，理由是：第一，忽略了受托人基于委托监护合同而形成的对被监护人的管理、教育的义务。第二，《民法典》第34条、第35条规定的监护人的职责，出发点是保障被监护人的利益，避免被监护人受到来自监护人的侵害。因此，在讨论委托监护中，受托人对被监护人造成损害时，适用上述规定依旧具有意义。[③]

如果是被监护人造成他人的损害，受托人因其未尽到职责而承担责任，其责任性质是侵权责任。因此，判定受托人是否尽到职责，不应当简单地依据委托合同的事项来判断，而是应回归侵权责任承担的基本法理。在此种情况下，判定受托人承担的责任，关键要看受托人是否受到监护人的支配。

可以作为对比的包括：（1）用人单位责任；（2）劳务责任；（3）定作承揽责任。针对前两者，都具有合同关系，而且以提供劳务为给付义务。由“用人单位、接受劳务的一方”承担责任，最后再向故意或者重大过失的人追偿。“定作—承揽”中发生了转变，存在合同关系，但是以提供劳动成果为给付标的。由于承揽人基本不受定作人支配，由承揽人直接对受害人承担侵权责任，定作人仅就定作、指示、选任过错方面承担相应责任。针对这三种形态，可以发现的是，工作人员—用人单位、接受劳务一方—提供劳务一方中，是前者受后者的指

① 黄薇主编：《中华人民共和国民法典侵权责任编释义》，法律出版社2020年版，第78页。

② 朱广新：《论监护委托下被监护人致人损害的责任承担》，载《法律适用》2023年第6期。

③ 受托人造成了被监护人本人损害，监护人请求其承担责任，受托人以无偿为由作为抗辩，不受法院支持。参见陕西省绥德县人民法院（2022）陕0826民初1573号民事判决书。

示完成工作，因此由用人单位、接受劳务一方担责；承揽人—定作人中，承揽人具有较大的独立自主权，定作人仅仅对其支配的行为（定作、指示、选任）承担责任。因此，合同关系是判定哪一方受另一方支配的依据，进而由支配方来对损害的发生承担侵权责任。

委托监护中，受托人是协助委托人履行监护职责。[①] 如果委托合同约定了委托监护的方式和要求，则受托人的行为直接受到委托人的支配，其是否尽到职责的判定标准应当是委托人的指示。此时，受托人超出了委托人的意思而行为，如擅自变更监护方式，应当认定其有过错；未超出委托人的意思表示范围而行为，可以认定其无过错。如果委托合同未约定委托监护的方式和要求，此时受托人不受委托人的支配，则应当按照一般监护的标准，同时结合受托人的履行成本等来判断受托人是否尽到职责。

此外，如果受托人不属于过失，而是故意违反监护职责，则不再是《民法典》第 1189 条和《侵权责任编司法解释（一）》第 10 条的范畴，而是有可能回归到其他类型的多数人侵权行为中去处理。比如，受托人故意教唆被监护人校园霸凌，则受托人的身份此时属于教唆人，应当依据《民法典》第 1169 条第 2 款和《侵权责任编司法解释（一）》第 12 条的规定认定受托人承担全部责任。

（三）监护人与受托人的追偿

诚如前述，追偿既有可能是基于当事人的约定，也有可能是基于法律关系的天然属性。

仅就单向连带责任而言，监护人基于监护职责而承担全部责任；受托人承担的是自己责任。监护人可以向受托人追偿。受托人不可以向监护人追偿。比如，监护人承担全部责任，受托人的过错责任是 30%，按照单向连带责任的应有之义，监护人可以向受托人追偿 30%，内部比例按照 7∶3 进行分配。

① 贺荣主编：《最高人民法院民法典总则编司法解释理解与适用》，人民法院出版社 2022 年版，第 231 页。

但如果回到监护人与受托人的内部关系，按照《民法典》第929条关于委托合同的约定，委托人可以向有偿合同中有过错的受托人、无偿合同中故意或者重大过失的受托人请求赔偿。据此，如果是有偿合同，则监护人可以向有重大过失、一般过失的受托人追偿；如果是无偿合同，则监护人不可以向一般过失的受托人追偿，反而是一般过失的受托人可以向监护人追偿。

《侵权责任编司法解释（一）》第10条第2款、第3款规定了不同的追偿规则，分别是监护人承担责任后向受托人追偿的，人民法院可以参照《民法典》第929条的规定处理。仅有一般过失的无偿受托人承担责任后向监护人追偿的，人民法院应予支持。这正是注意到了《民法典》第929条关于“委托合同”内部关系的规则。如此一来，有偿的委托合同中，无论是基于单向连带责任还是基于委托合同关系，监护人都有权向受托人追偿；无偿的委托合同中，一般过失的受托人和监护人的关系则应当按照委托合同的规定来处理，即监护人不可以向一般过失的受托人追偿，一般过失的受托人可以向监护人追偿。这是参照适用的应有之义，即有偿委托不受该规则的影响，无偿委托受该规则的约束。这样的处理模式，本质上是避免监护人与受托人在追偿时因选择不同的救济渠道而产生不同的效果。

监护人向受托人追偿的比例应当是受托人的过错部分。前文已经述及，如果是单向连带责任，追偿的比例限定为“监护人”承担的“受托人”的份额。但是，按照委托合同的原理，委托人（监护人）所遭受的损失，可以全部追偿。就此而言，有偿合同中，委托人向受托人追偿的范围变为100%；无偿合同中，委托人向重大过失的受托人追偿的范围也变为100%。这其实就形成了单向连带责任项下内部份额的追偿与委托合同项下追偿比例的不一致，也会形成权利义务的显著失衡。对此正确的理解是，不能将监护人应负的全部责任认定为“委托人的损失”，委托人的损失依旧应当按照受托人的过错来认定。也就是说，因受托人的过错而由监护人承担责任的部分属于监护人的损失。如此一来，二者就形成了有效平衡，即委托人能够追偿的比例应当始终是代受托人承担责任的部分。结合监护人的财产支付规则，如果监护人承担责任时，先由被监护人的财产支付，则追偿的费用应当先补足被监护人的财产。

无偿委托合同中，一般过失的受托人向监护人追偿的部分同样应当是自己因过错而承担的责任部分。需要注意的是，受托人承担的是自己责任，但其请求追偿的基础是“委托合同”的约定，因此并不违反侵权法意义上自己责任的原理。

（四）合并诉讼的回应

《侵权责任编司法解释（一）》第13条规定的是被侵权人合并起诉。下面试举一例说明。教唆人、帮助人承担100%的责任（对监护人的30%过错承担连带责任），监护人承担30%的责任（对受托人10%的过错承担连带责任），受托人承担10%的责任。受害人获得求偿的概率是140%。但是在三方主体的内部，责任比例是教唆人、帮助人承担70%、监护人承担20%、受托人承担10%。在执行时，有两种方案。一是区分执行顺序。先执行教唆人、帮助人的100%责任份额。执行完毕，则结束；执行不够，则要求监护人、受托人承担与其过错相应的责任。二是确定内部分担比例，分别执行，再相互追加。也就是先分别执行教唆人、帮助人、监护人、受托人的责任份额；监护人不能承担的部分，由教唆人、帮助人继续承担；受托人不能承担的部分，由监护人继续承担。方案一和方案二都可以避免“责任主体实际支付的赔付费用总和不超过被侵权人应受偿的实际数额”，但是方案二还有更为突出的优势，即部分解决了内部追偿问题，可以得到优先采纳。

如果被侵权人只起诉一方，应当允许 。原因在于，《民法典》第178条承担连带责任的，被侵权人有权请求部分或者全部的连带责任人承担责任。被侵权人享有选择权。[①]《侵权责任编司法解释（一）》第10条、第12条规定的是单向连带责任。单独起诉教唆人、帮助人或者单独起诉监护人、受托人均可以。不过，在查明事实时，应当列明其他人的过错，以应对将来的责任分担和追偿问题。[②]

---

① 杨立新:《被侵权人对侵权连带责任人的选择权》，载《当代法学》2022年第1期。

② 在事实查明中，列明了受托人有过错，但是鉴于原告只请求监护人承担责任，未对受托人的责任进行裁判。参见浙江省宁波市海曙区人民法院（2022）浙0203民初10401号民事判决书。

如果只起诉教唆人、帮助人，则教唆人、帮助人应当承担全部的责任；如果只起诉监护人或者受托人，则监护人或者受托人在其过错的范围内承担责任。教唆人、帮助人承担全部责任后，可以起诉向有过错的监护人追偿，但是不能直接向受托人追偿。监护人或者受托人承担责任后，可以进一步处理双方的追偿问题。

结 语

《民法典》第1169条第2款、第1189条规定的是单向连带责任，但是二者承担单向连带责任的基础不尽相同。《侵权责任编司法解释（一）》第13条通过“合并起诉”的方式将第10条规定的教唆人、帮助人与监护人责任和第12条规定的委托监护责任对接起来，其实是将两个单向连带责任划分为二阶三层，第一阶是教唆人、帮助人责任；第二阶是监护人、受托人责任。出于体系统一性的考虑，有必要限缩教唆人、帮助人承担全部责任的适用情境是教唆人、帮助人为故意，监护人为过失。教唆人、帮助人承担全部责任后可以在监护人的过错范围内向监护人追偿。就监护人责任而言，其不能向教唆人、帮助人追偿，但可以向有偿委托合同中的受托人、无偿委托合同中的重大过失受托人追偿；受托人承担的是自己责任，一般不可以向监护人追偿，但无偿委托合同中只具有一般过失的受托人可以向监护人追偿。如此一来，可以合理、清晰、确定地界定好每个主体应当承担的责任范围。

第四章 非典型共同侵权行为与混合责任

法律和司法解释

《中华人民共和国民法典》

第1169条第2款 教唆、帮助无民事行为能力人、限制民事行为能力人实施侵权行为的，应当承担侵权责任；该无民事行为能力人、限制民事行为能力人的监护人未尽到监护职责的，应当承担相应的责任。

第1189条 无民事行为能力人、限制民事行为能力人造成他人损害，监护人将监护职责委托给他人的，监护人应当承担侵权责任；受托人有过错的，承担相应的责任。

第1191条第2款 劳务派遣期间，被派遣的工作人员因执行工作任务造成他人损害的，由接受劳务派遣的用工单位承担侵权责任；劳务派遣单位有过错的，承担相应的责任。

第1193条 承揽人在完成工作过程中造成第三人损害或者自己损害的，定作人不承担侵权责任。但是，定作人对定作、指示或者选任有过错的，应当承担相应的责任。

第1213条　机动车发生交通事故造成损害，属于该机动车一方责任的，先由承保机动车强制保险的保险人在强制保险责任限额范围内予以赔偿；不足部分，由承保机动车商业保险的保险人按照保险合同的约定予以赔偿；仍然不足或者没有投保机动车商业保险的，由侵权人赔偿。

《最高人民法院关于适用〈中华人民共和国民法典〉侵权责任编的解释（一）》

第10条　无民事行为能力人、限制民事行为能力人造成他人损害，被侵权人合并请求监护人和受托履行监护职责的人承担侵权责任的，依照民法典第一千一百八十九条的规定，监护人承担侵权人应承担的全部责任；受托人在过错范围内与监护人共同承担责任，但责任主体实际支付的赔偿费用总和不应超出被侵权人应受偿的损失数额。

监护人承担责任后向受托人追偿的，人民法院可以参照民法典第九百二十九条的规定处理。

仅有一般过失的无偿受托人承担责任后向监护人追偿的，人民法院应予支持。

第12条　教唆、帮助无民事行为能力人、限制民事行为能力人实施侵权行为，被侵权人合并请求教唆人、帮助人以及监护人承担侵权责任的，依照民法典第一千一百六十九条第二款的规定，教唆人、帮助人承担侵权人应承担的全部责任；监护人在未尽到监护职责的范围内与教唆人、帮助人共同承担责任，但责任主体实际支付的赔偿费用总和不应超出被侵权人应受偿的损失数额。

监护人先行支付赔偿费用后，就超过自己相应责任的部分向教唆人、帮助人追偿的，人民法院应予支持。

第16条　劳务派遣期间，被派遣的工作人员因执行工作任务造成他人损害，被侵权人合并请求劳务派遣单位与接受劳务派遣的用工单位承担侵权责任的，依照民法典第一千一百九十一条第二款的规定，接受劳务派遣的用工单位承担侵权人应承担的全部责任；劳务派遣单位在不当选派工作人员、未依法履行培训义务等过错范围内，与接受劳务派遣的用工单位共同承担责任，但责任主体实际支付的赔偿费用总和不应超出被侵权人应受偿的损失数额。

劳务派遣单位先行支付赔偿费用后，就超过自己相应责任的部分向接受劳务派遣的用工单位追偿的，人民法院应予支持，但双方另有约定的除外。

第18条 承揽人在完成工作过程中造成第三人损害的，人民法院依照民法典第一千一百六十五条的规定认定承揽人的民事责任。

被侵权人合并请求定作人和承揽人承担侵权责任的，依照民法典第一千一百六十五条、第一千一百九十三条的规定，造成损害的承揽人承担侵权人应承担的全部责任；定作人在定作、指示或者选任过错范围内与承揽人共同承担责任，但责任主体实际支付的赔偿费用总和不应超出被侵权人应受偿的损失数额。

定作人先行支付赔偿费用后，就超过自己相应责任的部分向承揽人追偿的，人民法院应予支持，但双方另有约定的除外。

第21条 未依法投保强制保险的机动车发生交通事故造成损害，投保义务人和交通事故责任人不是同一人，被侵权人合并请求投保义务人和交通事故责任人承担侵权责任的，交通事故责任人承担侵权人应承担的全部责任；投保义务人在机动车强制保险责任限额范围内与交通事故责任人共同承担责任，但责任主体实际支付的赔偿费用总和不应超出被侵权人应受偿的损失数额。

投保义务人先行支付赔偿费用后，就超出机动车强制保险责任限额范围部分向交通事故责任人追偿的，人民法院应予支持。

解析与适用

《道路交通事故损害赔偿解释》第16条："未依法投保交强险的机动车发生交通事故造成损害，当事人请求投保义务人在交强险责任限额范围内予以赔偿的，人民法院应予支持。投保义务人和侵权人不是同一人，当事人请求投保义务人和侵权人在交强险责任限额范围内承担相应责任的，人民法院应予支持。"

《民法典》侵权责任编多处规定了“相应的责任”(以下简称相应责任)概念，对应的侵权行为是何种类型，适用何种规则进行责任分担，缺少必要的有权解释。笔者以往用“单向连带责任”①的称谓进行概括，也借鉴了美国侵权法“混合责任”②的表述。对此，在《侵权责任编司法解释(一)》第10条关于委托监护责任，第12条关于教唆、帮助无民事行为能力人、限制民事行为能力人实施侵权行为的责任，第16条关于劳务派遣责任，第18条关于定作人指示过失责任，第21条关于投保义务人责任的规定中，对相应责任的具体法律适用作了具体解释。正如学者所说，《民法典》规定的各种责任类型都存在一些值得重视的解释适用问题。③下文结合这些条文规定，阐释非典型共同侵权行为与混合责任的法理和规则。

一、《民法典》规定侵权行为承担相应责任的条文和解释

(一)《民法典》规定侵权行为相应责任的具体条文

《民法典》侵权责任编及司法解释使用相应责任概念的条文，主要有以下5个条文。

一是《民法典》第1169条第2款规定：“教唆、帮助无民事行为能力人、限制民事行为能力人实施侵权行为的，应当承担侵权责任；该无民事行为能力人、限制民事行为能力人的监护人未尽到监护职责的，应当承担相应的责任。”这一条款属于总则性规定，是关于共同侵权行为的规范。当教唆、帮助无民事行为能力人或者限制民事行为能力人实施侵权行为时，由于教唆人、帮助人属于共同侵权行为人，而被监护人的监护人在其中可能有监护过失，也可能没有监护

① 参见杨立新：《多数人侵权行为及责任理论的新发展》，载《法学》2012年第7期。

② 参见杨立新：《侵权责任法》(第四版)，法律出版社2021年版，第108页。

③ 参见张平华：《〈民法典〉多数人侵权体系及相关法律适用问题》，载《东南学术》2020年第5期。

过失，因此，监护人承担的责任并不是连带责任，而是与其过错程度相应的按份责任。[①]

二是《民法典》第 1189 条规定："无民事行为能力人、限制民事行为能力人造成他人损害，监护人将监护职责委托给他人的，监护人应当承担侵权责任；受托人有过错的，承担相应的责任。"《民法典》的这一表述，与第 1169 条第 2 款的表述基本相同，也是说在两个行为人中，一个承担侵权责任，另一个承担相应责任，也是与过错相应的责任。

三是《民法典》第 1191 条第 2 款规定："劳务派遣期间，被派遣的工作人员因执行工作任务造成他人损害的，由接受劳务派遣的用工单位承担侵权责任；劳务派遣单位有过错的，承担相应的责任。"在这个条文里，接受派遣的用工单位责任与派遣单位，一个承担侵权责任，另一个承担相应责任。

四是《民法典》第 1193 条规定："承揽人在完成工作过程中造成第三人损害或者自己损害的，定作人不承担侵权责任。但是，定作人对定作、指示或者选任有过错的，应当承担相应的责任。"在这一条文中，采用的是否定式表述，即定作人不承担侵权责任，承揽人承担侵权责任（或者自负其责），定作人有过错的承担相应的责任。[②]

五是《道路交通事故损害赔偿解释》第 16 条规定："未依法投保交强险的机动车发生交通事故造成损害，当事人请求投保义务人在交强险责任限额范围内予以赔偿的，人民法院应予支持。投保义务人和侵权人不是同一人，当事人请求投保义务人和侵权人在交强险责任限额范围内承担相应责任的，人民法院应予支持。"

在上述 5 个条文中，以《民法典》第 1169 条第 2 款为典型代表，规定的都是一个侵权损害后果有两个以上的行为人应当承担责任时的责任分担规则，其中

① 参见程啸：《侵权责任法》（第三版），法律出版社 2021 年版，第 393 页。

② 对《民法典》第 1193 条关于定作人定作、指示、选任有过错的承担相应责任的规定，笔者有不同见解，将在另外的文章中说明，这里仍然依照《民法典》和《侵权责任编司法解释（一）》的规定说明。

主行为人承担侵权责任，从行为人承担相应责任，有关侵权责任的结构、要件和分担规则的表述都是一致的。但在两个行为人之间怎样分担责任，还缺少清晰、明确的规定，需要进行有权解释才能统一裁判规则。

（二）对侵权相应责任的学理解释

对于以《民法典》第1169条第2款为代表的条文规定的相应责任的概念，学界进行了深入讨论，其主要学理解释如下。

1. 立法机关工作人员的解释

立法机关工作人员在《民法典》释义书中，没有给这种侵权行为和责任分担规则予以命名，只是认为，监护人未尽到教育和照顾被监护人的职责，疏于履行监护责任时，应当对被监护人给他人造成的损害承担侵权责任，在存在教唆人、帮助人的情形下，监护人承担连带责任过于严厉。[①] 这表明，在教唆、帮助无民事行为能力人、限制民事行为能力人实施侵权行为的责任分担中，监护人只承担自己应当承担的相应责任，并不承担连带责任。至于这个相应责任是不是按份责任，并未说明，强调监护人承担连带责任过于严厉，并没有否认教唆人、帮助人承担连带责任。

对于委托监护责任，立法机关工作人员认为，无民事行为能力人、限制民事行为能力人造成他人损害，监护人将监护职责委托给他人的，监护人应当承担侵权责任。这意味着，实行监护人责任首负原则。除了监护人外，如果受托人有过错的，也要承担相应的责任。具体承担责任的范围，由司法机关结合具体案件情况依法裁量。[②] 对于劳务派遣责任，认为用工单位作为直接使用人员的单位，需要赔偿损失，但是劳务派遣单位在选派员工方面有一定过错的，也应当承担相应

① 参见黄薇主编：《中华人民共和国民法典侵权责任编释义》，法律出版社2020年版，第21页。

② 参见黄薇主编：《中华人民共和国民法典侵权责任编释义》，法律出版社2020年版，第79页。

的责任。[①] 对于定作人指示过失责任，认为承揽人主要依靠自己的技术和专业技能独立完成承揽工作，不受定作人的支配，承揽人对第三人造成损害或者造成自身损害时，不应要求定作人承担侵权责任。但是，定作人对定作、指示或者选任存在过错的，需要承担相应的过错责任。[②] 在这些规定中，也都没有给这种多数人侵权行为及其责任命名，分担责任的具体规则也不明确。

2. **最高人民法院工作人员的解释**

最高人民法院工作人员将教唆、帮助无民事行为能力人或者限制民事行为能力人实施侵权行为的责任分担方式解释为“原则上的单独侵权与例外的混合侵权”，这是一个独到的解释。尽管认为将其概括为单向连带责任“有利于受害人求偿，但依本款文义，尚无教唆人、帮助人承担连带责任的依据”。不过，将相应的责任解释为“属于监护人自己责任的一种形态；从多数人责任的角度讲，应为一种按份责任，确定这一责任的大小，就要适用比较过错和原因力规则。”[③]

至于受托监护的相应责任规则，认为受托监护人怠于监护的消极行为与被监护人的行为叠加，造成了第三人的损害，故损害结果的发生与受托监护人的过错行为之间具有法律上的因果关系。因此，受托监护人应为其疏于履行监护职责的消极行为所造成的损害后果承担过错侵权责任。由于受托监护人所承担的侵权责任是过错责任、自己责任，则承担责任范围应根据受托监护人的过错大小、过错与损害结果之间的原因力予以认定。受托监护人与监护人之间具有委托合同关系，并不具有法律上承担连带责任的特定法律关系。[④] 关于劳务派遣单位的相应责任，认为本条中“相应的责任”在文字上并没有清晰地表达这一责任的性质是

① 参见黄薇主编：《中华人民共和国民法典侵权责任编释义》，法律出版社 2020 年版，第 86 页。

② 参见黄薇主编：《中华人民共和国民法典侵权责任编释义》，法律出版社 2020 年版，第 90 页。

③ 参见最高人民法院民法典贯彻实施工作领导小组编著：《中国民法典适用大全 · 侵权责任卷（一）》，人民法院出版社 2022 年版，第 101 页、第 104 页。

④ 参见最高人民法院民法典贯彻实施工作领导小组编著：《中国民法典适用大全 · 侵权责任卷（一）》，人民法院出版社 2022 年版，第 290 页。

什么，但从条文内容的前后变化来看，不宜再将劳务派遣单位的侵权责任理解为补充责任，理解为按份责任可能更为妥当，即劳务派遣单位根据其过错大小，承担与过错相应的按份责任。[①] 至于《民法典》第 1193 条规定的定作人指示过失责任，该条没有说明其责任形态的性质及规则，只是说"定作人过错侵权责任是特殊侵权责任"[②]，对其他关键问题则语焉不详。此外，对《道路交通事故损害赔偿解释》第 16 条规定的理解，目前未看到相关的解释。

3. 学者的解释

学者在解释《民法典》规定的相应责任中，主要有以下五种观点。

（1）单向连带责任说。笔者将《民法典》侵权责任编规定的多数人侵权行为中的相应责任，解释为"单向连带责任"，即在数人侵权的连带责任中，有的责任人承担连带责任，有的责任人承担单独责任（按份责任），承担单独责任的单独责任人只承担受害人应得赔偿中的自己的份额，就是按份责任。[③] 在比较法上，这种相应责任规则与《美国侵权法重述（第三次）· 责任分担编》第 11 节（单独责任的效力）规定的单独责任相一致，"当依据适用法律，某人对一受害人的不可分伤害承担单独责任时，该受害人仅可以获得该负单独责任者在该受害人应得赔偿中所占的比较责任份额"，美国侵权法学理把这种多数人责任形态，即连带责任与按份责任结合在一起的责任形态，称为混合责任。[④] 有学者赞同单向连带说，认为综合文义、体系、目的等解释方法解读《民法典》第 1169 条与第 1188 条，明确监护人责任的性质为自己责任以及教唆、帮助型未成年人侵权案件中监护人不具有承担连带责任正当性两个方面的理论问题。以此为基础，完成该案件类型法律适用的解释构造：成年人教唆、帮助未成年人侵权的，成年人承担连带

---

① 参见最高人民法院民法典贯彻实施工作领导小组编著:《中国民法典适用大全 · 侵权责任卷（一）》，人民法院出版社 2022 年版，第 307 页。

② 参见最高人民法院民法典贯彻实施工作领导小组编著:《中国民法典适用大全 · 侵权责任卷（一）》，人民法院出版社 2022 年版，第 320~321 页。

③ 参见杨立新:《多数人侵权行为及责任理论的新发展》，载《法学》2012 年第 7 期。

④ 参见［美］肯尼斯 · S. 亚伯拉罕、阿尔伯特 · C. 泰特选编:《侵权法重述——纲要》，许传玺、石宏等译，法律出版社 2006 年版，第 346 页、第 355 页。

责任，监护人承担按份责任，即责任承担方式为单向连带；未成年人教唆、帮助未成年人侵权的，监护人各自承担按份责任。[①]

（2）连带责任与按份责任择一说。这种观点认为，承担相应责任的行为人承担何种责任，应当根据监护人的过错大小确定其为连带责任还是按份责任。教唆或帮助无民事行为能力人、限制民事行为能力人实施侵权行为，教唆人或帮助人当然要承担第一位的侵权责任。考虑到无民事行为能力人或限制民事行为能力人是在他人教唆或帮助的情形下实施侵权行为的，如果一概要求监护人也承担责任，显然过于苛刻。因此，《民法典》第 1169 条第 2 款规定，只有当监护人没有尽到监护责任的，才应当承担相应的责任。所谓“相应的责任”指依据监护人的过错程度来确定的责任。如果监护人的过错程度很大，例如对被监护人不闻不问，结果导致被监护人在他人的教唆下从事了侵权行为，此时监护人有可能与教唆人承担连带责任。如果监护人平时对被监护人严加管教，但是仍然出现被监护人由于他人的教唆或帮助而损害他人的情形，此时监护人只需就受害人的损害承担按份责任。[②]

（3）次要责任说。这种观点将相应责任解释为次要责任，相对于教唆人、帮助人的主要责任，认为教唆、帮助非完全民事行为能力人实施侵权行为的，应根据被教唆、帮助的对象不同，确立相应的民事责任承担规则。即教唆无民事行为能力人实施侵权行为的，由教唆人承担全部责任；教唆限制民事行为能力人实施侵权行为的，由教唆人承担主要责任。[③]

（4）补充责任说。有学者认为，相应的责任就是补充责任。例如，在讨论《侵权责任法》第 9 条第 2 款的规定时提出，被监护人如果是因为受到他人的教唆、帮助而导致损害，原则上由教唆人、帮助人单独承担责任，在监护人未尽到

---

① 参见董晨瑜：《教唆、帮助型未成年人侵权案件的法律适用分析》，载《新东方》2023 年第 6 期。

② 参见张平华：《〈民法典〉多数人侵权体系及相关法律适用问题》，载《东南学术》2020 年第 5 期。

③ 参见李欣：《论教唆、帮助他人实施侵权行为的民事责任承担》，载《安徽农业大学学报（社会科学版）》2015 年第 6 期。

监护责任的情况下，监护人承担特殊的补充责任，此责任采取过错责任的归责原则。①

（5）按份责任说。这种观点认为，监护人承担的相应责任其实就是按份责任。也有学者认为，关于监护人的“相应责任”可以作如此理解：第一，监护人有多大过错，应在其过错范围内承担多大责任。第二，该相应责任不是监护人与教唆人、帮助人之间的连带责任。第三，该相应责任也不是补充责任。相应责任是一种按份责任，可先认定教唆人、帮助人承担全部责任，在有证据证明监护人“未尽到监护职责”时，再认定监护人承担一定责任。②

（三）小结

立法机关、司法机关工作人员和学者对《民法典》规定的相应责任概念的学理解释，可以说是众说纷纭。首先，连带责任与按份责任择一说，违反《民法典》关于相应责任的立法初衷，不可采纳；其次，《民法典》对补充责任都有明确规定，不能将相应责任解释成补充责任或者相应的补充责任；再次，次要责任说等于将这种相应责任认定为共同侵权行为的责任，其后果还是连带责任；最后，原则上的单独侵权与例外的混合侵权、单向连带责任和按份责任的解释，见解比较接近，应当在三种观点中提炼出准确的解释。对此，需要对相应责任的概念进行统一裁判规则的司法解释，故《侵权责任编司法解释（一）》对相应责任概念的解释应运而生。

---

① 参见薛军：《〈侵权责任法〉对监护人责任制度的发展》，载《苏州大学学报（哲学社会科学版）》2011年第6期。

② 参见姬新江：《论教唆、帮助行为——以〈侵权责任法〉为视角》，载《河北法学》2013年第6期。

二、《侵权责任编司法解释（一）》对相应责任概念的解释与分析

（一）《侵权责任编司法解释（一）》关于相应责任的解释

“如何依照有关法律规定确定各民事主体的民事责任，是审判实务中应予统一的问题。”①《侵权责任编司法解释（一）》针对《民法典》侵权责任编第 1169 条第 2 款、第 1189 条、第 1191 条第 2 款和第 1193 条和《道路交通事故损害赔偿解释》第 16 条规定的相应的责任，作出以下解释。

《侵权责任编司法解释（一）》第 10 条对《民法典》第 1189 条规定监护人和受托监护人的责任形态的具体规则是：“无民事行为能力人、限制民事行为能力人造成他人损害，被侵权人合并请求监护人和受托履行监护职责的人承担侵权责任的，依照民法典第一千一百八十九条的规定，监护人承担侵权人应承担的全部责任；受托人在过错范围内与监护人共同承担责任，但责任主体实际支付的赔偿费用总和不应超出被侵权人应受偿的损失数额。监护人承担责任后向受托人追偿的，人民法院可以参照民法典第九百二十九条的规定处理。仅有一般过失的无偿受托人承担责任后向监护人追偿的，人民法院应予支持。”

该司法解释第 12 条对《民法典》第 1169 条第 2 款规定的教唆人、帮助人与监护人的责任形态的具体规则是：“教唆、帮助无民事行为能力人、限制民事行为能力人实施侵权行为，被侵权人合并请求教唆人、帮助人以及监护人承担侵权责任的，依照民法典第一千一百六十九条第二款的规定，教唆人、帮助人承担侵权人应承担的全部责任；监护人在未尽到监护职责的范围内与教唆人、帮助人共同承担责任，但责任主体实际支付的赔偿费用总和不应超出被侵权人应受偿的损失数额。监护人先行支付赔偿费用后，就超过自己相应责任的部分向教唆人、帮

① 《最高法民一庭负责人就民法典侵权责任编司法解释（一）答记者问》，载微信公众号“最高人民法院”，2024 年 9 月 26 日。

助人追偿的，人民法院应予支持。”

该司法解释第 16 条对《民法典》第 1191 条第 2 款关于劳务派遣单位和接受劳务派遣的用工单位责任形态的具体规则是：“劳务派遣期间，被派遣的工作人员因执行工作任务造成他人损害，被侵权人合并请求劳务派遣单位与接受劳务派遣的用工单位承担侵权责任的，依照民法典第一千一百九十一条第二款的规定，接受劳务派遣的用工单位承担侵权人应承担的全部责任；劳务派遣单位在不当选派工作人员、未依法履行培训义务等过错范围内，与接受劳务派遣的用工单位共同承担责任，但责任主体实际支付的赔偿费用总和不应超出被侵权人应受偿的损失数额。劳务派遣单位先行支付赔偿费用后，就超过自己相应责任的部分向接受劳务派遣的用工单位追偿的，人民法院应予支持，但双方另有约定的除外。”

该司法解释第 18 条对《民法典》第 1193 条规定的承揽人致人损害的责任形态的具体规则是：“承揽人在完成工作过程中造成第三人损害的，人民法院依照民法典第一千一百六十五条的规定认定承揽人的民事责任。被侵权人合并请求定作人和承揽人承担侵权责任的，依照民法典第一千一百六十五条、第一千一百九十三条的规定，造成损害的承揽人承担侵权人应承担的全部责任；定作人在定作、指示或者选任过错范围内与承揽人共同承担责任，但责任主体实际支付的赔偿费用总和不应超出被侵权人应受偿的损失数额。定作人先行支付赔偿费用后，就超过自己相应责任的部分向承揽人追偿的，人民法院应予支持，但双方另有约定的除外。”

该司法解释第 21 条对《道路交通事故损害赔偿解释》第 16 条规定的相应责任形态的具体规则为：“未依法投保强制保险的机动车发生交通事故造成损害，投保义务人和交通事故责任人不是同一人，被侵权人合并请求投保义务人和交通事故责任人承担侵权责任的，交通事故责任人承担侵权人应承担的全部责任；投保义务人在机动车强制保险责任限额范围内与交通事故责任人共同承担责任，但责任主体实际支付的赔偿费用总和不应超出被侵权人应受偿的损失数额。投保义务人先行支付赔偿费用后，就超出机动车强制保险责任限额范围部分向交通事故责任人追偿的，人民法院应予支持。”

(二)对《侵权责任编司法解释(一)》5种相应责任解释的分析

《侵权责任编司法解释(一)》的上述5个条文,都是针对《民法典》规定的相应责任的概念作出的解释,概括起来,以下几点都是相同的。

1. 相应责任所对应的另一方承担的责任是“侵权责任”

《民法典》规定的上述5种相应的责任中都存在对应的两方行为人,即承担侵权责任的主行为人和承担相应责任的从行为人。可以看到,侵权的相应责任一定有相对应的对方行为人即主行为人,承担侵权责任:在教唆、帮助无民事行为能力人或者限制民事行为能力人实施侵权行为的责任形态中,教唆人、帮助人是主行为人,从行为人是监护人;在受托监护人责任形态中,监护人是主行为人,受托监护人是从行为人;在劳务派遣责任形态中,接受派遣的用工单位是主行为人,劳务派遣单位是从行为人;在定作人指示过失责任形态中,承揽人是主行为人,定作人是从行为人。因此可以确定,相应责任存在于多数人侵权行为中,是多数人侵权行为的一种责任形态。

2. 承担相应责任的从行为人承担的是与其过错相适应的按份责任

《民法典》规定的相应责任究竟是什么责任形态,这是一个关键性问题。在上述司法解释条文中,规定的是“未尽到管理、教育等职责的受托人在过错范围内”“未尽到管理、教育等职责的监护人在过错范围内”“劳务派遣单位在过错范围内”“定作人在过错范围内”,与对方共同承担责任。“在过错范围内”承担赔偿责任,意味着相应责任就是按份责任,而不是连带责任,即指与过错相当的比例责任;从多数人责任的角度讲,应为一种按份责任,确认这一责任的大小,就要适用比较过错和原因力的规则。[①] 这种解释是完全正确的。

3. 侵权责任人与相应责任人共同承担责任

上述司法解释的条文对5种“相应的责任”,都规定了“与监护人共同承担责任”“与教唆人、帮助人共同承担责任”“与接受劳务派遣的用工单位共同承担

① 参见最高人民法院民法典贯彻实施工作领导小组编著:《中国民法典适用大全·侵权责任卷(一)》,人民法院出版社2022年版,第104页。

责任”“与承揽人共同承担责任”和“与交通事故责任人共同承担责任”；同时还都规定“责任主体实际支付的赔偿费用总和不应超出被侵权人应受偿的损失数额”。这样的解释意味着，承担相应责任的责任形态，不仅是多数人侵权责任的形态，而且双方承担赔偿责任的方式是“共同承担”，同时，承担的全部赔偿数额受填平原则的规制，即“侵权责任＋相应责任＝全部赔偿责任”。尽管侵权人承担的是侵权责任，相应责任人承担的是按份责任，但仍然是就一个损害承担的赔偿责任，共同承担的赔偿责任不能超过实际造成的损失数额。故从行为人承担的这种按份责任的特质，是与主行为人共同承担责任基础上的按份责任，而不是典型分别侵权行为的各自承担份额的按份责任。[①]

4. 不支持侵权责任人主张与相应责任人承担按份责任的请求

上述司法解释规定，在5种相应责任形态的诉讼中，都不支持侵权责任人在诉讼中提出的与相应责任人承担按份责任的主张。这些规定没有说明其理由。分析认为，一种理由是，侵权责任人承担的是连带责任，在被侵权人向其请求时，主张与相应责任人承担按份责任，就是否认自己对损害全面负责的连带责任，将连带责任的性质改变为按份责任。这当然不能支持。另一种理由是，即使侵权责任人的责任不属于连带责任，但其也应当对全部损害负责，不得主张自己与相应责任人按份承担赔偿责任。笔者推测采用的是后者，因为最高人民法院的观点是“依本款文义，尚无教唆人、帮助人承担连带责任的依据”[②]。这样的解释是有矛盾的，因为相应责任人承担的是按份责任，如果侵权责任人承担的责任是全部责任，又要求“被侵权人获得的赔偿不应超出其应受偿范围”，形成的就是“1+0.5=1”的后果，即相应责任人承担按份责任是“0.5”，侵权责任人承担的是“1”。虽然侵权责任人应当承担的是“1”，但是在相应责任人承担了“0.5”的情况下，侵权责任人只要承担“0.5”，就实现了“赔偿不应超出其应受偿范围”的赔偿标准，否则就会形成“1+0.5=1.5”的后果，从而违反侵权责任法填平原则的

---

① 参见杨立新：《多数人侵权行为及责任理论的新发展》，载《法学》2012年第7期。

② 参见最高人民法院民法典贯彻实施工作领导小组编著：《中国民法典适用大全·侵权责任卷（一）》，人民法院出版社2022年版，第104页。

要求。在这样的情况下，还认为“单向的连带责任有利于受害人求偿，但依本款文义，尚无教唆人、帮助人承担连带责任的依据”[①]，是不正确的。

（三）关于追偿权的不同规定

《侵权责任编司法解释（一）》上述5条对相应责任的解释中最明显的不同，是第10条规定了受托监护人相应责任的追偿权，第12条、第16条、第18条和第21条都未涉及追偿权的问题。

第10条第2款和第3款分别规定：“监护人承担责任后向受托人追偿的，人民法院可以参照民法典第九百二十九条的规定处理。”“仅有一般过失的无偿受托人承担责任后向监护人追偿的，人民法院应予支持。”作这样解释的基础，是因为监护人与受托监护人之间存在委托合同关系。基本规则是：（1）监护人的追偿权。有偿委托监护中，受托监护人有过错，监护人可以行使追偿权；无偿受托监护中，只有受托人有故意或者重大过失，监护人才可以追偿。（2）受托人的追偿权。有偿委托监护中，受托监护人有过错，承担的是自己责任，无权向监护人追偿。无偿委托监护中，因无偿受托监护人只承担故意或者重大过失下的损害赔偿责任，因而当其只有一般过失时，在承担了赔偿责任后，有权向监护人行使追偿权。这是因为，只要受托监护人有过错，就要承担相应责任，当其只有一般过失时，应当承担的是相应责任，但因无偿受托监护只有故意或者重大过失才承担委托监护的违约责任，因此，在这两个规则之间有一定的冲突。为协调这一冲突，司法解释作出这样的规定，即使无偿受托监护人承担了一般过失的相应责任，但是基于其故意或者重大过失才承担受托人的违约责任，因此有权向监护人进行追偿。

至于第12条、第16条、第18条责任分担中的追偿权问题，笔者认为，相应责任人承担了自己的按份责任后，不得向侵权责任人追偿，因为按份责任人承

---

① 参见最高人民法院民法典贯彻实施工作领导小组编著：《中国民法典适用大全·侵权责任卷（一）》，人民法院出版社2022年版，第104页。

担的责任是与自己的过错程度和原因力相适应的责任，是自己责任，不能推诿于侵权责任人。在相应责任人没有承担赔偿责任，侵权责任人承担了全部赔偿责任后，应当有权向相应责任人追偿。

（四）先行赔付费用的追偿权

在上述规定中，《侵权责任编司法解释（一）》第 12 条第 2 款、第 16 条第 2 款、第 18 条第 3 款和第 21 条第 2 款都规定了“先行支付赔偿费用后，就超过自己相应责任的部分追偿”的规则。这样的规定是正确的。出于及时救济受害人的需要，监护人、定作人、劳务派遣单位可以先行支付赔偿费用，不过其承担的责任仅限定于与自己过错相应的范围内。因此，就超出自己相应责任部分所支付的费用，监护人、定作人、劳务派遣单位有权向教唆人、帮助人、承揽人、用工单位追偿。

《侵权责任编司法解释（一）》第 16 条第 2 款、第 18 条第 3 款规定追偿权，除了上述内容外，还规定了“另有约定的除外”的内容。这与侵权责任人和相应责任人之间原来存在合同关系有关，体现了意思自治原则的要求。

（五）小结

通过对《侵权责任编司法解释（一）》上述 5 个条文的分析可以看到，《民法典》侵权责任编规定的相应责任，都没有规定具体规则，需要进行解释。上述 5 个条文基本上都将相应责任这种责任形态的规则解释清楚了：第一，相应责任是多数人侵权的责任形态；第二，侵权责任人对损害承担全部赔偿责任；第三，相应责任人承担的是与其过错程度和原因力相适应的按份责任；第四，双方责任人共同承担责任，是一个责任，并且其全部的赔偿责任不能超出被侵权人的实际损害范围。

上述解释也存在需要进一步研究和完善的问题，例如，主行为人与从行为人实施的是何种侵权行为类型，“侵权责任 + 相应责任”究竟是何种责任形态，《侵权责任编司法解释（一）》都没有规定，需要进行理论补充。

三、承担相应责任的多数人侵权行为是非典型共同侵权行为

（一）非典型共同侵权行为的概念和特点

如前所述，对《民法典》侵权责任编规定的相应责任及其侵权行为的称谓各有不同，主行为与从行为结合构成的多数人侵权行为也没有一致意见。笔者认为，最高人民法院工作人员提炼的“原则上的单独侵权与例外的混合侵权”①最有借鉴意义，只是还有些过于烦琐，也有不够准确之处。

在上述5种侵权行为形态中，确实存在“原则上的单独侵权”。例如，教唆无民事行为能力人实施侵权行为，实际上是将无民事行为能力人作为“工具”加害于他人，虽然将其称为“教唆”，但实际上是单独侵权行为，应当由“教唆人”承担自己责任，适用《民法典》第1165条第1款规定的过错责任原则即侵权行为一般条款确定责任。而帮助无民事行为能力人，或者教唆、帮助限制民事行为能力人实施侵权行为，监护人存在未履行监护职责的过失，造成同一个损害的行为就不只是教唆人或者帮助人的教唆、帮助行为，还有监护人的监护过失行为，双方的行为结合在一起，构成多数人侵权行为。这种侵权行为形态与典型共同侵权行为相似，例如，在一个多数人侵权行为中，既有教唆人或者帮助人的行为，又有监护人的监护过失行为，两个行为结合造成同一个损害结果、但又与典型共同侵权行为不同，即教唆人、帮助人应当承担“侵权责任”，监护人承担“相应的责任”，而不是像典型共同侵权行为那样，每一个行为人都对损害承担连带责任。所以，称其为“例外的混合侵权”，表达了这种多数人侵权行为的基本特点。

这种多数人侵权行为究竟是称为混合侵权，还是称为非典型共同侵权行为，值得斟酌。笔者认为，称非典型共同侵权行为比称作混合侵权更好，因为混合侵

① 参见最高人民法院民法典贯彻实施工作领导小组编著：《中国民法典适用大全·侵权责任卷（一）》，人民法院出版社2022年版，第101页。

权比较生僻，可能会使多数人侵权行为体系复杂化，而称其为非典型共同侵权行为有共同侵权行为作为“依托”，成为共同侵权行为中的一种类型，更为稳妥。

故非典型共同侵权行为是与《民法典》第 1168 条规定的典型共同侵权行为相对应的概念，是指有主有从的数个共同行为人之间不存在共同意思联络，主行为与从行为构成客观关联共同，造成同一个损害结果，共同行为人应当承担混合责任的共同侵权行为类型。

首先，非典型共同侵权行为的行为人之间通常没有共同意思联络。无论是教唆人、帮助人，还是监护人、劳务派遣单位、承揽人、交通事故责任人，在实施侵权行为中，与无民事行为能力人或者限制民事行为能力人的监护人、受托监护人、接受劳务派遣单位、定作人、投保义务人之间，都不存在加害他人的共同意思联络。[①] 他们存在的只是有主有从的行为结合在一起，针对同一个侵害目标，造成同一个损害结果的客观关联共同，因而具有共同侵权行为的特点但不是典型共同侵权行为。

其次，非典型共同侵权的行为人虽然也是数人的行为构成一个侵权行为，但从行为具有一定的独立性。典型共同侵权行为的每一个行为人的行为结合在一起，构成一个行为，造成同一个损害结果。这个完整的行为与损害结果之间具有 100% 的原因力；尽管依照每一个行为人的行为原因力可以确定内部的责任份额，但对外并不区分。非典型共同侵权行为虽然也是数个行为人的行为结合在一起，构成一个行为，但是每个行为人的行为却有主有从，主行为表现出共同侵权行为的特征，从行为却表现出单独侵权行为的某些特征，因而尽管非典型共同侵权行为的数个行为也构成一个侵权行为，但是各个行为之间结合的程度却不紧密，从行为具有一定的独立性。

最后，非典型共同侵权行为的责任形态不是连带责任，而是混合责任。典型

① 在教唆、帮助无民事行为能力人或者限制民事行为能力人实施侵权行为过程中，或许教唆人、帮助人存在侵权故意，但也不存在与监护人的共同意思联络。至于无民事行为能力人或者限制民事行为能力人，因其欠缺正常的辨认能力，即使其与教唆人、帮助人在主观上有联络，也不成立侵权法意义上的共同故意，不构成共同意思联络。

共同侵权行为的每个共同侵权行为人都应当承担连带责任，对内区分责任份额。而非典型共同侵权行为的每个行为人并不都承担连带责任，而是主行为人依照共同侵权行为的规则承担连带责任，对造成的全部损害负责；从行为对损害的发生也有原因力，但由于其带有单独侵权行为的特征，因而从行为人只对自己的过错造成的损害部分承担按份责任。

（二）非典型共同侵权行为与典型共同侵权行为的关系

对《民法典》规定的承担相应责任的多数人侵权行为的理解之所以不同，关键在于对这种侵权行为缺乏准确定位。笔者认为，将其界定为非典型共同侵权行为，使其与典型共同侵权行为相对应，并与共同危险行为一道构成共同侵权行为的体系。即共同侵权行为包括典型共同侵权行为、共同危险行为和非典型共同侵权行为三种类型。这是对非典型共同侵权行为准确的定位。

第一，非典型共同侵权行为与典型共同侵权行为存在必然联系。一方面，两种侵权行为都是多数人侵权行为，行为人的行为都存在客观关联共同；另一方面，对非典型共同侵权行为的教唆、帮助行为与监护人的监护过失行为，本来就规定在教唆、帮助行为是共同侵权行为的《民法典》第1169条中，表达了它与典型共同侵权行为之间的必然联系。

第二，非典型共同侵权行为与典型共同侵权行为之间又存在明显区别。非典型共同侵权行为在行为结合的紧密程度、行为的原因力、行为的法律后果等方面，表现了各自不同的个性，与典型共同侵权行为并非完全一致。

第三，在共同特征与不同个性之间，非典型共同侵权行为与典型共同侵权行为的共性大于个性，因此，非典型共同侵权行为也是共同侵权行为，与典型共同侵权行为、共同危险行为同居于一个体系内，成为共同侵权行为的三种不同类型之一。结论是，非典型共同侵权行为与典型共同侵权行为以及共同危险行为都是共同侵权行为，只是存在类型上的差别。

（三）非典型共同侵权行为与其他多数人侵权行为的区别

非典型共同侵权行为作为多数人侵权行为，也与分别侵权行为、竞合侵权行为不同，其区别如下。

分别侵权行为是指数个行为人分别实施侵权行为，既没有共同故意，也没有共同过失，只是由于各自行为在客观上的联系，造成同一个损害结果的多数人侵权行为。[①] 非典型侵权行为不是这样，数个行为人实施致人损害的行为并非分别实施，而是数个行为构成客观关联共同，因而具有共同实施的特点。另外，分别侵权行为分为典型、叠加、半叠加的类型区别，因而分别承担按份责任、连带责任或者部分连带责任，[②] 而非典型共同侵权行为的行为人承担的责任形态是混合责任。

竞合侵权行为是指两个以上的民事主体作为侵权人，有的实施直接侵权行为，与损害结果具有直接因果关系，有的实施间接侵权行为，与损害结果的发生具有间接因果关系，行为人承担不真正连带责任的多数人侵权行为形态。[③] 竞合侵权行为的典型特点，是甲行为对损害的发生具有 100% 的直接原因力，乙行为对损害的发生具有 100% 的间接原因力，因此，乙行为人承担的是补充责任，并在承担赔偿责任后享有追偿权，其原因是，甲行为对损害的发生是 100% 的直接原因力，而乙行为不过是间接原因力。非典型共同侵权行为的数个行为有主有从，每一个行为对损害的发生都具有直接原因力，因而从行为人承担了按份责任，并不享有追偿权。有学者将相应责任解释为补充责任，[④] 正是没有看清非典型共同侵权行为与竞合侵权行为的这一区别所致。

至于非典型共同侵权行为与共同危险行为的区别，则更为清晰。共同危险行为也叫准共同侵权行为，是二人或二人以上共同实施有侵害他人权利危险的行

---

① 参见杨立新、陶盈：《论分别侵权行为》，载《晋阳学刊》2014 年第 1 期。
② 参见杨立新、陶盈：《论分别侵权行为》，载《晋阳学刊》2014 年第 1 期。
③ 参见杨立新：《论竞合侵权行为》，载《清华法学》2013 年第 1 期。
④ 参见薛军：《〈侵权责任法〉对监护人责任制度的发展》，载《苏州大学学报（哲学社会科学版）》2011 年第 6 期。

为，并且造成损害结果，但不能判明其中谁是加害人的多数人侵权行为。[①]这种侵权行为其实并不是共同侵权行为，因为造成实际损害的只是一个人的行为，由于不知谁是真正的加害人，因此作为共同侵权行为适用法律。而非典型共同侵权行为与其完全不同，即每一个行为人的行为虽然有主有从，但都实施了造成损害的行为。

典型案例解读

王某某与杨某等生命权、健康权纠纷案[②]

【案情】2023年6月4日凌晨，杨某、常某、陈某1、王某、石某某等人在KTV喝酒，经石某某邀请，王某某也到了该包厢。随后，石某某与王某某发生矛盾，王某、石某某教唆杨某等人殴打王某某，杨某、常某、陈某1用啤酒瓶将王某某左侧头部和左手腕打伤，并受到了行政处罚。王某在事发前因与王某某存在个人矛盾，杨某、常某、陈某1殴打王某某后，王某承诺事发后负责支付对杨某、常某、陈某1三人行政处罚的处罚金500元以及损害王某某手机的赔偿。

【裁判】法院认为，公民的生命权、身体权、健康权受法律保护，相对方由于过错侵害他人人身权利的，应当承担相应的民事责任。杨某、常某、陈某1将王某某打伤，应当对王某某的损害后果承担赔偿责任，另，王某及石某某存在教唆杨某、常某、陈某1对王某某进行殴打的行为，杨某、常某、陈某1相应的赔偿责任应由王某及石某某承担。事发时，杨某、常某、陈某1系限制民事行为能力人，其监护人疏于管教，未尽到应尽的监护职责，应承担相应的赔偿责任。此外，王某某是否主张杨某、常某、陈某1的其他监护人承担责任，由其另行处理。综上，结合双方的过错程度，酌定王某及石某某承担70%的赔偿责任，杨某、常某、陈某1的监护人承担30%的赔偿责任。因此，王某、石某某应当在应负责任范围内赔付王某某28946.47元，杨某某、谢某、陈某2在应负责任范

① 参见杨立新：《侵权责任法》（第四版），法律出版社2021年版，第104页。

② 内蒙古自治区呼和浩特市玉泉区人民法院（2024）内0104民初5149号民事判决书。

围内赔付王某某12405.63元。

【解读】系争案件中，王某及石某某是教唆人，杨某、常某、陈某1是行为人。就诉讼主体而言，根据《侵权责任编司法解释（一）》第13条的规定，行为人可以选择单独起诉，也可以选择合并起诉。案涉原告采取了全部起诉的方式。就责任承担而言，根据《侵权责任编司法解释（一）》第12条的规定，应当是王某及石某某承担全部责任；杨某、常某、陈某1的监护人在其过错范围内承担相应的责任。

四、非典型共同侵权行为的责任形态是混合责任

（一）混合责任的概念及其主导方面

在多数人侵权责任中，存在按份责任、连带责任和不真正连带责任之分。混合责任属于何种责任形态，究竟是上述某种责任形态中的一种特殊形态，还是一种独立的责任形态，特别值得研究。

从严格意义上看，两个人以上的多数人侵权行为中，一部分责任主体承担连带责任，另一部分责任主体承担按份责任，似乎是独立于上述三种责任形态之外的独立责任形态。不过，笔者认为，从主行为人的方面而言，它仍然是连带责任的一种，这也正是笔者将其命名为单向连带责任的原因之一。所以，混合责任是指非典型共同侵权行为的数个行为人共同承担赔偿责任，主行为人承担的侵权责任是连带责任，从行为人承担的相应责任是与其过错程度和原因力相适应的按份责任的多数人侵权责任形态，这正是"混合侵权"即非典型共同侵权行为的责任形态。

有见解认为，依据《民法典》第1169条第2款规定的文义，尚无教唆人、帮助人承担连带责任的依据。[①] 这种解释略有不妥。原因是，《民法典》第1169

① 参见最高人民法院民法典贯彻实施工作领导小组编著：《中国民法典适用大全·侵权责任卷（一）》，人民法院出版社2022年版，第101页、第104页。

条规定的就是共同侵权行为中的教唆人、帮助人的连带责任规则，其中第 1 款规定的是教唆、帮助完全民事行为能力人实施侵权行为的，应当承担连带责任；第 2 款规定的是教唆、帮助无民事行为能力人或者限制民事行为能力人实施侵权行为，除了监护人没有监护过失的外，凡是教唆人、帮助人承担的侵权责任，应当依照第 1 款的规定进行解释，为连带责任。依据是，凡是有教唆人、帮助人的侵权行为，都是具有共同故意的共同侵权行为，[①] 都应当承担连带责任，教唆、帮助无民事行为能力人或者限制民事行为能力人实施侵权行为，尽管有过失的监护人承担了相应责任，但是并不能因此改变教唆人、帮助人承担连带责任的规则，既然将这种侵权行为称为混合侵权，混合的不只是行为人的行为，还包括行为人的责任，所以才应当称为混合责任，即连带责任与按份责任的“混合”。如果认为教唆人应承担“单独责任”，则他们已经不是教唆人了，而是单一的侵权人。

再看立法机关释义书的解释。《侵权责任法》释义书提出的见解是：“在存在教唆人、帮助人的情形下，监护人也要承担连带责任，过于严厉。本法没有规定监护人需要承担连带责任。”[②] 法律虽然没有规定监护人承担连带责任，却没有否认教唆人、帮助人承担连带责任，而教唆人和帮助人只存在于共同侵权行为中，他们承担连带责任是天经地义的法理。《民法典》侵权责任编释义书除了否定监护人的连带责任外，“经研究认为，本款教唆、帮助无民事行为能力人、限制民事行为能力人实施侵权行为的，应当承担侵权责任，是从侵权人与被侵权人相互关系的角度作出规定的，其侧重外部关系。即使要考虑侵权人的内部关系，教唆人、帮助人的责任，也不能因其教唆和帮助的对象不同，而体现出主观故意的区别。”[③] 这种侵权责任外部关系的“侵权责任”是全部责任，如果不是连带责任，又是什么原因使其承担全部侵权责任呢？

进一步延伸，《民法典》第 1189 条、第 1191 条第 2 款和第 1193 条以及《道

① 参见程啸：《侵权责任法》，法律出版社 2021 年版，第 395 页。

② 参见王胜明主编：《中华人民共和国侵权责任法释义》，法律出版社 2013 年版，第 69 页。

③ 参见黄薇主编：《中华人民共和国民法典侵权责任编释义》（第 2 版），法律出版社 2020 年版，第 21 页。

路交通事故损害赔偿解释》第16条规定的相应责任所对应的责任，也没有明确规定为连带责任，而是“侵权责任”。这也是学者将混合责任中的“侵权责任”不能认定为连带责任的依据，即条文中没有明确规定为连带责任。问题在于，《民法典》的这些条文的表述方法是一致的，《侵权责任编司法解释（一）》也将这些条文作了几乎相同的解释，因此，将其与《民法典》第1169条第2款规定的责任形态界定为“连带责任＋按份责任＝混合责任”，是有足够理由的。既然主行为人应当对整体侵权责任负责（连带责任），从行为人有过失承担相应责任（按份责任）的，则主行为人的责任应当扣减，且不准许其主张与从行为人承担按份责任，还不能违反填平原则，这样的侵权责任不是连带责任又是什么呢？其实混合责任的本质就是单向连带责任。

所以，笔者的主张是，连带责任包括典型连带责任、部分连带责任和混合责任（单向连带责任），构成完整的连带责任体系。[①]结论是，教唆、帮助完全民事行为能力人实施的侵权行为是典型共同侵权行为，承担的是典型连带责任，由《民法典》第1169条第1款规定调整；教唆、帮助无民事行为能力人或者限制民事行为能力人实施的侵权行为，是非典型共同侵权行为，承担的是混合责任，由《民法典》第1169条第2款规定调整。其他三种情形也相同。由此可见，在非典型共同侵权行为的混合责任中，主行为人承担的连带责任居于主导地位，从行为人承担的按份责任居于次要地位。这类似于建筑物区分所有权中的专有权、共有权和管理权的关系，专有权是主导性权利，与“是建筑物区分所有权的核心部分，是区分所有权的单独性灵魂，也是这个权利中的单独所有权的要素”[②]具有同质性，连带责任是混合责任的核心部分，是混合责任的单独性灵魂，是混合责任的连带责任要素。

---

① 参见杨立新：《侵权责任法》（第四版），法律出版社2021年版，第107~109页。

② 参见杨立新：《物权法》（第九版），中国人民大学出版社2024年版，第91页。

（二）混合责任的责任分担结构

由于非典型共同侵权行为的数个行为有主有从，因此，在主行为人和从行为人的责任分担上，形成混合责任的责任分担结构，即"连带责任 + 按份责任 = 混合责任"。

第一，混合责任的责任主体为二人以上。这是非典型共同侵权行为的性质，是多数人侵权行为的必然结果，因为既然是多数人侵权行为，行为主体必然是两个人以上，因而混合责任的责任主体最少须为二人。

第二，在两个行为主体中，实施主行为的责任人承担连带责任。这个看法面对的质疑就是法无明文规定。因为无论是《民法典》第 1169 条第 2 款，还是第 1189 条、第 1191 条第 2 款、第 1193 条和《道路交通事故损害赔偿解释》第 16 条，都没有明文规定侵权责任人承担的侵权责任就是连带责任，而《民法典》第 178 条第 3 款规定："连带责任，由法律规定或者当事人约定。"笔者的看法是，尽管如此，一个在内部应当承担部分责任份额的责任人被规定为承担全部侵权责任，另一个应当承担按份责任的责任人要承担部分责任，那么，前一个人的这种侵权责任必定是连带责任，否则没有理由令其承担全部赔偿责任。因而笔者认为，主行为人承担的侵权责任必定是连带责任，因为只有连带责任才有此功能。

第三，实施从行为的责任人承担按份责任。对此，学说上基本达成共识，《侵权责任编司法解释（一）》尽管没有说这就是按份责任，但一是这个责任须与其过错程度相适应，二是规定不支持被侵权人主张侵权责任人与相应责任人承担按份责任的请求，也就意味着主张相应责任人承担按份责任是可以支持的。所以，这种责任必定是按份责任。

第四，主行为人与从行为人应当共同承担责任。混合责任的主行为人和从行为人分别承担连带责任和按份责任，但是由于是多数人侵权行为与责任，因此双方应当共同承担的责任具有整体性。

（三）主行为人与从行为人承担混合责任的具体规则

1. 被侵权人享有损害赔偿请求权

非典型共同侵权行为的受害人即被侵权人对主行为人和从行为人享有损害赔偿请求权。

该损害赔偿请求权的产生基于行为人实施了非典型共同侵权行为，造成被侵权人的人身损害、精神损害或者财产损害。在受托监护人责任、劳务派遣责任以及定作人指示过失责任中，损害赔偿请求权的产生并无特别要求，只要具备该种侵权责任的构成要件即可。

唯有教唆、帮助无民事行为能力人或者限制民事行为能力人实施侵权行为造成损害的请求权的构成具有特殊性，即教唆人、帮助人对无民事行为能力人或者限制民事行为能力人的认知适用客观标准，而非主观标准。《侵权责任编司法解释（一）》第11条规定："教唆、帮助无民事行为能力人、限制民事行为能力人实施侵权行为，教唆人、帮助人以其不知道且不应当知道行为人为无民事行为能力人、限制民事行为能力人为由，主张不承担侵权责任或者与行为人的监护人承担连带责任的，人民法院不予支持。"这与立法机关工作人员撰写的《民法典》释义书关于"教唆人、帮助人明知被教唆人、被帮助人为无民事行为能力人或者限制民事行为能力人时，仍然实施教唆、帮助行为的，应当承担侵权责任。即便教唆人、帮助人主观上不知道被教唆人、被帮助人是无民事行为能力人或者限制民事行为能力人的，为了体现法律对教唆、帮助行为的否定性评价，也应当适用本款规定，由教唆人、帮助人承担侵权责任"[①] 的看法相一致。司法实践中应当按照这样的要求认定这种混合责任。

2. 被侵权人请求主行为人承担连带责任

非典型共同侵权行为的主行为人对被侵权人承担连带责任。被侵权人对主行为人主张行使请求权的，可以请求主行为人承担全部赔偿责任，而不论从行为

---

① 参见黄薇主编：《中华人民共和国民法典侵权责任编释义》，法律出版社2020年版，第21页。

人是否承担了相应责任。尽管从行为人承担按份责任时，主行为人在内部并不是100% 的责任份额，但是被侵权人仍然可以请求其承担全部赔偿责任，救济自己的损害。

3. 被侵权人请求从行为人承担按份责任

非典型共同侵权行为的从行为人对被侵权人承担按份责任。被侵权人可以直接请求从行为人承担，从行为人应当按照自己的过错程度和行为原因力确定责任份额。被侵权人主张从行为人承担超出其责任份额的责任，或者承担全部赔偿责任的，法院不予支持。从行为人承担的这种按份责任，既是对内与主行为人承担赔偿责任的份额，也是对外对被侵权人承担的责任份额。

4. 合并行使损害赔偿请求权的最高限额

对非典型共同侵权行为，被侵权人可以分别对主行为人或者从行为人行使损害赔偿请求权，也可以合并行使损害赔偿请求权。被侵权人合并行使对主行为人、从行为人的损害赔偿请求权的，《侵权责任编司法解释（一）》格外重视，对 5 种特殊侵权责任都作了具体规定，规则是：应当依照《民法典》的具体规定，主行为人承担侵权人应承担的全部责任，从行为人在过错范围内与对方共同承担责任，但被侵权人获得的赔偿不应超出其应受偿范围；主行为人主张其与劳务派遣单位承担按份责任的，法院不予支持。这样的规则与《侵权责任编司法解释（一）》第 10 条、第 12 条、第 16 条、第 18 条和第 21 条的规定是一致的，只有第 13 条规定合并请求教唆人、帮助人与监护人、受托监护人承担责任的，由于存在教唆人、帮助人与监护人以及受托监护人之间的关系，分别由第 10 条和第 12 条 2 个条文调整，因此特别规定“教唆、帮助无民事行为能力人、限制民事行为能力人实施侵权行为，被侵权人合并请求教唆人、帮助人与监护人以及受托履行监护职责的人承担责任的，依照本解释第十条、第十二条的规定认定民事责任。”

这里的重点，一是主行为人和从行为人“共同承担责任”，体现的是多数人侵权行为的规则要求，须对同一个损害事实共同承担赔偿责任；二是无论怎样共同承担赔偿责任，被侵权人获得的赔偿都不应超出其应受偿范围，即受损害赔偿填平原则的规制，也体现了主行为人和从行为人之间的内部份额分工；三是主行为人主张其与从行为人承担按份责任的，法院不予支持，因为主行为人承担的是连带责任。

5. 混合责任的追偿权

关于非典型共同侵权行为的追偿权的规则是：

第一，从行为人承担的是按份责任，并不对造成的全部损害承担赔偿责任。因此，从行为人承担了与其过错相适应的赔偿责任后，不可以向主行为人追偿。从行为人实际上承担了超出自己责任份额的赔偿费用，先行赔付，属于承担按份责任之外的责任，对超过其责任份额的救济方法，是向被侵权人请求返还。

第二，主行为人承担了全部赔偿责任后，就超出自己责任份额的部分，即承担了从行为人应当承担的赔偿责任的，有权进行追偿，否则就使从行为人逃脱了应当承担的赔偿责任。

应当看到的是，混合责任的追偿权与补充责任或者相应的补充责任的追偿权是不同的。例如，对《民法典》第1201条规定的第三人教育机构损害责任规则，《侵权责任编司法解释（一）》第14条第3款规定："第三人不确定的，未尽到管理职责的教育机构先行承担与其过错相应的责任；教育机构承担责任后向已经确定的第三人追偿的，人民法院依照民法典第一千二百零一条的规定予以支持。"虽然教育机构承担的补充责任也强调"相应的"，但其承担责任后有权向第三人进行追偿，而混合责任的从行为人承担赔偿责任后是不得追偿的。其原因是，承担补充责任的行为对损害的发生是间接原因力而非直接原因力，因此享有追偿权；从行为人的行为对损害的发生是直接原因力而不是间接原因力，因此不享有追偿权，应当自己承担责任。

（四）没有从行为人的侵权责任人承担的责任

在前述四种侵权行为类型的规则中，都存在"从行为人"没有过错而不承担责任的情形。这种侵权行为不是非典型共同侵权行为，而是单独侵权行为。

例如，在教唆、帮助无民事行为能力人或者限制民事行为能力人实施侵权行为中，监护人没有监护过失的，只有教唆无民事行为能力人实施侵权行为这一种情形，其中“教唆人”是利用无民事行为能力人为“工具”而实施侵权行为，是“教唆人”的间接行为，[①]应当承担自己责任，不存在替代责任和连带责任的可能。

同样，在受托监护人责任中，受托监护人对被监护人造成的损害没有过错的，也不承担相应责任，是单独侵权行为，应当依照《民法典》第1188条规定，由监护人承担替代责任。不过，这种情形很少发生，因为监护人并不在被监护人的身边，无法直接实施监护行为，而被监护人造成他人损害，通常是受托监护人的过失监护行为所致。在劳务派遣责任中，派遣单位不存在过错的，应当由用工单位承担赔偿责任，是单独侵权行为，不属于非典型共同侵权行为。至于定作人指示过失责任，只要定作人不存在定作、指示或者选任过失，就是承揽人的单独责任，[②]也不属于非典型共同侵权行为，不存在混合责任适用的可能。对于投保义务人来说，只要尽到投保义务，就是交通事故责任的单独责任，不适用混合责任。

典型案例解读

岳某寻与黄某静、王某缘等侵权责任纠纷案[③]

【案情】原告岳某寻，被告黄某静，以及王某缘、李某怡是初中生，被告王某乙初中毕业后肄业在家。

此前王某缘与岳某寻打架，产生矛盾。

某日，王某缘指使被告黄某静与原告岳某寻“单挑”。黄某静表示其不会打架，王某缘见状后对黄某静说：“你们两个人再不动手，我就要动手了。”随后王

① 间接行为就是为他人的行为负责的行为和为自己管领下的物件致人损害的行为，参见杨立新：《侵权责任法》(第四版)，法律出版社2021年版，第86页。

② 参见周江洪：《典型合同原理》，法律出版社2023年版，第342页。

③ 江西省黎川县人民法院（2023）赣1022民初783号民事判决书。

某乙便抓着黄某静的手打向岳某寻，并说："我来教你打架。"岳某寻向黄某静说："快点打吧，要不然王某缘要来打我们两个。"两人商议打架时打轻点，扯头发别扯太重。两人便开始互相扯头发，互相用手扇对方耳光，互相用脚踢对方的腿，两人后来一起摔倒在地上。

等两人起身的时候，王某缘又指使李某怡同岳某寻"单挑"。岳某寻也向李某怡说："赶紧单挑，要不然王某缘会来打我们。等下打架的时候控制下力度，打轻点。"李某怡表示担心打架的时候控制不住力度，岳某寻回应："没事，等下打架的时候尽量轻点。"双方商量当李某怡踢的时候，岳某寻假装摔倒在地上，届时就停止打架。随后李某怡就开始与岳某寻互相扯头发，互相用手扇对方耳光，互相用脚踢对方的腿，当岳某寻的腿部被李某怡踢到时倒地，李某怡坐在岳某寻身上继续扭打在一起，后岳某寻表示不要打了，双方停止打架并起身。

王某缘见两人均已起身，又叫黄某静再同岳某寻打架，并强调说要打重一点，黄某静在听到之后又同岳某寻扭打在一起，其间黄某静将岳某寻推倒在地，并坐在岳某寻身上互相扯头发。在岳某寻与黄某静第二次打架过程中，王某缘从岳某寻后面用脚踢了岳某寻的头部和腰部一脚，踢完后没多久岳某寻感觉其后脑勺出血，王某缘让黄某静驾驶电动车送其至医院，由于途经黎川某中学操场时电动车没电，黄某静便拨打120急救电话将岳某寻送至黎川县某某医院治疗。

【裁判】法院认为，本案是未成年人之间打架引发的侵权责任纠纷。而要确定本案中各被告之间的责任承担，应先确定本案中各被告所实施的侵权行为的性质。

首先，本案中被告王某缘指使被告黄某静、李某怡与原告岳某寻"单挑"的行为，构成教唆限制民事行为能力人实施侵权行为。教唆，是指诱使、引起或者激发他人的侵权意图并促使其决意实施的行为，其具体的方法包括对他人进行言词诱导、劝说怂恿、刺激利诱乃至示以方法，促使他人产生侵权动机、形成侵权决意并实施侵权行为。教唆他人侵权的构成要件有四：一是有实施教唆行为之人与实施侵权行为之人；二是教唆人实施了教唆行为，行为人实施了符合教唆意图的侵权行为；三是教唆行为、加害行为与侵权损害后果之间存在因果关系；四是教唆人主观上具有教唆他人实施侵权行为的故意。被告王某缘系实施教唆行为之人，本案中王某缘在明知黄某静、李某怡系在读的初中生，仍然指使黄某静、李某怡同岳某寻“单挑”，甚至在被告黄某静表示其不会打架后对黄某静说“你们两个人再不动手，我就要动手了”的言语进行威胁，具有教唆限制民事行为能力人实施侵权行为的故意，黄某静、李某怡均是在担心未打架的情况下会遭受到王某缘更严重的殴打而开始打架、实施侵权行为，甚至原告岳某寻也是在相同的心理下而与被告黄某静、李某怡打架。故被告王某缘的教唆行为引起黄某静、李某怡的加害行为，导致了岳某寻的侵权损害后果，教唆行为、加害行为与侵权损害后果之间存在因果关系。因此，本案中被告王某缘指使被告黄某静、李某怡与原告岳某寻“单挑”的行为，构成教唆限制民事行为能力人实施侵权行为。本案中被告王某缘教唆限制民事行为能力人实施侵权行为以及自己实施的侵权行为共同导致了原告受伤，被告王某缘应当对原告的所有损失承担责任。

其次，本案中被告王某乙的行为，构成帮助限制民事行为能力人实施侵权行为。帮助，是指提供工具、准备条件或言辞激励等从物质和精神上为他人实施侵权行为提供辅助和支持的行为。帮助他人侵权的构成要件也有四个方面，一是有帮助人与加害行为人；二是帮助人实施了帮助行为；三是帮助行为的结果与行为人实施侵权行为所导致的损害结果具有同一性；四是帮助人主观上具有帮助的故意。被告王某乙系实施帮助行为之人，本案中，在王某缘教唆黄某静引起侵权动机后，黄某静表示其不会打架故未开始实施侵权行为，此时王某乙抓着黄某静的手打向岳某寻并说“我来教你打架”的行为，促使被教唆人既有的侵权动机在客观上易于实施和实现，符合帮助的行为要件。事实上，在王某乙实施上述行为后，黄某静便与岳某寻开始“单挑”。虽然王某乙的帮助行为只是促进打架的开始，但是其帮助行为对原告受伤整个结果均有过错和原因力，王某乙的帮助行为和黄某静、李某怡的侵权行为均指向同一损害结果，具有同一性。因此，王某乙的行为构成帮助限制民事行为能力人实施侵权行为，应当同王某缘对原告的所有损失承担连带责任。

至于王某缘与王某乙内部责任分担的问题，本案中王某缘的教唆行为引起被教唆人的加害行为和王某缘自己实施侵权行为是导致原告受伤的主要原因，在内部责任上应当承担主要责任，法院认为应承担80%为宜。王某乙的帮助行为只是促进打架的开始，导致原告受伤的原因力较小，在内部责任上应当承担次要责任，应承担20%为宜。

最后，对于被教唆、被帮助的黄某静、李某怡而言，法院认为，本案中实际上是教唆人王某缘以及帮助人王某乙利用两人的身体动作作为侵害他人权利的方式，来实现其侵权的目的，被教唆、被帮助的限制民事行为能力人由于被教唆而欠缺相应的独立认知、判断的能力，对该侵权行为的实施并无过错可言，其不能成为该侵权行为的主体，不承担侵权责任。至于被告辩称原告自身对此次受伤负有过错，法院认为，此前王某缘与岳某寻打架虽然是起因，但这不是王某缘伺机报复、以打架的方式来解决双方矛盾的理由，且岳某寻在此次事件中多次想避开王某缘，已经尽到了主动避让的义务，故对于被告的辩称意见，不予采纳。

【解读】本案是一起典型的校园暴力事件。针对暴力事件，不能简单运用共同侵权或者分别侵权的法理去处理，而有必要确定每个行为人的行为性质。对此，法院已经作出了细致的分析，即王某缘教唆、王某乙帮助黄某静、李某怡去殴打原告岳某寻。

对于教唆、帮助不完全民事行为能力人侵权的行为，《民通意见》第148条曾作出规定，该条第2款、第3款指出："教唆、帮助无民事行为能力人实施侵权行为的人，为侵权人，应当承担民事责任。教唆、帮助限制民事行为能力人实施侵权行为的人，为共同侵权人，应当承担主要民事责任。"《民法典》编纂过程中，有意见提出，应当区别无民事行为能力人和限制民事行为能力人，无民事行为能力人是被当作实施侵权行为的工具，应当由教唆人、帮助人承担全部责任。限制民事行为能力人有一定的判断力，依旧由其承担侵权责任，有失妥当。立法机关经研究认为，第1169条第2款的规定从侵权人与被侵权人相互关系的角度进行规定，侧重外部关系，即使考虑内部关系，也不能因其教唆或者帮助的对象的不同，而体现主观故意的区别。尽管这样的方式强化了对被害人的救济，也避免固化以“教唆或者帮助的对象”作为区分标准，但这其实还是忽略了当被教唆人、被帮助人被视为工具时，教唆人、帮助人对损害的发生具有实质的贡献，直接、根本地影响了行为人、监护人对损害的发生不具有原因力的问题。因此，仍有必要区分是否将教唆、帮助的对象作为工具。

系争案件中，黄某静、李某怡是初中生，对于殴打行为具有相应的独立认知、判断的能力，但是王某缘以威胁的方式唆使黄某静、李某怡殴打王某缘，否则就会殴打黄某静、李某怡，实际上就是如判决所提到的利用他人的身体动作来殴打。黄某静、李某怡只是王某缘实施侵权行为的工具。因此，黄某静、李某怡并无过错，不承担侵权责任。在此意义上，本案判决始终坚守《民法典》第1169条的规范目的，结合案件的基本事实，确定黄某静、李某怡不承担责任，有助于对未成年人权益的保障。至于王某缘作为教唆人、王某乙作为帮助人，属于共同侵权，应当承担连带责任，对内则按照各自的过错程度和原因力分担即可。

但假设，黄某静、李某怡未曾受到王某缘的威胁，而是在王某缘的挑唆下实施了殴打行为，则应当认定监护人疏于管教，未尽到应尽的监护职责，也应当根据《民法典》第1169条第2款和《侵权责任编司法解释（一）》第12条的规定承担相应的赔偿责任。如果监护人全部垫付赔偿费用，则可以就超出自己责任的部分向教唆人、帮助人追偿。

结　语

《民法典》第1169条第2款、第1189条、第1191条第2款和第1193条以及《道路交通事故损害赔偿解释》第16条规定的侵权行为，属于多数人侵权行为之一，主行为人承担的侵权责任、从行为人承担的相应责任，是多数人侵权行为人分别承担的连带责任和按份责任。这样认识和规定这种特殊侵权行为类型，丰富了我国多数人侵权行为和多数人侵权责任的体系，由于其与典型共同侵权行为具有共性，且责任构成中的主导部分是连带责任，因而将这种侵权行为的行为人有数人，且实施的行为有主有从的行为，界定为非典型共同侵权行为，其责任形态为混合责任，是符合侵权责任法的基本逻辑要求的。《侵权责任编司法解释（一）》对适用这些条文的解释是正确的，只是在追偿权上略有留白，应当进一步改进。

第五章 补充债务与先诉抗辩权

法律与司法解释

《中华人民共和国民法典》

第1198条第2款 因第三人的行为造成他人损害的，由第三人承担侵权责任；经营者、管理者或者组织者未尽到安全保障义务的，承担相应的补充责任。经营者、管理者或者组织者承担补充责任后，可以向第三人追偿。

第1201条 无民事行为能力人或者限制民事行为能力人在幼儿园、学校或者其他教育机构学习、生活期间，受到幼儿园、学校或者其他教育机构以外的第三人人身损害的，由第三人承担侵权责任；幼儿园、学校或者其他教育机构未尽到管理职责的，承担相应的补充责任。幼儿园、学校或者其他教育机构承担补充责任后，可以向第三人追偿。

《最高人民法院关于适用〈中华人民共和国民法典〉侵权责任编的解释（一）》

第14条 无民事行为能力人或者限制民事行为能力人在幼儿园、学校或者其他教育机构学习、生活期间，受到教育机构以外的第三人人身损害，第三人、教育机构作为共同被告且依法应承担侵权责任的，人民法院应当在判决中明确，教育机构在人民法院就第三人的财产依法强制执行后仍不能履行的范围内，承担与其过错相应的补充责任。

被侵权人仅起诉教育机构的，人民法院应当向原告释明申请追加实施侵权行为的第三人为共同被告。

第三人不确定的，未尽到管理职责的教育机构先行承担与其过错相应的责任；教育机构承担责任后向已经确定的第三人追偿的，人民法院依照民法典第一千二百零一条的规定予以支持。

解析与适用

《侵权责任编司法解释（一）》第14条规定了未成年学生在教育机构受到第三人损害时，教育机构也有过错的责任分担规则，是侵权责任的补充责任及先诉抗辩权的行使规则。这与《民法典担保制度解释》第25条规定的一般保证的保证人承担的保证责任及先诉抗辩权的行使规则基本相同，规范的是违约责任的补充债务及先诉抗辩权。这2个条文的共同点都是债法的补充债务及先诉抗辩权。下文以《侵权责任编司法解释（一）》第14条的规定为中心，对债法的补充债务及先诉抗辩权进行理论分析，最后讨论侵权补充责任及先诉抗辩权。

一、最高人民法院关于债法补充债务的司法解释要旨

侵权补充责任，即侵权之债的补充债务，在21世纪初开始受到我国民法学界和民事司法实践的重视，2004年《人身损害赔偿解释》第6条第一次规定了违反安全保障义务损害责任中第三人责任的规则，确认侵权人承担侵权责任，违反安全保障义务人承担相应的补充责任，规定了侵权的补充债务。2009年《侵权责任法》出台，其第37条第2款规定了这一规则，并在第34条和第40条分

别规定了劳务派遣单位和教育机构应当承担的相应的补充责任。《民法典》第1198条第2款和第1201条继续规定违反安全保障义务人和教育机构承担相应的补充责任，第1191条第2款将劳务派遣单位的责任改为“相应的责任”，不再采用补充责任方式，责任性质发生了变化。《侵权责任编司法解释（一）》第14条是针对《民法典》第1201条规定的相应的补充责任规则作出的解释，包括补充责任的先诉抗辩权。①

《侵权责任编司法解释（一）》第14条共分为3款，规定的内容是：“无民事行为能力人或者限制民事行为能力人在幼儿园、学校或者其他教育机构学习、生活期间，受到教育机构以外的第三人人身损害，第三人、教育机构作为共同被告且依法应承担侵权责任的，人民法院应当在判决中明确，教育机构在人民法院就第三人的财产依法强制执行后仍不能履行的范围内，承担与其过错相应的补充责任。被侵权人仅起诉教育机构的，人民法院应当向原告释明申请追加实施侵权行为的第三人为共同被告。第三人不确定的，未尽到管理职责的教育机构先行承担与其过错相应的责任；教育机构承担责任后向已经确定的第三人追偿的，人民法院依照民法典第一千二百零一条的规定予以支持。”这些规定的要旨，一是在相应的补充责任中，第三人是侵权人，有过错的教育机构是补充责任人，承担的是相应的补充责任；二是相应的补充责任不是连带责任而是后位责任，即第三人应当先承担责任，有过错的教育机构承担后位责任，两种责任之间有顺位关系；三是有过错的教育机构享有先诉抗辩权，可以对抗被侵权人的赔偿请求权，承担补充责任的条件是在人民法院就第三人的财产依法强制执行后仍不能履行的部分；四是在不能履行的部分中，承担与自己的过错相应的补充责任；五是被侵权人不能单独起诉有过错的教育机构承担责任，而是应当追加第三人作为共同被告，参加诉讼；六是教育机构单独承担赔偿责任的先决条件是第三人不明确，无法找到前位赔偿责任人；七是有过错的教育机构承担赔偿责任后，对第三人享有

① 应当说明的是，《民法典》第1198条第2款规定的违反安全保障义务人的相应的补充责任，《侵权责任编司法解释（一）》没有作出规定，在理论上应当属于准用条款，准用《侵权责任编司法解释（一）》第14条规定的规则。

追偿权，对自己已经承担的赔偿数额可以请求全额追偿。

这样的规则与《民法典担保制度解释》第26条的规定基本相同，即一般保证中，债权人以债务人和保证人为共同被告提起诉讼，人民法院应当受理，但是应当在判决书中明确，保证人仅在对债务人财产依法强制执行后仍不能履行的部分承担保证责任；债权人申请对一般保证人的财产进行保全的，人民法院不予支持，但是其举证证明存在《民法典》第687条第2款规定情形的除外。一般保证中，债权人仅起诉保证人的，人民法院可以向其释明，告知其追加债务人为共同被告；债权人拒绝追加的，可以驳回其起诉，但是法律和司法解释另有规定的除外。这一规定也确认，债务人与一般保证人的关系也存在前位和后位的顺位关系，债务人是前位义务人，一般保证人是后位义务人；债权人主张债务清偿应当先起诉债务人，或者将债务人和一般保证人一并起诉，不能仅起诉一般保证人履行保证债务；一般保证人作为后位义务人，享有先诉抗辩权，一般保证人仅在对债务人财产依法强制执行后仍不能履行的部分承担保证债务。不同的规定在于，一是债权人申请对一般保证人的财产进行保全的，人民法院不予支持；对侵权补充责任虽然没有规定这一规则，但也可以适用。二是对债权人不起诉主债务人而只起诉一般保证人的，予以驳回；对侵权补充债务虽然只规定原告应当追加主债务人即具体侵权人，而没有规定对不追加的予以驳回，但此规则也可以适用。三是没有规定一般保证人的追偿权，因为对该追偿权《民法典》已经规定；而侵权补充责任的追偿权则需要特别强调。

上述两条司法解释规定的规则基本相同的原因在于，无论是侵权补充责任还是一般保证的债务承担，都是对债法的补充债务及先诉抗辩权规定的规则，因此，借《侵权责任编司法解释（一）》第14条对侵权相应的补充责任作出解释之机，举一反三，可以进一步研究债法理论中有所忽视的补充债务及先诉抗辩权的原理和基本规则。

二、对债法的补充债务及基本规则的理论探讨

在债法的角度讨论补充债务，需要对其地位、概念和基本规则进行深入探讨。

（一）补充债务在债法中的地位

侵权补充责任和一般保证人的保证责任的上位概念，是债法的补充债务。在我国民法典视野下的债法理论中，补充债务缺少应有的地位。在较早的债法理论中，债的分类分为单一之债与多数人之债、按份之债与连带之债、特定之债与种类之债、简单之债与选择之债、主债与从债、财物债务与劳务债务等。[①]《民法典》实施后，学者一般认为债的类型分为法定之债与意定之债、特定之债与种类之债、财物之债与劳务之债、单一之债与多数人之债、金钱之债与非金钱之债、简单之债与选择之债、一时之债与继续性之债等。[②]或者分为种类之债、货币之债、利息之债、选择之债、连带之债、一时性之债与继续性之债。[③]

我国台湾地区学者认为，债分为种类之债、货币之债、利息之债、选择之债和任意之债、损害赔偿之债；[④]或者分为种类之债、货币之债、利息之债、选择之债、损害赔偿之债；多数人之债分为可分之债和连带之债。[⑤]在这些债的分类中，都没有提到补充债务。

对补充债务的民法地位应当特别加以研究。有学者认为，补充责任是我国《侵权责任法》首次以立法形式确立的一种新型民事共同责任，与传统共同责任中的按份责任和连带责任并列。补充责任的确立不仅能够解决第三人侵权情况下连带责任和按份责任所面临的法理困境和实践难题，体现了民法的公平原则，同

① 李由义主编：《民法学》，北京大学出版社 1988 年版，第 306~313 页。

② 刘凯湘：《债权法讲义》，人民法院出版社 2024 年版，第 38~60 页。

③ 崔建远、陈进：《债法总论》，法律出版社 2022 年版，第 32~48 页。

④ 史尚宽：《债法总论》，中国政法大学出版社 2000 年版，第 246~287 页。

⑤ 孙森焱：《民法债编总论》，我国台湾地区三民书局 2004 年版，第 373~438 页、第 873~880 页。

时也发挥了法律促进社会和谐与稳定的社会功能。[①] 笔者认为，补充债务不是与按份债务和连带债务并列的债的形态，而是不真正连带之债的一种类型，是不真正连带之债的下位概念，所对应的是单独之债。

首先，侵权补充责任是不真正连带责任的类型之一。笔者研究侵权补充责任的看法是，多数人侵权责任中的不真正连带责任，分为典型不真正连带责任、先付责任、补充责任和附条件不真正连带责任。[②] 这四种不真正连带责任所对应的侵权行为类型，分别是提供条件的竞合侵权行为、提供条件 + 政策考量的竞合侵权行为、提供机会的竞合侵权行为和提供平台的竞合侵权行为。[③] 其中，补充责任对应的是提供机会的竞合侵权行为。《民法典》规定适用相应的补充责任的侵权行为类型，一是第 1198 条第 2 款规定的第三人的行为造成他人损害、违反安全保障义务人违反其义务的侵权责任，二是第 1201 条规定的第三人造成未成年学生损害、教育机构未尽管理职责的侵权责任。这两种侵权行为都是负有安全保障义务或者管理职责的主体未尽安全保障义务或者违反管理职责，给第三人实施侵权行为侵害被保护或者被管理的人提供了机会，使第三人的侵权行为顺利实施并造成损害后果。《侵权责任编司法解释（一）》第 14 条解释的是后一种相应的补充责任，是不真正连带责任的类型之一。

其次，与补充债务对应的债的形态是单一债务。事实上，所有的多数人之债都对应单一之债，即按份债务、连带债务和不真正连带债务所对应的都是单一之债。在侵权责任领域，单独侵权行为对应多数人侵权行为，所谓的单独和多数人，说的是行为人的数量不同，这是两种侵权行为的基本区别。[④] 上升到债法，单独债务和多数人债务也是如此，以债务人的人数为标准，将债务分为单一债务与多数人债务。债务人是一个主体的，为单一债务；反之，债务人为二人以上的，为多数人债务。[⑤] 故补充债务是与单一债务对应的多数人债务的一种类型。

---

① 张新宝：《我国侵权责任法中的补充责任》，载《法学杂志》2010 年第 6 期。

② 杨立新主编：《多数人侵权行为与责任》，法律出版社 2017 年版，第 214 页。

③ 杨立新：《侵权责任法》（第四版），法律出版社 2021 年版，第 113 页。

④ 杨立新：《侵权责任法》（第四版），法律出版社 2021 年版，第 95 页。

⑤ 刘凯湘：《债权法讲义》，人民法院出版社 2024 年版，第 45 页。

(二)补充债务的概念界定

在债法理论研究中，尚未发现单独给补充债务概念下定义的情况。对侵权补充责任和一般保证债务的界定则较多。可见，对补充债务的研究，侵权法和合同法还是自说自话，没有在债法的高度进行提升和研究。

在侵权领域，认为侵权补充责任是中国民法独创的责任承担方式，旨在解决“经营者消极不作为＋第三人积极加害作为”的侵权纠纷。[①]根据补充责任，该类纠纷首先由第一顺位责任人对受害方承担全部赔偿责任，仅当第一顺位责任人因身份不明或缺乏清偿能力等原因无法承担全部或部分责任时，在其未能承担的范围内，由居第二顺位的补充责任人承担与其本能够防止或制止的损害相应的赔偿责任，且补充责任人担责后有权向第三人全额追偿。[②]简言之，补充责任是一种后位承担的、相应范围的非终局责任。[③]

也有学者认为，在一般补充责任关系中，一是责任人利用另一责任人非故意之不作为过错，侵害第三人权利，或导致不作为人违约时，二是责任人均侵害了受害人的权利，均应为各自的行为承担民事责任，但并不存在责任分配问题。不作为加害行为非因故意发生，作为加害行为因故意发生。受害人之损害是不作为加害行为的间接后果，是作为加害行为的直接后果。不作为过错和作为过错共同完成全部损害，但作为过错足以导致全部法律后果，作为加害人应承担全部赔偿责任，为全额责任人。不作为加害人应承担全额责任人之不能给付，属垫付行为，可向全额责任人追偿，为补充责任人。如债权人无过失，补充责任人承担全额补充责任。如债权人有过失，补充责任人承担限额补充责任，与债权人根据各自过错分担全额责任人给付不能之风险。[④]

笔者原来的看法是，侵权行为补充责任属于不真正连带责任中的一种，是指

---

① 张新宝、唐青林:《经营者对服务场所的安全保障义务》，载《法学研究》2003 年第 3 期。

② 邬砚:《侵权补充责任研究》，法律出版社 2015 年版，第 55 页；张新宝:《我国侵权责任法中的补充责任》，载《法学杂志》2010 年第 6 期。

③ 吴越:《安全保障义务人侵权补充责任的理论反思》，载《法学研究》2024 年第 4 期。

④ 李锡鹤:《民事共同行为和多数人责任刍议》，载《华东政法大学学报》2007 年第 6 期。

多数行为人就基于不同发生原因而产生的同一给付内容的数个责任，各自负担全部履行义务，并因行为人之一的履行行为而使全体行为人的责任均归于消灭的侵权责任形态。[①] 这里说的是全额补充责任，不是相应的补充责任。

上述这些对补偿责任的定义都不够准确。笔者后来研究认为，侵权法的补充责任，是指两个以上的行为人违反法定义务，对一个受害人实施加害行为，或者不同的行为人基于不同的行为而致使受害人的权利受到同一损害，各个行为人产生同一内容的赔偿责任，受害人分别享有的数个请求权有顺序上的区别，首先行使顺序在先的请求权，不能实现或者不能完全实现时，再行使另外的请求权予以补充的侵权责任形态。由此，可以分为完全的补充责任和有限的补充责任。[②] 这个定义也不够理想，但大体上准确。

这里谈到的都是侵权补充责任，缺少对债法补充债务概念的界定。在合同法中，一般保证是最典型的补充债务。《民法典》第 687 条第 1 款规定："当事人在保证合同中约定，债务人不能履行债务时，由保证人承担保证责任的，为一般保证。"债务人和一般保证人承担的债务，都是对同一个债权人负有清偿债务，但债务人的债务为先顺位，保证人的债务为后顺位，且为补充债务。一般保证人如因过错不清偿保证债务，也成为一般保证责任，属一般补充责任。[③] 这时补充债务转化为补充责任。

综合起来，债法的补充债务，是指多数人之债的债务人中，主债务人承担全部债务清偿义务，从债务人在主债务人不能履行债务时承担补充其履行不足部分的债务，或者依照其过错程度承担相应的债务清偿的债的关系。补充债务包括合同之债的补充债务，如一般保证的保证人债务，也包括侵权之债的补充债务。

（三）补充债务的类型体系

对于补充债务的类型体系，缺乏必要的梳理。笔者认为，补充债务分为合同

① 杨立新：《论侵权责任的补充责任》，载《法律适用》2003 年第 6 期。
② 杨立新主编：《多数人侵权行为与责任》，法律出版社 2017 年版，第 210~211 页。
③ 李锡鹤：《民事共同行为和多数人责任刍议》，载《华东政法大学学报》2007 年第 6 期。

之债补充债务和侵权之债补充债务，完全补充债务和有限补充债务。

1. 合同之债补充债务和侵权之债补充债务

合同之债补充债务和侵权之债补充债务的划分，一般以适用的领域为标准。

合同之债补充债务主要是一般保证人对债权人负有的补充债务。在一般保证关系中存在两个债务，一是债务人的债务，为主债务，是第一顺位的债务；二是一般保证人的保证债务，是第二顺位的补充债务。一般保证人在就债务人的财产依法强制执行仍不能履行债务前，对债权人可以拒绝承担保证责任。①

对侵权之债补充债务，《民法典》第1198条和第1201条进行了规定。第1188条第2款规定的有财产的被监护人用自己的财产支付赔偿责任，不足部分由监护人赔偿，也是补充债务，只不过是为被监护人的支付不足的补充。这些补充债务由于发生在侵权责任领域，因而被称为补充责任。

在侵权之债的补充责任中，直接责任人是导致受害人损害的直接原因，因而是最终责任的承担者，补充责任制度的价值是防止直接责任人无法或者无力承担赔偿责任时，受害人不能得到应有的补偿之情形发生。②

2. 完全补充债务和有限补充债务

完全补充债务和有限补充债务，是以补充债务的债务范围为标准划分的。完全补充债务也叫全额补充债务，有限补充债务也叫限额补充债务。

完全补充债务是指主债务人不能履行或者不能全部履行债务，由从债务人承担主债务人不能履行的全部债务的补充债务形态。

有限补充债务是指主债务人不能履行债务或者不能全部履行债务，从债务人按照其过错程度承担相应的债务的补充债务形态。③ 这种补充债务不是全部补充而是有限补充。④

《民法典》规定的上述条文中，《民法典》第1198条和第1201条规定的“相

---

① 黄薇主编：《中华人民共和国民法典合同编释义》，法律出版社2020年版，第493页。
② 刘凯湘：《债权法讲义》，人民法院出版社2024年版，第305页。
③ 杨立新主编：《多数人侵权行为与责任》，法律出版社2017年版，第211页。
④ 王胜明主编：《中华人民共和国侵权责任法释义》，法律出版社2010年版，第174页。

应的补充责任”是有限补充债务；第1188条第2款规定的有财产的被监护人用自己的财产支付赔偿责任，不足部分由监护人赔偿，是完全补充债务。其区别在于，完全补充债务是对主债务人凡是不能承担的债务，都由补充债务人全额予以补充；有限补充债务是对债务人未履行债务的补充，应当根据其过错程度承担限额的补充赔偿。

有学者认为，补充债务的实践形态可以划分为两大理论类型：既有先诉抗辩权，也有追偿权的情况当然属于“完全补充债务”；无先诉抗辩权或者无追偿权的情况则可归于“不完全补充债务”。补充债务在侵权法领域的扩张使其与传统民法理论上的不真正连带债务发生了竞合。通过比较可以发现，补充债务一般要比不真正连带债务更加合理和经济。在大陆法系传统上由不真正连带债务单独调控的领域现在应该由两种规则分工配合：补充债务是原则，不真正连带债务的适用则仅限于法律的明确规定。意大利民法理论有关补充债务性质和先诉抗辩权的学说，《瑞士债法典》有关侵权补充责任的规定以及德国民法上的“多数人连带债务的级别和顺序理论”为我国构建补充债务的一般规则提供了有益的借鉴。①

上述对完全补充债务和不完全补充债务的分析并不准确，其划分的基础是《侵权责任法》关于相应的补充责任的规定否定了追偿权，而这种否定恰恰是错误的。对此，《民法典》已经作了纠正。具体的情形是，2004年《人身损害赔偿解释》第6条规定了违反安全保障义务侵权责任的相应补充责任，承担了补充责任的债务人享有追偿权。《侵权责任法》第34条、第37条和第40条否定了补充责任人的追偿权，受到批评。《民法典》第1198条第2款和第1201条重新规定了补充责任人享有追偿权。之所以认定《侵权责任法》否定补充责任人的追偿权不适当，是因为补充债务的主债务人的行为是损害发生的直接原因，从债务人的行为是损害发生的间接原因，主债务人的行为对损害的发生具有100%的直接原因力，应当承担全部赔偿责任，从债务人只是为了债权人的权利实现，不得不对

① 李中原：《论民法上的补充债务》，载《法学》2010年第3期。

自己的过失行为造成损害的间接原因力承担补充责任。对应当承担100%终局赔偿责任的主债务人，补充债务人理所当然地享有追偿权。这正是从债务人为主债务人“背锅”的现象，在“背锅”之后，追偿权就是从债务人“甩锅”的权利。[①] 故所有承担补充债务的从债务人都应当在其承担了补充债务后，对主债务人享有追偿权，否则就违反公平原则和矫正正义的要求。这些理论和规则不是上述完全补充责任或者不完全补充责任理论所能够说明的，也不存在完全补充责任有先诉抗辩权和追偿权，不完全补充责任无先诉抗辩权或者追偿权的问题。

（四）补充债务与其他不真正连带债务类型的共性与个性

不真正连带债务包括典型不真正连带债务、补充债务、先付债务和附条件不真正连带债务。[②] 如前所述，补充债务是不真正连带债务的类型之一，与典型不真正连带债务、先付债务、附条件不真正连带债务一样，虽然都是不真正连带债务，却既有共性，也有明显的个性。

1. 不同类型的不真正连带债务的共性

研究各种类型的不真正连带债务的共性，必须首先研究不真正连带债务的发生机理。

按份债务的发生，是依据约定或者法定，基于数个债务人的行为相加，产生同一个债务，每一个行为对于债务的产生都是直接原因，具有各自的原因力，原因力的不同决定着每一个按份债务人的债务份额，这正是“50%+50%=100%”的原因力构成的反映。因此，每一个债务人都对自己的行为具有直接原因力的债务按份负责。

连带债务的发生，是依据约定或者法定，基于数个债务人的行为结合，构成同一个行为，发生同一个债务，数个行为人对外整体负责，对内按份额分担。其原因力的结构是“一个债务 =100%=50%+50%”。

---

① 杨立新：《侵权责任追偿权的“背锅”理论及法律关系展开——对〈民法典〉规定的侵权责任追偿权规则的整理》，载《求是学刊》2021年第1期。

② 杨立新：《多数人侵权行为及责任理论的新发展》，载《法学》2012年第7期。

不真正连带债务的发生机理与按份债务和连带债务都不相同，既不是直接原因力的“相加”，也不是不同原因力的“结合”成为一个债务，而是数个行为人的行为分别具有直接原因力和间接原因力。其表现形式是“100%（直接原因力）+100%（间接原因力）=100%”。数个债务人分为主债务人和从债务人，具有 100% 直接原因力的是主债务人，具有 100% 间接原因力的是从债务人。基于直接原因力产生债务的原则，具有 100% 直接原因力的主债务人应当对全部债务负责，具有 100% 间接原因力的从债务人对债务并不承担履行全部债务的义务，只是由于法律规定或者约定，从债务人对主债务人应当全部履行的债务在对外关系上形成连带关系或者形成补充的或先付的关系，成立形式上连带而实质上不连带、对外连带而对内不连带的债务形态，因而区别于按份债务和连带债务，并且成为多数人债务（特别是多数人侵权责任）的，表现形式为连带而在实质上却须债务归于终局债务人的多数人债务形态。

上述说明的内容主要是侵权之债的不真正连带债务的产生机理。合同之债的不真正连带之债主要是依据当事人的约定或者法定。

这就是不真正连带债务虽然有多种类型，但在发生债务的机理上却具有共性的原因。

2. 不同类型的不真正连带债务的个性

由于从债务人的间接原因行为的不同性质以及不同的法律考量，不真正连带债务形成了不同的类型：一是具有间接原因力的行为是直接原因力的行为发生条件的，是典型不真正连带债务，如产品责任的不真正连带责任；二是间接原因力的行为虽然是条件，但是加上政策考量的因素，因而产生先付债务的类型，如《民法典》第 1204 条规定的产品责任中的第三人责任；三是间接原因力行为使直接原因力行为发生债务机会的，发生补充债务，如《民法典》第 1198 条第 2 款规定的相应的补充责任；四是附条件不真正连带债务，是法律给典型不真正连带债务的发生附加条件，例如《消费者权益保护法》第 44 条规定的交易平台提供者的不真正连带责任，就是附加了不能提供平台销售者的真实名称、地址、有效联系方式的条件，承担的不真正连带债务则没有变化。[①]

正是由于不真正连带债务发生的不同原因，因此，每一种不真正连带债务的类型都具有自己的个性。

首先，补充债务虽然也是不真正连带债务，债务人也分为主债务人和从债务人，但是主债务人由于其行为具有直接原因力，因此其债务履行顺位在先，且应承担终局责任；从债务人由于其行为的原因力具有间接性，因此其债务履行顺位在后，在一般情况下不会发生变化，除非从债务人放弃先诉抗辩权。在顺位在先的债务人履行不能的情况下，顺位在后的从债务人履行补充债务，并享有追偿权。

其次，典型不真正连带债务的主要特点，是不真正连带债务的数个债务人有主有从，但都对债权人承担连带债务，债权人可以向任何一个债务人主张履行债务，并不存在顺位关系。但在最终债务承担上实行“归一”，只能由主债务人全部承担，从债务人即使履行了债务，也基于自己行为的原因力具有间接性，而对主债务人享有全额追偿权。例如，连带责任保证其实并不是连带债务，而是典型的不真正连带债务。

先付债务也是不真正连带债务，但却与补充债务的履行顺位完全相反，即主债务人与从债务人的履行顺位发生逆转，从债务人先履行债务，其后再向顺位在后的主债务人进行追偿。有学者认为，我国《物权法》第 21 条（《民法典》第 222 条）规定了不动产登记错误之责任：“当事人提供虚假材料申请登记，给他人造成损害的，应当承担赔偿责任。因登记错误，给他人造成损害的，登记机构应当承担赔偿责任。登记机构赔偿后，可以向造成登记错误的人追偿。”登记机构与“提供虚假材料申请登记”者发生补充责任关系。[②] 这种理解是不正确的，

① 杨立新：《网络平台提供者的附条件不真正连带责任与部分连带责任》，载《法律科学（西北政法大学学报）》2015 年第 1 期。

② 李锡鹤：《民事共同行为和多数人责任刍议》，载《华东政法大学学报》2007 年第 6 期。

登记错误的责任是先付责任，不是补充责任。[①] 因为先付责任是将本应可以选择、或者正常顺位的主债务人和从债务人的关系，强制规定从债务人为先顺位债务人，主债务人为后顺位债务人，先顺位债务人在履行债务后，再向后顺位债务人行使追偿权的关系。

可见，补充债务和先付债务都是不真正连带债务，除了承担债务范围不同之外，二者的履行顺位完全相反，补充债务的履行顺位与主从地位相应，先付债务的履行顺位却完全不同。

（五）《民法典》第 1188 条第 2 款规定的补充赔偿责任规则

《民法典》第 1188 条第 2 款规定："有财产的无民事行为能力人、限制民事行为能力人造成他人损害的，从本人财产中支付赔偿费用；不足部分，由监护人赔偿。"这也是补充债务，只不过不是对责任的补充债务，而是对赔偿金支付方法的补充债务，且为完全补充债务。

对此应当确定的是，支付方法的补充债务虽然也是补充债务，却与确定责任的补充债务有所不同。最重要的特征是，监护人承担赔偿责任的确定，依据的不是《民法典》第 1188 条第 2 款，而是第 1 款。依据第 1 款的规定，监护人要承担全部赔偿责任，既不是按份责任，也不是补充责任，而是替代责任。之所以规定为补充债务，是因为被监护的无民事行为能力人或者限制民事行为能力人自己有财产，用他们的财产支付赔偿金更方便。因此，依照《侵权责任编司法解释（一）》第 5 条规定，首先，无民事行为能力人、限制民事行为能力人造成他人损害，被侵权人请求监护人承担侵权人应承担的全部责任的，人民法院应予支持；但在作出判决时，应当同时在判决书主文中明确，赔偿费用可以先从有财产的被监护人的财产中支付，不足部分由监护人支付。其次，监护人依据《民法

① 笔者曾经认为，不动产错误登记损害赔偿责任就是侵权责任形态中的不真正连带责任的侵权责任形态，既不是连带责任，也不是补充责任。这里的不真正连带责任不是典型不真正连带责任，而是先付责任。参见杨立新：《论不动产错误登记损害赔偿责任的性质》，载《当代法学》2010 年第 1 期。

典》第1188条第2款的规定，抗辩主张其承担补充赔偿责任的，或者被侵权人、监护人请求人民法院判令有财产的无民事行为能力人、限制民事行为能力人承担赔偿责任的，人民法院不予支持。最后，从被监护人的财产中支付赔偿费用的，应当保留被监护人所必需的生活费用和完成义务教育所必需的费用，防止因用自己的财产支付赔偿金而使被监护的无民事行为能力人或者限制民事行为能力人的生活和教育等权利受到损害。

这些都说明，监护人应当对被监护人造成的损害承担替代责任，只有在被监护人有财产可以支付赔偿金时，监护人的替代责任才转化为完全补充责任。

三、从债务人在补充债务中享有的先诉抗辩权

一般保证的保证人仅在债务人不能履行债务时，才承担保证责任。因此，一般保证的保证人享有先诉抗辩权。[①]不仅如此，在所有的补充债务中，补充债务人都享有先诉抗辩权。《侵权责任编司法解释（一）》第14条规定的教育机构在人民法院对第三人的财产依法强制执行后仍不能履行的范围内，承担与其过错相应的补充责任，就是侵权的从债务人作为补充债务人所享有的先诉抗辩权。同样，与《民法典担保制度解释》第26条关于一般保证的保证人仅在对债务人财产依法强制执行后仍不能履行的部分承担保证责任的规定相一致，都是规定补充债务人享有先诉抗辩权。

（一）先诉抗辩权的定义与沿革

通常认为，先诉抗辩权又称检索抗辩权，是指保证人于债权人未就主债务人之财产强制执行而无效果前，对于债权人拒绝清偿的权利。[②]立法机关也认为，在一般保证的情况下，保证人享有先诉抗辩权，是指一般保证的保证人在就债务

① 郭明瑞：《合同法通义》，商务印书馆2020年版，第344页。

② 胡振玲：《抗辩权法律制度论纲》，载《中南民族大学学报（人文社会科学版）》2002年第1期。

人的财产依法强制执行仍不能履行债务前，对债权人可以拒绝承担保证责任的权利。[①]

事实上，先诉抗辩权并非只为一般保证人享有，在所有的补充债务中，从债务人都享有先诉抗辩权。所以，先诉抗辩权是指补充债务的债务人于债权人未就主债务人的财产强制执行而无效果前，对债权人享有的拒绝履行的抗辩权。《侵权责任编司法解释（一）》第 14 条和《民法典担保制度解释》第 26 条规定的都是补充债务人行使先诉抗辩权的规则。

先诉抗辩权制度历史悠久。有学者认为，先诉抗辩权源于古罗马优士丁尼时期的先诉照顾制度，一般保证人享有债权人应先起诉主债务人的顺序利益。[②]也有学者认为，该项权利产生于东罗马帝国的优士丁尼一世时期。在这之前，古罗马法由于过分强调债权人的利益，因而在保证关系中，债务人如不履行债务，债权人可在债务人和保证人中任选其中之一而请求履行，此时保证人与债务人对债权人的关系，颇似共同连带债务人。[③]此外，古罗马的“证讼”有更改债的效力（即在债务人有数人时，债权人可任意选择其中一人诉请履行，而其他债务人在证讼后免予负责），所以纵使债务人尚有支付能力，债权人为确保其债权实现，一般仍先对最富有的保证人起诉。这一做法显然加重了保证人的责任，既有失公允，又影响了信贷的发展。基于此，优士丁尼帝一世时，罗马法学家乃设想各种办法使债权人首先控告主债务人，在主债务人不能全部给付时，始由保证人负补偿之责。[④]

近现代以降，大陆法系承袭先诉照顾制度并将其发展为现代意义上的先诉抗辩权，此时一般保证人的顺序利益已转向债权人应先执行主债务人财产。[⑤]

中国法对补充债务的适用范围不断扩展，其应用也愈加广泛。因此，先诉抗

① 黄薇主编：《中华人民共和国民法典合同编释义》，法律出版社 2020 年版，第 493 页。

② 张海燕：《先诉抗辩权之内涵演变与适用规则》，载《理论学刊》2024 年第 2 期。

③ 周枏：《罗马法原论》（上册），商务印书馆 1994 年版，第 820 页。这里所说的共同连带债务人，实际上是不真正连带债务人。

④ 汪渊智、侯怀霞：《论保证人的先诉抗辩权》，载《中国法学》1997 年第 1 期。

⑤ 张海燕：《先诉抗辩权之内涵演变与适用规则》，载《理论学刊》2024 年第 2 期。

辩权除可适用于一般保证合同外，亦可适用于其他补充责任存在之情形。[①]《民法典》关于一般保证和补充责任的先诉抗辩权的规定，以及上述两个司法解释的规定，证明了这个判断。

（二）先诉抗辩权的性质

先诉抗辩权的性质当然是抗辩权，即专指对抗他人请求权行使的权利，也就是拒绝相对人请求给付的拒绝给付权。[②]这种抗辩权是一种具有防御性和阻却性的延缓性抗辩权，例如在一般保证中，它是一般保证人的专属权利，对当事人订立保证合同、降低担保风险、正确处理纠纷具有重要的指导意义。[③]

首先，先诉抗辩权是防御性抗辩权。抗辩权通常都是防御性权利，对抗的是请求权人行使请求权的主张。债权人对补充债务人提出履行补充债务的请求，补充债务人可以对债权人行使该抗辩权，主张主债务人先履行债务，在债权人未就主债务人的财产强制执行且无效果前，拒绝对债权人履行债务，这也是《侵权责任编司法解释（一）》第 14 条关于“人民法院应当在判决中明确，教育机构在人民法院对第三人的财产依法强制执行后仍不能履行的范围内，承担与其过错相应的补充责任”规定的法理基础，即先诉抗辩权是对抗债权人履行债务的防御权，行使先诉抗辩权的目的是保护自己作为补充债务人的顺位利益。

其次，先诉抗辩权是阻却性抗辩权。先诉抗辩权的基本作用是对抗请求权，具有顺位上的阻却效力，在履行补充债务的条件没有成就之前，阻却请求权的行使，避免改变补充债务在后的履行顺位，发挥补充债务在主债务没有履行之前拒绝履行的阻却作用。

最后，先诉抗辩权是延缓性抗辩权。抗辩权分为永久性抗辩权和一时性抗辩权。永久性抗辩权一经行使，就会发生永远对抗请求权的作用，如时效完成的抗辩权。一时性抗辩权就是延缓性抗辩权，表达的是这种抗辩权在时间上的抗辩

---

① 张海燕：《先诉抗辩权之内涵演变与适用规则》，载《理论学刊》2024 年第 2 期。

② 杨立新、刘宗胜：《论抗辩与抗辩权》，载《河北法学》2004 年第 10 期。

③ 胡纪平：《先诉抗辩权论》，载《湖北民族学院学报（哲学社会科学版）》2006 年第 6 期。

效力，只是在符合条件的时候发生对抗请求权的作用，当行使抗辩权的条件消灭后，就不再具有对抗请求权的效力。补充债务的先诉抗辩权，是在债权人未就主债务人财产强制执行且无效果前，可以一时性地对抗请求权，延缓自己履行债务的时间，在其条件消灭后，即须履行债务。所以，先诉抗辩权的效果是一时性、延缓性的，而不是永久性的。①

（三）先诉抗辩权的行使要件和消灭要件

1. 行使要件

先诉抗辩权是法律对补充债务人的保护，但也需对其行使设定限制以防滥用。我国《民法典》第687条第2款采取的先诉抗辩权的行使条件是概括方式，只要债权人未对债务人强制执行且无效果，一般保证人便可拒绝债权人的担责请求，而非采纳“先决条件+概括条件”方式。故先诉抗辩权的行使要件就是债权人未对债务人强制执行且无效果。②

先诉抗辩权行使要件的事实属于权利受制的事实，应由主张该事实的补充债务人先证明自己的债务是补充债务，享有先诉抗辩权，继而证明债权人未对债务人强制执行且无效果的事实。该要件经常表现为三种事实样态：一是债权人未通过审判、仲裁或公证等程序获得对债务人的执行依据；二是依据执行根据对债务人进行强制执行但执行程序尚未终结；三是对债务人的执行程序已终结但债务人仍有可供执行的财产。上述任何一种事实样态均是先诉抗辩权行使的充分非必要条件，只需存在一种事实，③从债务人行使先诉抗辩权的主张即告成立，对债权人主张其先履行债务的请求权发生对抗效力。

2. 消灭要件

先诉抗辩权的消灭要件，我国《民法典》第687条第2款规定了具体事由：一是债务人下落不明且无财产可供执行；二是人民法院已经受理债务人破产案

① 杨立新、刘宗胜：《论抗辩与抗辩权》，载《河北法学》2004年第10期。
② 张海燕：《先诉抗辩权行使之程序展开》，载《现代法学》2022年第3期。
③ 张海燕：《先诉抗辩权行使之程序展开》，载《现代法学》2022年第3期。

件；三是债权人有证据证明债务人的财产不足以履行全部债务或者丧失履行债务能力；四是补充债务人书面表示放弃先诉抗辩权。具备上述事由，先诉抗辩权消灭，债权人无须等到执行程序便可向补充债务人请求履行。先诉抗辩权的消灭事由，须债权人证明。证明成立的，从债务人的补充债务即转化为连带债务，债权人可以对其行使请求权。这些消灭要件对补充债务的先诉抗辩权都可以适用。

（四）行使先诉抗辩权的法律效果

先诉抗辩权的核心价值，是赋予补充债务人担责的顺序利益，其制度价值需通过一系列程序机制予以实现。 正是由于先诉抗辩权的顺序利益，使其具有备位性，即一般保证人（补充债务人）的先诉抗辩权具有调整履行顺序的功能。[①] 故先诉抗辩权旨在给予多数人之债中特殊地位的债务人“顺序履行利益”，保障多个债务人间的利益平衡，实现公平正义。[②] 在补充债务中，主债务人是前位债务人，补充债务人是后位债务人。行使先诉抗辩权的效力具有持续性，从后位债务人首次主张权利持续到权利消灭事由出现的期间；债权人若怠于执行直接责任人财产的，后位责任人将在相应财产范围内免责。[③]

首先，关于补充债务的顺位利益，《侵权责任编司法解释（一）》第 14 条第 1 款的规定完整地体现了补充债务的债务人享有先诉抗辩权的法律效果，就是对顺位在先的主债务人请求权的对抗效力，发生对债权人行使请求权的防御、阻却和延缓的作用。

其次，补充债务先诉抗辩权的行使为非终局性，当“就第三人（即主债务人）的财产依法强制执行后仍不能履行”的事实消灭后，先诉抗辩权消灭，债权人的请求权对补充债务人发生效力，从债务人须向债权人履行补充债务。

再次，从债务人承担补充债务的范围，受到主债务人不能履行范围的限制。

① 朱禹臣：《先诉抗辩权的程序设计：一个跨法域分析视角》，载《法学家》2022 年第 5 期。

② 宋春龙：《诉讼法视角下的先诉抗辩权研究——兼评民法典各分编草案中的先诉抗辩权》，载《政治与法律》2019 年第 3 期。

③ 张海燕：《先诉抗辩权之内涵演变与适用规则》，载《理论学刊》2024 年第 2 期。

这就是“就第三人的财产依法强制执行后仍不能履行的范围内，承担与其过错相应的补充责任”。确定补充责任的是“范围内”和“过错相应”两个要件。在不能履行的“范围内”是一个定量，即以主债务人不能履行的范围为定量，在此范围内承担补充责任，补充责任不论是多是少，都限制在这个量之内；与“过错相应”的补充责任，虽然也是一个定量，但随着不能履行范围的定量变化而变动：超出不能履行范围的部分，补充债务人不予承担，只对自己承担的相应份额负责；与不能履行范围相等的，应当全额补充；低于不能履行范围的，只履行应当承担的部分，其差额只能由债权人向主债务人主张。这些都是相应的补充债务的责任范围，完全补充债务则不存在“过错相应”的要件，“范围内”的要件其实就是补充责任的担责范围。

最后，主债务人不确定的，从债务人先行承担，且有追偿权。《侵权责任编司法解释（一）》第 14 条第 3 款规定的规则十分清楚，后顺位责任人在前顺位责任人未确定时，应当先行承担补充责任，担责后，对前顺位责任人享有追偿权，先行承担多少就追偿多少，全额追偿。一般保证人也存在先行承担补充债务的情形，例如《民法典》第 687 条第 2 款规定的 4 种情形，规则基本相同。

四、适用先诉抗辩权的程序法规则

“实体法上所规定的权利义务如果不经过具体的判决就只不过是一种主张或‘权利义务的假象’，只有在一定程序过程产生出来的确定性判决中，权利义务才得以实现真正意义上的实体化或实定化。”[①] 对补充债务的先诉抗辩权而言，也完全是这样。有学者认为，目前我国的先诉抗辩权制度的实体内容向程序规范转化不畅，过分侧重审判程序而忽视执行程序。[②] 问题的根源在于实体法规范的模糊

① ［日］谷口安平：《程序的正义与诉讼》，王亚新、刘荣军译，中国政法大学出版社 1996 年版，第 7 页。

② 宋春龙：《诉讼法视角下的先诉抗辩权研究——兼评民法典各分编草案中的先诉抗辩权》，载《政治与法律》2019 年第 3 期。

不定和程序规则供给的严重不足，故有必要从实体法创设补充责任的价值功能出发，在解释论视角下建构符合补充责任本质属性的系统化程序实现机制。[①]先诉抗辩权的程序设计应以体现备位性为目标，结合实体与程序要求，还须保障实体公正和效率。先诉抗辩权程序也可以成为其他法定补充债务的规则供给。[②]《侵权责任编司法解释（一）》第14条规定了先诉抗辩权实现的主要程序保障。

（一）先诉抗辩权的行使方式

先诉抗辩权对维护保证人（补充债务人）的合法权益，平衡保证关系（补充债务的权利义务关系）中的各方利益具有举足轻重的作用。[③]实际生活中，补充债务人应当正确行使先诉抗辩权，保护好自己的合法权益。

由于先诉抗辩权是防御性权利。故补充债务人行使先诉抗辩权不必积极主张，而是在债权人提出清偿请求时，主张行使先诉抗辩权以对抗债权人的主张，防止主债务人在没有穷尽其财产履行债务前，而由从债务人履行补充债务，损害先诉抗辩权人的顺位利益。

对补充债务人是否要以反诉的方式行使先诉抗辩权，《侵权责任编司法解释（一）》第14条和《民法典担保制度解释》第26条都没有规定。事实上，补充债务也是债，在具备条件时应当履行，故补充债务人没有必要提出反诉，只要提出行使先诉抗辩权的抗辩即可。其抗辩也不是不履行债务，而是后顺位债务人在具备先诉抗辩权消灭要件时再对债权人履行补充债务。先诉抗辩权人提出反诉的，可以直接作为抗辩处理。这与其他一时性抗辩权的行使是一样的。例如，行使同时履行抗辩权也不必在诉讼中提出反诉，只要在原告主张违约责任的诉讼中，被告提出自己的行为是在行使同时履行抗辩权即可，法院审理确认的，即可认定行使同时履行抗辩权的行为不构成违约，不承担违约责任。

① 张海燕：《民事补充责任的程序实现》，载《中国法学》2020年第6期。

② 朱禹臣：《先诉抗辩权的程序设计：一个跨法域分析视角》，载《法学家》2022年第5期。

③ 席振波：《民法典编纂视角下保证人先诉抗辩权限制的立法完善》，载《山东青年政治学院学报》2017年第2期。

补充责任人以先诉抗辩权抗辩，法院审理确认的，应当予以认定，依照上述两条司法解释的规定，保护补充债务人的顺位利益。

（二）起诉单一被告与起诉共同被告

在补充债务的诉讼中，债权人起诉的被告不同，对保护先诉抗辩权的做法也不同。

首先，原告只起诉主债务人为被告的，因为补充债务人并未被起诉，因而不必行使先诉抗辩权，此时，作为防御性的先诉抗辩权没有行使的必要，不必进行防御。

其次，原告只起诉补充债务人为被告的，应当追加主债务人为共同被告，以保护补充债务人的顺位利益。《侵权责任编司法解释（一）》第14条第2款规定："被侵权人仅起诉教育机构的，人民法院应当向原告释明申请追加实施侵权行为的第三人为共同被告。"这一规定适用于一切补充债务人行使先诉抗辩权的情形。对此，先诉抗辩权人作为被告，可以主动请求追加主债务人参加诉讼，作为共同被告；先诉抗辩权人未主动追加的，法院负有释明义务，向先诉抗辩权人释明其可以申请追加主债务人为共同被告，以保障其顺位利益。经过释明后先诉抗辩权人拒不追加主债务人的，应当视为其放弃先诉抗辩权，直接判决其承担补充债务。不过，依照《民法典》第687条第4项关于"保证人书面表示放弃本款规定的权力"先诉抗辩权的规定，法官应当询问其对放弃先诉抗辩权的态度，并将其意见记入笔录。

最后，债权人起诉主债务人和补充债务人为共同被告，包括补充债务人追加主债务人为共同被告的，法院应当一并审理，确认补充债务人的先诉抗辩权是否成立，在判决中保护其顺位利益，避免损害其合法权益。

（三）对先诉抗辩权保护的具体方式

对于先诉抗辩权的保护，存在判决时法官依职权进行保护还是在执行中保护的争论。学者认为，先诉抗辩权的行使异化为法院依职权适用，这种司法"父爱主义”理念导致先诉抗辩权行使程序规则严重缺失。先诉抗辩权的对抗对象是债权人的担责请求权，而非诉权或执行请求权，先诉抗辩权属于权利抗辩之范畴，法院不能依职权主动适用。[①] 在审判程序中限定具体起诉方式，并在执行程序中构建“债务人不能履行债务”的判断程序。[②]

审理补充债务的先诉抗辩权时，在责任确定阶段，涉补充责任案件的诉讼形态应被界定为类似必要共同诉讼，判决书主文应体现直接责任和补充责任承担的顺序性，为加强诉讼制度的纷争解决功能，可在诉讼中为追偿权的实现保留空间；在责任实现阶段，应为直接责任人财产不足以清偿债务这一补充责任承担条件在不同阶段配置适当的判断程序，并应使补充责任人于担责时享有充分的权利救济。[③]

对此，《侵权责任编司法解释（一）》第 14 条第 1 款规定，法院应当在判决中明确，教育机构在人民法院就第三人的财产依法强制执行后仍不能履行的范围内，承担与其过错相应的补充责任。这体现了先诉抗辩权在执行过程中实现的方法，补充债务的履行须在“法院就第三人的财产依法强制执行后仍不能履行的”条件成就时进行。这对所有的补充债务都是适用的。

（四）先诉抗辩权人的其他抗辩事由

在诉讼中，基于补充债务从属性、补充性和独立性的属性，从债务人可以参照《民法典》第 701 条和第 702 条规定，援引主债务人对债权人的抗辩事由进行抗辩。[④] 参照《民法典》第 701 条规定，从债务人可援引主债务人对债权人的抗辩，主债务人放弃抗辩的，从债务人仍然有权向债权人主张抗辩。参照《民法典》第 702 条规定，主债务人对债权人享有抵销权或者撤销权的，从债务人可以在相应的范围内拒绝承担补充债务。

---

① 张海燕：《先诉抗辩权行使之程序展开》，载《现代法学》2022 年第 3 期。
② 宋春龙：《诉讼法视角下的先诉抗辩权研究——兼评民法典各分编草案中的先诉抗辩权》，载《政治与法律》2019 年第 3 期。
③ 张海燕：《民事补充责任的程序实现》，载《中国法学》2020 年第 6 期。
④ 曹明哲：《民法典保证人抗辩规则的再体系化》，载《东方法学》2023 年第 1 期。

《民法典》"保证合同"一章规定的保证人对债权人的抗辩事由，有些只适用于一般保证的补充债务，有些适用于侵权补充责任。例如，《民法典》第695条关于债权人和债务人未经保证人书面同意，变更债权债务内容和履行期限的，保证人对加重的部分不承担保证责任，或者保证期间不受影响的规定。《民法典》第696条关于债权人转让债权，未通知保证人的，或者保证人与债权人约定禁止债权转让，债权人未经保证人书面同意转让债权的，保证人对受让人不再承担保证责任的规定。《民法典》第697条关于债权人未经保证人书面同意，允许债务人转移全部或者部分债务，保证人对未经其同意转移的债务不再承担保证责任的规则，都只适用于一般保证的补充债务，如果确有必要，也可以适用于其他补充债务的规定。《民法典》第698条关于"一般保证的保证人在主债务履行期限届满后，向债权人提供债务人可供执行财产的真实情况，债权人放弃或者怠于行使权利致使该财产不能被执行的，保证人在其提供可供执行财产的价值范围内不再承担保证责任"的规定，不仅对一般保证的补充债务适用，对侵权的相应补充责任也是适用的，即第三人作为侵权人主张其无财产承担责任，补充责任人向债权人提供债务人可供执行财产的真实情况，债权人放弃或者怠于行使权利致使该财产不能被执行的，补充责任人可以主张在此范围内不再履行补充责任。

（五）追偿权的实现方法

《侵权责任编司法解释（一）》第14条第3款是对补充债务人先行承担补充责任后对主债务人享有追偿权的规定，主债务人即第三人不确定的，教育机构先行承担与其过错相应的责任；教育机构承担责任后可以向已经确定的第三人追偿。这一规则与《民法典》第687条第2款规定的规则相同，只是适用条件有所区别，即一般保证人先行承担补充债务的范围更宽，依照《民法典》第700条规定，都对主债务人享有追偿权。

这里规定的条件是主债务人不确定。在侵权责任中，存在很多侵权的第三人不能确定的情形。例如《民法典》第1198条第2款中的第三人、第1254条规定的具体侵权人等。在具备这种要件时，可以请求补充债务人先行承担补充责任。

一般保证中不存在主债务人不存在的情形，但《民法典》第 687 条第 2 款规定了四种先行承担补充责任的情形。当补充债务人先行承担了补充责任后，对主债务人当然享有追偿权。

追偿权的行使是对已经承担的补充债务的全额追偿。凡是补充债务人已经先行承担的补充债务，都有权向主债务人进行追偿。只有《民法典》第 1188 条第 2 款规定的情形，监护人承担了赔偿责任后不得追偿，因为其承担的是替代责任，不享有追偿权。

值得研究的是，在补充债务的诉讼中，补充债务人放弃先诉抗辩权，或者经过释明仍然不追加主债务人视为放弃先诉抗辩权的，在其承担责任后是否对主债务人还享有追偿权，司法解释对此没有规定，也缺少文献依据。笔者认为，既然补充债务人已经放弃先诉抗辩权，其后果是补充之债转化为典型不真正连带债务，放弃先诉抗辩权只是放弃了顺位利益，并未改变不真正连带债务的性质和产生的基础事实，因而补充债务人仍然享有追偿权，对其已经履行的补充债务享有对主债务人的追偿权。

在有限补充债务中，对补充债务人先行承担的债务超出其应当履行的与其过错相应的责任范围的，是否也有追偿权。笔者认为，即使补充债务人履行了超出其补充责任范围的债务，由于补充债务对债务的产生具有间接性，终局债务人仍然是主债务人，因此，补充债务人仍然享有追偿权。

典型案例解读

某中学与邓某兰等追偿权纠纷案[①]

【案情】受害人田某思与被告邓某兰、龙某、张某娅、刘某、孙某琦、向某婷、梁某来均在某中学就读。2019 年 4 月 27 日，田某思和同在某中学就读的陈某彦与被告邓某兰打架，在这一过程中田某思与邓某兰互相踢了对方几脚。当晚

① 参见湖南省保靖县人民法院（2021）湘 3125 民初 42 号民事判决书。

田某思好友龙某通过添加邓某兰QQ的方式对邓某兰进行言语威胁，并扬言要打邓某兰，邓某兰遂找到梁某来为其撑腰。梁某来得知此事后，帮其联系了张某娅，让张某娅为其撑腰，并交代张某娅若田某思还手，就帮忙一起打，若田某思未还手，就在旁边看着。当晚，张某娅与邓某兰联系后，张某娅告诉邓某兰不要怕，暗示自己会为其撑腰。2019年4月28日中午，邓某兰找到张某娅后，张某娅邀约刘某、孙某琦、向某婷为邓某兰撑腰，并叫邓某兰找人将田某思叫至该校初一女厕所，张某娅提出要田某思与邓某兰单挑，并警告其他人不准帮忙，在邓某兰与田某思厮打了几分钟后，田某思提出不想单挑但遭到孙某琦的拒绝，后邓某兰继续殴打田某思，其间邓某兰打了田某思头部、踢了田某思腿部，并将田某思往墙上推，导致田某思头部撞到了墙上，其间，田某思的朋友欲给田某思帮忙但遭到了张某娅等人的阻止。在此过程中张某娅等人并未动手，但在旁怂恿邓某兰加油打，不要怕。后田某思受伤被老师发现并被送至校医务室。当日转至医院，经抢救无效死亡。

【裁判】关于本案承担侵权责任主体确认的问题。本案事故受害人田某思与被告邓某兰因琐事发生纠纷进而引发打架，在厮打过程中被告邓某兰致伤田某思，导致田某思经抢救无效死亡，根据《民法典》第1165条第1款规定："行为人因过错侵害他人民事权益造成损害的，应当承担侵权责任。"被告邓某兰应当承担侵权责任。因本案事故系受害人田某思与被告邓某兰双方发生纠纷后不冷静，再次采取打架的方式解决纠纷所造成，对此双方均有过错。根据《民法典》第1173条规定"被侵权人对同一损害的发生或者扩大有过错的，可以减轻侵权人的责任"，受害人田某思应承担部分损失。被告龙某作为田某思的好友，其在田某思与人发生纠纷后本应采取向学校或老师报告等平和方式解决问题，但其却以言语威胁并扬言要打邓某兰，导致邓某兰在受到龙某言语威胁的情况下，找到梁某来、张某娅为其撑腰，从而引发本案事故，其行为对本案事故的发生具有一定过错，应当承担相应的民事责任。梁某来、张某娅在了解事情经过后本应向老师及学校反映，阻止本案事故的发生，但二人却邀约刘某、孙某琦、向某婷三人为邓某兰助威，在打架过程中，孙某琦在田某思明确提出不想单挑的情形下仍要求邓某兰与田某思继续单挑，并与张某娅、向某婷、刘某阻止他人给田某思帮忙，怂恿邓某兰加油打，为其助威，使得田某思无法正确判断逃离事发现场，最终导致田某思被打伤后经抢救无效死亡的严重后果，孙某琦、刘某、向某婷、张某娅、梁某来的行为属帮助邓某兰实施侵权行为，根据《民法典》第1169条第2款“教唆、帮助无民事行为能力人、限制民事行为能力人实施侵权行为的，应当承担侵权责任；该无民事行为能力人、限制民事行为能力人的监护人未尽到监护职责的，应当承担相应的责任”的规定，五人应当承担侵权责任。因本案中被告邓某兰、张某娅、梁某来、孙某琦、刘某、向某婷及受害人田某思在事故发生时均为限制民事行为能力人，其监护人均未提供证据证明已尽到监护职责，故根据《民法典》第1188条第1款规定：“无民事行为能力人、限制民事行为能力人造成他人损害的，由监护人承担侵权责任。监护人尽到监护职责的，可以减轻其侵权责任。”被告邓某兰、张某娅、梁某来、孙某琦、刘某、向某婷的监护人应承担相应的侵权赔偿责任，受害人田某思的法定监护人田某禄、向某玉应自行承担部分损失。

关于原告某中学是否应当承担责任的问题，《民法典》第1200条规定：“限制民事行为能力人在学校或者其他教育机构学习、生活期间受到人身损害，学校或者其他教育机构未尽到教育、管理职责的，应当承担侵权责任。”学校对限制民事行为能力人应尽到教育、管理职责，而学校的“教育、管理”职责不仅体现在对打架斗殴的及时制止和处理，还体现在学校教学过程中对学生安全教育意识的培养。本案中，从打架斗殴学生人数众多且斗殴持续了一定时间的情况看，原告并未尽到安全教育管理的职责，故其存在一定的教育、管理过错责任。

关于各侵权责任人责任比例划分问题，结合本案案情及各方当事人在本案事故中所起的作用，确认各方当事人承担侵权责任比例如下：被告邓某兰承担本次事故的30%责任；梁某来、张某娅、孙某琦、向某婷、刘某五人分别承担本次事故的5%责任；原告保靖县某中学承担本次事故的30%责任；被告龙某承担本次事故5%的责任；田某思自行承担本次事故的10%责任。

关于原告行使追偿权应否支持，若支持，各方当事人赔偿数额如何确认的问题。本案中，因田某禄、向某玉在与原告签订《协议书》后又分别与被告梁某来、张某娅、孙某琦、向某婷、刘某达成刑事和解协议，收取被告向某婷、孙某琦分别赔偿的5万元，刘某赔偿的3万元，梁某来赔偿的8万元，张某娅赔偿的5万元，共计26万元，根据原告与被告田某禄、向某玉的协议约定，田某禄、向某玉应退还原告部分赔偿款276183元，被告龙某应当赔偿原告41030.5元，被告向某婷、孙某琦、张某娅、梁某来已在责任份额内向田某禄、向某玉赔偿，四人无须再向原告赔偿。

【解读】本案同样是发生在校园内的暴力事件。田某思与邓某兰发生纠纷后，未采取平和的方式解决问题，而是各自拉帮结派，从而引发本案事故。在打架过程中，孙某琦等人怂恿邓某兰加油打，为其助威，起到了帮助的作用，最终共同导致了田某思因伤致死的结果。因此，邓某兰、孙某琦等人作为侵权行为的实施者，其监护人应当承担侵权责任，赔偿田某思的损失。

问题在于教育机构是否应当承担责任，如何承担责任。《民法典》第1201条规定，不完全民事行为能力人在教育机构学习、生活期间，受到教育机构以外的第三人人身损害，未尽到教育职责的教育机构应当承担相应的补充责任。系争案件中，校园暴力事件持续时间较长，参与人数较多，可见教育机构平日未能尽到教育、管理不完全民事行为能力人的职责，在打架斗殴中也未能及时发现并制止。因此，教育机构应当承担相应的补充责任，即邓某兰等人的监护人无法全部赔偿时，教育机构应当承担责任，赔偿损失。据此，《侵权责任编司法解释（一）》第14条对如何拟写裁判主文进行了引导，即在判决中明确，在法院就邓某兰、孙某琦等人以及其监护人的财产依法强制执行后仍不能履行时，由教育机构承担补充责任。

不过，系争案件的特殊性在于，教育机构已经进行了赔偿。本案涉及的是追偿问题。如判决所提，被告向某婷、孙某琦、张某娅、梁某来已在责任份额内向田某禄、向某玉赔偿，四人无须赔偿；田某思的父母应按照协议退赔部分垫付费用；龙某的父母应当继续承担赔偿责任，向教育机构返还垫付的费用。

结　语

补充债务是多数人债务的形态之一。由于我国侵权法长期脱离债法而独立，尽管合同之债和侵权之债都存在补充债务，但却长期各说各话，分别讨论合同之债的补充债务和侵权之债的补充责任，很少进行综合研究，因而在理论上缺少必要的概括和说明，没有统一的实体法规则和程序法规则。《侵权责任编司法解释（一）》第 14 条和《民法典担保制度解释》第 26 条分别对相应的补充责任和一般保证补充责任及先诉抗辩权进行了解释，为建立补充债务的概念和统一规则提供了基础。前文是对补充债务统一理解和适用的探讨，还需要进行更加深入的研究和提炼，进而形成完善的补充债务的理论体系和规则体系。

第六章 用人者责任规则的新发展

法律与司法解释

《中华人民共和国民法典》

第 187 条 民事主体因同一行为应当承担民事责任、行政责任和刑事责任的，承担行政责任或者刑事责任不影响承担民事责任；民事主体的财产不足以支付的，优先用于承担民事责任。

第 1191 条 用人单位的工作人员因执行工作任务造成他人损害的，由用人单位承担侵权责任。用人单位承担侵权责任后，可以向有故意或者重大过失的工作人员追偿。

劳务派遣期间，被派遣的工作人员因执行工作任务造成他人损害的，由接受劳务派遣的用工单位承担侵权责任；劳务派遣单位有过错的，承担相应的责任。

第 1192 条 个人之间形成劳务关系，提供劳务一方因劳务造成他人损害的，由接受劳务一方承担侵权责任。接受劳务一方承担侵权责任后，可以向有故意或者重大过失的提供劳务一方追偿。提供劳务一方因劳务受到损害的，根据双方各自的过错承担相应的责任。

提供劳务期间，因第三人的行为造成提供劳务一方损害的，提供劳务一方有权请求第三人承担侵权责任，也有权请求接受劳务一方给予补偿。接受劳务一方补偿后，可以向第三人追偿。

第 1193 条 承揽人在完成工作过程中造成第三人损害或者自己损害的，定作人不承担侵权责任。但是，定作人对定作、指示或者选任有过错的，应当承担相应的责任。

《最高人民法院关于适用〈中华人民共和国民法典〉侵权责任编的解释（一）》

第 15 条 与用人单位形成劳动关系的工作人员、执行用人单位工作任务的其他人员，因执行工作任务造成他人损害，被侵权人依照民法典第一千一百九十一条第一款的规定，请求用人单位承担侵权责任的，人民法院应予支持。

个体工商户的从业人员因执行工作任务造成他人损害的，适用民法典第一千一百九十一条第一款的规定认定民事责任。

第 16 条 劳务派遣期间，被派遣的工作人员因执行工作任务造成他人损害，被侵权人合并请求劳务派遣单位与接受劳务派遣的用工单位承担侵权责任的，依照民法典第一千一百九十一条第二款的规定，接受劳务派遣的用工单位承担侵权人应承担的全部责任；劳务派遣单位在不当选派工作人员、未依法履行培训义务等过错范围内，与接受劳务派遣的用工单位共同承担责任，但责任主体实际支付的赔偿费用总和不应超出被侵权人应受偿的损失数额。

劳务派遣单位先行支付赔偿费用后，就超过自己相应责任的部分向接受劳务派遣的用工单位追偿的，人民法院应予支持，但双方另有约定的除外。

第 17 条 工作人员在执行工作任务中实施的违法行为造成他人损害，构成自然人犯罪的，工作人员承担刑事责任不影响用人单位依法承担民事责任。依照民法典第一千一百九十一条规定用人单位应当承担侵权责任的，在刑事案件中已完成的追缴、退赔可以在民事判决书中明确并扣减，也可以在执行程序中予以扣减。

第18条　承揽人在完成工作过程中造成第三人损害的，人民法院依照民法典第一千一百六十五条的规定认定承揽人的民事责任。

被侵权人合并请求定作人和承揽人承担侵权责任的，依照民法典第一千一百六十五条、第一千一百九十三条的规定，造成损害的承揽人承担侵权人应承担的全部责任；定作人在定作、指示或者选任过错范围内与承揽人共同承担责任，但责任主体实际支付的赔偿费用总和不应超出被侵权人应受偿的损失数额。

定作人先行支付赔偿费用后，就超过自己相应责任的部分向承揽人追偿的，人民法院应予支持，但双方另有约定的除外。

《最高人民法院关于适用〈中华人民共和国民事诉讼法〉的解释》

第58条　在劳务派遣期间被派遣的工作人员因执行工作任务造成他人损害的，以接受劳动派遣的用工单位为当事人。当事人主张劳务派遣单位承担责任的，而劳务派遣单位为共同被告。

《全国法院民商事审判工作会议纪要》

第128条　同一当事人因不同事实分别发生民商事纠纷和涉嫌刑事犯罪，民商事案件与刑事案件应当分别审理，主要有下列情形：

（1）主合同的债务人涉嫌刑事犯罪或者刑事裁判认定其构成犯罪，债权人请求担保人承担民事责任的；

（2）行为人以法人、非法人组织或者他人名义订立合同的行为涉嫌刑事犯罪或者刑事裁判认定其构成犯罪，合同相对人请求该法人、非法人组织或者他人承担民事责任的；

（3）法人或者非法人组织的法定代表人、负责人或者其他工作人员的职务行为涉嫌刑事犯罪或者刑事裁判认定其构成犯罪，受害人请求该法人或者非法人组织承担民事责任的；

（4）侵权行为人涉嫌刑事犯罪或者刑事裁判认定其构成犯罪，被保险人、受益人或者其他赔偿权利人请求保险人支付保险金的；

（5）受害人请求涉嫌刑事犯罪的行为人之外的其他主体承担民事责任的。

审判实践中出现的问题是，在上述情形下，有的人民法院仍然以民商事案件涉嫌刑事犯罪为由不予受理，已经受理的，裁定驳回起诉。对此，应予纠正。

解析与适用

《侵权责任编司法解释（一）》第15~18条对《民法典》第1191~1193条3个条文进行了解释，即用人单位和工作人员的范围扩张、劳务派遣责任的责任分担、工作人员执行工作任务致人损害构成刑事犯罪的用人单位责任和定作人指示过失责任的责任分担方法。理论上，这都是用人者责任的法律适用问题，《民法典》具体规定为用人单位责任、劳务派遣责任、个人劳务损害责任和定作人指示过失责任。《侵权责任编司法解释（一）》规定的上述四个问题，集中在用人单位责任、劳务派遣责任和定作人指示过失责任中，不包括个人劳务损害责任。

一、用人者责任的概念、体系和价值

在研究《侵权责任编司法解释（一）》对用人者规定的规则之前，应当首先对用人者责任的概况作一个比较准确的了解，进而讨论该司法解释规定用人者责任的法理基础和适用规则会更有帮助。

（一）用人者责任的概念和沿革

用人者责任是一种特殊侵权责任类型的体系，是指依照法律规定或者合同约定使用他人的劳动，劳动者在执行职务中致害他人，使用人承担损害赔偿的替代责任类型。我国《民法典》用这一概念概括用人单位责任、劳务派遣责任、个人劳务责任和定作人指示过失责任四种侵权行为类型。

在侵权法的发展中，通常使用雇主责任的概念，很少使用用人者责任，即使英美法系也是如此。《日本民法典》既规定了雇主责任，又规定了定作人指示过失责任，之后就出现了将雇主责任和定作人指示过失责任概括在一起而称为用人者责任的学理概括。

我国侵权法理论较早使用用人者责任概念的，是潘同龙和程开源主编的《侵权行为法》一书，专设一章“用人者和监护人的侵权责任”，其中有三节阐释用人者责任的侵权行为类型，认为“用人者的侵权责任，简称用人者的责任，是指用人者对劳动者在执行职务中致第三人损害应承担的民事赔偿责任”①。

起草《侵权责任法》过程中，学者较多地使用了这个概念，主张规定雇主责任和定作人指示过失责任。《中国民法典草案建议稿及说明》侵权责任编第三章规定“替代责任”，第二节规定“用人者的责任”即雇主责任，也将定作人指示过失责任规定在这种侵权行为之中。② 此前的这个侵权法草案规定用人者的责任，概括的是法人侵权、雇主责任和定作人指示过失责任。③

2003 年制定的《人身损害赔偿解释》将用人者责任规定为三种：一是法人侵权，二是雇主责任，三是定作人指示过失责任。

立法专家在制定《侵权责任法》时，认为将法人侵权和雇主责任分别规定没有道理，应当合并在一起，作出统一规定。④ 立法者接受这一意见，将这两种责任类型规定在一起，统称为用人单位责任；同时增加劳务派遣责任、个人劳务责任和定作人指示过失责任，构成了完整的用人者责任的类型体系。

（二）国外用人者责任的历史沿革

传统的用人者责任是雇主责任，历史悠久，经历了长期的历史沿革。

---

① 潘同龙、程开源主编：《侵权行为法》，天津人民出版社 1995 年版，第 314 页。

② 这代表了王利明教授的思想。参见王利明主编：《中国民法典草案建议稿及说明》，中国法制出版社 2004 年版，第 245~246 页。

③ 参见杨立新主编：《中国民法典 · 侵权行为法草案建议稿》，载杨立新主编：《民商法前沿》（第 1~2 辑），吉林人民出版社 2002 年版，第 18~19 页。这种学术思想代表的是笔者的观点，把用人者的责任概括为一种侵权行为的基本类型，包括法人侵权、雇主责任和定作人指示过失责任三种具体的侵权行为类型，参见杨立新：《侵权法论》（第 2 版），人民法院出版社 2004 年版，第 387 页。

④ 参见杨立新：《侵权责任合并规定的利弊分析》，载《法制日报》2009 年 11 月 11 日。

1. **罗马法**

罗马法的准私犯包括这种侵权行为类型。“同样，船长、客店主人或马厩主人对于在船舶上、客店内或马厩中，处于欺诈或由于失窃所发生的损害，视为根据准私犯负责，但以他本人并无不法行为，而是他所雇佣在船舶、客店或马厩内服务的人员所作不法行为者为限。对他所得行使的诉权，虽然不是根据契约而来，但是他雇佣坏人服务，在这一点上他确有过失，所以他被视为根据准私犯负责。有上述情形时，赋予被害人事实之诉的诉权，其诉权得由继承人继承，而不得向继承人提起。”[①] 这里所说的旅馆主人、马厩主人、船主都是雇主，都是自己出资雇用雇员劳动，为自己创造利益。雇员执行劳务活动致人损害的，由雇主承担责任。这是成文法的侵权法最早规定的替代责任类型。

2. **法国**

《法国民法典》将雇主责任规定在替代责任一般规定的第 1384 条，即“任何人不仅对其自己行为所致的损害，而且对应由其负责的他人的行为或在其管理之下的物件所致的损害，均应负赔偿的责任”。其中“应由其负责的他人的行为”就包含雇主责任。该条第 3 款规定：“主人与雇佣人对仆人与提供劳务一方因执行受雇的职务所致的损害，应负赔偿的责任。”可见，《法国民法典》对雇主责任采取过错推定原则。法国学者多马把雇主对雇员的责任称为代负责任，认为此种责任的根据是过错，但过错是被推定出来的，这种推定是可以反驳的推定。[②] 据此，主人与雇用人对仆人与提供劳务一方因执行受雇的职务所致的损害，应负赔偿的责任；但主人与雇用人可以通过反证证明自己没有过错而免责。不过，法国亦有学者认为，雇主应以提供劳务一方的过失为自己的过失，在性质上属于担保责任，因此无举证免责的可能性。[③]

---

① ［古罗马］查士丁尼：《法学总论——法学阶梯》，张企泰译，商务印书馆 1989 年版，第 204~205 页。

② 参见《国际比较法百科全书 · 侵权行为 · 概述》，中国人民大学内部教材，第 36 页。

③ 参见王泽鉴：《民法学说与判例研究（1）》，中国政法大学出版社 1998 年版，第 27 页。

3. 德国

《德国民法典》起草人曾认为，雇主对雇员的责任应属过错责任。故 1887 年《德国民法典》第一草案第 711 条和第 712 条规定雇主责任采取过错责任，雇主只有在选任或监督提供劳务一方已尽到相当注意义务时，才能免责。该草案公布后受到各方面指责，认为此种观点对被侵权人极为不利，随后规定雇主承担过错推定责任。《德国民法典》第 831 条规定："雇用他人执行事务的人，对雇员在执行事务的时候不法地施加于第三人的损害，负赔偿的义务。雇主在雇员的选任，并在其应提供设备和工具器械或应监督事务的执行时，对装备和监督已尽相当注意，或纵然已尽相当的注意也难免发生损害者，不负赔偿责任。""因契约而承担为雇主料理第一款第二项所列事务的人，负有相同的责任。"可见，雇主责任系基于对提供劳务一方选任监督的过失推定确立的，雇主可基于反证推翻过失推定而免责。[①]

4. 日本

《日本民法典》第 715 条规定："（一）因某事业雇用他人者，对提供劳务一方因执行其职务而加于第三人的损害，负赔偿责任。但是，雇用人对提供劳务一方的选任及其事业的监督已尽相当注意时，或即使尽相当注意损害仍会产生时，不在此限。（二）代雇用人监督事业者，亦负前款责任。（三）前二款规定，不妨碍雇用人或监督人对提供劳务一方行使求偿权。"尽管日本立法承认，责任人可以通过没有选任或监督方面的过失证明自己没有过错而不承担责任，但日本实务界从来都不承认此种抗辩，《日本民法典》第 715 条第 1 款成了一纸空文。可见，日本的雇主责任接近于无过错责任。[②]

5. 俄罗斯

苏联不承认私人雇员的合法性，因此未规定雇主责任，依照《苏联民法典》第 403 条规定的一般原则，公民和法人对它所造成的损害都应当负责。法人不仅

① 参见王泽鉴：《民法学说与判例研究（1）》，中国政法大学出版社 1998 年版，第 5 页。
② 参见于敏：《日本侵权行为法》，法律出版社 1998 年版，第 212 页。

包括企业和其他组织，而且包括有权独立作信贷处分的国家机关，即能独立处分根据预算所拨付现金的国家机关。[①]1994年《俄罗斯联邦民法典》第1068条把法人和公民的雇员规定在一起："1.法人或者公民对其工作人员在履行劳动（公务，职务）义务中所致损害，负损害赔偿责任。根据本章的规定，公民如系依照有关法人或者公民下达的任务并处于该法人或公民安全监督之下，按照劳动合同（契约）或者民事合同完成工作，即为法人或者公民的工作人员。2.公司和生产合作社对参加人（成员）在从事其经营、生产或者其他活动时所造成的损害，负赔偿责任。"将法人侵权和雇主责任采取完全相同的规则，是非常有道理的。对比起来，《俄罗斯联邦民法典》的规定比《苏俄民法典》的规定进步得多。

6.英美法

英国侵权法认为，普通法下的雇主须为雇用的人职务内的民事侵权行为负责。与德国法不同，义务亦不取决于录取或监督上的过失，雇主本身不必有过失，雇员的过失由法律推定由雇主承担。这种代雇员负责也许是提示雇主代替雇员负责，其实是雇员连同雇主一起负责，但实际上对雇员的判决很少执行，雇主也不会让雇员负责。当然，雇主替雇员负的义务也不是无限的，雇主的义务不超越雇员在职务内进行的民事侵权行为的范围。[②]

美国的雇主责任主要是针对雇员负责的侵权责任，一名雇主需要为他的雇员在完成本职工作的过程中所实施的侵权行为对他人造成的伤害承担损害赔偿责任，即使是雇主本人的行为既没有任何可以指责的地方，也没有参与雇员的侵权活动，但其过错可能是用人不当、督导不力、管教不严、纪律不申等。[③]

---

① 参见［苏］约菲：《损害赔偿的债》，中央政法干部学校翻译室译，法律出版社1956年版，第47页。

② 参见［英］弗莱明：《民事侵权法概论》，何美欢译，香港中文大学出版社1992年版，第142~143页。

③ 参见李响编著：《美国侵权法原理及案例研究》，中国政法大学出版社2004年版，第478~479页。

（三）我国雇主责任的历史发展

我国古代的中华法系没有雇主责任的概念。清末制定的《大清民律草案》第953条规定了雇主责任："为某种事业雇用他人者，于被用人执行事业加损害于第三人时，负赔偿之义务，但使用主于选任被用人及监督其事业已尽相当之注意仍不免发生损害者，不在此限。""依契约代使用主监督其事业者，亦负前项之义务。""适用前二项规定时，使用主或监督人得向被用人行使求偿权。"

《民国民律草案》在《大清民律草案》的规定的基础上有所改变，但内容没有大的改变。第252条规定："被使用人于执行事业不法侵害他人之权利者，由使用主或代其为监督之人负损害赔偿责任。但选任被使用人及监督其事业已尽相当之注意，或虽加以相当之注意而仍不免发生损害者，不在此限。"第253条规定："依前两条之规定负损害赔偿责任之人，于侵权行为亦应负其责任时，其相互间之关系，仅侵权行为人负其责任。"

《中华民国民法》对雇主责任的规定有较大改变。第188条规定："提供劳务一方因执行职务，不法侵害他人之权利者，由雇佣人与行为人连带负损害赔偿责任。但选任提供劳务一方及监督其职务之执行，已尽相当之注意或纵加以相当之注意而仍不免发生损害者，雇佣人不负赔偿责任。""如被害人依前项但书之规定，不能受损害赔偿时，法院因其声请，得斟酌雇佣人与被害人之经济状况，令雇佣人为全部或一部之损害赔偿。""雇佣人赔偿损害时，对于为侵权行为之提供劳务一方，有求偿权。"

清末民初的民事立法都规定了雇主责任，且基本上都采取过错推定原则。学者认为，雇佣人能为免责之证明，本可不负赔偿责任，然而雇佣人之资力优于被害人者较多，若使仅得向加害之提供劳务一方请求赔偿，则有时有名无实，不足以填补其损害，故作如上规定。以在大企业之组织，适用较多。法院首应斟酌者，为当事人之经济状况；其他如被害人过失之有无及轻重及其是否已得保险金，以及加害人之加害种类方法及经济状况，亦应斟酌。[①]

① 参见史尚宽：《债法总论》，我国台湾地区荣泰印书馆1978年版，第186页。

（四）我国用人者责任的类型

《民法典》将用人者责任规定为四种类型，即用人单位责任、劳务派遣责任、个人劳务责任和定作人指示过失责任。

我国《民法典》区分四种不同的用人者责任类型的基础是：第一，四种用人者责任的基础都涉及劳动、合同关系，但是性质不同：用人单位责任的基础是劳动合同，是工作单位和工作人员形成劳动关系；劳务派遣责任存在两种合同关系，既有劳务派遣单位和工作人员的合同关系，又有接受劳务派遣的用工单位与劳务派遣单位的合同关系，且接受派遣的用工单位支配工作人员的劳动；个人劳务关系是个人对个人的劳务关系，内容简单，关系明确；定作人指示过失责任的基础是承揽关系，性质有差别，但同样也是使用他人的劳动。第二，正是由于四种用人者责任的基础关系不同，因而责任构成和责任规则并不相同，形成了四种不同类型。《民法典》第 1191 条、第 1192 条和第 1193 条对用人者责任作出了不同规定，都是有客观基础和针对性的。

（五）我国用人者责任的基本特征

对比起来，我国的用人者责任与传统的雇主责任有明显区别，具有以下法律特征。

1. 行为人是因执行工作任务致人损害

用人者责任中的损害，都是被使用者因执行工作任务而发生的。无论是用人单位责任、劳务派遣责任还是个人劳务责任，都是工作人员因执行工作任务而致人损害的侵权行为，是因执行工作任务或者因劳务，一方支配另一方的劳动。定作人指示过失责任虽然不是劳务关系，但是在承揽加工中，定作人有权选定、指示承揽人按照其意志进行工作。不是因执行工作任务或者因劳务发生支配他人劳动的行为，不能构成用人者责任。

2. 致害的行为人与责任人相脱离

用人者责任是典型的替代责任，具体表现是行为人与责任人相分离。在造成损害的过程中，造成损害的行为人是用人单位、用工单位的工作人员等；承担侵权责任的却不是这些行为人，而是对他们有支配能力的用人者，行为人与责任人相脱离，行为人致人损害，责任人为其损害负责。

3. 行为人的致害行为与责任人的监督、管理不力行为相区别

用人者责任的行为由两个部分组成：一是工作人员的致害行为，这是造成损害的行为；二是用人单位、劳务派遣单位或者接受劳务一方监督不力、管理不当的行为。只研究其中一个行为是不够的，必须研究替代责任的行为人和责任人的行为。用人者的行为作用在被使用人身上，被使用人的行为造成了他人损害。故用人者责任构成的因果关系，是这两种原因行为先后顺序的结合致人损害，构成了用人者责任。

4. 责任人的过错与行为人的过错作用不同

用人者责任中的过错要件，首先是用人者的过错，没有用人者的过错，就不可能构成用人者责任。不过，用人者责任也存在被使用人的过错，这种过错尽管对侵权责任的构成不起作用，但在确定用人者的追偿权上，具有重要意义。所以，用人者责任中的用人者的过错和被使用人的过错的作用并不相同。

二、用人单位责任的用人单位和工作人员范围之扩展

《侵权责任编司法解释（一）》第 15 条规定："与用人单位形成劳动关系的工作人员、执行用人单位工作任务的其他人员，因执行工作任务造成他人损害，被侵权人依照民法典第一千一百九十一条第一款的规定，请求用人单位承担侵权责任的，人民法院应予支持。个体工商户的从业人员因执行工作任务造成他人损害的，适用民法典第一千一百九十一条第一款的规定认定民事责任。"这一规定，对《民法典》第 1191 条第 1 款规定的用人单位责任作了两方面的扩展：一是对用人单位范围的扩展，二是对用人单位的工作人员范围的扩展。

（一）《民法典》对我国用人单位责任的界定

我国《民法典》第 1191 条第 1 款规定的用人单位责任，是一个比较宽泛的侵权责任类型。

传统侵权法不使用用人单位责任的概念，而是称为雇主责任或者雇佣人责任。我国在《民法通则》之前，将公有制企业的用人者责任称为法人侵权责任，其他企业的用人者责任称为使用他人的责任。

《民法通则》没有规定法人责任和使用他人的责任，只在第 121 条规定了国家机关及其工作人员致人损害的责任，其中包括国家赔偿责任。对于法人责任由于没有明确的法律规定，因而司法解释对《民法通则》第 43 条关于“企业法人对它的法定代表人和其他工作人员的经营活动，承担民事责任”的规定进行了扩张解释，《民通意见》第 58 条规定：“企业法人的法定代表人和其他工作人员，以法人名义从事的经营活动，给他人造成经济损失的，企业法人应当承担民事责任。”

这样的规定尽管能够用于企业法人的工作人员因执行职务致人损害的赔偿责任之中，填补法律未规定用人者责任的漏洞，但是存在的缺漏甚多，主要表现是：第一，混淆了国家赔偿和普通侵权责任的界限，虽然能够解决当时没有制定《国家赔偿法》的司法急需，但国家赔偿与一般侵权责任毕竟不同。第二，司法解释规定企业法人的工作人员执行职务致人损害的替代责任，毕竟是挂一漏万，不能涵盖全部的用人者责任类型。第三，《国家赔偿法》制定公布后，国家赔偿与《民法通则》规定的国家机关的侵权赔偿责任发生重合，界限不清。

2003 年《人身损害赔偿解释》第 8 条规定：“法人或者其他组织的法定代表人、负责人以及工作人员，在执行职务中致人损害的，依照民法通则第一百二十一条的规定，由该法人或者其他组织承担民事责任。”第 9 条第 1 款规定：“雇员在从事雇佣活动中致人损害的，雇主应当承担赔偿责任；雇员因故意或者重大过失致人损害的，应当与雇主承担连带赔偿责任。雇主承担连带赔偿责任的，可以向雇员追偿。”这是典型的将雇主责任拆分为法人责任和雇主责任的做法。第 10

条还规定了定作人指示过失责任。

《侵权责任法》规定了宽泛的用人单位责任，第 34 条第 1 款将除了国家赔偿之外的其他被作为单位的工作人员执行工作任务致人损害的赔偿责任，全部规定在一起，不再区分法人侵权和雇主责任。为了解决非用人单位的用人责任，第 35 条规定了个人劳务损害责任。这样就将所有的使用他人为自己工作的致人损害情形几乎全部囊括其中。

《民法典》第 1191 条第 1 款继续按照《侵权责任法》第 34 条第 1 款的立法方法规定了用人单位责任，只是增加了用人单位赔偿后的追偿权的规定，即“用人单位承担侵权责任后，可以向有故意或者重大过失的工作人员追偿”，弥补了《侵权责任法》第 34 条第 1 款没有规定追偿权的漏洞。

（二）对用人单位范围的扩展

《侵权责任编司法解释（一）》第 15 条对《民法典》第 1191 条第 1 款规定的用人单位的范围进行了扩展，将雇用从业人员的个体工商户作为用人单位，适用《民法典》第 1191 条第 1 款规定。

对于用人单位，立法机关工作人员编写的释义书的解释是，本条中的“用人单位”，包括企业、事业单位、国家机关、社会团体等，也包括个体经济组织等。[①] 学者认为，用人单位的范围既包括不同所有制的企业，也包含事业单位、社会团体以及国家机关等在内，尤其值得注意的是，此处的用人单位也包含《民法典》第 54 条、第 55 条所定义的个体工商户、农村承包经营户这些不具有法人资格的个人经济组织在内。[②] 也有学者认为，用人单位的含义很广，它是与《民法典》第 1192 条中的个人即自然人相对应的概念，也就是说，除了自然人之外的一切组织，都是该条意义上的用人单位。[③] 不过，也有学者认为，用人单位的

---

① 黄薇主编：《中华人民共和国民法典侵权责任编释义》，法律出版社 2020 年版，第 84~85 页。

② 王利明主编：《中国民法典评注 · 侵权责任编》，人民法院出版社 2021 年版，第 170 页。

③ 程啸：《最高人民法院民法典侵权责任编司法解释理解与适用》，中国法治出版社 2024 年版，第 148 页。

范围不包括个体工商户和农村承包经营户（“两户”），即用人单位是指依法成立的法人，以及没有法人资格的非法人组织。“两户”的人员执行职务造成损害的，应当适用《民法典》第1192条关于个人劳务损害责任的规定。

对于“两户”是否为用人单位，上述观点包含三种立场：一是个体经济组织为用人单位，二是个体工商户和农村承包经营户为用人单位，三是只包括单位，不包括不是单位的“两户”。

《侵权责任编司法解释（一）》第15条第2款将个体工商户规定为“用人单位”的范围，适用《民法典》第1191条第1款的规定，承担从业人员造成损害的替代赔偿责任。对这一规定，应当从以下方面理解。

首先，《民法典》第1191条第1款规定了“用人单位”的概念，并没有对其范围进行规定，因而才出现对用人单位进行解释的不同见解，对此应当统一进行司法解释。

其次，立法机关工作人员解释的“个体经济组织”也是需要进一步界定的概念，是否可以将其解释为个体工商户和农村承包经营户，并不能确定。如果将农村承包经营户解释为“用人单位”，在道理上说不过去，故不能将其解释为个体经济组织，并且农村承包经营户也不具有用人单位的基本特征。

最后，将个体工商户解释为用人单位，是有道理的，因为个体工商户不管是个人还是家庭，总有一定的组织形式，雇用从业人员要签订劳动合同，确定双方的权利义务关系，因而具有雇主责任的特征。有学者认为，无论是个人经营还是家庭经营的个体工商户，性质上都属于自然人，但是，由于《劳动法》《劳动合同法》将个体工商户与雇工之间的关系界定为“劳动关系”而非“劳务关系”，同时，《工伤保险条例》第2条要求个体工商户必须为雇工缴纳工伤保险费，因而当雇工因执行工作任务给他人造成损害的，也应当适用《民法典》第1191条第1款的规定。[①]

《侵权责任编司法解释（一）》第15条第2款最终确定个体工商户是用人单

---

① 程啸：《我国侵权法规则的发展与完善》，载《中国法律评论》2024年第6期。

位，只是由于同用人单位仍然有所区别，因而规定在第 2 款，作为单独的用人单位的形式，确定适用《民法典》第 1191 条第 1 款的规定。这样就统一了裁判规则，不能再将个体工商户作为接受劳务一方，同时也明确了农村承包经营户不是用人单位。

同样是《民法典》规定的“两户”，为什么个体工商户就是用人单位，而农村承包经营户就不是用人单位，其雇用的人员也不是用人单位的工作人员呢？这是因为农村承包经营户不具有经营主体地位，农村承包经营户即使聘任他人为自己提供劳务，他们之间的关系也不是劳动关系，最多是劳务关系，因而不适用《民法典》第 1191 条第 1 款的规定，应当适用第 1192 条规定确定用人者责任。但是，若农村承包经营户设立了一定的组织形式，例如建立家庭农场，经过了登记，就是用人单位，其从业人员也是工作人员。

（三）对用人单位的工作人员范围的扩展

《侵权责任编司法解释（一）》第 15 条对《民法典》第 1191 条第 1 款规定的“工作人员”的范围，也作了扩大解释。

立法机关工作人员将《民法典》第 1191 条规定的“工作人员”，解释为既包括用人单位的正式员工，也应当包括临时在单位工作的员工。[①]学者认为，可以确定的是，不管单位的员工是否已经与单位签订正式劳动合同，均应当属于此处工作人员的范畴。换言之，只要存在事实上的劳动关系，就应当属于此处的工作人员。[②]用人单位中的工作人员，是指被纳入了用人单位的组织之内、服从用人单位的指示并受其管理、控制的自然人。就我国《民法典》第 1191 条第 1 款所规定的“用人单位的工作人员”而言，其范围很广泛，不仅限于与用人单位之间存在劳动关系的工作人员，还包括存在其他关系的工作人员。[③]

---

① 黄薇主编:《中华人民共和国民法典侵权责任编释义》，法律出版社 2020 年版，第 85 页。

② 王利明主编:《中国民法典评注 · 侵权责任编》，人民法院出版社 2021 年版，第 170 页。

③ 程啸:《最高人民法院民法典侵权责任编司法解释理解与适用》，中国法治出版社 2024 年版，第 150 页。

这些意见并不一致，司法实践中的裁判规则也不统一，应当通过司法解释予以明确。《侵权责任编司法解释（一）》第 15 条对“用人单位的工作人员”进行了解释，在传统意义的工作人员的认识基础上，进行了适当的扩充。

1. 与用人单位形成劳动关系的工作人员是典型的用人单位工作人员

“与用人单位形成劳动关系的工作人员”，是当然的用人单位的工作人员。劳动关系是指用人单位雇用劳动者为其成员，劳动者在用人单位的管理、支配下，提供由用人单位支付报酬的劳动而产生的权利义务关系。工作人员与用人单位订立了这样的劳动关系，当然是用人单位的工作人员。

2. 扩展：执行用人单位任务的其他人员

除了上述用人单位的工作人员之外，将“执行用人单位任务的其他人员”也规定为用人单位的工作人员。按照学理解释，这样的人员似乎应当是包括临时在单位工作的员工，或者与用人单位之间存在其他关系的工作人员。

什么叫“执行用人单位工作任务的其他人员”，目前并没有明确的界定，最高人民法院民事审判第一庭负责人在答记者问中也没有对其作出说明。学者解释说，执行用人单位任务的其他人员包括：一是公务员及参照《公务员法》管理的工作人员，二是与用人单位存在聘用合同关系的工作人员，三是与用人单位存在劳务关系的其他人员。[①] 笔者认为，这个解释并不完全妥当，因为公务员本身就是用人单位的工作人员，不应当概括在执行用人单位工作任务的其他人员之中；后两种人员符合这种特点的，是可以被认定为执行用人单位工作任务的其他人员的。

笔者认为，“执行用人单位工作任务的其他人员”主要包括以下四种，但并不限于此。

（1）与用人单位存在劳务关系的人员。劳务关系属于民事关系中的一种，是指平等民事主体之间就一方向另一方提供劳务、另一方接受劳务并支付对价，相

① 程啸：《最高人民法院民法典侵权责任编司法解释理解与适用》，中国法治出版社 2024 年版，第 151~152 页；程啸：《我国侵权法规则的发展与完善》，载《中国法律评论》2024 年第 6 期。

互形成权利义务的合同关系。劳务关系与劳动关系是有区别的，最主要的区别是用人单位与劳务提供者之间的关系不同，即劳务提供者不是用人单位的固定成员，双方用劳务合同确定提供劳务的权利义务关系，具有特定性。例如，大专院校通过劳务合同聘用的长聘合同制劳务人员。这属于执行用人单位工作任务的其他人员。

（2）与用人单位存在聘用合同关系的临时聘用工作人员。与用人单位存在聘用合同关系的工作人员主要是指临时聘用的临时工、合同工等，通常是完成聘期或者聘用从事的工作任务完成之时，双方的聘用合同终止。这种用工关系的时间不固定，因人而异或者因事而异，但不是承揽合同。承揽合同也是执行用人单位的“工作任务”，但却是对自己的劳动负责，用人单位只获取承揽人的承揽结果，不购买其劳动过程。

（3）用人单位返聘已经超过退休年龄的退休员工。用人单位的员工退休后，用人单位支付其一定的返聘费用予以返聘的，仍然执行用人单位的工作任务，虽然正式的劳动合同已经终止，退休员工不属于在编职工，但是又通过新的聘用合同来执行用人单位的工作任务，因此也属于执行用人单位工作任务的其他人员。

（4）用人单位特聘其他单位的退休员工任职的人员。目前，很多学有所长的人员在退休后，被其他用人单位聘任为部门领导、特聘教授、顾问、咨询专家等，为新的用人单位执行工作任务，甚至成为新的用人单位的组成部分，只是没有正式的劳动合同，甚至也没有三险一金保障。这是典型的执行用人单位工作任务的其他人员。

判断执行用人单位工作任务的其他人员的基本标准，是用人单位与执行用人单位工作任务的其他人员之间不存在劳动合同关系，但也是通过合同方式，确定双方之间承担用人单位工作任务的权利和义务，并且依照合同履行执行用人单位的工作任务的义务，用人单位有给予一定薪酬和约定待遇的义务。例如，受聘为境外院校授课的教师，自离开自己家门开始，至返回自己家门为止，都在受聘院校的劳动保险合同的保护之下，受聘人员在这个期间内，依照合同约定执行受聘院校的教学任务，享受用人单位的薪酬待遇，就是典型的执行用人单位的其他人员。

应当注意的是，那些被聘任为兼职教授、兼职咨询顾问、兼职立法专家、兼职研究员等名誉性职务，也为受聘单位执行一定的工作任务，但是不领取薪酬的人，不是执行用人单位工作任务的其他人员。

3. 扩展：个体工商户的从业人员

《侵权责任编司法解释（一）》第 15 条第 2 款将个体工商户纳入“用人单位”的范畴，当然就将个体工商户的从业人员纳入了用人单位工作人员的范畴，因而从业人员执行个体工商户的工作任务致人损害的，应当适用《民法典》第 1191 条第 1 款规定的用人单位责任，由个体工商户承担替代责任。

这样规定的理由是，个体工商户的主体性质属于自然人，既不是法人，也不是非法人组织。之所以认定个体工商户的从业人员与个体工商户之间不是个人与个人之间形成的劳务关系而是劳动关系，原因是《市场主体登记管理条例》第 2 条规定，把个体经济组织列入市场主体，市场主体是在中华人民共和国境内以营利为目的从事经营活动的自然人、法人及非法人组织，个体工商户具有市场主体地位，就是以营利为目的从事经营活动的自然人。即使是网络用户推销商品的“微商”，只要登记为个体工商户，其聘任的从业人员就是工作人员。同时，根据我国《劳动法》和《劳动合同法》的规定，个体工商户与从业人员之间的关系为劳动关系，需要订立劳动合同，依据是，《劳动法》和《劳动合同法》规定，个体经济组织包括个体工商户，凡是雇工 7 人以下的个体工商户，都是个体经济组织，为市场主体。所以，个体工商户及其从业人员之间的关系，属于《民法典》第 1191 条第 1 款规定的工作人员与用人单位之间的关系。

典型案例解读

汉川市某鞋辅料厂与董某琴、张某承机动车交通事故责任纠纷案①

【案情】2023年3月起，被告张某承受被告汉川市某鞋辅料厂的聘用，从事货物运输等工作。某日，被告张某承驾驶被告汉川市某鞋辅料厂所有的一辆无号牌三轮电动车，造成原告董某琴受伤的交通事故。《道路交通事故认定书》认定，被告张某承承担此事故的全部责任，原告董某琴无责任。原告受伤后，被告汉川市某鞋辅料厂通过被告张某承，为原告董某琴垫付医疗费22270元。现原告起诉张某承和汉川市某鞋辅料厂承担赔偿责任。

【裁判】一审法院认为，本案案由为机动车交通事故责任纠纷。公民的生命、健康权应受法律保护。被告张某承驾驶车辆违反《道路交通安全法》的相关规定，造成原告董某琴受伤的交通事故，并承担事故的全部责任，对原告所造成的损害依法应承担赔偿责任。但被告张某承系受被告汉川市某鞋辅料厂的聘用，在为被告汉川市某鞋辅料厂从事货物运输工作的过程中发生本次交通事故，因此被告张某承系执行工作任务过程中造成原告的损害，根据《民法典》第1191条的规定“用人单位的工作人员因执行工作任务造成他人损害的，由用人单位承担侵权责任”，故本案中对原告董某琴所造成的损害，依法应由被告汉川市某鞋辅料厂承担赔偿责任。

汉川市某鞋辅料厂不服，提出上诉。理由是，其与张某承非用工或劳动关系，其不具备法律规定的用人单位主体资格。汉川市某鞋辅料厂为个体工商户，仅雇请张某承一人从事服装辅料的机修和机器操作，不具备《劳动合同法》规定的用人单位主体资格，不是法定的用人单位，双方之间不构成用人单位劳动关系或者工作职务关系，一审引用《民法典》第1191条之规定，认定二被告为用人单位职务关系明显属于事实认定不清和法律适用错误。

二审法院认为，张某承系受汉川市某鞋辅料厂聘用，在为汉川市某鞋辅料厂

① 参见湖北省孝感市中级人民法院（2024）鄂09民终1347号民事判决书。

从事货物运输工作的过程中发生本次交通事故，该项事实有汉川市公安局交通警察大队制作的张某承询问笔录、汉川市某鞋辅料厂负责人询问笔录和张某承微信聊天记录证明，上述三份证据之间相互印证。因此，张某承的驾驶行为属于职务行为，而不是个人行为。汉川市某鞋辅料厂应当承担赔偿责任。

【解读】用人者责任的本质在于，用人单位对工作人员的控制力，双方形成明显的支配与被支配的关系。因此，《侵权责任编司法解释（一）》第 15 条对用人单位责任的适用范围进行了扩张。第一，第 15 条第 1 款不再局限于与用人单位形成劳动关系的工作人员，还包括执行用人单位工作任务的其他人员。也就是说，不论是长期、稳定、固定形成劳动关系的工作人员，还是短期、流动、临时雇用的人员，都同样适用用人单位责任。第二，《劳动合同法》第 2 条第 1 款将个体工商户认定为个体经济组织，确定其与雇工之间的关系是劳动关系，故《侵权责任编司法解释（一）》第 15 条第 2 款也明确个体工商户的从业人员适用《民法典》第 1191 条规定的用人单位责任。

就工作人员因执行工作任务造成他人损害而言，不论是认定个体工商户为用人单位适用《民法典》第 1191 条，还是认定个体工商户为接受劳务的一方适用第 1192 条，都是由个体工商户来承担责任，在责任意义上并无太大的差别。因此，《侵权责任编司法解释（一）》第 15 条第 2 款将个体工商户纳入用人单位责任范围内的意义有限。但是，如果是工作人员自身受损，则涉及是否拥有工伤保险待遇等方面的区分。这也是《劳动合同法》第 2 条第 1 款将个体工商户认定为是个体经济组织的原因所在。按照《侵权责任编司法解释（一）》第 15 条第 2 款的规定，作体系上的推论，则个体工商户的从业人员因执行工作任务而自身遭受损害，应当按照工伤保险待遇处理，而不是根据《民法典》第 1192 条的规定根据个体工商户和工作人员的过错程度来确定相应的责任。

系争案件中，被告张某承受被告汉川市某鞋辅料厂的聘用，在从事货物运输工作中发生了交通事故，属于执行工作任务中造成他人损害。按照《侵权责任编司法解释（一）》第 15 条第 2 款的规定，被告汉川市某鞋辅料厂以其不属于用人单位为由进行抗辩不成立，依旧应当依据《民法典》第 1191 条的规定进行赔偿。不过，汉川市某鞋辅料厂赔偿后，可以向张某承追偿。

三、劳务派遣责任的用工单位与派遣单位的责任分担形态

《侵权责任编司法解释（一）》第16条解释《民法典》第1191条第2款主要规定了两个问题：一是接受劳务派遣的用工单位与劳务派遣单位之间怎样分担责任，即承担“相应的责任”的多数人侵权责任的承担规则；二是如何认定劳务派遣单位的过错。

（一）《民法典》第1191条第2款对劳务派遣责任规定的规则

1. 劳务派遣责任的概念和构成

劳务派遣责任，是指在劳务派遣期间，被派遣的工作人员因执行用工单位的工作任务造成他人损害的，由接受劳务派遣的用工单位承担责任，派遣单位承担相应的用人者责任。

构成劳务派遣责任，应当具备以下要件。

（1）当事人之间存在劳务派遣的劳动关系。构成劳务派遣责任，首先必须在三方当事人之间存在劳务派遣的劳动关系。劳务派遣单位与被派遣的工作人员之间存在劳动合同关系，劳务派遣单位与用工单位之间存在劳务派遣合同关系；根据上述两个合同关系，被派遣的工作人员在用工单位提供劳动，执行用工单位的工作任务。没有这样的劳务派遣劳动关系，就不存在劳务派遣责任。

（2）被派遣的工作人员在执行用工单位工作任务中造成他人损害。劳务派遣责任中的损害事实要件，也是造成他人损害，包括人身损害和财产损害。这个损害事实应当发生在被派遣的工作人员在执行用工单位的工作任务中，也就是被派遣的工作人员因执行工作任务造成他人损害的客观事实。如果不是在执行派遣的工作任务中造成损害，就不构成劳务派遣责任，有可能是用人单位责任或者其他侵权责任。例如，被派遣的工作人员在去往派遣单位的途中尚未到达用工单位前即造成他人损害，或者在完成派遣任务回到派遣单位后造成他人损害，都不构成

劳务派遣责任，应当按照用人单位责任的要求，由劳务派遣单位承担责任。

（3）损害事实的发生与被派遣的工作人员执行工作任务有因果关系。造成他人的损害，是被派遣的工作人员执行用工单位工作任务的行为所致，二者之间有因果关系。在接受劳务派遣之后，被派遣的工作人员在执行用工单位的工作任务中造成他人损害的，构成劳务派遣责任。

（4）接受派遣的用工单位在指挥、监督工作人员工作中有过失。构成劳务派遣责任的，接受派遣的用工单位须有过失，即接受派遣的用工单位在指挥、监督工作人员执行任务的行为中，应当注意而未尽注意义务。确定接受派遣的用工单位的过失时，采用推定方式，在被侵权人已经证明前述三个要件的基础上，推定接受派遣的用工单位存在上述过失。接受派遣的用工单位认为自己没有过失的，应当自行提供证据证明。能够证明自己没有过失的，不承担侵权责任；不能证明的，过失推定成立，应当承担赔偿责任。

2. 劳务派遣责任的承担

劳务派遣责任分为两种责任主体分担，《民法典》第 1191 条第 2 款分别作了规定。

（1）接受派遣的用工单位的责任。具备前述劳务派遣责任构成要件的，成立接受派遣用工单位的责任，接受派遣的用工单位应当承担赔偿责任。之所以在劳务派遣责任中不由劳务派遣单位承担责任，而是由接受派遣的用工单位承担责任，原因在于接受派遣的用工单位支配、掌控工作人员的劳动，工作人员是在用工单位的指挥、监督下，直接为接受派遣的用工单位进行劳动。

（2）劳务派遣单位的责任。派遣的工作人员在执行工作任务中造成他人损害，派遣单位也有过错的，由于派遣单位与被派遣的工作人员之间有劳动关系，劳务派遣单位应当承担相应的责任。应当注意的是，《侵权责任法》第 34 条第 2 款规定的是，劳务派遣单位有过错的，承担“相应的补充责任”；《民法典》第 1192 条第 1 款规定，派遣单位承担的责任是“相应的责任”，二者的责任形态是完全不一样的。相应的补充责任，是有过错的派遣单位补充用工单位的责任，如果用工单位能够承担全部赔偿责任，派遣单位就不承担补充责任，用工单位不能承担或者不能全部承担赔偿责任的，才由劳务派遣单位予以补充赔偿。反之，劳务派遣单位承担相应的责任，是承担与其过错相适应的责任份额，即有百分之多少的过错，自己就承担多少份额的责任，而非为用工单位进行补充，因而是混合责任。

（二）《侵权责任编司法解释（一）》第 16 条规定的劳务派遣责任的责任分担规则

《侵权责任编司法解释（一）》第 16 条主要规定的是接受劳务派遣的用工单位与劳务派遣单位间如何进行责任分担的规则。其中包括接受劳务派遣的用工单位承担侵权人应当承担的全部责任，派遣单位承担相应的责任，以及二者相互之间的追偿权。对于这些问题，本书在第四章已经作了具体说明，本节只作概括说明。同时，《侵权责任法》第 34 条规定将这种侵权责任形态界定为相应的补充责任，而不是相应的责任。

1. 劳务派遣单位有过失时的行为形态为非典型共同侵权行为

《侵权责任编司法解释（一）》第 16 条规定，当劳务派遣单位有过失时，劳务派遣单位“与接受劳务派遣的用工单位共同承担责任”。这种共同承担责任的行为，当然是多数人侵权行为，但究竟是何种多数人侵权行为，立法和司法解释都没有说明。对此，最高人民法院民事审判第一庭负责人认为，“民法典有关‘相应的责任’的规定，均涉及两个以上的责任主体”是“多数人侵权”。[①]这样的认定是正确的。本书第四章将这种多数人侵权行为解释为非典型共同侵权行为，是典型共同侵权行为的变形，原因是两种行为主体对于损害的发生都有过失，都具有因果关系，构成客观关联共同，只是原因力的性质有所不同。

《民法典》第 1191 条第 2 款将《侵权责任法》第 34 条第 2 款的规定由“相应的补充责任”改变为“相应的责任”，其实就是将这种多数人侵权行为的性质

① 《最高法民一庭负责人就民法典侵权责任编司法解释（一）答记者问》，载微信公众号“最高人民法院”，2024 年 9 月 26 日。

作了改变，由竞合侵权行为改为共同侵权行为。这种改变的基础，是竞合侵权行为的部分行为是损害发生的直接原因，部分行为是损害发生的间接原因。而共同侵权行为中的每一个行为人的行为对损害的发生都具有直接原因，而不是间接原因。在劳务派遣责任中，用工单位的行为是造成损害的直接原因，有过错的劳务派遣单位的行为对损害的发生也是直接原因，不可能构成竞合侵权行为，因而《侵权责任法》规定为相应的补充责任就属于规范不当。立法机关工作人员对此解释说，劳务派遣单位存在过错，劳务派遣单位应当按照过错程度直接承担侵权责任。《侵权责任法》第 34 条第 2 款“相应的补充责任”的表述涵盖不了其他情况，建议修改为“承担相应的责任”。经研究，立法机关采纳了这一建议。[①] 劳务派遣单位如果对派遣行为本身存在过错（多指选任过错），此时受害人有权直接要求劳务派遣单位承担与其过错相适应的替代责任，而不再以实际用工单位无力承担为前提。[②] 这些说明都有道理，但是，都没有说明将相应的补充责任改变为相应的责任的实质原因，是对这种多数人侵权行为的性质认识发生了改变。

2. 接受劳务派遣的用工单位承担“侵权人应当承担的全部责任”

《侵权责任编司法解释（一）》第 16 条规定，被侵权人合并请求劳务派遣单位与接受劳务派遣的用工单位承担侵权责任的，依照《民法典》第 1191 条第 2 款的规定，接受劳务派遣的用工单位承担“侵权人应承担的全部责任”。这样的说法在该司法解释之前几乎没有出现过，实际上说的是接受劳务派遣的用工单位对工作人员执行任务造成的损害，应当承担像侵权人应当承担的责任那样承担全部赔偿责任。

这个“侵权人应承担的全部责任”包括两种形态：一是当劳务派遣单位没有过错时，用工单位要承担全部损失赔偿责任，即对工作人员造成的全部损害承担替代责任，予以全额赔偿；二是当劳务派遣单位有选任、培训过失时，用工单位应当承担像侵权人那样的全部责任，这实质上就是对全部损害承担连带责任，即

① 黄薇主编：《中华人民共和国民法典侵权责任编释义》，法律出版社 2020 年版，第 86 页。
② 王利明主编：《中国民法典评注 · 侵权责任编》，人民法院出版社 2021 年版，第 180 页。

可以承担全部损害的赔偿责任，但其中包含劳务派遣单位应当承担的“相应的责任”的份额。

3. 有过失的劳务派遣单位承担的相应的责任是按份责任

对于“相应的责任”的性质，学界几乎都认为是按份责任，即与其过错程度相适应的按份责任，最高人民法院的司法解释也如此规定。本条司法解释对此没有明确说明，但是从“就超过自己相应责任的部分向接受劳务派遣的用工单位追偿的，人民法院应予支持”的表述中，可以确定这种相应的责任就是按份责任。

4. 劳务派遣单位和用工单位共同承担的责任受“填平原则”限制

《侵权责任编司法解释（一）》第16条关于“被侵权人合并请求劳务派遣单位与接受劳务派遣的用工单位承担侵权责任的”，“责任主体实际支付的赔偿费用总和不应超出被侵权人应受偿的损失数额”的规定明确，无论是接受劳务派遣的用工单位单独赔偿，还是与劳务派遣单位共同赔偿，都不能超出被侵权人应当受偿的损失数额，也就是不得违反侵权损害赔偿“填平原则”的要求。这也就说明，作为多数人侵权行为的非典型共同侵权行为，行为人承担的责任是混合责任，即主要行为人承担连带责任（承担侵权人应承担的全部责任），非主要行为人承担次要的按份责任（相应的责任）。

5. 相互之间的追偿权

《侵权责任编司法解释（一）》第16条第2款规定，劳务派遣单位先行支付赔偿费用后，就超过自己相应责任的部分向接受劳务派遣的用工单位追偿的，应予支持，但双方另有约定的除外。这说明劳务派遣单位承担按份责任，如果先行赔付超出了自己的责任份额，就超出的部分对用工单位享有追偿权，可以向接受劳务派遣的用工单位请求追偿，用工单位应当予以赔偿。如果派遣单位和用工单位之间对如何承担工作人员造成的损失进行赔偿作出不同于上述规定的约定，可以依照约定不享有追偿权。

该条司法解释没有规定的是，当接受劳务派遣的用工单位承担侵权人应当承担的全部赔偿责任后，对有过错的劳务派遣单位是否享有追偿权。对此，依据多数人侵权行为及责任的基本原理，用工单位享有对有过错的劳务派遣单位的追偿权。接受劳务派遣的用工单位的追偿范围，是劳务派遣单位与过失相应的按份责任的范围。只有这样，才能既不放过劳务派遣单位的过错派遣行为所致损害的责任，又能保证责任主体实际支付的赔偿费用总和不超出被侵权人应受偿的损失数额。

至于工作人员执行用工单位的工作任务致人损害有过错的，接受派遣用工单位在承担了赔偿责任之后，有权向有故意或者重大过失的工作人员追偿。这个规则规定在《民法典》第1191条第1款，司法解释不必再作解释。

（三）《侵权责任编司法解释（一）》第16条规定的劳务派遣单位过失的认定方法

在劳务派遣责任中，劳务派遣单位是否承担相应的责任，关键在于其派遣行为是否有过失。《民法典》第1191条第2款规定的是“过错”不够准确，因为过错包括故意和过失，如果劳务派遣单位派遣劳务人员具有故意，即通过派遣劳务人员造成他人损害，这就不是民法调整的范围，而是刑事犯罪问题。因此，这里的“过错”应当是过失。

对劳务派遣的过失应怎样认定，《侵权责任编司法解释（一）》第16条规定为“不当选派工作人员、未依法履行培训义务等”。据此，可以给劳务派遣单位的过失作出定义，即劳务派遣单位不当选派工作人员、对工作人员存在培训教育等方面未尽职责的主观形态。当劳务派遣单位在选派、培训工作人员时未尽职责，派遣的工作人员不符合派遣要求，即可认定劳务派遣单位有过失，成立该过错要件。认定劳务派遣单位过错要件的作用，在于劳务派遣单位是否承担相应的责任，而不是以此确定接受派遣的用工单位的责任。不过，认定劳务派遣单位的过失并非与接受劳务的用工单位毫无关系，因为劳务派遣单位有过失就要承担相应的责任，因而使接受劳务派遣单位的赔偿责任相应减少。

典型案例解读

漯河某某技术开发区湘江路管理办公室、边某衬与段某振、靳某梅等非机动车交通事故责任纠纷案[①]

【案情】靳某梅系某某公司派遣至漯河某某技术开发区湘江路管理办公室工作的工作人员。某日，靳某梅驾驶无牌照电动三轮车时与段某振驾驶的电动二轮车相撞造成双方车损及段某振、边某衬受伤的交通事故。对此，道路交通事故认定书认定靳某梅负该事故的全部责任，段某振等无责任。

【裁判】一审法院认为，靳某梅系被某某公司派遣至漯河某某技术开发区湘江路管理办公室工作，事故发生时系履行职务的行为，故靳某梅应承担的民事责任应当由漯河某某技术开发区湘江路管理办公室承担。

漯河某某技术开发区湘江路管理办公室不服，提出上诉。理由是，靳某梅不是我方员工，而是漯河市某某公司员工，相关损失应当由漯河市某某公司支付。

二审法院认为，靳某梅系劳务派遣人员，某某公司为劳务派遣单位，漯河某某技术开发区湘江路管理办公室为接受劳务派遣的用工单位，靳某梅从事上诉人漯河某某技术开发区湘江路管理办公室职责内的垃圾清运工作，靳某梅在早晨6时10分驾驶上诉人所有的电动三轮车，符合垃圾清运工作的特征。漯河某某技术开发区湘江路管理办公室称非行政人员工作时段，主张该时间不是上班时间，但未提供证据，且不符合垃圾清运工作尽量避开正常工作时间的特点，故其主张不能成立，应认定靳某梅系履行工作任务。《民法典》第1191条规定，用人单位的工作人员因执行工作任务造成他人损害的，由用人单位承担侵权责任。用人单位承担侵权责任后，可以向有故意或重大过失的工作人员追偿。劳务派遣期间，被派遣的工作人员因执行工作任务造成他人损害的，由接受劳务派遣的用人单位承担侵权责任，劳务派遣单位有过错的，承担相应的责任。故上诉人漯河某某技术开发区湘江路管理办公室作为接受劳务派遣的用人单位，应当承担本案的侵权

① 参见河南省漯河市中级人民法院（2024）豫11民终545号民事判决书。

赔偿责任。如认为靳某梅和某某公司应当承担相应的责任，上诉人漯河某某技术开发区湘江路管理办公室可另寻法律途径解决。

【解读】劳务派遣关系中存在三方主体：一是用人单位即劳务派遣单位，二是用工单位即接受劳务派遣的单位，三是工作人员。工作人员接受劳务派遣后，是为了用工单位的利益而执行工作任务。因此，当工作人员因执行工作任务造成他人损害时，应当是由接受劳务派遣的用工单位承担侵权责任。劳务派遣单位在其有过错时承担相应的责任。

据此，被侵权人可以单独起诉接受劳务派遣单位，也可以合并请求劳务派遣单位与接受劳务派遣的用工单位承担侵权责任。系争案件中，原告采用的是方案一，即只起诉了接受劳务派遣单位的漯河某某技术开发区湘江路管理办公室。因靳某梅系在执行垃圾清运工作的过程中发生机动车交通事故造成他人损害，漯河某某技术开发区湘江路管理办公室应当承担用工单位责任，而不得以劳务派遣关系为由主张自己不承担责任或者减轻责任等。但如果原告同时起诉了劳务派遣单位某某公司和用工单位漯河某某技术开发区湘江路管理办公室，则需要进一步查明某某公司是否在选任靳某梅时未尽到专业知识和技能培训等义务。如果确实存在未进行安全教育培训等情况，则某某公司作为劳务派遣单位，也应当根据《侵权责任编司法解释（一）》第 16 条的规定，在其过错范围内承担责任。

值得讨论的是，漯河某某技术开发区湘江路管理办公室承担责任后是否有权向某某公司追偿；某某公司承担责任后是否有权向漯河某某技术开发区湘江路管理办公室追偿。《侵权责任编司法解释（一）》第 16 条第 2 款只规定了劳务派遣单位先行支付赔偿费用后，可以就超出自己责任的部分向接受劳务派遣的用工单位追偿，但是双方另有约定的除外。按照这一规定，劳务派遣单位和接受劳务派遣的用工单位间的追偿关系，原则上按照双方的约定进行处理；如果双方没有约定，则依据连带责任的法理进行责任分担或者依据不当得利的方式请求返还。如此一来，漯河某某技术开发区湘江路管理办公室或者某某公司承担责任后，可以依据双方的劳务派遣协议约定进行追偿；如果未作出特别的约定，漯河某某技术开发区湘江路管理办公室可以在某某公司的过错范围内向某某公司追偿，某某公司承担的自己责任的部分不可以向漯河某某技术开发区湘江路管理办公室追偿，某某公司承担超出自己责任的部分可以向漯河某某技术开发区湘江路管理办公室追偿。

三、工作人员执行任务行为构成刑事犯罪的，不免除用人单位的侵权责任

《侵权责任编司法解释（一）》第 17 条规定："工作人员在执行工作任务中实施的违法行为造成他人损害，构成自然人犯罪的，工作人员承担刑事责任不影响用人单位依法承担民事责任。依照民法典第一千一百九十一条规定用人单位应当承担侵权责任的，在刑事案件中已完成的追缴、退赔可以在民事判决书中明确并扣减，也可以在执行程序中予以扣减。"这是对《民法典》第 1191 条两款规定的两种用人者责任中刑民交叉具体适用法律的解释，其核心问题是工作人员执行任务行为构成刑事犯罪不免除用人单位（包括用工单位和派遣单位）的侵权责任。

（一）民事法律和刑事法律竞合的法律适用规则

《侵权责任编司法解释（一）》第 17 条涉及的法律问题，是刑事法律与民事法律的法规竞合规则。《民法典》第 187 条规定："民事主体因同一行为应当承担民事责任、行政责任和刑事责任的，承担行政责任或者刑事责任不影响承担民事责任；民事主体的财产不足以支付的，优先用于承担民事责任。"这一条文前段规定的就是民事法律与刑事法律、行政法律竞合的法律适用规则。

民事法律与刑事法律竞合属于非冲突性法规竞合，民事责任和刑事责任可以各自依法进行追究。例如，一个人的行为既构成侵权责任，又触犯刑事法律构成刑事犯罪，应当对其分别追究民事责任和刑事责任，构成刑事附带民事损害赔偿责任。用人单位或者接受劳务派遣的用工单位的工作人员在执行工作任务过程中造成他人损害的，不仅触犯刑事法律构成犯罪，同时也应当依照《民法典》第

1191 条的规定追究用人单位的侵权责任，这也是非冲突性法规竞合，民事责任和刑事责任都应当依法予以追究。

构成侵权替代责任的，在刑事法律关系中，用人单位和接受劳务派遣的用工单位与工作人员是两个主体，工作人员应当承担刑事责任；在民事法律关系中，这两个主体在侵权法律关系中却是一个主体，即用人单位和用工单位是侵权责任主体，工作人员是替代责任侵权法律关系的行为人，对外不具有责任主体的身份，应当由用人单位和用工单位承担侵权责任。这种情况在刑民交叉的法律关系中是最好处理的。

《全国法院民商事审判工作会议纪要》第 128 条规定："同一当事人因不同事实分别发生民商事纠纷和涉嫌刑事犯罪，民商事案件与刑事案件应当分别审理，主要有下列情形：（1）主合同的债务人涉嫌刑事犯罪或者刑事裁判认定其构成犯罪，债权人请求担保人承担民事责任的；（2）行为人以法人、非法人组织或者他人名义订立合同的行为涉嫌刑事犯罪或者刑事裁判认定其构成犯罪，合同相对人请求该法人、非法人组织或者他人承担民事责任的；（3）法人或者非法人组织的法定代表人、负责人或者其他工作人员的职务行为涉嫌刑事犯罪或者刑事裁判认定其构成犯罪，受害人请求该法人或者非法人组织承担民事责任的；（4）侵权行为人涉嫌刑事犯罪或者刑事裁判认定其构成犯罪，被保险人、受益人或者其他赔偿权利人请求保险人支付保险金的；（5）受害人请求涉嫌刑事犯罪的行为人之外的其他主体承担民事责任的。""审判实践中出现的问题是，在上述情形下，有的人民法院仍然以民商事案件涉嫌刑事犯罪为由不予受理，已经受理的，裁定驳回起诉。对此，应予纠正。"上述第 1 款第 3 项规定的情形，就是《侵权责任编司法解释（一）》第 17 条规定的替代责任的民事法律与刑事法律法规竞合的规则。

与此相对应的是，《侵权责任编司法解释（一）》第 17 条前段规定："工作人员在执行工作任务中实施的违法行为造成他人损害，构成自然人犯罪的，工作人员承担刑事责任不影响用人单位依法承担民事责任。"这就是"刑事责任的承担不妨碍民事责任的认定”[①]规则。对工作人员追究刑事责任，依照《刑法》的规定定罪量刑；用人单位和用工单位应当对被侵权人承担侵权替代责任，该赔偿多少就赔偿多少。

例如，银行等金融机构的客户经理或者其他工作人员利用职务便利，实施诈骗犯罪活动给客户造成财产损失，工作人员被依法判处诈骗罪后，当客户要求银行等金融机构作为用人单位承担侵权责任时，银行等金融机构通常的主要辩解是：应当在刑事判决中责令犯罪分子退赔，银行等金融机构不承担退赔责任；或者客户的财产损失是犯罪分子的故意犯罪行为造成的，犯罪分子只是利用了在银行等金融机构工作的机会，与银行等金融机构无关；或者犯罪分子的犯罪行为并未执行作为用人单位的银行等金融机构的工作任务，用人单位不承担侵权责任。事实上，只要银行等金融机构的客户经理或者其他工作人员利用了该机构工作人员的身份，在犯罪行为中是以该种身份进行活动，且与银行等金融机构的场所、环境、用品等相关，具有为执行银行等金融机构工作任务外观表象的，应当认定为用人单位的工作人员执行工作任务造成他人损害。追究工作人员的刑事责任，并不能免除作为替代责任主体的银行等金融机构应当承担的侵权责任及救济被侵权人的权利损害。

（二）用人单位承担责任的范围与刑事案件追缴、退赔的关系

按照前述规则处理刑事犯罪与用人单位的侵权责任的问题，涉及的问题之一，就是用人单位承担责任与刑事案件中犯罪行为人对赃款、赃物的追缴和退赔的关系。对此，《侵权责任编司法解释（一）》第 17 条后段关于“依照民法典第一千一百九十一条规定用人单位应当承担侵权责任的，在刑事案件中已完成的追缴、退赔可以在民事判决书中明确并扣减，也可以在执行程序中予以扣减”的规定，就是处理这个问题的规则。

---

① 《最高法民一庭负责人就民法典侵权责任编司法解释（一）答记者问》，载微信公众号“最高人民法院”，2024 年 9 月 26 日。

对此规则应当怎样理解，最高人民法院民事审判第一庭负责人认为，该解释第 17 条明确了用人单位承担责任的范围与刑事案件中追缴、退赔的关系。实务中对此问题存在不同意见。有意见认为，民事判决的赔偿范围应扣除刑事判决退赔被害人损失部分。而论证过程中相对集中的意见为，刑事责任的承担不妨碍民事责任的认定，而且责任的认定与实际执行应予区分。因此，提出的具体意见包括以下两点：

第一，《刑法》第 64 条是关于对犯罪所得财物如何执行处理的规定，而并非就刑事责任与民事责任关系的规定。因此，刑事判决追缴、退赔被害人损失不妨碍民事判决对于赔偿范围的认定（注意：这里规定的是认定）。这就是在认定用人单位的侵权责任时，对赔偿范围应当依照《民法典》第 1179 条及第 1181~1184 条的规定，该怎样认定就怎样认定，对用人单位应当承担的赔偿责任范围作出准确认定，不受刑事判决的影响。

第二，如果犯罪所得已在刑事案件中追缴或者退赔且返还了被害人的，应当在用人单位的赔偿责任中予以扣减。据此，《侵权责任编司法解释（一）》第 17 条规定，用人单位依法应当承担侵权责任的，在刑事案件中已完成的追缴、退赔（还应当明确退赔给被害人）的，可以在民事判决书中明确并扣减，也可以在执行程序中予以扣减。这就是在确定了用人单位的赔偿责任后，对于追缴、退赔的部分钱款和物品，已经返还给被侵权人，弥补了被侵权人的损失的，应当在赔偿总额中予以扣减，按照扣减后的余额，确定用人单位的赔偿责任。

第三，对追缴、退赔数额的具体扣减办法分为两种：一是在民事案件的审理中，直接在民事判决书中明确扣减的数额，判决用人单位应当承担的赔偿数额；二是在执行程序中，对判决书认定的用人单位应当承担赔偿责任的全额，扣除已经追缴、退赔返还给被侵权人的部分，就剩余的部分裁定由用人单位执行。

（三）本条规定中的“用人单位”的范围

在理解和适用《侵权责任编司法解释（一）》第 17 条规定的“用人单位”的范围时，有三种不同的理解：一是与《民法典》第 1191 条第 1 款规定的“用人单位”相一致；二是与《民法典》第1191条第2款规定的“接受劳务派遣的用工单位”和“劳务派遣单位”相一致；三是也包括《民法典》第1192条规定的接受劳务一方。对此，该条司法解释没有明确规定，最高人民法院民事审判第一庭负责人也没有作出解释，需要进行理论上的解释。

笔者认为，《侵权责任编司法解释（一）》第17条规定之所以放在第15条和第16条之后，表明对用人单位的解释应当包括第15条和第16条规定的用人单位，如果只解释《民法典》第1191条第1款规定的用人单位的话，应当在第15条之后规定。因此，首先，应当认定这里规定的用人单位包括《民法典》第1191条第1款和第2款规定的两种用人者责任。其次，《民法典》第1192条规定的个人劳务损害责任，与第1191条第1款规定的用人单位责任规则基本一致，这里规定的用人单位也应当包括接受劳务一方。最后，《民法典》第1191条规定的两种用人者责任和第1192条规定的个人劳务损害责任，都是典型的用人者责任，是传统民法中的雇主责任，性质相同，只是单位和用人关系的表现方式不同，应当适用同样的规则。既然工作人员执行工作任务的犯罪行为不影响用人单位的替代责任承担，那么，在劳务派遣责任和个人劳务责任中，也应当适用同样的规则，即接受劳务派遣的用工单位在工作人员执行工作任务中造成他人损害的行为构成刑事犯罪，用工单位应当承担替代责任的损害赔偿责任；劳务派遣单位在选任或者培训工作人员中有未尽职责的过失的，也应当在自己的过错范围内承担相应的责任；提供劳务一方在执行劳务中致人损害构成刑事犯罪，在追究其刑事责任的同时，接受劳务一方应承担替代责任的，也应当承担赔偿责任。

典型案例解读

李某位与某甲公司、某乙公司用人单位责任纠纷案①

【案情】耿某航系被告某乙公司根据其服务范围和双方协议推荐到被告某甲

① 参见云南省曲靖市中级人民法院（2024）云03民终2639号民事判决书。

公司的劳动者，为被告某甲公司提供共享电动自行车的运维服务，接受某甲公司的工作安排、管理和指挥。2021 年 5 月 5 日 13 时许，耿某航在宣威市某某酒店（个体工商户，经营者李某位）前为被告某甲公司所有的共享电动自行车更换电瓶时，原告李某位以共享电动自行车随意摆放、阻挠了其正常经营活动、影响公共区域通行为由与耿某航发生争吵，并相互辱骂和推搡，争吵中耿某航用共享电动自行车电瓶击打李某位头面部，将李某位打伤。2021 年 10 月 25 日，云南省宣威市人民法院以故意伤害罪判处耿某航有期徒刑三年四个月，李某位当庭自愿撤回附带民事诉讼。李某位被致伤后即到宣威市某某医院治疗。原告李某位以某甲公司、某乙公司为共同被告向云南省宣威市人民法院起诉，并坚持要求按照用人单位责任纠纷为案由要求用人单位承担赔偿责任。

【裁判】一审法院认为，《民法典》第 1191 条第 1 款规定“用人单位的工作人员因执行工作任务造成他人损害的，由用人单位承担侵权责任。用人单位承担侵权责任后，可以向有故意或者重大过失的工作人员追偿”，由此可见，用人单位责任纠纷采取的是无过错责任原则，只要工作人员实施侵权行为造成他人损害，用人单位就要首先承担赔偿责任，用人单位不能通过证明自己在选任或者监督方面尽到了相应义务来免除自己的责任，当然，用人单位承担侵权责任后，可以向有故意或者重大过失的工作人员追偿。因此，本案首先应当确认二被告谁是用人单位的争议，根据双方当事人的举证、质证情况可以认定，侵权行为人耿某航系被告某乙公司根据其服务范围和双方协议被推荐到被告某甲公司的劳动者，为被告某甲公司提供共享电动自行车的运维服务，接受某甲公司的工作安排、管理和指挥，案发时耿某航在为被告某甲公司所有的共享电动自行车更换电瓶，因共享电动自行车的停放问题与原告发生争执，因此可认定被告某甲公司系耿某航的实际用人单位，应当依照法律规定承担用人单位责任，原告李某位要求被告某乙公司承担共同赔偿责任于法无据，不予采纳。关于耿某航的侵权行为与用人单位的工作任务是否存在关联的争议，本案争执起因是被告某甲公司所有的共享电动自行车的停放问题，且是在耿某航为共享电动自行车更换电瓶时发生，被告某甲公司虽从未授意其打人，但因耿某航的行为与其工作任务紧密相关，且其基本目的是维护某甲公司的利益，应当推定为执行工作任务的范围，是职务行为而非单纯的个人行为，与某甲公司安排的工作任务存在关联，被告某甲公司应当承担用人单位责任，其承担责任的原因是基于法律规定而非自身存在过错。

关于原告李某位是否存在过错的争议，云南省宣威市人民法院（2021）云0381刑初668号刑事判决书中认定“现有证据不能证明被害人有过错”，尽管刑事判决书未对被害人的过错进行认定，但因刑事判决和民事判决在法律体系中具有不同的功能和目的，刑事判决主要关注犯罪行为的定罪和量刑，而民事判决则侧重于赔偿和责任的分担，因此即使刑事判决中没有明确被害人的过错，但民事法官在审理民事赔偿部分时，仍然可以根据案件的具体情况，对被害人的过错进行评估，被告某甲公司提交的证据4能够证实案发经过，原告李某位在案发的起因上、案发过程中存在激化矛盾的语言和行为的过错，应予以认定。《民法典》第1173条规定：“被侵权人对同一损害的发生或者扩大有过错的，可以减轻侵权人的责任。”根据本案实际，对原告李某位的损失，以李某位自行承担30%的责任为宜。

某甲公司提出上诉。理由是，某甲公司与耿某航之间不存在用工关系，耿某航的犯罪行为及其应承担的民事赔偿责任与某甲公司无关，某甲公司不应承担用人单位责任。即便耿某航与某甲公司成立用工关系，耿某航对李某位实施故意伤害的犯罪行为也不属于正常的职务行为范围，应认定为其个人行为，二人发生纠纷的原因非工作而起，也非执行工作任务所需，且与执行工作任务的内容亦无任何联系，某甲公司没有任何理由授权耿某航进行违法犯罪活动，且耿某航的服务内容仅为某甲公司电单车的电池更换，完全不涉及车辆挪移服务，而是本案证人吕某负责车辆挪移。二人的打架行为发生在耿某航完成电池更换并离开换车场地之后，后因李某位紧追不舍、二人发生口角后，耿某航将李某位打伤。从打架行为时间、起因、经过等情况来看，也完全与耿某航换电池本身之间无任何关系。耿某航与人互殴的犯罪行为不属于“执行工作任务”，本案不能适用用人单位责任条款，某甲公司不应对二人互殴行为造成的损害后果承担责任。耿某航与李某位互殴造成的损害结果由其他主体承担赔偿责任，不仅于法无据，也不符合公平原则，更与社会主义善良风俗相违背。

二审法院认为，关于本案应由谁承担用人单位责任的问题。第一，某甲公司与某乙公司之间形成承揽合同关系。理由是，某甲公司将二轮电单车（电动三轮车如有）车辆挪动，车辆的换电、充电、检修等，以及路面运营车辆摆放，车辆卸装、移送等与其主营业务相关的服务外包给某乙公司，由某乙公司根据某甲公司的要求安排合适的服务人员为某甲公司服务。某甲公司按合同约定按时、足额支付给某乙公司外包服务费。服务费包含招聘成本、管理成本、用工成本及其他必要的投入等费用。服务费按某乙公司向某甲公司提供的外包服务的工作量及成果计算。第二，某乙公司系侵权人耿某航的用人单位。理由是，耿某航根据某乙公司的安排为某甲公司经营的共享电动自行车提供运维管理服务，其接受某乙公司的工作安排、管理和指挥；耿某航提供的服务系某乙公司承包的业务组成部分，由某乙公司支付耿某航劳务报酬。第三，耿某航的行为属于职务行为。本案起因是耿某航在为共享电动自行车更换电瓶时，因共享电动自行车的停放问题与李某位发生的争执，耿某航将李某位打伤，耿某航的行为与其工作任务紧密相关，应当认定为职务行为。第四，根据某甲公司与某乙公司的合同约定，某甲公司与某乙公司的服务人员不存在任何劳动或者其他合同关系，在服务过程中，某乙公司服务人员出现的任何人身损害、交通事故、财产损失，或导致他人人身损害或财产损失等一切赔偿责任，某甲公司均不负赔偿责任，均由某乙公司承担。故，本案应由某乙公司对耿某航的侵权行为承担赔偿责任。一审法院认定某甲公司是耿某航的实际用人单位，并由某甲公司承担责任，不符合当事人之间的合同约定，应予纠正。

【解读】耿某航用共享电动自行车电瓶击打李某位头面部，将李某位打伤，构成故意伤害罪。除了个体的刑事责任外，本案还同样涉及用人单位的损害赔偿责任。

自然人的行为构成犯罪，但是该行为是否属于执行用人单位的工作任务范畴，从而适用用人单位责任规则，这一问题属于民事领域。按照传统的重刑轻民观念，如果自然人的行为构成犯罪，自然不属于执行工作任务。但事实上，这其实是对民法与刑法规范对象的混淆。刑法规范的对象是具有严重社会危害性的行为，本身不对该行为是否属于“执行工作任务”作出评价。民法规范的对象是用工单位的责任，其核心的评价对象就是是否属于“执行工作任务”。《侵权责任编司法解释（一）》第17条规定的主要意义就是进行民刑区分。

就本案而言，一审判决的论证理由是，从本案的争执起因来看，是因共享电动自行车的停放问题引起，且是在耿某航为共享电动自行车更换电瓶时发生，尽管公司并未授意其打人，但因耿某航的行为与其工作任务紧密相关，且基本目的是维护公司利益，应当推定为执行工作任务的范围，是职务行为而非单纯的个人行为，与公司安排的工作任务存在关联。公司的抗辩理由则是，打架行为发生在耿某航完成电池更换并离开换车场地之后，后因李某位紧追不舍，二人发生口角后，耿某航将李某位打伤。从打架行为的时间、起因、经过等情况来看，也完全与耿某航换电池无任何关系。

一审法院的论证与公司的抗辩各有其可取之处。产生分歧恰恰是因为以上论证围绕是否与公司安排的工作任务关联、目的是否系维护公司的利益来展开，而这两点尚处于模糊地带。但如果站在风险的角度考虑，可以增添新的注脚。该公司的服务范围是将车辆挪动，车辆的换电、充电、检修等，以及路面运营车辆摆放、车辆卸装、车辆移送等。因此，该经营活动所引发的风险，属于用人单位应当承担的责任范畴。如果是非因该经营活动所引发的风险，而是工作人员的行为开启了新的风险，则是工作人员的个人行为，用人单位不应当承担侵权责任。如果是工作人员利用用人单位经营的场所等方式开启新的风险，用人单位未尽注意义务，属于双方叠加的侵权行为，应当共同承担责任。本案的特殊性在于，既然经营活动的内容之一是停放车辆等，则在挪动的过程中很有可能与他人发生冲突，属于用人单位可以预见的范畴。耿某航使用电瓶将李某位打伤，用人单位应当承担侵权责任。

如果耿某航在刑事案件中已经完成了退赔，则用人单位某乙公司在承担民事责任时，法院判决或者执行中也应当明确扣减。用人单位某乙公司在承担了责任后，可以依据《民法典》第1191条第2款的规定向故意实施侵权行为的耿某航追偿。

四、定作人指示过失责任的责任形态

对《民法典》第1193条规定的定作人指示过失责任，《侵权责任编司法解释（一）》第18条规定：“承揽人在完成工作过程中造成第三人损害的，人民法院依照民法典第一千一百六十五条的规定认定承揽人的民事责任。被侵权人合并请求定作人和承揽人承担侵权责任的，依照民法典第一千一百六十五条、第一千一百九十三条的规定，造成损害的承揽人承担侵权人应承担的全部责任；定作人在定作、指示或者选任过错范围内与承揽人共同承担责任，但责任主体实际支付的赔偿费用总和不应超出被侵权人应受偿的损失数额。定作人先行支付赔偿费用后，就超过自己相应责任的部分向承揽人追偿的，人民法院应予支持，但双方另有约定的除外。”对这一司法解释的规定，作以下法理阐释与具体规则的说明。

（一）传统的定作人指示过失责任的法律适用规则

应当看到的是，我国《民法典》第1193条规定的定作人指示过失责任，不属于大陆法系侵权法的传统。

罗马法没有关于定作人指示过失责任的规定，不仅在私犯中没有规定，在准私犯中也没有规定。甚至在民法法典化以后，《法国民法典》没有规定定作人指示过失责任，100年后的《德国民法典》对此也没有规定。

定作人指示过失责任是英美法系的侵权法规则。有人把它译为“独立契约”或者“独立施工人”，含义是定作人和承揽人之间订立了承揽加工合同，如果承揽人在加工过程中造成了第三人的损害，则由承揽人自己承担赔偿责任；如果定作人给了承揽人错误的指示或者定作，承揽人按照错误的指示或者定作去执行，造成他人损害的，应当由定作人承担赔偿责任。对此，英国丹宁法官在1969年的一个案件中认为：“依据一份劳务合同，某人被雇用而成为商业的组成部分；然而，依据一份服务合同，某人尽管是为商业而服务，却并未被整合进入商业而仅仅是附属于它。”[①] 他在这里指的就是定作人指示过失责任与承揽合同承揽人致害责任的区别。承揽合同的承揽人就是独立工人或者独立施工人。独立施工人与雇员即工作人员的区别，主要在于雇主（用人单位）对雇员（工作人员）和承揽人是否具有控制力，雇主对前者具有控制力，对后者不具有控制力。因此，承揽人即独立施工人致人损害的是自负其责，雇员执行职务致人损害的雇主承担替代责任。

日本在 19 世纪末起草《日本民法典》时引进了英美侵权法的独立施工人的侵权责任类型，称为定作人指示过失责任。该法第 716 条规定：“定作人对于承揽人就其工作加于他人的损害，不负赔偿责任。但是，定作人对定作或指示有过失时，不在此限。”《埃塞俄比亚民法典》第 2134 条将其规定为“独立的工人”，基本规则相同。

清朝于 1911 年起草的《大清民律草案》第 953 条直接引进了《日本民法典》第 716 条，后来的《民国民律草案》第 254 条也作了规定。1930 年《中华民国民法》第 189 条规定：“承揽人因执行承揽事项不法侵害他人之权利者，定作人不负损害赔偿责任，但定作人于定作或指示有过失者不在此限。”这个条文与《日本民法典》第 716 条的规定相比，虽然语言不同，但内容却一致。

（二）定作人指示过失责任的传统规则

笔者在 1991 年对传统的定作人指示过失责任的基本规则进行了研究和说明。[②] 综合起来，传统的定作人指示过失责任的规则如下。

1. 当事人之间须有承揽性质的合同

构成定作人指示过失责任的首要条件是当事人之间的合同必须为承揽性质的合同。承揽性质的合同并不是说一定是承揽合同，而是只要具有承揽的性质即可。这正是区分定作人指示过失责任和雇主责任的基本界限。定作人指示过失责

① Vivienne Harpwood, *Modrn Tort Law*, 7th. de. Routledge–Cavendish, 2009, p.358.

② 杨立新、尹艳：《试论定作人指示过失的侵权责任》，载《河北法学》1991 年第 2 期。

任的基础是承揽性质的合同，而雇主责任必须是劳务合同。例如，乘坐带驾驶员的出租汽车本是租赁合同，但其具有承揽性质，而非用人单位的劳务合同，当乘坐人强制驾驶员违章驾驶，致人损害的，也构成定作人指示过失责任。

2. 侵权行为须是在执行承揽性合同的过程中发生

执行承揽合同就是完成承揽事项。其间造成承揽人损害他人的结果，须是在完成承揽事项的过程中发生的。如果超出了执行承揽事项的范围，不存在发生定作人指示过失责任的可能。

3. 侵害的须是第三人的民事权益

定作人指示过失的行为所侵害的权益，分为两个方面：一是承揽合同以外的第三人的民事权益，例如第三人生命权、健康权或者财产权的损害；二是承揽人自己权利的损害，是承揽人在执行承揽事务中，造成了自己的损害。在这个问题上，2003 年《人身损害赔偿解释》第 10 条的规定较为宽泛，不仅包括致第三人损害，还包括造成自己的损害。这样的规定虽然超出了传统定作人指示过失责任的范围，但也有适用上的好处，就是“一揽子”解决问题。

4. 造成损害的行为人须是承揽人

造成损害事实的直接行为人是承揽人而不是定作人，是承揽人在执行承揽事项时，因自己的行为造成他人损害，并不是定作人的行为造成他人损害。这是替代责任成立的基础。如果是定作人造成他人损害，那是自己责任，而不是替代责任。

5. 承担责任的主体须是定作人

定作人指示过失责任的责任人是定作人，定作人为自己过失的定作、指示所造成的后果承担损害赔偿责任。这正是定作人指示过失责任的基本特征，是为他人的行为造成的后果负责，而承揽人造成损害的原因在于定作人的过失。

例如，定作人指示承揽人加工危险物品，承揽人告知加工此种危险物品有重大风险，但是定作人强令承揽人坚持继续加工，承揽人提出改进加工方法，定作人指示按照定作人要求的方法进行，结果造成他人损害。依照传统定作人指示过失责任规则，这构成定作人指示过失责任，定作人为承揽人造成的他人损害承担替代责任。

（三）《民法典》规定的定作人指示过失责任与传统规则的区别

我国《民法通则》和《侵权责任法》对定作人指示过失责任都没有规定，2003年的《人身损害赔偿解释》第10条作了规定，为当时的司法裁判提供了规则。

《民法典》第1193条规定定作人指示过失责任，是以2003年《人身损害赔偿解释》第10条为基础制定的，该条司法解释规定的定作人指示过失责任的全部特点都保留在了《民法典》第1193条的条文中，使我国的定作人指示过失责任与大陆法系和英美法系的同一种侵权责任类型的责任承担规则完全不同。

《民法典》规定的定作人指示过失责任与传统的定作人指示过失责任的主要区别，有以下三个方面。

1. 把承揽人造成自己的损害包括在内

传统民法规定定作人指示过失，只在造成第三人损害时才构成这种责任。我国《民法典》第1193条把承揽人造成自己的损害也包括进去，超出了传统民法对定作人指示过失责任的范围。不过，这一条文规定承揽人在执行承揽活动中造成自己损害的，应当自己承担责任，并不违反法理，只是没有必要规定在定作人指示过失责任的范围内而已。这样规定虽然有利于区分承揽人造成自己损害应当自己承担责任和定作人的指示过失责任，但这本身就不是定作人指示过失责任的问题，而是承揽人及其员工的工伤事故责任，性质完全不同。

2. 定作人在何种情况下承担责任

《民法典》第1193条规定，定作人对定作、指示或者选任有过失的，承揽人执行承揽任务中致人损害的，由定作人承担责任。其中，定作人的“选任”过失，是传统立法例没有规定的，定作人仅仅对定作或者指示过失造成的损害承担责任，不规定选任过失也承担责任。例如，一个装修队本来没有建筑装修的资质，却伪造了一个资质证书，定作人相信了该资质证书的证明，确实有选任过失。如果这个工程队在施工中造成他人损害，须由定作人对他的选任过失行为造成的损害后果负责，是不公平的。所以，还是应该规定定作人在指示或者定作有过失时才承担责任，而对选任过失不应该承担责任。

3. **定作人指示过失承担的责任形态**

传统侵权法规定的定作人指示过失责任，定作人承担的责任是替代责任，即定作人因其定作或者指示过失，对承揽人造成的损失承担替代责任。我国《民法典》第1193条以及司法解释规定的定作人指示过失责任，有过失的定作人承担的责任不是替代责任，而是相应的责任。这就把定作人指示过失行为的性质界定为非典型共同侵权行为，责任形态由替代责任改变为混合责任。这是我国的定作人指示过失责任与传统定作人指示过失责任的根本不同。

（四）适用《民法典》第1193条规定的具体规则

《侵权责任编司法解释（一）》第18条对适用《民法典》第1193条规定的具体规则如下。

1. **承揽人的自己责任**

《侵权责任编司法解释（一）》第18条第1款规定，承揽人在完成工作过程中造成第三人损害的，法院应当依照《民法典》第1165条的规定，认定承揽人的侵权责任。承揽人履行承揽合同的基础虽然是合同关系，但是，在执行承揽任务时其行为致害第三人的，应当依照侵权责任法确定侵权责任。《民法典》第1165条第1款规定的是过错责任原则，第2款规定的是过错推定原则，确定承揽人履行定作事项致人损害，应当依据该条第1款规定确认过错侵权责任。对此，定作人不负责任。

2. **承揽人承担侵权人应承担的全部责任**

在承揽合同订立和履行过程中，定作人有选任、定作或者指示过失的，承揽人与定作人的共同行为造成了同一损害，在学理上认为构成非典型共同侵权行为，因而承揽人对造成的全部损害承担侵权人应当承担的全部责任。同样，这种全部损害赔偿责任中，也包括了有过失的定作人的按份责任，但是，承揽人也应当像侵权人那样承担全部损害赔偿责任。这其实就是连带责任。

3. 定作人在定作、指示或者选任过失的范围内承担按份责任

定作人承担的相应的责任，是与其选任、定作、指示过失的程度相适应的按份责任。被侵权人向定作人主张承担全部责任时，按照传统侵权法的规则是可以的；由于我国《民法典》规定的是相应的责任，应当承担的是按份责任。笔者认为，这种相应的责任不是连带责任，定作人没有义务承担全部损失，只对自己的过失程度承担按份责任。

4. 合并起诉承揽人和定作人的共同责任

被侵权人合并请求定作人和承揽人承担侵权责任的，应当依照《民法典》第 1165 条的规定，认定造成损害的承揽人承担侵权人应承担的全部责任；依照《民法典》第 1193 条的规定，认定定作人在定作、指示或者选任过错范围内与承揽人共同承担责任。双方承担的责任实际支付的赔偿费用的总和，不应超出被侵权人应受偿的损失数额，即受“填平原则”的规制。

5. 定作人对承揽人的追偿权

按照《侵权责任编司法解释（一）》第 18 条第 3 款的规定，如果定作人先行支付赔偿费用后，对承揽人享有追偿权，就超过自己相应的责任份额之外的部分，有权向承揽人追偿，法院应予支持，但是，双方另有约定的除外。

同样，该条司法解释没有规定承揽人承担了全部赔偿责任后，对有过失的定作人是否享有追偿权。这是因为司法解释起草者为回避连带责任的概念，而不规定承揽人的追偿权。既然承揽人要像侵权人那样对全部损害承担赔偿责任，当定作人应当承担与其过错相应的按份责任时，承揽人承担了全部赔偿责任后，当然对定作人享有追偿权，按照定作人的按份责任的份额，向其主张追偿权。

（五）定作人的过失是损害发生的 100% 原因时的责任承担

《民法典》第 1193 条规定，定作人指示过失承担的责任是按份责任。确定这个按份责任的基础，是定作人的过失是造成损害的部分原因。应当进一步深入讨论的是，定作人在承揽人完成定作任务时，如果定作人的过失是损害发生的全部原因，即造成损害的唯一原因，定作人承担的责任肯定就不是按份责任，而是全

部责任。事物发展的规律是一切皆有可能，因而不能否定这种可能。当定作人的定作和指示过失是重大过失，而承揽人并无过失时，《民法典》第1193条的规定就不能适用，《侵权责任编司法解释（一）》第18条规定的规则也不能适用。

当出现定作人的定作或者指示过失是承揽人造成他人损害的全部原因时，就不存在承揽人像侵权人那样对损害承担全部赔偿责任的可能，定作人承担的也不是相应的责任，而是全部赔偿责任。

当定作人的过错是损害发生的全部原因时，侵权行为就只有一个责任主体，定作人承担的就是单独责任，这就回归到传统定作人指示过失责任的替代责任规则中。因此，即使适用《民法典》第1193条的规定确定定作人指示过失责任的相应的责任，相应的责任承担达到100%的，就是适用传统定作人指示过失责任的特定场景，不再适用《民法典》第1193条规定的规则，也不适用《侵权责任编司法解释（一）》第18条的规定，应当按照传统定作人指示过失责任的规则，由定作人对承揽人造成的他人损害承担替代责任，对全部损害承担赔偿责任。

典型案例解读

姚某某与某丰公司、某某信公司等提供劳务者受害责任纠纷案[①]

【案情】陈某某为涉案房产业主。陈某某配偶朱某某于2022年12月10日与某丰公司签订《住宅室内装修工程施工合同》，约定由某丰公司承揽上述涉案房产的室内装饰装修工程；与某某信公司签订《日立家用中央空调系统销售及安装工程合同》，约定向某某信公司购买日立家用中央空调，且由某某信公司负责该家用中央空调的安装。某某信公司将上述家用中央空调安装工程中的室内空调安装部分，包括管道铺设等部分又发包给了蔡某某，而蔡某某又将其中的空调安装管道的铺设分包给姚某某，剩余部分则由蔡某某自行完成。蔡某某称相关的工作

① 参见广东省广州市中级人民法院（2024）粤01民终27312号民事判决书。

器具均由姚某某自行提供。某日，姚某某在涉案房产外一楼位置，站在人字梯上打空调新风孔洞的过程中，因人字梯不稳向外倒，导致姚某某从一楼掉到负一楼地面受伤。人字梯的高度约2.5米，一楼到负一楼的高度约3米。姚某某诉请蔡某某、某丰公司、某某信公司承担赔偿责任。

【裁判】一审法院认为，首先，某丰公司承揽了涉案房产的室内装饰装修工程，但由于家用中央空调的特殊性，业主与某丰公司的装修合同中并未包含家用中央空调的安装，而系另行与某某信公司签订了空调销售与安装合同，某丰公司仅需要出于整体装修效果的考虑，在空调的布局与孔洞留存事宜上与负责空调安装的某某信公司进行沟通协调而已。姚某某未举证证明其与某丰公司之间存在任何关系，或某丰公司对姚某某的受伤存在任何过错，故某丰公司在本案中无须对姚某某承担赔偿责任。

其次，陈某某作为业主已与某某信公司签订了家用中央空调销售安装合同，也已审核了某某信公司的经营范围包含了家用电器安装等；经查询日立中央空调官方网站，某某信公司为日立中央空调在广州地区的官方授权经销商，姚某某据此也有理由相信某某信公司具有相应的家用中央空调安装资质；家用中央空调不属于《建筑法》第62条所指的“供热、供冷系统工程”范畴，其实质仍为家用电器范畴，并非大型建筑配套的空气调节与管线铺设安装活动，即家用中央空调的安装并不属于建设工程，并不受《建筑法》及配套相关行政法规、行业标准的调整，并不需要姚某某所称的建筑机电安装工程专业承包资质；某某信公司曾向陈某某承诺过为自有的安装队伍进行涉案空调安装，陈某某作为普通业主也无法全程控制某某信公司实际参与空调安装人员的指派等事宜。综上，陈某某将涉案房产的家用中央空调安装事宜交由某某信公司完成，双方之间形成承揽合同关系，陈某某对姚某某的受伤并无任何过错，无须对姚某某承担赔偿责任。

再次，虽然某某信公司为日立家用中央空调的官方授权经销商，且具有家用电器安装的资质与经营范围，但由于家用中央空调的安装仍需要在超过2米的高空作业，具有一定的危险性，其应组织自有的经过安全与专业技能培训，且具有相应高空作业证的员工进行施工，并提供相应的安全保护措施，才能保证施工作业的整体安全，但其在承揽了相应安装工程后，却将其中的一部分工程又分包给作为个人的蔡某某，即使蔡某某个人持有高空作业证，但基于承揽的特殊性，发包方无法对承揽方进行全程的安全管理与控制，使涉案安装工程的危险性大大增加，故其对姚某某的受伤具有一定的过错。

最后，关于蔡某某与姚某某的关系为承揽关系，而非劳务关系，理由如下：（1）从姚某某提交的与蔡某某的沟通记录来看，双方的结算方式为按照完成的管道、机器铺装和打的风口的量来计费，而非单纯地由姚某某提供的劳务量或劳务时长计费，即双方合同标的为姚某某完成的工作成果，而非劳务。（2）从双方沟通记录来看，蔡某某对姚某某并没有严格的控制、支配和从属关系，具体的工作时长、起止时间均由姚某某自行决定，即使双方沟通过进场时间，该时间也需要配合涉案房产的其他装修进程和遵守小区的综合管理。（3）姚某某完成其相应工作的工具例如打孔机与人字梯等均系由其自行提供，只因为姚某某自带的人字梯高度不够才用了现场的其他人字梯，而该人字梯也并非由蔡某某提供。（4）除了姚某某本人外，还有其余两名姚某某的搭档共同完成涉案工程，但蔡某某并未以人头方式与姚某某结算费用，仍系以最终完成的工程量进行结算，即使姚某某并未从中赚取人头费，也只能说明其系与另外两个搭档共同从蔡某某处承揽了工程。《民法典》第770条对承揽合同的定义，即“承揽合同是承揽人按照定作人的要求完成工作，交付工作成果，定作人支付报酬的合同”。综合以上因素，姚某某与蔡某某之间应为承揽合同关系。姚某某认为其系受蔡某某的雇用，双方形成劳务关系的主张不成立。

《民法典》第1193条规定，承揽人在完成工作过程中造成第三人损害或者自己损害的，定作人不承担侵权责任。但是，定作人对定作、指示或者选任有过错的，应当承担相应的责任。如前所述，家用中央空调安装虽然不属于建设工程范畴，但因其有频繁的超过2米的高空作业，仍具有一定的危险性，蔡某某作为个人，在安全保障能力有限的前提下，仍承揽了该工程，且在承揽了该工程后又将其中一部分发包给同样作为个人的姚某某，使整个安装工程安全事故的发生概率大大增加，故其存在定作与选任上的双重过失。同时，姚某某作为个人承揽涉案工程，在进行高空作业时，明知离地下一层高度超过了5米，却并未使用安全带或采取其他防护措施，未尽到高度注意义务，故其自身对事故的发生也具有一定过错。关于某某信公司，其将涉案工程发包给个人，使整个安装工程的安全性降低，具有选任上的过失，但考虑到涉案安装工程并非建设工程，且蔡某某本人也持有高空作业证，某某信公司的过错相对较轻。《民法典》第1173条规定："被侵权人对同一损害的发生或者扩大有过错的，可以减轻侵权人的责任。"综合各方过错对于事故发生的原因力、防范和避免的能力、成本等因素，一审法院酌情确定蔡某某对姚某某损失承担60%的赔偿责任，姚某某自行承担40%的责任，某某信公司对蔡某某承担赔偿责任的30%的范围内，承担补充清偿责任。

二审法院认为，关于蔡某某与姚某某的关系。根据各方提交的证据及庭审陈述看，某某信公司承揽了涉案家用空调安装工程后，将其中的部分工程分包给蔡某某，蔡某某又将空调安装管道的铺设分包给姚某某。一审已对姚某某与蔡某某之间成立的承揽关系进行了详细论述，在此不再赘述。关于蔡某某应承担的赔偿责任问题。根据《民法典》第1193条的规定，"承揽人在完成工作过程中造成第三人损害或者自己损害的，定作人不承担侵权责任。但是，定作人对定作、指示或者选任有过错的，应当承担相应的责任。"首先，案涉空调管路铺设需要高空作业，而姚某某持有高空作业证，故蔡某某对姚某某的选任不存在过错。其次，蔡某某作为定作人，在安全保障能力有限的前提下，将承揽的部分空调管道安装业务又分包给姚某某，其未提供证据证实已对姚某某进行了相关安全教育，并尽到了足够的安全生产保障义务，故其对姚某某的受伤存在过错，应承担相应的责任。最后，姚某某在施工过程中，应当尽到谨慎、注意义务，但其在作业时未采取足够的防护措施导致受伤，故姚某某对自身受伤也存在一定的过错。综上，二审法院认定蔡某某承担40%的赔偿责任，姚某某自行承担60%的责任。

【解读】承揽关系不同于劳务关系。第一，前者提供的是工作成果，后者提供的是劳务。第二，前者中定作人与承揽人之间没有严格的支配关系或者从属关系，后者中用人单位与工作人员之间有严格的支配关系，工作人员执行用人单位的指示。

本案存在的是多重承揽关系，分别是：（1）业主与某某信公司双方通过签订空调安装合同的方式成立了承揽关系。（2）某某信公司与蔡某某通过分包的方式成立承揽关系。（3）蔡某某与姚某某按照双方约定的计费方式、工作时长等形成了承揽关系。对此，一审法院判决已经有详细的论述，具体包括双方的结算方式并不是按照劳务量或者劳务时长，也不具有严格的支配关系，姚某某完成工作的工具也都是自行提供等。

可以明确的是，按照《民法典》第1193条的规定，承揽关系中，承揽人造成自己损害的，定作人不承担侵权责任，但是定作人有定作、选任、指示过错，应承担相应的责任。因此，就蔡某某与姚某某的关系而言，蔡某某是否应当承担赔偿责任，需要判定其是否存在定作、指示、选任等方面的过错。姚某某具有高空作业证，故选任无过错，但是正如一审判决与二审判决所言，蔡某某将高空作业发包给作为个人的姚某某，但是未能提供相应的证据证明其尽到了安全保障义务，进行了安全教育等，故在定作与选任方面均有过错，应当承担相应的赔偿责任。

值得思考的是，一审判决认定某某信公司也应当承担补充赔偿责任是否妥当。相应的补充责任规定在《民法典》第1198条与第1201条，限定为第三人侵权时安全保障义务人和教育机构承担补充责任。从补充责任的法定主义原理上来看，一审判决认定某某信公司承担补充赔偿责任欠妥。

事实上，某某信公司承担侵权责任的法理应当是承揽人（蔡某某）造成了第三人（姚某某）损害，某某信公司作为定作人，将其涉案工程发包给蔡某某，降低了安装工程的安全性，具有一定的过错，应当承担相应的责任。

由上可见，在多重承揽关系中，尽管都是在《民法典》第1193条规定的承揽责任之下，但是定位有所不同。就蔡某某与姚某某之间，属于承揽人（姚某某）造成了自身损害，定作人蔡某某按照其过错程度承担40%的责任；就某某信公司与蔡某某之间，属于承揽人（蔡某某）造成了第三人（姚某某）损害，某某信公司在自己的30%过错范围内与承揽人（蔡某某）共同承担责任。某某信公司先行支付赔偿费用，则可以就超出自己责任的部分向蔡某某追偿，但是双方另有约定的除外。

结 语

用人者责任这种侵权行为类型比较复杂，包含用人单位责任、劳务派遣责任、个人劳务责任和定作人指示过失责任四种类型，都是使用他人劳动为自己创造价值。不过，虽然用人者责任这种侵权行为类型底层逻辑整体是一致的，但是，不同类型的用人责任体现的使用他人劳动的不同方式，致人损害的赔偿责任并不相同。对此，《民法典》第1191条至第1193条规定了一般规则，《侵权责任编司法解释（一）》第15条至第18条规定了详细的规则。司法实践中，应当遵循《民法典》的规定，与司法解释的规定融会贯通，才能正确审理用人者责任，处理好用人者与劳动者之间的利益关系，保护好侵权行为受害人的合法权益。

第七章 产品责任损害赔偿包括产品自损赔偿

法律与司法解释

《中华人民共和国民法典》

第 1202 条 因产品存在缺陷造成他人损害的，生产者应当承担侵权责任。

第 1203 条 因产品存在缺陷造成他人损害的，被侵权人可以向产品的生产者请求赔偿，也可以向产品的销售者请求赔偿。

产品缺陷由生产者造成的，销售者赔偿后，有权向生产者追偿。因销售者的过错使产品存在缺陷的，生产者赔偿后，有权向销售者追偿。

《最高人民法院关于适用〈中华人民共和国民法典〉侵权责任编的解释（一）》

第 19 条 因产品存在缺陷造成买受人财产损害，买受人请求产品的生产者或者销售者赔偿缺陷产品本身损害以及其他财产损害的，人民法院依照民法典第一千二百零二条、第一千二百零三条的规定予以支持。

解析与适用

《民法典》第1202条、第1203条关于产品责任的损害赔偿责任规定，源于《侵权责任法》第41~43条的规定，其中规定的“损害”是否包含产品自损，学界一直存在不同看法。《侵权责任编司法解释（一）》第19条规定：“因产品存在缺陷造成买受人财产损害，买受人请求产品的生产者或者销售者赔偿缺陷产品本身的损害以及其他财产损害的，人民法院依照民法典第一千二百零二条、第一千二百零三条的规定予以支持。”这是采纳了对产品责任损害赔偿包括产品自损赔偿的肯定说见解，体现了立法机关作此规定的立法意图。对此，理论上如何进行理解，在适用中采用何种办法“落地”，应当进行深入研究。下文对此进行说明。

一、从《民法通则》《产品质量法》到《侵权责任法》《民法典》的立法演变

因缺陷产品造成的人身损害属于产品责任的损害自无异议，但就产品责任中的财产损害如何界定，是否包括产品自损，在制度发展中存在争论。[①] 在立法上，我国从1986年《民法通则》开始，历经了《产品质量法》和《侵权责任法》的立法，经历了不明确、排除到肯定的过程，最终由《民法典》侵权责任编予以确认。

（一）从《民法通则》到《产品质量法》的立法

1986年《民法通则》第122条规定了产品责任规则：“因产品质量不合格造成他人财产、人身损害的，产品制造者、销售者应当依法承担民事责任。运输者、仓储者对此负有责任的，产品制造者、销售者有权要求赔偿损失。”该条文前段规定的是产品责任的一般规则，其赔偿的损害包括财产损害和人身损害。这

① 王泽鉴：《民法学说与判例研究》（第8册），北京大学出版社2009年版，第189页。

里的财产损害是否包含产品自损，从条文的表述中是看不出来的，需要用法理解释。当时的通说认为，产品责任解决因不合格产品造成他人人身或财产损害，未论及产品本身的损害问题。[①] 梁慧星教授指出，《民法通则》第122条的财产损害应指因缺陷产品造成消费者其他财产的损害。缺陷产品本身的损害，以及因缺陷产品本身的损害造成受害人可得利益的损失，不包括在本条的“损害”概念之中。理由是缺陷产品本身的损害及因此所受可得利益损失，应依合同法的规定处理。[②] 换言之，因不合格产品所致合同履行利益损害，按违约责任处理；而产品导致人身和其他财产损失属于固有利益范畴，按侵权责任处理。[③]

从立法的不够明确，到理论上逐渐形成通说，是在实践探索和理论研究以及借鉴国外优秀立法经验的基础上实现的。正因为在产品责任理论上形成通说，因而，1993年《产品质量法》制定了比较完善的产品责任制度。

1993年制定、2018年修正的《产品质量法》第41条第1款规定：“因产品存在缺陷造成人身、缺陷产品以外的其他财产（以下简称他人财产）损害的，生产者应当承担赔偿责任。”这一规定用了一种特殊的表达方式，即加括号说明的特殊表述，与《民法通则》第122条相比，明确了产品侵权责任针对因产品缺陷造成的人身、缺陷产品以外的其他财产损害（简称他人财产），从而将缺陷产品本身的损害明确排除在法条文义之外。[④]

学理上认为，产品责任的保护对象不包括产品自身损失，这是确立产品责任损害赔偿的基本原则。[⑤] 至于缺陷产品本身的救济，应依照合同法上物的瑕疵担保责任或违约责任处理，由于我国合同法未建立独立的瑕疵担保责任制度，统一

① 最高人民法院《民法通则》培训班编：《民法通则讲座》，北京市文化局出版处1986年版，第256页；中国政法大学民法教研室编：《中华人民共和国民法通则讲话》，中国政法大学出版社1986年版，第220~221页；王利明、郭明瑞、方流芳：《民法新论》（上），中国政法大学出版社1988年版，第526~527页。

② 梁慧星：《论产品制造者、销售者的严格责任》，载《法学研究》1990年第5期。

③ 卞耀武：《产品质量法诠释》，人民法院出版社2000年版，第104页。

④ 桂菊平：《论出卖人瑕疵担保责任、积极侵害债权及产品责任之关系》，载梁慧星主编：《民商法论丛》（第2卷），法律出版社1994年版，第398页；张新宝：《中国侵权行为法》，中国社会科学出版社1995年版，第307页。

⑤ 王泽鉴：《民法学说与判例研究》（第8册），北京大学出版社2009年版，第189页。

适用违约责任制度保护即可。[①]但这一规定在司法实践中的效果不彰，有学者指出，这或与《合同法》第122条相关。《合同法》第122条规定："因当事人一方的违约行为，侵害对方人身、财产权益的，受损害方有权选择依照本法要求其承担违约责任或者依照其他法律要求其承担侵权责任。"依此规定，当事人不得在责任竞合的情形下主张两个请求权。有观点认为，在产品责任案件中，若当事人依照《产品质量法》的规定主张侵权请求权，则无法行使违约请求权主张缺陷产品本身的损害；如果当事人依照《合同法》主张违约责任，则难以处理作为非买受人的受害人向生产者主张责任涉及合同相对性问题。

从过往争论看，就缺陷产品本身的损失能否被界定为产品责任中的损害，与合同法上关于请求权竞合的规定相关。在学理上，将缺陷产品本身的损害排除于产品责任损害之外，符合违约责任与侵权责任划分的基本原理；在纠纷解决上，如果允许当事人在一个诉中就缺陷产品本身的违约责任和除此之外的人身损害、财产损害的侵权责任一并提起诉讼请求，便不存在突破一般法理的实践障碍。法律将缺陷产品本身的损害赔偿排除在产品责任的救济范围之外，是因为考虑到被侵权人可以依据买卖合同的品质担保等获得赔偿，同时也可以避免将违约责任与侵权责任混淆。缺陷产品本身的价值损害，属于合同责任方面的问题。[②]

可见，从《民法通则》到《产品质量法》，立法、学说与司法实践就产品责任中的"其他财产损害"已形成通说，[③]产品责任不包括产品自损的损害赔偿。

（二）从《侵权责任法》到《民法典》

《产品质量法》第41条第1款的规定显然采纳了学界已有之通说，有意将缺陷产品自身的损害和"因产品存在缺陷造成人身、缺陷产品以外的其他财产损

① 王利明：《合同法研究》（第1卷），中国人民大学出版社2003年版，第403页。

② 张新宝：《侵权责任法讲义》，人民法院出版社2024年版，第269~272页。

③ 朱晓喆、冯洁语：《产品自损、纯粹经济损失与侵权责任——以最高人民法院（2013）民申字第908号民事裁定书为切入点》，载《交大法学》2016年第1期。

害”区分开来，[①]即固有利益损失适用侵权责任法保护，预期利益损失适用合同法保护。

在《侵权责任法》立法中，围绕缺陷产品自损是否为产品责任中的损害的争议再起。有观点认为，有必要在《侵权责任法》中对损害加以重新界定，其中的财产损害应当包括缺陷产品本身的损失。[②]最终，《侵权责任法》第41条改变了《产品质量法》的规定，被解释为《侵权责任法》将缺陷产品本身损害纳入这一侵权类型的保护范围之中。[③]有学者进一步指出，即便不认为产品责任中当事人对缺陷产品损失的违约损害赔偿请求权与其他财产的侵权损害赔偿请求权属于《合同法》第122条限制当事人选择权的规定，将《侵权责任法》第41条解释为包含产品本身的损害仍具有降低维权成本、一诉结案的优势。[④]

立法者在《侵权责任法》的立法过程中，主张将产品自损包括在产品责任的损害中，具体表述方法是把《产品质量法》第41条的“缺陷产品以外的财产损害（以下简称他人财产）”限定性规定加以改造，规定为第41条关于“因产品存在缺陷造成他人损害的，生产者应当承担侵权责任”，这里虽然没有说明前述两种损害是否均属于产品责任救济的“损害”范围，[⑤]但恰好就是立法者提供前后对比的方法，表达了产品责任的损害赔偿包括人身损害赔偿和财产损害赔偿，财产损害赔偿包括缺陷产品造成的他人财产损失，也包括产品自损的立法意图。

在此期间，笔者到台湾大学法律学院访学，主管《侵权责任法》立法的王胜明副主任嘱托笔者就此向我国台湾地区民法学者征求意见。笔者与台湾大学的詹森林教授、陈聪富教授和陈忠伍教授共同讨论了这个问题，三位教授都不赞同

---

① 达世亮:《论缺陷产品自损的法律救济》，载《中共青岛市委党校青岛行政学院学报》2017年第4期。

② 杨立新:《侵权责任法立法最新讨论的50个问题》，载《河北法学》2009年第12期。

③ 王胜明主编:《〈中华人民共和国侵权责任法〉条文解释与立法背景》，人民法院出版社2010年版，第175页。

④ 高圣平:《论产品责任损害赔偿范围——以〈侵权责任法〉、〈产品质量法〉相关规定为分析对象》，载《华东政法大学学报》2010年第3期。

⑤ 达世亮:《论缺陷产品自损的法律救济》，载《中共青岛市委党校青岛行政学院学报》2017年第4期。

产品责任财产损害包含产品自损，并称王泽鉴教授也不会赞同这样的立法。笔者提出，若规定产品自损包含于产品责任的损害中，可以方便受害人保护自己的合法权益，减少讼累，方便维权。他们认为，即使如此，也不应该打破违约责任和侵权责任的界限。嗣后，笔者将上述意见报告立法机关，但没有影响立法者的立法意图。究竟是拘泥于传统理论而使受害人须进行两次诉讼才能保护好自己的权利，还是打破传统理论的束缚，有利于方便诉讼，保护受害人的民事权利，选择后者显然更为有利。因此，才出现了《侵权责任法》第41条规定的"损害"概念。只有这样对此"损害"进行理解，才能够准确定义该条的内涵。[①]

《侵权责任法》实施后，有学者认为，该法第41条规定的"损害"概念含糊，并在法律解释上产生了不同的认识。[②]其实，参加《侵权责任法》的立法专家都知道，这里规定的"损害"含义非常清楚，并非概念模糊。立法机关的官员明确指出，《侵权责任法》第41条虽未明确规定"他人损害"是否涵盖"缺陷产品自身的损害"，但立法者当初对该问题是持肯定态度的，因为他们认为这样能更好地维护消费者权益。[③]部分学者对这一立法理由表示支持。[④]

编纂《民法典》过程中，尽管对产品责任损害包括产品自损仍有不同意见，但是立法机关认为对此规定不必再进行讨论，《民法典》不改变"损害"概念的含义，继续坚持其包含产品自损在内，[⑤]只是对《侵权责任法》第41~43条的内容进行了调整，形成了第1202条和第1203条两个条文。

---

① 杨立新:《侵权责任法条文背后的故事与难题》(第2版)，法律出版社2018年版，第176页。

② 达世亮:《论缺陷产品自损的法律救济》，载《中共青岛市委党校青岛行政学院学报》2017年第4期。

③ 全国人大常委会法制工作委员会民法室编:《〈中华人民共和国侵权责任法〉条文说明、立法理由及相关规定》，北京大学出版社2010年版，第174页。

④ 王利明:《论产品责任中的损害概念》，载《法学》2011年第2期；杨立新、杨震:《有关产品责任案例的中国法适用——世界侵权法学会成立大会暨第一届学术研讨会的中国法报告》，载《北方法学》2013年第5期。

⑤ 黄薇主编:《中华人民共和国民法典侵权责任编释义》，法律出版社2020年版，第121页。

（三）小结

在我国的产品责任立法中，无论立法、司法还是理论研究，都明确了产品责任救济的是缺陷产品造成权利人人身权利和财产权利的损害，救济产品自损的损害，是违约责任的功能。不过，几十年来，经历了《民法通则》的无意识状态，《产品质量法》的有意识排除，再到《侵权责任法》和《民法典》的有意识引入，这一曲折变化的过程体现着我国民事立法和学说的独特发展路径，[①]形成了我国《产品质量法》与其他国家和地区的产品责任法的不同之处，体现了我国产品责任法的特色。

二、确认产品责任损害赔偿包含产品自损的理论依据

（一）对产品责任损害赔偿包含产品自损规定的不同见解

《民法通则》实施之后，对产品责任损害赔偿不包含产品自损，已经形成通说。但是在制定《侵权责任法》前后争论再起，特别是以《侵权责任法》通过后的一段时间为甚。《民法典》继续沿袭《侵权责任法》的规定，学界仍有不同看法，司法实践也有不同理解，裁判规则不够统一。由于这一争论主要发生在对《侵权责任法》第41条的理解上，《民法典》第1202条、第1203条的规定又相同，争论的焦点主要集中在《侵权责任法》的规定上。综合起来，对产品责任损害赔偿是否包含产品自损的主要见解如下。

1. 肯定说

《侵权责任法》实施之后，对该法第41条关于产品自损包含在产品责任损害赔偿中的规定持全面肯定说的，是立法机关的工作人员。全国人大常委会法工委官员编写的释义书表明，立法者完全知道对产品责任的“财产损害”发生的理

① 朱晓喆、冯洁语：《产品自损、纯粹经济损失与侵权责任——以最高人民法院（2013）民申字第908号民事裁定书为切入点》，载《交大法学》2016年第1期。

论和实践争议，在立法中也存在争论。有人认为，多数国家的产品责任的财产损害仅指缺陷产品以外的其他财产的损失，不包括缺陷产品本身；有人认为，财产损害应当包括缺陷产品本身的损害。因而认为，本条的财产损害，既包括缺陷产品以外的其他财产的损害，也包括缺陷产品本身的损害，这样有利于及时、便捷地保护用户、消费者的合法权益。[①]《民法典》编纂完成后，立法机关专家对第1202条规定的“损害”仍然作此解释。[②] 笔者参加了《侵权责任法》和《民法典》的立法全过程，对立法机关的上述立法意图十分清楚。

2. 限制的肯定说

对产品自损包含于产品责任损害赔偿中的规定，多数学者持肯定态度，只是对产品责任损害赔偿包含产品自损的条件有所保留。那种认为《侵权责任法》第41条对此前的立法和通说转变过大，且偏离世界各国主流的产品责任立法模式，故而遭到部分民法学者强烈抵制[③]的说法，还是言过其实的。

对《侵权责任法》第41条规定持限制的肯定说的观点认为，按照新法优先于旧法的规则，关于损害的概念应当依据《侵权责任法》确定，只要造成了他人民事权益的损害并且产生损害后果，都应当适用《侵权责任法》加以救济。按照立法者的解释，《侵权责任法》实际上修改了《产品质量法》的上述规定，认为损害也包括缺陷产品自身的损害，其合理性在于：一是有利于减少司法实践中的请求权竞合情况，充分保护受害人的利益；二是便利救济，降低诉讼成本；三是我国司法实践经验的总结。不过，对此应当进行限制，如果仅造成缺陷产品本身的损害，而没有造成缺陷产品以外的财产或者人身损害，仍然属于履行利益的范畴。因其仍然属于不适当履行的问题，其违反的仍然是合同约定。[④]

---

① 全国人大常委会法制工作委员会民法室编：《〈中华人民共和国侵权责任法〉条文说明、立法理由及相关规定》，北京大学出版社2010年版，第174页；王胜明主编：《〈中华人民共和国侵权责任法〉释义》，法律出版社2010年版，第251页。

② 黄薇主编：《中华人民共和国民法典侵权责任编释义》，法律出版社2020年版，第121页。

③ 朱晓喆、冯洁语：《产品自损、纯粹经济损失与侵权责任——以最高人民法院（2013）民申字第908号民事裁定书为切入点》，载《交大法学》2016年第1期。

④ 王利明：《论产品责任中的损害概念》，载《法学》2011年第2期。

3. 诉的合并说

笔者和有的学者认可产品责任损害包含产品自损，但应当以诉的合并为基础，具体见解有以下两种。

（1）肯定的诉的合并说。这是笔者始终坚持的意见，被学者称为“折中说”。[①] 笔者认为，《侵权责任法》第41条规定的财产损害，既包括缺陷产品以外的其他财产的固有利益损害，也包括缺陷产品本身的预期利益损害。在产品责任中，对缺陷产品自损及购买产品的其他合同预期利益损害的违约损害赔偿诉讼，与产品责任的侵权损害赔偿诉讼合并到一起，向同一个法院起诉，好处是方便对受害人的保护，避免对基于同一行为产生的违约损害赔偿和侵权损害赔偿分别起诉，增加受害人的讼累。[②] 在具体救济方面，产品责任的损害首先是指固有利益的损害，即人身损害和缺陷产品损害之外的财产损害，其次才是缺陷产品的自身损害，即预期利益的损失。前者是侵权责任，后者是违约责任，性质不同。受害人在起诉缺陷产品造成自己人身、其他财产损害赔偿的同时，一并起诉缺陷产品自损的违约损害赔偿责任的，法院应当支持，不得强制侵权人必须分别提起两个诉讼，并且可能依据不同的管辖而由不同法院审理。当然，如果受害人愿意在两个法院起诉的，法律也不禁止。[③] 被侵权人可在一个诉讼中通过同时主张违约责任和产品责任而获得全面救济；与生产者、销售者没有直接合同关系的产品占有人，可以通过证明自己所持缺陷产品确系销售者所售，主张合同责任；或者通过证明生产者对产品缺陷有严重的过错或较强的因果关系，主张侵权责任。[④]

（2）否定的诉的合并说。有学者认为，虽然《侵权责任法》第41条的规定是错误的，并未明确规定“损害包括缺陷产品本身的损失”，但是在一个具体的产品责任案件中，如果产品本身发生损害的同时也存在被侵权人人身损害或其他

① 李永军：《“产品自损”的侵权法救济置疑》，载《中国政法大学学报》2015年第3期。

② 杨立新：《侵权责任法》（第四版），法律出版社2021年版，第351页。

③ 杨立新、杨震：《有关产品责任案例的中国法适用——世界侵权法学会成立大会暨第一届学术研讨会的中国法报告》，载《北方法学》2013年第5期。

④ 达世亮：《论缺陷产品自损的法律救济》，载《中共青岛市委党校青岛行政学院学报》2017年第4期。

财产损失，应当允许受害人同时提出侵权的诉讼请求和违反瑕疵担保的违约损害赔偿请求，二者可以并立。即受害人得依据产品质量法规范请求人身损害赔偿和产品以外的其他财产损害赔偿，同时依据合同法请求对自损产品的损害赔偿。这些损害赔偿互不重叠和交叉，但是请求的法律和依据各不相同。①

4. 否定说

（1）全面否定说。有学者认为，《侵权责任法》第 41 条关于产品自损包含在产品责任损害赔偿中的规定“是极具体系破坏力、被植入侵权法中的一个‘木马’，处理不妥将引发侵权法与合同法体系的紊乱”②，因而强烈反对这一规定。反对这一规定的主要理由是：其一，产品侵权责任规范的目的在于保障消费者、使用者的人身和财产安全，而缺陷产品自身损害属于合同履行利益范畴，应仅由合同法调整。如要求产品生产者为所有购买者与销售者之间的交易负责，势必将生产者转变为保险人，令其承担所有的销售者的商业失败风险，并非合理的侵权法政策。其二，缺陷产品的损失责任已有合同违约责任调整，如果侵权法也对缺陷产品自身损失予以救济，则当事人通过合同确立的风险分配机制可能遭到破坏。其三，合同法是鼓励创造财产，而侵权法是保护现有财富，二者功能不同，如果此类案件以侵权论处，将使合同法淹没于侵权法的汪洋大海之中。③从比较法的视角看，很少有国家一概对“产品自损”给予侵权法上的救济（产品责任或者纯粹经济损失），否则将毁坏民法体系，特别是有损合同法与侵权法的制度价值。④

（2）特别法优先说。另外一种否定说观点认为，尽管《侵权责任法》第 41 条使用的是“他人损害”，但是由于该法第 5 条规定了“其他法律对侵权责任另有特别规定的，依照其规定”，而《产品质量法》属于规范产品责任的特别法，

① 张新宝、任鸿雁：《我国产品责任制度：守成与创新》（下），载《北方法学》2012 年第 3 期。

② 朱晓喆、冯洁语：《产品自损、纯粹经济损失与侵权责任——以最高人民法院（2013）民申字第 908 号民事裁定书为切入点》，载《交大法学》2016 年第 1 期。

③ 冉克平：《缺陷产品自身损失的救济路径》，载《法学》2013 年第 4 期；张新宝、任鸿雁：《我国产品责任制度：守成与创新》，载《北方法学》2012 年第 3 期。

④ 李永军：《“产品自损”的侵权法救济置疑》，载《中国政法大学学报》2015 年第 3 期。

因此在赔偿的问题上仍应适用《产品质量法》的规定，缺陷产品自身的损害不应被包括在内。[①] 有学者认为,《侵权责任法》第41条规定的“他人损害”不包括缺陷产品自身的损害，根据特别法优于普通法的原则，应将《产品质量法》第41条视为《侵权责任法》的特别法，对缺陷产品自身的损失适用特别法规范。[②]

（二）对不同观点的评价

应当说明的是，产品责任的损害赔偿是否包含产品自损的赔偿责任，不是理论问题而是实践问题。笔者最早接触这个问题，是在2000年年初，北京市高级人民法院向笔者提出的一个法律适用论证问题。大致的案情是，北京市某单位向南方的某商家订购了一批电力设备，合同的签订地和履行地都是供货商所在地，该批电力设备有缺陷，使用中造成他人损害，故原告向北京法院起诉产品责任损害赔偿诉讼和违约损害赔偿诉讼。由于违约损害赔偿诉讼的管辖法院是供货商的所在地法院，须论证原告一并起诉供货商承担产品责任和产品自损违约责任的可行性。该案提出的法律适用问题，不仅涉及管辖法院和当事人是否方便诉讼，而且还有可能出现两个法院分别审理同一个法律事实所包含的两个法律关系的纠纷，作出互相冲突的不同判决。

正是在实践中出现的这一问题，立法机关在制定《侵权责任法》时才“固执己见”，坚持修正《产品质量法》第41条确定的规则，将产品自损纳入产品责任损害赔偿的范围中。

对上述各种不同观点，本文作以下评论。

1. 不能否定立法者在立法中规定“损害”的立法目的

否定《侵权责任法》第41条和《民法典》第1202条、第1203条规定的“损害”包含产品自损，是漠视《侵权责任法》和《民法典》的规定与《产品质量法》第41条规定不同，是不尊重生效的法律规定。《侵权责任法》第41条之

① 转引自王利明:《论产品责任中的损害概念》，载《法学》2011年第2期。

② 李永军:《“产品自损”的侵权法救济置疑》，载《中国政法大学学报》2015年第3期。

所以采取与《产品质量法》第 41 条不同的规定，就是要将产品自损纳入产品责任的损害赔偿中，这不仅可以从全国人大常委会法工委官员的解释中看出来，而且可以从参与立法的学者的论述中看出来，对此无可怀疑。尽管这样规定违反产品责任法的传统法理，也模糊了合同法救济与侵权法救济的界限，但这是立法者追求的立法目的，即方便受害人保护自己的合法权益，贯彻以保护民事主体的权利为中心的立法思想而模糊法理界限。在这种情形下，再以上述规定违反法理为由予以否定，是不现实、不可能的。那种认为这样的规定是极具体系破坏力、被植入侵权法中的一个“木马”的看法，是不正确的。面对立法存在的问题应当研究解决的办法，指责和否定都不是应有的态度。

2. 对损害的解释不能适用特别法优先于普通法原则

主张依据特别法优先于普通法原则，不适用《民法典》而适用《产品质量法》的特别规定，是不成立的，因为这里要适用新法优先于旧法原则，《民法典》以及《侵权责任法》的规定是新法，《产品质量法》是旧法，新法和旧法发生冲突当然适用新法。虽然立法者在新法中规定新规则时没有作出清楚的说明，但是通过考察立法历程和经过解释，新规则是完全明确的。故以适用特别法优先于普通法的原则而否定《侵权责任法》第 41 条，继而否定《民法典》立法者坚持《侵权责任法》第 41 条规定“损害”的初衷，是不正确的。

3. 对规定“损害”包含产品自损的见解完全肯定亦有不足

因产品自损而产生的法律责任，在合同法上属于物的瑕疵担保责任的范围，在侵权法上被视为纯粹经济损失。[①] 我国《产品质量法》第 41 条与《侵权责任法》第 41 条的文义截然相反，[②] 说明我国的立法确实采取了不同于产品责任法立法的惯常法理，另辟蹊径，制定了新规则。根据比较法的经验，国外有关产品责任的损害通常是指缺陷产品之外的人身和财产损害，将缺陷产品本身的损失包含在产品责任案件的“损害”范围内，有可能使违反瑕疵担保义务交付瑕疵产品的

---

① 冉克平：《缺陷产品自身损失的救济路径》，载《法学》2013 年第 4 期。

② 马一德：《论消费领域产品自损的民事责任》，载《法商研究》2014 年第 6 期。

违约案件会被错误地当作“侵权”案件。[①]对这样的法律规范采取全面肯定的态度，硬性解释为《侵权责任法》第41条和《民法典》第1202条规定的“损害”包括产品自损，是不适当的。对此，应当进行深入论证，对立法的不足进行正确解释，使之符合法理的要求，保持我国《民法典》内部以及各部门法之间的和谐和一致，避免其成为受攻击、受批评的靶子。

4. 限制的肯定说尊重立法并进行合理解释具有可行性

限制的肯定说，是李永军教授对王利明教授此一学术立场的概括。[②]王利明教授认为，由于损害在《侵权责任法》中属于基础性概念，对于此种概念的含义理解应当自始至终保持统一。同时也认为，对损害包括缺陷产品自身的损害应当进行限制，如果仅造成缺陷产品本身的损害，而没有造成缺陷产品以外的财产或人身的损害，其仍然属于履行利益的范畴，属于不适当履行，其违反的仍然是合同约定。[③]

本文认为，将这种观点解释为限定的肯定说并不十分妥当。试想，没有造成缺陷产品以外的财产或人身损害即固有利益的损害，是完全不涉及侵权责任的，不属于产品责任法的救济范围。在此情况下，产品自损就与侵权责任以及产品责任完全没有关系，是违约责任的救济范围，由于没有造成固有利益的损害，也不构成违约责任和侵权责任的竞合，不构成产品责任，没有适用产品责任法救济产品自损的理由。所以，对这种学术主张不能认为是限制的肯定说，肯定说也是认为单纯的产品自损不属于产品责任的，因此其实际上还是肯定说。

5. 诉的合并说坚持将产品自损包含于产品责任损害赔偿中的正确性

毫无疑问的是，《民法典》第1202条规定的“损害”是延续了《侵权责任法》第41条规定的立法意图，没有改变。这一规定并未否定《合同法》第122条即《民法典》第186条确立的责任竞合规则，只不过是为使被侵权人在提起侵

① 张新宝、任鸿雁：《我国产品责任制度：守成与创新》（下），载《北方法学》2012年第3期。

② 李永军：《“产品自损”的侵权法救济置疑》，载《中国政法大学学报》2015年第3期。

③ 王利明：《论产品责任中的损害概念》，载《法学》2011年第2期。

权之诉中包含产品自损的诉讼，对损害获得全面救济。在理论解释上，应当进行科学说明，避免我国民事立法违反法理，违反产品责任法的基本规则。对此，肯定说采取的是“硬着陆”的解释方法，诉的合并说采取的是“软着陆”的解释方法。

“硬着陆”的解释方法，是将产品自损直接解释为产品责任的“损害”，即产品责任的损害既包括固有利益的损害，也包括预期利益的损害，受害人可以在产品责任损害赔偿诉讼中，一并计算缺陷产品造成的损害，“一揽子”进行赔偿。虽然用“硬着陆”的方法解释不是不可以，但会遭遇批评甚至被否定，因为其违反法理，模糊了合同法救济和侵权法救济的界限，虽然将其说成是“木马”是不妥的，但确实存在问题，进而造成法理解释的错误。

“软着陆”的解释方法，是分清产品责任损害的固有利益损害和预期利益损害，而不是把产品责任中的固有利益和预期利益的损害作为一个损害，更不能把产品自损解释为固有利益损害。应当坚持的原则是，缺陷产品因其缺陷造成他人的人身损害以及财产自损以外的其他财产损害，是固有利益的损害，应当用侵权责任法的产品责任予以救济；缺陷产品自损应当认定为交付瑕疵产品，违反瑕疵担保责任，属于合同预期利益损害，应当通过违约责任进行救济。这样，就能在产品责任损害赔偿中，既坚持产品责任规则的纯洁性，又实现“有利于及时、便捷地保护用户、消费者的合法权益”的立法目的，是两全其美的解释方法，结果也会令人满意。

综上所述，笔者继续坚持用诉的合并说解释《民法典》第1202条、第1203条规定的损害，也作为理解和适用《侵权责任编司法解释（一）》第19条的基础，保障在司法实践中的正确适用，实现立法目的。

三、《侵权责任编司法解释（一）》对产品责任“损害”的正确理解与适用

《侵权责任编司法解释（一）》第19条对产品责任“损害”的规定基本上采

取肯定说立场，对正确适用《民法典》第1202条和第1203条作出了具体解释。

（一）规定“损害赔偿范围包括缺陷产品本身的损害以及缺陷产品以外的其他财产损害”的法理基础

1. 对产品自损纳入缺陷产品造成的财产损害的不同理论解释

《民法典》和《侵权责任编司法解释（一）》第19条为什么要把产品自损纳入缺陷产品造成的财产损害之中，学者借鉴有关学说，给出了不同的理论说明。

（1）“继续侵蚀性损害说”。有学者以德国民法的“继续侵蚀性损害”的学说与实务为比较法基础，认为产品责任可以包括产品自损及纯粹经济损失，只是现行立法规定的可予赔偿的产品自损范围过于宽泛，应作适当限缩。[①]“继续侵蚀性损害”规则来源于德国联邦法院1976年的“游泳池清洁器开关案”，认为因清洁器开关的瑕疵扩及其他本无瑕疵的部分，导致整个游泳池清洁器遭受损害，所以清洁器的开关侵害了买受人的所有权，应当适用侵权法救济。[②]

（2）“同质料性说”。也有学者以德国司法裁判的“同质料性”解释这个问题。“同质料性”也称为物质同一说，认为利用侵权法救济产品自损的赔偿责任，是并列于合同法救济的新的尝试。在买受人所购汽车的轮胎因存在瑕疵而爆炸的案件中，德国联邦法院将其认定为侵权案件，因为对该案的认定符合“同质料性”理论：物的瑕疵仅存在于物的某一部分，并仅就该部分可以被修复，则具有同质料性，[③]侵权法可以救济。

（3）过失侵权说。西班牙法院认为，为救济第三人遭受的缺陷产品自身的损失，如果可以证明产品存在缺陷和生产者有过错之间，或者发生的损失与过错之间具有因果关系，则买受人所遭受的损失可以适用一般侵权责任，因为产品本身

---

① 朱晓喆、冯洁语：《产品自损、纯粹经济损失与侵权责任——以最高人民法院（2013）民申字第908号民事裁定书为切入点》，载《交大法学》2016年第1期。

② 王泽鉴：《侵权行为》，北京大学出版社2009年版，第299页。

③ ［德］迪特尔·梅迪库斯：《德国债法分论》，杜景林、卢谌译，法律出版社2007年版，第80页。

因缺陷而降低的价值说明了生产者实际上违反了侵权之诉中的谨慎义务。[①]英国判例和学说认为，当消费者因产品缺陷而遭受产品自身的损害时，如生产者有过错，则须根据生产者过错的种类确定救济的方式：假如生产者明知产品存在缺陷而仍然将其投入市场，则应当允许消费者通过欺诈侵权和干预他人合同关系的侵权提起诉讼；如果生产者对产品缺陷存在过失，则只能追究生产者的合同责任。[②]

（4）实证比较。还有学者通过对中国 34 个产品自损案件和美国 49 个产品自损案件进行比较发现，商业关系规则、纯粹经济损失规则及“以危险方式致产品自损”规则，是影响产品自损能否依侵权法进行救济的关键因素。中国法院不排除商业关系之诉，很少采纳纯粹经济损失规则，认定不合理危险缺陷导致的产品自损，可依产品责任获赔。美国法院先排除商业关系之诉，在此基础上，绝大多数法院依纯粹经济损失规则拒绝产品自损的侵权法救济，中间派法院认可危险方式导致产品的自损可依侵权法救济，少数派法院允许产品故障导致的自损依侵权法救济。[③]

2.《民法典》和《侵权责任编司法解释（一）》第 19 条的理论依据

在上述理论中，不论是赞成还是部分赞成产品自损包含于产品责任损害中的说明都不完美。有学者认为，德国联邦法院的初衷是为那些已过瑕疵担保责任诉讼时效的人提供法律保护，尤其是给与生产者没有合同关系的第三人提供救济。但“继续侵蚀性损害”规则与“同质料性”理论既不符合生活常理，也有悖于将侵权法与合同法相区分的传统理论。首先，在产品科技化时代，产品的技术性不断提升，内部结构趋于复杂化，当产品质量出现问题时，买受人往往很难确知产品存在瑕疵或缺陷的具体情况，即使委托专业技术机构鉴定，也未必能对产品内

① 王军主编：《侵权行为法比较研究》，法律出版社 2006 年版，第 472~473 页。

② 朱晓喆、冯洁语：《产品自损、纯粹经济损失与侵权责任——以最高人民法院（2013）民申字第 908 号民事裁定书为切入点》，载《交大法学》2016 年第 1 期。

③ 董春华：《论影响产品自损侵权法救济的规则——以中美司法实践为视角》，载《比较法研究》2016 年第 1 期。

部的损害机理作出精确的判断；其次，“几乎任何最简单的机器都有零配件”[①]，如果坚持将产品中的瑕疵部分与其他部分区分开来，则大量本可通过合同法救济的案件都会被纳入侵权法救济的范畴，使“合同法淹没在侵权法的汪洋大海之中”[②]，进而严重破坏民法体系的稳定性和协调性。因此，德国联邦法院创设的规则影响甚微，因为该说不能排除侵权法和合同法之间的体系性的价值矛盾。[③]

也有学者认为，是否可以用侵权法的规则解决产品自损的问题，核心在于是否承认本属于履行利益（预期利益）的产品又可被看作固有利益，转而成为侵权法的保护对象。在违约责任和侵权责任可以自由竞合的条件下，用侵权法调整产品自损在理论上是可行的，在实践中也可以达到中和合同法对买受人保护不足的法政策效果。但是，必须认识到侵权法保护的是固有利益，而不是合同法项下包括产品瑕疵部分的所有部分的履行利益。这样，如欲适用侵权法的规则，必须判定产品是否因瑕疵实现而进一步发生了现实的损害，因为只有此种进一步扩大的损害，才是侵权法保护的范围，至于产品在交付或所有权变更之时就因存在瑕疵而导致的价值减损，侵权法原则上无能为力。[④]

其实，上述分析意见都不是《民法典》第1202条、第1203条以及《侵权责任编司法解释（一）》第19条作出规定的理论基础。这一立法的理论基础很简单，就是“有利于及时、便捷地保护用户、消费者的合法权益”[⑤]。依据这个简单的理由，立法将法理上的不可能变为现实的可能，将产品自损纳入产品责任损害赔偿范围中。

不过，全面总结起来，《民法典》第1202条、第1203条以及本条司法解释

① 孙宇、孙景新：《产品自伤的损害赔偿问题研究》，载《河北科技大学学报（社会科学版）》2011年第4期。

② ［美］格兰特·吉尔莫：《契约的死亡》，曹士兵等译，载梁慧星主编：《民商法论丛》第3卷，法律出版社1995年版，第198页。

③ 金印：《论作为绝对权侵害的产品自损——兼论“物质同一说”的能与不能》，载《政治与法律》2015年第9期。

④ 金印：《论作为绝对权侵害的产品自损——兼论”物质同一说”的能与不能》，载《政治与法律》2015年第9期。

⑤ 王胜明主编：《中华人民共和国侵权责任法释义》，法律出版社2010年版，第251页；黄薇主编：《中华人民共和国民法典侵权责任编释义》，法律出版社2020年版，第121页。

进行这样的改革，其重要价值在于以下方面。

第一，简化程序，方便消费者诉讼和维权。程序正义是实体正义的保障。传统的产品责任救济损害的规则，拘泥于法理上的界限，将同一个法律事实发生的损害救济，分成不同的救济程序，产品自损由合同法的救济程序进行救济，缺陷产品造成的固有利益损害由侵权法的救济程序进行救济。当消费者因缺陷产品造成固有利益损失的同时，也造成了缺陷产品的自损，要全面保护自己的权益，应当分别提起两个不同的诉讼请求，甚至向两个不同的管辖法院起诉。这对消费者通过诉讼维权显然是一个重大负担，既不方便诉讼，也不方便审判。反之，确定“损害赔偿范围包括缺陷产品本身的损害以及缺陷产品以外的其他财产损害”，就可以大大简化诉讼程序，受到损害的消费者可以提起一个诉讼，方便维权。

第二，减少司法成本，便利对权利损害的救济。在实体上，确定产品责任的“损害赔偿范围包括缺陷产品本身的损害以及缺陷产品以外的其他财产损害”，被侵权人就两种损害向同一个法院起诉，由同一个法院管辖、审判，不仅方便消费者维权，也使司法机关对同一个案件只由一个管辖法院审理一次，避免违约责任和侵权责任的管辖法院进行两次审理，可以减少一半的司法资源，不仅减少了当事人的维权成本，更使司法机关减少诉讼成本，迅速对案件作出判决，便利对权利的保护和救济。有学者认为，便利救济权利损害的原因，是有利于减少司法实践中的请求权竞合。[①] 本书对此存疑。原因是，以交付标的物为履行方式的合同，标的物出现缺陷造成固有利益的损害或者造成预期利益的损害，其后果并不相同。交付的标的物造成预期利益损害的，并不构成责任竞合，只有交付的标的物造成固有利益损害的，才能既发生违约责任，又发生侵权责任，才会发生责任竞合。对发生的固有利益损害，或者用加害给付的违约责任救济，或者选择侵权责任救济，不存在责任竞合减少的情形。而合同的预期利益损害和固有利益的损害不发生责任竞合，单纯的预期利益损失只有违约责任可以救济，固有利益损害和预期利益损害同时发生，预期利益损失纳入还是不纳入产品责任救济范围，都不

① 王利明:《论产品责任中的损害概念》，载《法学》2011 年第 2 期。

构成责任竞合。

第三，实现一事一管辖，防止司法裁判冲突。形成合同的固有利益损害和预期利益损害同时发生，传统理论确实主张产品责任的保护对象不包括产品自身损失，是确立产品责任损害赔偿的基本原则，[①] 因而应当分别适用合同纠纷的管辖规则和侵权纠纷的管辖规则，合同纠纷由合同履行地或者合同签订地、被告所在地法院管辖，侵权纠纷由侵权行为发生地或者侵权行为实施地、被告所在地法院管辖。如果受害人就同一个合同发生固有利益和预期利益的损害，应当按照上述管辖规则进行管辖，有可能被两个不同的法院甚至两个不同地区的法院管辖，很难避免两个不同裁判的冲突。将同一个合同发生的损害事实归结于一个“损害”，实行一事一管辖，最明显的效果就是避免法院作出相互冲突的判决，实现“同案同判”。

（二）产品自损概念的定义和性质

《侵权责任编司法解释（一）》第 19 条将产品自损的概念解释为“缺陷产品本身的损害”，是准确的，在学理上进行解释应当更具体。王泽鉴教授认为，产品自损，又称为缺陷商品自身损害，是指商品因本身的瑕疵、缺陷而不堪使用、毁损或灭失，其具体包括因瑕疵而减少的价值、因修缮瑕疵而支出的其他费用、因瑕疵而丧失的营业利益或其他可得利益、因瑕疵所导致的产品本身的毁损或灭失以及因瑕疵而导致给付受领人对第三人应负的损害赔偿责任等情形。[②] 这个定义比较详细，不仅包括产品自损的内涵，还包括产品自损的外延。

应当特别强调的是，产品自损是给付标的物的合同所包含的内容，如果产品自损没有造成固有利益的损失，就永远也不会发生侵权责任救济的可能。只有在产品自损造成了固有利益的损害，构成合同法上的加害给付时，对合同债权人的固有利益的损害才能构成产品责任与加害给付责任的竞合；造成债权关系之外的第三人的固有利益损害，不发生违约责任和侵权责任的竞合，单独构成产品责

① 王泽鉴：《民法学说与判例研究》（第 8 册），北京大学出版社 2009 年版，第 189 页。
② 王泽鉴：《民法学说与判例研究》（第 8 册），北京大学出版社 2009 年版，第 163 页。

任，依据侵权法的规定进行救济。

从严格的侵权法救济的角度观察，产品责任的损害事实只包括固有利益的损害，即《产品质量法》第41条规定的造成人身、缺陷产品以外的其他财产（以下简称他人财产）损害，缺陷产品自身的损害当然不包括在内。所以，传统侵权责任法理论认为，缺陷产品自损和产品责任损害是不同的概念，可谓“泾渭分明”，《产品质量法》第41条之所以这样规定，甚至不惜采用在条文中加括号的立法方式进行界定，可谓用心良苦，是当时的理论通说在立法中的反映。

（三）确定产品责任损害包含产品自损的具体诉讼操作

有学者认为，单纯的缺陷产品本身的损失，并不能要求赔偿此种纯粹经济损失，但是对于因缺陷产品造成的营业损失，在因果关系具有相当性或可预见性时，应当对此种纯经济损失提供补救。侵权责任法的适度扩张对于保护受害人的权益是有利的，但是也不能将侵权责任法的调整范围无限制地进行扩张，否则将会损害私法自治的实现。[①]

这种担心不无理由。笔者始终认为，无论是立法还是司法解释确认产品责任的损害包含产品自损，但却永远也不能否定产品责任损害是固有利益损害，产品自损是预期利益损害。即使司法解释确认“损害赔偿范围包括缺陷产品本身的损害以及缺陷产品以外的其他财产损害”，也不能混淆这两种损害的性质，更不能因此把产品自损强制地认定为产品责任的固有利益损害，因为这在理论上是错误的。

问题在于，《民法典》第1202条、第1203条以及《侵权责任编司法解释（一）》第19条都没有对此作理论说明，因此在缺乏必要的理论背景的情况下，学理的解释就十分有必要，将未说明法理背景的规定实现理论化、合理化。这个理论上的正确解释，就是诉的合并。

就此而言，适用前文所称“软着陆”的解释方法来解释这个问题，是最有利、最简洁的方法，避免“硬着陆”的解释方法可能产生的问题。产品自损是违

① 王利明：《论产品责任中的损害概念》，载《法学》2011年第2期。

约责任救济的对象，缺陷产品造成的固有利益损害是侵权责任救济的对象，确定“损害赔偿范围包括缺陷产品本身的损害以及缺陷产品以外的其他财产损害”，是把违约之诉的损害赔偿请求与侵权之诉的损害赔偿请求并在一起，由受害人一并向一个法院起诉，在同一个诉讼中解决两个不同性质的损害赔偿问题。

在两个诉的合并中的主导之诉是产品责任诉讼，但不能否认受害人的选择权。当受害人起诉产品责任之诉时，可以将违约之诉的产品自损纳入产品责任的损害中，一并请求裁判。如果受害人坚持选择违约损害赔偿之诉，虽然法律和司法解释都没有规定产品自损包含缺陷产品的固有利益损害，但是反对这一诉讼举措未尝不可，因为这样选择在法理上存在障碍。例如，买卖合同以外的第三人取得缺陷产品并造成损害，就无法适用违约责任救济。两相比较，以产品责任诉讼为主导救济受害人的权益损害是最方便的做法，也是维护自己权益的最佳方案。对此应当避免不当选择。

在案件审理过程中，对两种不同的损害应当分别审理，查明产品自损的范围，查明缺陷产品造成的固有利益损失的范围，将两种不同的损失合并在一起，确定产品责任的具体损害范围，确定赔偿数额。

在判决中，应当说明法院认定的固有利益损失的赔偿数额和预期利益损失即产品自损的赔偿数额，相加后确定救济权利人损害的赔偿数额，而不能将两种不同的损害笼统地认定为一种损害，作出“一揽子”认定，使赔偿的计算有失准确。

（四）产品自损的损失范围确定

在适用法律上，产品责任的固有利益损害应当适用《民法典》第 1179 条和第 1184 条的规定，产品自损的预期利益损害应当适用合同法即《民法典》第 584 条的规定，确定损失范围和赔偿数额。

原则上讲，产品自损是缺陷产品受到损害所造成的损失，例如购买的商品发生爆炸，炸伤他人和毁损其他财产是固有利益损害，不是产品自损。爆炸的商品本身的损害，才是产品自损。

由于产品自损的形态多样，因而产品自损的方式各不相同。例如，缺陷产品自损包括产品的价值损失，修理、更换费用以及附带利润的损失等，在合同法上属于瑕疵担保责任的范围，在侵权法上则被视为纯粹经济损失。[①]

综合起来，产品自损包括两种情况。

1. 单纯的产品自损

其范围主要包括：一是产品灭失的价值损失。依据合同取得的合同标的物整体灭失的，对该产品的全部价值都属于产品自损，应当全部赔偿。二是产品毁损的维修费用损失。合同标的物造成毁损需要维修的，所有的维修费用都是产品自损，应当全部赔偿。三是产品更换的费用损失。当受到损害的产品不堪再用，需要另寻替代物品实现预期利益时，更换产品的全部费用损失都是产品自损，应当全部赔偿。

2. 产品自损带来的预期利益损失

值得研究的是，产品自损影响用户的预期利益损失，究竟是产品自损还是造成其他财产损失。例如，产品灭失需要更换的，从产品灭失到更换期间的预期利益损失；产品毁损需要维修的，从产品毁损到维修完毕能够继续使用之间的预期利益损失。这些损失，究竟应当认定为产品自损，还是认定为产品自损造成的其他财产损失？

按照王泽鉴教授的解释，产品自损带来的预期利益损失，包括因产品自损而丧失的营业利益或其他可得利益，以及因瑕疵而导致给付受领人对第三人应负的损害赔偿责任。这些都是缺陷产品的用益损失，是预期利益损失。笔者认为，将产品自损引发的用益损失作为《侵权责任编司法解释（一）》第 19 条规定的"缺陷产品本身的损害"予以赔偿，救济损害更加便捷，且不违反法律规定。

在确定产品自损的损失范围时，还应当适用《民法典》第 591 条规定的减损规则，受损害一方应当积极采取适当措施，尽力减少产品自损的预期利益损失，公平合理地确定产品自损范围。要采取类似于替代交易的方法，积极寻找可以替代标的物的产品并且予以使用，减少产品自损造成的财产损失。

---

① 冉克平：《缺陷产品自身损失的救济路径》，载《法学》2013 年第 4 期。

（四）对连续交易的第三人缺陷产品自损的救济

在连续交易中，甲将产品卖给乙，乙再卖给丙，丙因受到缺陷产品损害且造成产品自损，此时对作为交易第三人的丙的损害应当怎样进行救济的问题，很受学者重视。这里的第三人，实际上是连续交易中的次买受人或者第二、第三买受人。在产品自损为预期利益损失时，即使是连续交易，第三人也可以直接主张出让人承担瑕疵担保责任，向第三人承担损害赔偿责任。

对此，法国有“连续交易规则”予以调整。1979 年，在一个第二买受人向生产者主张瑕疵担保责任的案件中，法国最高法院认为，“第二买受人对生产商或者第一买受人就商品的隐蔽瑕疵提起赔偿的诉讼请求权，其性质必定是合同请求权”[①]。第二买受人尽管与生产商无直接的合同关系，但可基于前一交易关系继受第一买受人对于生产商的瑕疵担保请求权，以此推之，无论产品连续交易多少次，最终的产品受让人仍可就产品瑕疵向生产商主张责任。主要原因是，在当今社会化大生产的背景下，产品质量主要控制在生产者手中，产品瑕疵极少来自销售环节，虽然销售者通常先对产品承担瑕疵担保责任，但最终的责任人一般还是生产者，因此将生产者作为第三人主张权利的对象，有相当的合理性。[②]

在美国，依据明示担保规则可以扩张合同的效力范围。《美国商法典》第 2 –313（A）条规定，若销售者作出的关于产品质量方面的肯定允诺、描述性或救济性允诺包含在与货物一起包装的记录中或者跟随货物的记录中，则任何货物的占有人都可以据此主张相应的权利。修改后的第 2 –313（B）条对销售者通过大众传媒渠道作出的允诺也有同样的效果。这些规定将销售者的明示担保规则扩展到了第三人。

1995 年，由国家经贸委等四部委颁布的《部分商品修理更换退货责任规定》以及现行《消费者权益保护法》也体现出同样的思想：消费者，不管是直接买受

---

① ［意］毛罗·布萨尼、［美］弗农·瓦伦丁·帕尔默主编：《欧洲法中的纯粹经济损失》，张小义、钟洪明译，法律出版社 2005 年版，第 230 页。

② 达世亮：《论缺陷产品自损的法律救济》，载《中共青岛市委党校青岛行政学院学报》2017 年第 4 期。

人，还是间接买受人，只需持三包凭证或者有效发票即可向经营者主张权利。①

在侵权责任法领域，确定次买受人的“缺陷产品损害 + 产品自损”的救济，没有合同法规则这样复杂。缺陷产品造成固有利益损害，不论受害人是几手买受人，甚至是合同以外的第三人，主张用产品责任救济其缺陷产品造成的损害，都符合法律规定。至于产品自损的违约责任请求权，自然不包括没有合同关系的受害人，但是当缺陷产品造成次买受人等第三人的固有利益损害时，都可以直接依据《民法典》第 1202 条、第 1203 条和《侵权责任编司法解释（一）》第 19 条的规定，主张“缺陷产品损害 + 产品自损”的损害赔偿。所以，非合同当事人不能依据违约责任主张产品自损的违约赔偿；但不论合同的几手买受人，对缺陷产品造成的损害，都可以在主张缺陷产品的产品责任损害赔偿的同时，一并请求产品自损的损害赔偿。

典型案例解读

XX公司与某汽车贸易公司等产品责任纠纷案②

【案情】2018 年年初，某汽车贸易公司以 435000 元的价格向某甲公司定制了编号为 ××××× 的低温液体运输半挂车一辆。2018 年 4 月 9 日，某汽车贸易公司以 445000 元的价格出售给 ×× 公司。×× 公司为该车办理了营运手续后开始挂牌营运，同年 6 月，×× 公司发现该车罐体不保温，经常出现喷液现象。某甲公司按约支付了原告补偿款 7 万元。此后，原告在营运期间，又发现罐体不保温，罐体外部出现结霜等现象，于 2020 年 8 月 3 日、2021 年 2 月 28 日两次将更换后的新车返厂进行维修，修复期限从 2020 年 8 月 3 日至 2020 年 10 月 25 日，2021 年 2 月 28 日至 5 月 17 日，原告两次分别支出维修费 45000 元、26960 元。营运不久，原告称该车又出现原先的故障，从 2021 年 6 月起停运至

① 达世亮：《论缺陷产品自损的法律救济》，载《中共青岛市委党校青岛行政学院学报》2017 年第 4 期。

② 参见山西省吕梁市中级人民法院（2023）晋 11 民终 1910 号民事判决书。

今。××公司向法院起诉请求判令某甲公司返还原告××牌×××××型低温液体运输半挂车购车款和维修款。

【裁判】本案的争议焦点之一为××公司的两个诉讼请求可否合并审理？本案为产品责任纠纷，原告的第一个诉讼请求属于违约责任之诉，而其他两个诉讼请求属于侵权责任之诉，依据《民法典》关于产品责任的规定，因同一行为发生的损害，涉及产品自损和产品以外的财产损害，可以合并审理。而本案的第一个请求涉及产品自损，其他两个诉讼请求属于财产损害，因此法院可以对原告的诉讼请求合并审理。由于该车外罐体存在泄漏问题，且某甲公司通过修理无法消除车辆缺陷，致使该车不能继续营运，给××公司造成财产损害，其直接向该车的生产者某甲公司提出退还购车款及维修费的损害赔偿请求，符合法律规定，法院予以支持。但某甲公司退还购车款时，××公司应将该车退还给某甲公司。关于以合理方式计算损失，法院参照汽车折旧百分制估价法计算。因该车使用寿命为10年，从2018年4月注册至2021年6月停运，使用时间为38个月，故其停运时的价值为435000×85%×（120−38）÷120+（435000×15%）=317912.5元。××公司主张某甲公司退还445000元购车款缺乏事实和法律依据，法院不予支持。××公司向某甲公司支付维修款71960元，是由于该车缺陷造成××公司的直接财产损失，某甲公司依法应予赔偿。

二审法院认为，因产品存在缺陷造成他人损害的，生产者应当承担侵权责任。本案中，某甲公司作为案涉车辆的生产者，是产品责任的第一责任主体，其所生产的车辆存在缺陷造成××公司损害，应当承担产品生产者责任，一审法院确定本案案由为产品责任纠纷符合法律规定。某甲公司所生产的罐车存在设计或者制造方面的缺陷，致使××公司前后两次遭受财产损害，某甲公司依法应当承担退货及损害赔偿的法律后果。

【解读】本案的法律关系梳理如下：生产者是某甲公司；销售者是某汽车贸易公司，买受人是××公司。××公司的车辆因罐体缺陷而发生故障，则其能否要求某甲公司赔偿购车款，还是只能依据买卖合同请求某汽车贸易公司承担违约损害赔偿责任。

《产品质量法》第41条、第42条规定，产品责任的赔偿范围不包括缺陷产品责任自身的损失。据此，产品自损无法通过产品责任之诉获得救济，只能依据瑕疵担保责任通过违约之诉获得救济。《民法典》第1202条规定未对此作出回应，因此依旧存在不同的看法。一种观点认为，应当避免将违约责任与侵权责任相混淆，将缺陷产品本身的损害赔偿排除在产品责任的救济范围之外。另一种观点则认为，无须区分产品自损与其他损害，这样有利于保护消费者以及实现其他非买受人的救济。上述观点各有其道理。《侵权责任编司法解释（一）》第19条明确了产品自损可以通过侵权责任之诉获得救济，为这一问题提供了终局性的答案。更为妥适的解释方案是，该规定并未否定违约责任与侵权责任的区别，只是站在诉的角度，以诉的合并的方式来解决合同当事人需要提起不同诉讼或者非合同当事人无法提起违约之诉的难题。

系争案件的说理采用的也是诉的合并的方式。如一审判决所言，原告请求退还购车款，属于违约责任之诉；请求赔偿维修费和停运损失，属于侵权责任之诉，法院可以对诉讼请求进行合并审理。

结 语

2009年12月《侵权责任法》颁布后，围绕着该法第41条规定的损害是否包括产品自损，学界展开了广泛讨论，争议较大。《民法典》实施后，对此仍有不同看法，裁判规则不统一。《侵权责任编司法解释（一）》第19条肯定《民法典》第1202条和第1203条规定的损害包括产品自损，将各级法院适用该规定的司法裁判统一到立法者的思想上，以实现“有利于及时、便捷地保护用户、消费者的合法权益”的立法目的。争论可以继续，但是在法律适用上应当统一裁判规则。《侵权责任编司法解释（一）》第19条规定，有利于在学术争论中“定分止争”，在司法中避免受不同理论学说的影响，实现裁判的统一。

第八章 机动车交通事故交强险责任的特别规则

法律与司法解释

《中华人民共和国民法典》

第1213条 机动车发生交通事故造成损害，属于该机动车一方责任的，先由承保机动车强制保险的保险人在强制保险责任限额范围内予以赔偿；不足部分，由承保机动车商业保险的保险人按照保险合同的约定予以赔偿；仍然不足或者没有投保机动车商业保险的，由侵权人赔偿。

《中华人民共和国道路交通安全法》

第76条 机动车发生交通事故造成人身伤亡、财产损失的，由保险公司在机动车第三者责任强制保险责任限额范围内予以赔偿；不足的部分，按照下列规定承担赔偿责任：

（一）机动车之间发生交通事故的，由有过错的一方承担赔偿责任；双方都有过错的，按照各自过错的比例分担责任。

（二）机动车与非机动车驾驶人、行人之间发生交通事故，非机动车驾驶人、行人没有过错的，由机动车一方承担赔偿责任；有证据证明非机动车驾驶人、行人有过错的，根据过错程度适当减轻机动车一方的赔偿责任；机动车一方没有过错的，承担不超过百分之十的赔偿责任。

交通事故的损失是由非机动车驾驶人、行人故意碰撞机动车造成的，机动车一方不承担赔偿责任。

《最高人民法院关于适用〈中华人民共和国民法典〉侵权责任编的解释（一）》

第21条　未依法投保强制保险的机动车发生交通事故造成损害，投保义务人和交通事故责任人不是同一人，被侵权人合并请求投保义务人和交通事故责任人承担侵权责任的，交通事故责任人承担侵权人应承担的全部责任；投保义务人在机动车强制保险责任限额范围内与交通事故责任人共同承担责任，但责任主体实际支付的赔偿费用总和不应超出被侵权人应受偿的损失数额。

投保义务人先行支付赔偿费用后，就超出机动车强制保险责任限额范围部分向交通事故责任人追偿的，人民法院应予支持。

第22条　机动车驾驶人离开本车后，因未采取制动措施等自身过错受到本车碰撞、碾压造成损害，机动车驾驶人请求承保本车机动车强制保险的保险人在强制保险责任限额范围内，以及承保本车机动车商业第三者责任保险的保险人按照保险合同的约定赔偿的，人民法院不予支持，但可以依据机动车车上人员责任保险的有关约定支持相应的赔偿请求。

《最高人民法院关于审理道路交通事故损害赔偿案件适用法律若干问题的解释》

第14条　投保人允许的驾驶人驾驶机动车致使投保人遭受损害，当事人请求承保交强险的保险公司在责任限额范围内予以赔偿的，人民法院应予支持，但投保人为本车上人员的除外。

第16条　未依法投保交强险的机动车发生交通事故造成损害，当事人请求投保义务人在交强险责任限额范围内予以赔偿的，人民法院应予支持。

投保义务人和侵权人不是同一人，当事人请求投保义务人和侵权人在交强险责任限额范围内承担连带责任的，人民法院应予支持。

第18条第3款 多辆机动车发生交通事故造成第三人损害，其中部分机动车未投保交强险，当事人请求先由已承保交强险的保险公司在责任限额范围内予以赔偿的，人民法院应予支持。保险公司就超出其应承担的部分向未投保交强险的投保义务人或者侵权人行使追偿权的，人民法院应予支持。

解析与适用

《侵权责任编司法解释（一）》第21条和第22条规定了有关机动车交通事故责任强制保险的部分规则，2021年《道路交通事故损害赔偿解释》对此已经作出过部分规定。《侵权责任编司法解释（一）》的这两个条文对尚未规定且又急需统一裁判规则的两个问题，即“未依法投保交强险的投保义务人的赔偿责任”和“机动车驾驶人车下遭受本车损害的交强险和商业险赔偿责任”，作出了新的解释，与《道路交通事故损害赔偿解释》第14条和第16条相互结合，构成了完整的规则体系。

一、机动车交通事故责任强制保险概述

（一）机动车交通事故责任强制保险在法律适用中的地位

依照《道路交通安全法》第76条第1款的规定，发生机动车交通事故后，机动车交通事故强制责任保险优先予以理赔，即“机动车发生交通事故造成人身伤亡、财产损失的，由保险公司在机动车第三者责任强制保险责任限额范围内予以赔偿”。机动车交通事故责任强制保险简称“交强险”，是发生交通事故后对被侵权人在交强险保险的范围内的理赔，不适用《道路交通安全法》和《民法典》侵权责任编有关侵权责任的规定，不问机动车驾驶人是否有过错，直接按照机动

车强制保险规则进行理赔。交强险赔付不足的部分，才适用《道路交通安全法》和《民法典》侵权责任编有关交通事故侵权的规则予以赔偿。

依照我国《机动车交通事故责任强制保险条例》第3条的规定，交强险是指由保险公司对被保险机动车发生道路交通事故造成本车人员、被保险人以外的受害人的人身伤亡、财产损失，在责任限额内予以赔偿的强制性责任保险。[①]

我国交强险的制度价值，主要表现在以下几个方面。

第一，设置交强险的目的，在于保障机动车交通事故中受害的"第三者"的权益救济。通过保险公司承担交强险的赔偿责任，而使受到损害的第三者能及时获得交强险限额赔偿范围内的补偿。依照《道路交通安全法》第76条和《民法典》第1213条的规定，我国的交强险有两个最显著的特点：一是交强险的赔偿责任适用无过错责任，投保交强险的机动车发生交通事故后，只要在交强险的责任限额内，不考虑机动车一方有无过错，保险人都应当承担赔偿责任。二是交强险赋予交通事故的受害人即被侵权人享有对承保交强险保险公司的保险赔偿请求权，将非交强险合同当事人的交通事故受害人直接作为交强险的受益人，可以行使请求权，向承保的保险公司主张保险理赔，将保险公司作为被告提起诉讼，由法院直接判决交强险的保险人向交通事故受害人或者其近亲属给付交强险赔偿金。可见，立法者保护交通事故受害人的目的非常清楚。这有利于交通事故赔偿救济工作迅捷、明确、有序地进行，保证交通事故受害人及时得到救助，也能维护机动车驾驶人的合法权益。

第二，法律、法规赋予交强险具有强制性。这主要体现在：一是保险合同订立上的强制性，机动车所有人、管理人必须投保交强险；二是最低投保金额的强制性，投保人必须依照规定缴纳保险金；三是合同条款的强制性，交强险合同是真正的"格式条款"，不准当事人协商，不许修改，也不适用格式条款的法律规定；四是保险费率的强制性，全部由法律法规确定；五是保险合同撤销、解除的

---

① 程啸：《最高人民法院民法典侵权责任编司法解释理解与适用》，中国法制出版社2024年版，第225页。

强制性，必须按照法律、法规的规定进行；六是理赔的强制性，即使交通事故责任人故意造成损害，也在强制责任保险的范围之内。

第三，交强险的性质是强制险而不是商业险。有人认为，交强险既是强制保险，也是商业保险，二者兼而有之，是不对的。交强险的法律依据是《道路交通安全法》，该法赋予机动车交通事故责任强制保险的性质是强制险。商业保险与社会保险区别的标准在于保险的目的是否为营利，以营利为目的的保险是商业保险，不以营利为目的的保险是社会保险。我国《机动车交通事故责任强制保险条例》第6条第1款明确规定，交强险实行统一的保险条款和基础保险费率，交强险的保险业务总体上以不盈利、不亏损的原则审批保险费率。交强险实行不盈利、不亏本原则，是因为保险的目的在于保障机动车交通事故的受害人依法得到赔偿，保障道路交通安全，且以强制方法签订交强险合同。如果是以强制投保的方法帮助保险公司追求利润，则违反法律的基本精神和交强险的设置目的。

（二）交强险的分项限额赔偿规则

我国交强险在全国范围内实行统一责任限额，不允许当事人协商意定保险赔偿数额，也不允许任何地方任意规定赔偿限额。

交强险的责任限额，由国务院保险监督管理机构会同国务院的公安部门、卫生主管部门、农业主管部门共同规定。

目前我国的交强险责任限额分为死亡伤残赔偿限额、医疗费用赔偿限额、财产损失赔偿限额共三项，另外还分为有责赔偿限额和无责赔偿限额。

1. 交强险的有责赔偿限额

交强险的有责赔偿限额分为以下三项。

（1）死亡伤残赔偿限额。这是每次发生交通事故造成受害人死亡、受伤或者残疾时，用于支付医疗费用（含抢救费用）之外的费用开支的最高赔偿金额，包括误工费、护理费、交通费、住宿费、住院伙食补助费、营养费、残疾赔偿金、死亡赔偿金、丧葬费、精神抚慰金等。这一部分的赔偿限额为18万元，是最高的赔偿限额。

（2）医疗费用赔偿限额。这是每次交通事故造成受害人伤亡时，用于医疗费用（包括抢救费用）开支的最高限额，如挂号费、诊断费、医药费、检查费、住院费等。这一部分的损害赔偿限额为1.8万元。

（3）财产损失赔偿限额。这是每次交通事故对受害人的财产权益造成损害的最高赔偿金额，限额为2000元。

2. 交强险的无责赔偿限额

交强险的无责赔偿限额，是指交强险投保人在机动车交通事故中，机动车一方完全没有过错的情况下，由于《道路交通安全法》第76条的规定，机动车驾驶人完全没有过错，是因非机动车驾驶人或者行为人的过错造成交通事故损害，侵权人承担不超过10%的赔偿责任，交强险的无责赔偿限额为19900元。

保险人对于受害人的人身伤亡和财产损失所承担的无责最高赔偿限额中，分项赔偿限额为：（1）死亡伤残赔偿限额为1.8万元；（2）医疗费用赔偿限额为1800元；（3）财产损失赔偿限额为100元。

我国交强险的限额赔偿制特别是分项限额赔偿制，优势在于有利于保险公司控制风险，问题是对保护机动车交通事故受害人的合法权益不利。总的来说，我国的交强险赔偿数额还是较低的，随着社会发展，我国应当提高交强险的赔偿数额限制，使更多的损害可以在交强险的赔偿限额中得到补偿。

二、未依法投保交强险的投保义务人的赔偿责任

《侵权责任编司法解释（一）》第21条规定："未依法投保强制保险的机动车发生交通事故造成损害，投保义务人和交通事故责任人不是同一人，被侵权人合并请求投保义务人和交通事故责任人承担侵权责任的，交通事故责任人承担侵权人应承担的全部责任；投保义务人在机动车强制保险责任限额范围内与交通事故责任人共同承担责任，但责任主体实际支付的赔偿费用总和不应超出被侵权人应受偿的损失数额。投保义务人先行支付赔偿费用后，就超出机动车强制保险责任限额范围部分向交通事故责任人追偿的，人民法院应予支持。"这是对未依法

投保交强险的投保义务人的赔偿责任的规定。在此之前，《道路交通事故损害赔偿解释》对此也有规定，《侵权责任编司法解释（一）》第 21 条是对适用该条规则的进一步补充规定。

（一）《道路交通事故损害赔偿解释》第 16 条、第 18 条对未投保交强险的投保义务人赔偿责任的规定

1. 投保义务人和交通事故责任人（侵权人）的责任

对未投保交强险的机动车发生交通事故造成第三者损害的，不能适用《道路交通安全法》第 76 条第 1 款规定的强制保险优先原则，投保义务人不能从保险公司得到交强险的赔偿；对交强险应当承担的限额赔偿部分，应当由投保义务人承担赔偿责任。因此，《道路交通事故损害赔偿解释》第 16 条规定："未依法投保交强险的机动车发生交通事故造成损害，当事人请求投保义务人在交强险责任限额范围内予以赔偿的，人民法院应予支持。投保义务人和侵权人不是同一人，当事人请求投保义务人和侵权人在交强险责任限额范围内承担相应责任的，人民法院应予支持。"这里说的投保义务人与《侵权责任编司法解释（一）》第 21 条规定的投保义务人是同一概念；侵权人与该条规定的交通事故责任人是同一概念。

《道理交通事故损害赔偿解释》第 16 条规定是非常重要的，需着重强调的有以下三点。

（1）交强险投保义务人的投保义务是强制性的，投保义务人必须履行。为了维护交强险的强制性，法律规定对不履行投保义务的交强险投保义务人，必须承担交强险赔偿限额范围内的赔偿责任。在交强险赔偿限额范围之外的损失，才依照《道理交通安全法》和《民法典》规定的交通事故赔偿责任规则对受害人予以救济。

（2）投保义务人与交通事故责任人（侵权人）是同一人的，当然要由投保义务人自己承担交强险赔偿限额范围内的赔偿责任。例如，行为人驾驶自己所有的机动车发生交通事故，机动车所有人就是投保义务人，自己又是交通事故责任人，由于未投保交强险，因而应当由自己承担交强险范围内的赔偿责任。剩余部

分，由交通事故责任人依照侵权责任的规定承担侵权责任。

（3）投保义务人和交通事故责任人（侵权人）不是同一人的，在交强险责任限额范围内的赔偿责任，应当由投保义务人和交通事故责任人（侵权人）在交强险责任限额范围内承担连带责任。这一规则主要解决的是，对未投保交强险的机动车发生的交通事故责任，在交强险赔偿限额范围内，投保义务人应当承担责任，那么，侵权人是否要承担责任呢？从交强险的角度看，投保义务人应当投保而未投保交强险，被侵权人请求交通事故责任损害赔偿，不能从保险公司处获得交强险的限额赔偿时，受害人请求投保义务人对此予以赔偿是理所当然的。同时，未投保交强险的机动车发生交通事故造成损害，交通事故责任人构成侵权责任，成为侵权人，虽然投保义务人如果投保了交强险，交通事故责任人就可免除对这一部分的赔偿责任；但是，交通事故造成的这一部分损害毕竟也是交通事故责任人的行为造成的，对于损害的发生具有原因力，因而也应当承担赔偿责任。所以，投保义务人的责任和侵权人的责任发生竞合时，双方应当对这一部分损害承担连带责任，在内部分为责任份额，应以各自承担 50% 为妥当。这里规定的连带责任不是《民法典》第 1168 条规定的共同侵权行为的连带责任，因为投保义务人和交通事故责任人的行为既不存在主观的关联共同，也不存在客观的关联共同。可以参照的法律规定，是《民法典》第 1171 条关于叠加分别侵权行为的规定，即每一个行为人的行为对于损害的发生都具有 100% 的原因力，交通事故责任人的行为是损害发生的事实上的原因，投保义务人的行为原因力是法律上的原因，造成同一个损害是行为的完全竞合，因而应当承担连带责任，每一个人分担的责任份额为平均分配。[①]

上述交强险责任限额范围，不仅指交强险的全部责任限额，也是指交强险各个单项的责任限额。

2. 部分未投保交强险的多辆机动车发生交通事故的保险公司责任

《道路交通事故损害赔偿解释》第 18 条第 3 款规定："多辆机动车发生交通

① 参见杨立新、陶盈：《论分别侵权行为》，载《晋阳学刊》2014 年第 1 期。

事故造成第三人损害，其中部分机动车未投保交强险，当事人请求先由已承保交强险的保险公司在责任限额范围内予以赔偿的，人民法院应予支持。保险公司就超出其应承担的部分向未投保交强险的投保义务人或者侵权人行使追偿权的，人民法院应予支持。”

这一司法解释规定的也是未投保交强险发生交通事故的赔偿责任，但是规范的是保险公司的赔偿责任及赔偿后的追偿权。具体规则是：

（1）适用这一条文的要件与该司法解释第 16 条的不同之处，是发生交通事故造成第三者损害的多辆机动车中，有的投保了交强险，有的没有投保交强险，不像只有一辆机动车发生交通事故致人损害的交强险赔偿那样简单。如果其中每一辆车都投保了交强险，就跟前一种情形没有区别；如果其中有的机动车没有投保交强险，保险公司的赔偿责任就要适用另外的规则。

（2）承保交强险的保险公司在上述情况下应如何承担赔偿责任，应当依据被侵权人的请求确定。被侵权人请求投保的机动车在交强险责任限额范围内赔偿的，保险公司应当就交强险合同的约定承担赔偿责任。每一个承保交强险的保险公司应当在交强险责任限额范围内承担赔偿责任。

（3）承保机动车交强险的保险公司承担了交强险责任限额范围内的赔偿责任，但是按照造成第三者损害的多个机动车各自分担的责任份额，承保交强险的保险公司也只对自己承保的机动车的责任份额承担交强险的赔偿责任。对于超出责任份额的交强险理赔部分，保险公司对未投保的投保义务人享有追偿权，对交通事故责任人也享有追偿权。对保险公司超出强制保险责任限额部分的赔偿，未投保的投保义务人与交通事故责任人应当承担连带赔偿责任，并且按照内部的责任份额承担最终责任。

（二）《侵权责任编司法解释（一）》第 21 条规定的未投保交强险的投保义务人和交通事故责任人的责任

在《道理交通事故损害赔偿解释》第 16 条和第 18 条规定的基础上，交强险投保义务人未投保交强险的还存在需要继续解决的问题，即被侵权人请求未投保的投保义务人和交通事故责任人（侵权人）共同承担赔偿责任的，《道理交通事故损害赔偿解释》第 16 条没有规定具体规则，《侵权责任编司法解释（一）》第 21 条对此作出了补充规定，具体规则有以下四点。

（1）当未投保的机动车发生交通事故，投保义务人与交通事故责任人不是同一个人时，交通事故责任人应当承担全部损害赔偿责任。原因是发生机动车交通事故致人损害，符合机动车交通事故责任构成要件要求的，交通事故责任人应当承担全部的损害赔偿责任，即“交通事故责任人承担侵权人应承担的全部责任”。这个侵权人应当承担的全部责任包括两部分：一是交强险应当承担的责任限额范围内的赔偿责任，二是这个范围之外的全部赔偿责任。

（2）诚然，未投保交强险的机动车发生交通事故致人损害的，交通事故责任人要承担全部赔偿责任，这一部分损失的赔偿原本是可以通过投保交强险而由承保的保险公司承担赔偿责任的，但由于投保义务人未投保交强险，因而应当由投保义务人承担赔偿责任。对此，投保义务人违反交强险的强制投保义务，在交强险责任限额范围内的赔偿责任不能不承担。

（3）在上述情况下，投保义务人的行为与交通事故责任人的行为发生竞合，在交强险责任限额范围内的赔偿构成责任竞合，构成叠加分别侵权行为。被侵权人合并起诉投保义务人和交通事故责任人共同承担赔偿责任的，交通事故责任人应当承担全部责任，未投保的投保义务人在强制保险责任限额内与交通事故责任人共同承担责任。该条解释特别强调责任主体实际支付的赔偿费用总和不应超过被侵权人应当受偿的损失数额，说的就是遵守“填平原则”。这种责任的分担方式，就是非典型共同侵权行为的混合责任，适用混合责任的规则分担损害赔偿责任。

（4）在上述情形中，投保义务人如果先行支付赔偿费用，依照交强险责任限额范围内的赔偿责任，就承担了超出该限额内的自己责任份额的赔偿责任。因此，就超出自己责任份额内的部分，对交通事故责任人享有追偿权，可以向其主张追偿。

此外，该条解释没有规定的是，如果交通事故责任人已经承担了侵权人应当承担的全部赔偿责任，其中包括交强险责任限额范围内的全部责任，那么，他对投保义务人是否享有追偿权？笔者认为，在交通事故责任人承担了侵权人应当承担的全部责任中，也包括了投保义务人在交强险限额赔偿责任范围内的责任份额。对此，交通事故责任人对投保义务人也享有追偿权。

典型案例解读

徐某某、罗某某等与刘某、张某机动车交通事故责任纠纷案[①]

【案情】被告张某驾驶刘某的车辆（未投保）与案外人徐某1发生碰撞，致徐某1当场死亡，造成交通事故，事发后，被告张某驾车逃逸。《道路交通事故认定书》认定：被告张某负事故全部责任，徐某1无责任。陕西省咸阳市中级人民法院（2020）陕0402刑初271号刑事附带民事判决书判决被告人张某犯交通肇事罪，赔偿徐某1近亲属陈某、徐某2、徐某3、徐某某、罗某某各项物质损失。经采取相应执行措施，执行回款金额为0元，且未发现张某有可供执行的财产信息，遂终结了执行程序。徐某某、罗某某等向刘某提起民事诉讼，请求被告刘某对陕西省咸阳市中级人民法院（2020）陕0402刑初271号刑事附带民事判决书第2项范围中的交强险责任限额11万元承担连带赔偿责任。

【裁判】一审法院认为，陕西省咸阳市中级人民法院（2020）陕0402刑初271号刑事附带民事判决书已发生法律效力。该判决中已对责任进行了划分，由被告张某承担全部赔偿责任。现原告要求被告刘某对2020年11月20日法院作出的（2020）陕0402刑初271号刑事附带民事判决书第2项范围当中的11万元承担连带赔偿责任，缺乏事实及法律依据，不予支持，遂驳回了徐某某等人的诉讼请求。

二审法院认为，张某驾驶刘某的车辆在行驶过程中致徐某某等5人的亲属徐某1死亡。当时刘某未为自己的车辆投保交强险。根据《侵权责任编司法解释

---

① 参见陕西省咸阳市中级人民法院（2024）陕04民终5656号民事判决书。

（一）》第 21 条第 1 款“未依法投保强制保险的机动车发生交通事故造成损害，投保义务人和交通事故责任人不是同一人，被侵权人合并请求投保义务人和交通事故责任人承担侵权责任的，交通事故责任人承担侵权人应承担的全部责任；投保义务人在机动车强制保险责任限额范围内与交通事故责任人共同承担责任，但责任主体实际支付的赔偿费用总和不应超出被侵权人应受偿的损失数额”的规定，徐某某等 5 人有权要求投保义务人刘某在机动车强制保险责任限额范围内与交通事故责任人张某共同承担责任。故徐某某等 5 人的上诉请求成立，法院予以支持。

【解读】本案有三个问题值得讨论。

第一，刑事判决的认定是否影响对刘某民事责任的认定。交通肇事罪是指违反交通运输管理法规，因而发生重大事故，致人重伤、死亡或者造成重大公私财产损失的犯罪行为。系争案件中，张某犯交通肇事罪，刑事判决认定张某应当赔偿徐某 1 死亡所产生的损失。这是刑法基于其规范评价的对象“违反交通运输管理法规致人死亡”行为所作出的认定。但是在民事案件中，徐某 1 的近亲属除了主张张某的民事责任外，还主张了车辆所有人刘某未经投保而产生的民事责任。刘某未对车辆进行投保的行为并未被刑事判决所评价。因此，尽管系争案件的刑事判决已经明确了张某承担全部责任，但这并不影响民事判决中认定刘某的责任问题。一审判决否定原告请求刘某承担损害赔偿责任有误。

第二，刘某在未投保的范围内与张某共同承担责任。在民事诉讼中，张某是机动车交通事故的行为人，应当承担损害赔偿责任，这一点自不待言。但是，张某驾驶的车辆系刘某所有，刘某未对车辆投保交强险，影响了对受害人的救济。根据《侵权责任编司法解释（一）》第 21 条的规定，投保义务人刘某应当在机动车强制保险责任限额 11 万元的范围内与张某共同承担责任。

第三，张某、刘某实际支付的赔偿费用不应当超出徐某近亲属应受偿的数额。本案的特殊性还在于，刑事判决虽然明确了张某应当承担全部责任，赔偿损失，但是执行回款为 0 元。如果张某在刑事判决中已经赔偿了全部损失，则受害人徐某的近亲属在民事判决中起诉刘某在机动车强制保险责任限额 11 万元的范围内与张某共同承担责任，也无法获得相应的支持。

三、机动车驾驶人在车下遭受本车损害的交强险和商业险赔偿

（一）投保人、驾驶人与第三者的身份转换

《侵权责任编司法解释（一）》第22条规定："机动车驾驶人离开本车后，因未采取制动措施等自身过错受到本车碰撞、碾压造成损害，机动车驾驶人请求承保本车机动车强制保险的保险人在强制保险责任限额范围内，以及承保本车机动车商业第三者责任保险的保险人按照保险合同的约定赔偿的，人民法院不予支持，但可以依据机动车车上人员责任保险的有关约定支持相应的赔偿请求。"与该条解释相关的是《道路交通事故损害赔偿解释》第14条规定："投保人允许的驾驶人驾驶机动车致使投保人遭受损害，当事人请求承保交强险的保险公司在责任限额范围内予以赔偿的，人民法院应予支持，但投保人为本车上人员的除外。"

这两条司法解释规定的都是投保人和驾驶人在车上和车下的身份转换，承保交强险的保险公司对不同身份的投保人和驾驶人承担的责任也不相同。

所谓投保人和驾驶人的身份及其转换，是指投保人和驾驶人在被保险的机动车的车上、车下的不同身份。根据《机动车交通事故责任强制保险条例》第3条的规定，交强险的受益人是第三者，并不是投保人和驾驶人，也不是车上人员。依照该条规定，有权获得机动车交强险赔偿金的受害人不包括以下两类人员：一是被保险人。被保险人是指投保人及其允许的合法驾驶人，这一规定是《机动车交通事故责任强制保险条例》第41条第2项规定的。其中投保人是与保险公司订立机动车交强险合同，按照该合同负有支付保险费义务的机动车的所有人或者管理人，这是《机动车交通事故责任强制保险条例》第41条第1项规定的。将被保险人排除在机动车交强险的受益人范围之外，主要是出于防范道德风险，降低制度成本等原因。二是本车人员。本车人员是发生机动车交通事故时，除驾驶

人以外的被保险机动车上承载的人员，也称作车上人员。总而言之，车上人员的保险不在交强险范围内，而且也不在第三者商业险的范围内，这些人员要获得机动车交通事故的保险赔偿，须与保险公司订立车上人员商业险。

保险合同的第三者，是指除投保人、保险人和被保险人以外的，因保险车辆发生意外事故遭受人身伤亡或财产损失的保险车辆下的受害者（被侵权人）。

投保人、驾驶人和本车人员的身份并非一成不变的，在具备法律规定的条件时，其身份会发生转换。就机动车的保险而言，本车人员、驾驶人、第三者的身份都须特定化，是在特定时空条件下的临时性身份，不是永久、固定的身份。投保人在车上时是车上人员，下车后则转换为第三者。至于如何判断被保险车辆发生事故时的受害人属于何种身份，包括投保人、驾驶人，均须以该人在事故发生时这一特定时间中的具体状态为依据。投保人在车上时，为车上人员，在车下时，转换为第三者；驾驶人在车上时，为被保险人，在车下时，转换为第三者。

基于这样的原理，《道理交通事故损害赔偿解释》和《侵权责任编司法解释（一）》对投保人和驾驶人的身份转换以及保险公司承担保险责任的规则，作出了具体规定。

（二）投保人被投保机动车造成损害的身份转换与赔偿责任

《道理交通事故损害赔偿解释》第 14 条规定的是投保人在被自己允许的驾驶人驾驶自己投保的机动车造成损害的事故中，投保人的身份并不相同。投保人在车上，例如投保人乘坐自己的驾驶员驾驶自己的机动车，就是车上人员，而不是交通事故责任保险中的第三者；当投保人走下所乘坐的自己投保的机动车，就不再是车上人员的身份，而是第三者。

应当看到的是，无论是机动车强制保险，还是机动车第三者责任商业险，保的都不是车上人员险，而是第三者责任险。按照这样的保险逻辑，投保人在车下被自己投保的、自己允许的驾驶人员驾驶的机动车造成自己损害，其身份是交通事故责任中的第三者，当然就在强制保险和第三者责任商业保险的保险范围内，投保人作为受害人，有权请求承保交强险的保险公司承担责任限额范围内的赔偿责任。

反之，如果投保人在车上，其身份是车上人员，是乘客，并不是第三者的身份，就不在交强险的限额赔偿范围内，因而不在“人民法院应予支持”之内，应当适用除外条款。

这里没有提到商业保险。应当区分投保人投保的商业险是第三者责任险，还是车上人员险。如果是第三者责任险，适用与交强险赔偿同样的规则。如果投保的是车上人员险，当然可以要求保险公司理赔。

（三）机动车驾驶人下车后被投保的机动车造成损害的赔偿责任

与《道理交通事故损害赔偿解释》第14条规定不同，《侵权责任编司法解释（一）》第22条规定的是投保机动车的驾驶人离开自己驾驶的机动车，在车下造成自己损害的赔偿责任。规定的规则是：

（1）驾驶人离开自己驾驶的投保机动车后，由于自身的过错致使被本车碰撞、碾压造成损害的，既不属于交强险的第三者，也不属于第三者责任商业保险的第三者，故既不能适用交强险的保险理赔，也不能适用商业保险的第三者责任险理赔。这里的原因不是因为下车的驾驶人就不是第三者，而是因为驾驶人受到本车的碰撞或者碾压的原因，是驾驶人自己的过错，例如未采取制动措施等。因自己的过错造成自己损害，当然要自己承担后果，不能由交强险赔偿，也不能由承保本车第三者责任商业险的保险公司按照保险合同的约定承担赔偿责任。

（2）机动车驾驶人下车后因自己的过错造成自己损害，虽然不能依据交强险和第三者责任商业险赔偿，但是，如果该机动车投保了机动车车上人员责任商业险，可以依据该保险合同的约定获得赔偿。

（3）条文没有提到的是，机动车驾驶人离开本车后，非因自身过错受到本车碰撞、碾压造成损害的，是否在交强险和商业第三者责任险的理赔范围内？对此，如果机动车驾驶人非因自身过错受到本车碰撞、碾压造成损害，此时驾驶人的身份就由车上人员转换为第三者，虽然本条没有明确规定，但是依据逻辑推理，是可以得到交强险和第三者责任商业险的理赔的。不过，这种情形比较罕见，因为机动车驾驶人没有过错，一般是不会遭受本车碰撞、碾压等损害的。如果机动车驾驶人离开本车车体而又没有过错，却遭受了本车的碰撞、碾压，那么往往就存在另外的侵权人，[①] 应当依照侵权法的相应规定确定侵权损害赔偿责任。

（四）车内乘客遭受本车撞击或者碾压的身份转换

司法实务中提出的一个具体问题是，本车的乘客在交通事故中，被抛出车外，受到本车的撞击或者碾压，是否与驾驶人在车下遭受本车撞击或者碾压的情形相似，是否适用同样的规则。

笔者认为，本车乘客与驾驶人的身份不同。本车乘客在车内这一特定时空中的时候，是车上人员，不享受交强险的赔偿责任保护，因为不是第三者，故受到车上人员保险的保护；如果是公共交通工具中的乘客，则受到乘客强制保险的保护；如果是好意同乘，则应当依照《民法典》第 1217 条的规定确定责任。当乘客在车内，发生交通事故时被甩出车外，在被甩出车外后又遭受本车的撞击、碾压而遭受损害的，此时，其身份已经变成了第三者，受到交强险赔偿责任的保护，有权请求交强险理赔。如果是在车内就受到损害，则不受交强险赔偿责任的保护，应当请求车上人员商业险理赔。既有投保交强险又投保车上人员商业险的，乘客的身份具有双重性，既是车上人员，也是第三者，因而可以获得交强险和第三者商业险二者的赔偿。

典型案例解读

某保险公司天水分公司与杨某保险合同纠纷案[②]

【案情】焦某伟驾驶杨某所有的混凝土搅拌运输车在倒车过程中，不慎坠入 3 号楼基坑内，司机焦某伟被甩出车外，压在驾驶室外右下方。当日凌晨 3 时经吊车将事故车辆吊起，119 救援人员将焦某伟救出，经 120 急救人员现场诊断，

① 程啸：《最高人民法院民法典侵权责任编司法解释理解与适用》，中国法制出版社 2024 年版，第 243 页。

② 参见甘肃省天水市中级人民法院（2021）甘 05 民终 151 号民事判决书。

司机焦某伟无生命体征，已经死亡。杨某所有的混凝土搅拌运输车在某保险公司天水分公司处投保了交强险及第三者责任险，交强险赔付限额为12.2万元，第三者责任险保额为50万元。事故发生后，杨某垫付给死者2万元丧葬费。后杨某多次向某保险公司天水分公司理赔，某保险公司天水分公司以司机死亡位置不确定为由，只赔偿了车损险。杨某为维护自己的权益诉至法院，要求处理。

【裁判】一审法院认为：本案争议的焦点为，本案驾驶人是否转化为第三人、保险公司应否赔偿。机动车是一种交通工具，任何人都不可能永久地置身于机动车辆之上，故保险合同中涉及的“第三者”和“车上人员”均为在特定时空条件下的临时性身份，二者可以因特定时空条件的变化而转化。判断本案中焦某伟属于保险车辆上的“车上人员”还是“第三者”，必须以其“在事故发生当时”这一特定的时间是否身处被保险车辆之上为依据，在车上即为“车上人员”，在车下即为“第三者”。首先，本案中焦某伟在事发前作为驾驶员在车上，属于“车上人员”，但在事故发生时，其被甩出被保险车辆之外，并因此受伤，此时焦某伟已由驾驶员“车上人员”转化为“第三者”“受害人”。其次，从交强险设立的目的来看，其本意是最大限度地保障受害人的合法权益，确保第三者能够得到及时、有效和最大限度的救济和补偿。从本案的具体案情来看，焦某伟在事故发生之时，其身份已经由驾驶人转化为保险意义上的第三者，即因被保险车辆在使用的过程中发生意外而遭受损害的人。如果因焦某伟在客观上不能控制车辆的情况下受到损害，从而将其排除在交强险赔偿的第三者之外，显然不符合交强险设立的本意，亦有悖于第三者责任险的设立初衷。再次，焦某伟因该起事故死亡时年仅45岁，作为正值壮年的农民工，其家中上有年老的父母，下有尚未成年的子女，焦某伟家属因此事故遭受的精神打击，显然是用金钱无法衡量与弥补的。最后，保险公司作为本案中事故车辆的保险人，依照法律规定及保险合同的约定，在保险责任限额内对死者家属进行理赔，对其给予保险救济与补偿，亦不悖于人道主义原则。综上，某保险公司天水分公司主张驾驶员焦某伟不属于保险合同中所称“第三人”的理由不能成立，认定焦某伟为“第三者”并无不当。杨某作为发生事故车辆的车主，在事故发生后已向死者家属垫付各项费用共计337432

元，事故车辆在某保险公司天水分公司处投有交强险和第三者责任险，事故发生在保险期内，且案涉事故可参照交通事故处理，故对杨某可追偿的其已垫付的337432元款项，有权向某保险公司天水分公司追偿。

某保险公司天水分公司上诉，理由是本案死者系被保险人，一审判决认定其为第三者错误。（1）案涉机动车交通事故责任强制保险条款第4条规定，被保险人指投保人及其允许的合法驾驶人，受害人指因被保险机动车遭受人身伤亡或财产损失的人，但不包括被保险机动车本车车上人员、被保险人。该条款明确对被保险人及第三者的身份进行界定，驾驶人的身份在驾驶过程中不可能转化为第三者。（2）从侵权责任构成要件分析，一审判决将驾驶员认定为第三者，则加害人如何认定，故该认定不符合侵权责任的基本构成要件。（3）《侵权责任法》的立法目的主要是惩罚侵权行为，弥补侵权行为造成的损失。案涉事故调查报告认定的事故责任方均不是某保险公司天水分公司的被保险人，在此种情况下，要求某保险公司天水分公司对侵权行为人的侵权责任承担替代责任，违背了《侵权责任法》的立法目的。（4）从保险责任的性质来说，交强险及机动车第三者责任险的被保险人均为"投保人及其允许的合法驾驶人"。本案中被保险人为车辆驾驶人焦某伟，而车辆驾驶人不是保险合同所称的第三者，死者焦某伟的损失不属于交强险和三责险的理赔范围。

二审法院认为，关于某保险公司天水分公司承担理赔责任的问题。第一，根据《机动车交通事故责任强制保险条例》第43条规定："机动车在道路以外的地方通行时发生事故，造成人身伤亡、财产损失的赔偿，比照适用本条例。"案涉事故虽然发生在道路以外，但该事故发生时案涉车辆正在倒车转弯，属于正常使用状态，故案涉事故可比照《机动车交通事故责任强制保险条例》处理。第二，从"车上人员"和"第三者"区分的立法本意来看，车上人员系相对于车下人员而言，其依附于机动车，具有控制车辆及辅助控制车辆的条件，车下人员不具备该优势条件。就本案来说，在案涉事故发生时，焦某伟被甩出车外脱离车辆，其已失去了操控车辆的条件，被压在案涉车辆驾驶室外右下方，不再属于"车上人员"，故一审判决认定焦某伟为"第三者"并无不当，某保险公司天水分公司应当在交强险及第三者责任险范围内承担理赔责任。

【解读】交强险、第三者责任险赔偿的对象是被保人和本车人员之外的第三人。当驾驶人或者车内的其他人员因种种原因遭受该机动车的碰撞、碾压时，能否通过交强险、第三者责任险进行赔偿，具有解释的空间。《侵权责任编司法解释（一）》第22条对驾驶人转化为第三人进行了规定。该规定也可以作为车上人员转化为第三人进行损害赔偿的请求权基础的依据。

第一，驾驶人和车上人员可以转化为第三人。原因是：（1）从事实层面来看，第三人、车上人员均属于临时性的身份，会因特定时空条件的变化而转化。判断受害人是属于第三人还是车上人员，应当以交通事故发生时是否在车上为依据。事故发生时，在车上即为车上人员，在车下即为第三人。（2）从规范目的来看，交强险、第三者责任险之所以限定赔偿对象为第三人，不包括被保险人和车上人员，是为了防范道德风险，避免骗保。因此，如果驾驶人或者车上人员不存在骗保的情形，则可以认定其属于"第三人"。

第二，可以转化为第三人，但不意味着必然可以获得保险赔付，必须是驾驶人或者车上人员无过错。如果驾驶人因未采取制动措施等自身过错受到本车的碰撞、碾压，则属于既是侵权人，又是受害人。此时允许驾驶人获得保险金的赔偿，就变成了"自己赔偿自己"，有违侵权责任的基本法理。因此，《侵权责任编司法解释（一）》第22条规定，因驾驶人自身的过错而遭受损害，请求保险金赔付的，不予支持。车上其他人员也应当适用该规定的要求。[①]

具体到本案，涉案事故发生时，焦某伟已经被甩出车外，属于交强险和第三者责任险中的第三人范围。焦某伟被车辆碾压，是因为被甩出车外后无法控制车辆，而不是因为自己未采取刹车措施等。因此，焦某伟对于被碾压的行为并无过错，有权获得交强险和第三者责任险的赔偿。可以形成对比的是，在刘某等与某保险股份有限公司岳阳中心支公司机动车交通事故责任纠纷案中，杨某明驾驶

---

① 郑某宝诉徐某良、某保险公司长兴支公司道路交通事故人身损害赔偿纠纷案，载《最高人民法院公报》2008年第7期。

的车辆放在工地后未熄火，让车辆继续保持在正常工作状态，使用遥控器对该车辆进行施工操作。在作业时，杨某明被该车辆的泵臂撞倒受伤。二审法院对此提出，杨某明作为车辆的操作者，因过错发生事故产生损害，不能据此要求保险金赔付。①

结 语

机动车交通事故责任是典型的事故型侵权行为，由《民法典》和《道路交通安全法》的相关规则调整。总体上说，机动车交通事故责任的一般规则规定在《道路交通安全法》第76条，机动车的所有人、管理人与使用人相分离发生交通事故的责任分担，由《民法典》"机动车交通事故责任" 规定调整。对于这种侵权行为类型，最高人民法院已经发布了《道路交通事故损害赔偿解释》，《侵权责任编司法解释（一）》又针对机动车保险的具体问题作出解释，使我国的机动车交通事故责任规则更加完善。处理好机动车交通事故的损害赔偿责任，既能够救济受害人的权益损害，同时也可以确立道路交通行为准则，警示道路交通违章行为，保障道路交通安全。

① 刘某等与某保险股份有限公司岳阳中心支公司机动车交通事故责任纠纷案，湖南省高级人民法院（2020）湘民再108号民事判决书。

第九章 无过错责任的绝对责任条款与适用

法律与司法解释

《中华人民共和国民法典》

第 1214 条 以买卖或者其他方式转让拼装或者已经达到报废标准的机动车，发生交通事故造成损害的，由转让人和受让人承担连带责任。

第 1247 条 禁止饲养的烈性犬等危险动物造成他人损害的，动物饲养人或者管理人应当承担侵权责任。

《最高人民法院关于适用〈中华人民共和国民法典〉侵权责任编的解释（一）》

第 20 条 以买卖或者其他方式转让拼装或者已经达到报废标准的机动车，发生交通事故造成损害，转让人、受让人以其不知道且不应当知道该机动车系拼装或者已经达到报废标准为由，主张不承担侵权责任的，人民法院不予支持。

第 23 条 禁止饲养的烈性犬等危险动物造成他人损害，动物饲养人或者管理人主张不承担责任或者减轻责任的，人民法院不予支持。

解析与适用

《侵权责任编司法解释（一）》第20条和第23条对《民法典》第1214条关于非法转让报废车、拼装车发生交通事故损害责任和第1247条关于禁止饲养的烈性犬等危险动物损害责任的具体适用作出了补充解释。这两个条文都是自《侵权责任法》开始就规定为绝对责任条款的，《民法典》第1214条和第1247条继续规定为绝对责任条款，但不再将《侵权责任法》第79条违反管理规定饲养动物损害责任规定为绝对责任。值得重视的是，自从《侵权责任法》第79条和第80条规定绝对责任条款以来，学界对其研究不够深入，司法实践也存在诸多不同理解，《侵权责任编司法解释（一）》对《民法典》规定的两个绝对责任条款的具体适用作出具体解释。下文对《民法典》规定的绝对责任条款及其具体适用条件作出说明。

一、我国侵权责任法规定无过错责任绝对责任条款的演进

（一）《民法通则》未规定过无过错责任绝对责任条款

在《民法通则》之前，我国的侵权责任法没有成文法，在最高人民法院的司法解释中，也不存在无过错责任绝对责任的规定。

1986年制定《民法通则》，只规定了适用无过错责任原则的侵权责任类型，包括产品责任、高度危险责任、环境污染责任和饲养动物损害责任，没有规定无过错责任原则的绝对责任条款。我国的侵权责任法理论也没有无过错责任绝对责任条款的概念，只区分了过错责任、推定过错责任和无过错责任，在适用无过错责任的侵权行为场合，不区分无过错责任的责任轻重。这种立法并非不当，一是社会生活和司法实践尚未提出此种需求，二是就立法例借鉴而言，并无先例可循。

（二）《侵权责任法》开创无过错责任绝对责任条款的立法

对适用无过错责任的侵权责任进一步区分责任轻重层级，是从制定《侵权责任法》开始的。

在开始起草《侵权责任法》时，没有规定无过错责任绝对责任条款的立法意图。2002 年 12 月审议的《中华人民共和国民法（草案）》侵权责任编[①]没有规定绝对责任条款，在“机动车交通肇事责任”一章，没有规定非法转让报废车、拼装车发生交通事故的损害责任，在“饲养动物损害责任”一章，也没有规定禁止饲养的烈性犬等危险动物损害责任，因而不存在规定绝对责任条款的前提。即使在高度危险责任的规定中，也没有区分无过错责任的轻重层级。

2008 年 8 月《侵权责任法（草案）》二次审议稿增加规定了两个绝对责任条款：一是第 50 条规定：“买卖拼装的或者已达到报废标准的机动车，发生交通事故造成损害的，买卖双方承担连带责任”；二是第 79 条规定：“违反管理规定饲养烈性犬等动物造成他人损害的，动物饲养人应当承担侵权责任”，从而也在高度危险责任的规定中开始区分无过错责任的轻重层级。

《侵权责任法（草案）》三次审议稿和四次审议稿都规定了三个绝对责任条款，其中第 51 条规定：“以买卖等方式转让拼装的或者已达到报废标准的机动车，发生交通事故造成损害的，由转让人和受让人承担连带责任。”第 79 条规定：“违反管理规定，未对动物采取安全措施造成他人损害的，动物饲养人或者管理人应当承担侵权责任。”第 80 条规定：“禁止饲养的烈性犬等动物造成他人损害的，动物饲养人应当承担侵权责任。”

2009 年 12 月通过《侵权责任法》，第 51 条和第 79 条规定的内容没有变化，第 80 条规定：“禁止饲养的烈性犬等危险动物造成他人损害的，动物饲养人或者管理人应当承担侵权责任。”该条增加了“危险”二字，限定动物的属性。自此，形成了我国侵权法上的三个绝对责任条款体系，成为无过错责任最顶级的严格责任类型的格局。

---

① 这一立法草案被作为《侵权责任法（草案）》的第一次审议稿。

《侵权责任法》对高度危险责任没有规定绝对责任条款，但是也体现了无过错责任程度的层级。《侵权责任法》第 70 条规定："民用核设施发生核事故造成他人损害的，民用核设施的经营者应当承担侵权责任，但能够证明损害是因战争等情形或者受害人故意造成的，不承担责任。"第 71 条规定："民用航空器造成他人损害的，民用航空器的经营者应当承担侵权责任，但能够证明损害是因受害人故意造成的，不承担责任。"第 72 条规定："占有或者使用易燃、易爆、剧毒、放射性等高度危险物造成他人损害的，占有人或者使用人应当承担侵权责任，但能够证明损害是因受害人故意或者不可抗力造成的，不承担责任。被侵权人对损害的发生有重大过失的，可以减轻占有人或者使用人的责任。"第 73 条规定："从事高空、高压、地下挖掘活动或者使用高速轨道运输工具造成他人损害的，经营者应当承担侵权责任，但能够证明损害是因受害人故意或者不可抗力造成的，不承担责任。被侵权人对损害的发生有过失的，可以减轻经营者的责任。"可见，高度危险责任中规定了无过错责任的轻重层级，虽然没有规定绝对责任条款，却在减责或者免责的规范中体现出四个层级：第一层级，对战争等情形和受害人故意可以免除责任；第二层级，对受害人故意造成损害的，免除行为人的赔偿责任；第三层级，对受害人故意或者重大过失造成损害的，可以进行过失相抵；第四层级，对受害人的一般过失都可以过失相抵。《侵权责任法》通过规定绝对责任条款和规定免责事由的区别，确认了无过错责任的轻重层级。

（三）《民法典》侵权责任编对绝对责任条款的调整

《民法典》侵权责任编对《侵权责任法》的上述规定进行了两个重要调整。一是对绝对责任条款体系的调整，继续坚持将转让报废车、拼装车发生交通事故损害责任和禁止饲养烈性犬等危险动物损害责任规定为绝对责任条款，对违反管理规定饲养动物损害责任不再适用绝对责任条款，降为适用无过错责任原则的第二层级，即受害人故意引起损害的，可以减轻行为人的责任。二是调整高度危险责任的无过错责任轻重层级，将《侵权责任法》第 72 条和第 73 条原来规定的区分故意、重大过失实行过失相抵，一般过失可以过失相抵的规则，统一改为故意或者重大过失可以进行过失相抵。

综上可以看到,《民法典》规定无过错责任轻重层级，区分为绝对责任、战争等情形和受害人故意可以免除责任、故意可以免除责任以及故意或者重大过失可以过失相抵四个层次。绝对责任条款居于四种层级的最高级，是程度最重的无过错责任。

二、无过错责任绝对责任条款的界定与适用价值

（一）无过错责任绝对责任条款概念的定义与特征

对于侵权责任法的无过错责任绝对责任条款的概念，很少有精准的定义。有的使用“绝对责任”的概念，[①] 也有使用“更严格的无过错责任”或者“更严厉的无过错责任”的概念，这是由于禁止饲养的动物自身所具有的高度危险性，必须适用最严厉的无过错责任原则，即不存在任何免责事由，无论饲养人或者管理人是否有过错，都应承担责任。[②]《民法典》第1247条规定了侵权法上最严格的责任，此种责任是绝对责任，没有任何免责事由与减责事由。[③] 只要违反管理规定饲养了烈性犬等危险动物，并造成他人损害的，动物饲养人或者管理人就应当承担侵权责任，没有任何的免责事由可以援引。[④] 也有学者认为，这一比较法上的立法思路颇为罕见，尚未发现相同立法例可资借鉴，故为“比较法孤例”。[⑤] 也有的将绝对责任条款称为“无免责事由的无过错责任原则”，认为这一归责方

① 王利明主编:《中国民法典评注·侵权责任编》，人民法院出版社2021年版，第389页。

② 刘沫茹、刘予桐:《论〈侵权责任法〉第十章损害责任的法律适用》，载《学术交流》2017年第8期。

③ 程啸:《最高人民法院民法典侵权责任编司法解释理解与适用》，中国法制出版社2024年版，第255页。

④ 石宏主编:《〈中华人民共和国民法典〉释解与适用（人格权编 侵权责任编）》，人民法院出版社2020年版，第285页。

⑤ 周友军:《我国动物致害责任的解释论》，载《政治与法律》2010年第5期；王利明:《侵权责任法研究》(下)，中国人民大学出版社2011年版，第641页。

法造成我国饲养动物损害责任归责原则的混乱，应当废除。[①] 对于非法转让拼装车、报废车的绝对责任条款，学者认为，根据《侵权责任法》第 51 条规定，拼装车、报废车发生交通事故适用危险责任原则，《道路交通安全法》第 76 条第 1 项和第 2 项的规定并不适用于拼装车、报废车发生交通事故的情形。易言之，拼装车、报废车发生交通事故，无论是在机动车之间还是在机动车与非机动车驾驶人、行人之间，均适用危险责任原则。[②]

对绝对责任条款的称谓之所以如此庞杂，原因在于立法在条文中没有明确规定为绝对责任，立法机关负责人员在法律的释义书中也没有明确说明为绝对责任，只是在口头上称之为绝对责任条款，且对两个绝对责任条款的说明也不一致。例如，在对《侵权责任法》第 51 条和《民法典》第 1214 条的解释中，只说承担“连带责任”，并未说明不得适用减责、免责事由抗辩。[③] 在对《侵权责任法》第 80 条和《民法典》第 1247 条的解释中，则说明了“就应当承担侵权责任，没有任何的免责事由可以援引”的绝对责任含义。[④]

概括起来，将《民法典》第 1214 条和第 1247 条称为绝对责任条款，是最妥当的。故我国侵权责任法的无过错责任绝对责任条款，是指《民法典》侵权责任编规定的适用无过错责任原则且不得免除或者减轻赔偿责任的侵权责任特别条款。

（二）绝对责任条款的重要价值是区分无过错责任的轻重层级

对于我国《侵权责任法》中规定绝对责任条款，并非都是赞同意见。有学者认为，虽然学界近几年从解释论立场出发，已经基本达成共识，认为《侵权责任法》第 79 条、第 80 条额外要件的成就消灭了抗辩事由，但在价值判断上，保留

---

① 林志辉：《〈中华人民共和国侵权责任法〉饲养动物致人损害责任：问题与建议》，载《前沿》2019 年第 6 期。

② 李新天、印通：《论机动车交通事故责任的赔偿主体》，载《时代法学》2014 年第 6 期。

③ 王胜明主编：《中华人民共和国侵权责任法释义》，法律出版社 2013 年版，第 298 页；黄薇主编：《中华人民共和国民法典侵权责任编释义》，法律出版社 2020 年版，第 139 页。

④ 黄薇主编：《中华人民共和国民法典侵权责任编释义》，法律出版社 2020 年版，第 236 页。

意见者亦不少。况且司法实务对该问题依然莫衷一是，判决并不统一。我国侵权法立法虽与各国立法例一样，在饲养动物责任上秉持严格化趋势，然其在“受害人中心主义”立场下的特殊立法却使部分动物饲养人、管理人陷入“结果责任”的泥淖。[①] 笔者认为，这样的认识不妥。应当看到，我国《侵权责任法》规定绝对责任条款尽管在立法例上是孤例，并没有造成归责原则体系的混乱，而是我国侵权责任法的本土元素和鲜明特色，是对侵权责任法发展作出的开创性贡献。在该条款规定的范围内适用绝对责任条款，对侵权人施以最严厉的侵权责任制裁，可以使行为人“认识到自己的社会责任和法律责任”，[②] 维护社会秩序，更好地保护民事主体的生命财产安全。

《民法典》规定适用无过错责任原则的侵权责任类型，包括产品责任、生态环境侵权责任、高度危险责任和饲养动物损害责任四种类型。其中产品责任和生态环境损害责任没有规定绝对责任条款，也不存在对无过错责任的层级之分。

对复杂的饲养动物损害责任、高度危险责任以及机动车交通事故责任，通过设置绝对责任条款等方法区分无过错责任轻重层级，具有特别重要的价值。机动车交通事故责任原本不适用无过错责任原则，而是适用过错推定原则和过错责任原则，[③] 但是《民法典》第 1214 条规定转让拼装车、报废车却适用绝对责任条款，不仅适用无过错责任原则，而且适用最严厉的无过错责任。《民法典》对高度危险责任没有规定绝对责任条款，但也是通过对免责、减责事由的不同规定，区分无过错责任的轻重层级。

《民法典》关于动物损害责任的规定，通过绝对责任条款的设置，使这种适用无过错责任原则的特殊侵权责任类型出现三个层级：第一层级，是绝对责任条款，适用无过错责任原则，不支持任何减责、免责事由的抗辩；第二层级，是只有受害人故意才可以减轻责任的无过错责任，重大过失或者一般过失都不能减轻

① 徐舒浩：《再议危险动物损害责任的抗辩事由——兼评〈侵权责任法〉第 80 条》，载《湖北警官学院学报》2015 年第 11 期。

② 石宏主编：《〈中华人民共和国民法典〉释解与适用（人格权编 侵权责任编）》，人民法院出版社 2020 年版，第 285 页。

③ 杨立新：《侵权责任法》（第四版），法律出版社 2021 年版，第 404 页。

赔偿责任，是《民法典》第1174条故意免责规定的例外；第三层级，是故意或者重大过失不承担责任或者减轻责任的无过错责任，通常认为受害人故意是免责事由，重大过失是减责事由。

这样规定无过错责任的轻重层级并在实践中适用，具有重大价值，体系清晰，逻辑分明，不会造成法律适用的混乱。

有学者认为，该立法模式的局限性体现为两点：第一，其对危险动物与普通饲养动物的区分违反一体保护原则，极易造成裁判上的实质不平等。第二，其将受害人故意排除在抗辩事由之外，在法理基础上也难以自圆其说，在因果关系论证上亦难以逻辑自洽。[①] 笔者认为这种看法也是不妥的，其理由是：

第一，对饲养动物损害责任，《苏俄民法典》是有区分的。在当今世界侵权法格局中，不再采用区分规则，而是坚持动物损害的一体保护规则。但是，由于动物的属性并不相同，宠物、家畜家禽、猛禽野兽的致害危险等级也不相同，在侵权责任法保护的权益方面，应当针对不同种类的动物是否违反饲养动物管理规定等，虽然都适用无过错责任原则确定侵权责任，但是进行有针对性的规范就是必要的。因为烈性犬等危险动物比一般饲养的动物的危险性更高，而且法律法规本身或相关规定已经禁止人们饲养这些危险动物，而动物饲养人、管理人知法犯法，主观恶性更为严重。[②] 立法规定绝对责任条款，区分无过错责任的层级，能够提示社会成员，警诫动物饲养人或者管理人，既然要饲养动物，就应当承担相应的注意义务，一般无损害他人权益的动物，适用普通无过错责任原则即可保护人民群众权益安全；需要遵守管理规定的饲养动物，应当通过采取必要的管理措施，预防损害的发生，保护好他人的权益；对于危险动物，社会成员负有禁止饲养的义务，违反义务而饲养，就要承担最高层级的无过错责任。这样的无过错责任的层级设计，在适用中不会造成裁判上的实质不平等，而是更加人性化，更加科学化，更能够使民事主体的权益得到保障。

---

① 徐舒浩：《再议危险动物损害责任的抗辩事由——兼评〈侵权责任法〉第80条》，载《湖北警官学院学报》2015年第11期。

② 王利明主编：《中国民法典评注·侵权责任编》，人民法院出版社2021年版，第389页。

第二，适用绝对责任条款，将受害人故意排除在抗辩事由之外，在法理基础上不会难以自圆其说，在因果关系论证上也不会难以逻辑自洽。法律是必须遵守的社会共同生活规则，作为法律基础的法理，也必须阐释社会共同生活规则的理论基础，为社会成员共同遵守的法律规范提供支持。作为一般免责事由的例外，即便是受害人故意造成损害的，也不能减轻更不能免除侵权责任，[①] 体现的就是这种法理基础，不能认为其违反法理。侵权责任法的基本逻辑在于保护民事主体的正当权益，之所以在以过错责任原则为基本归责原则的逻辑基础上，创造出与之对立的无过错责任原则，就是为了区分出适用过错责任原则的例外，更加凸显在危险强大的场合保护和救济损害的必要性，使受害人能够排除侵权人的不当抗辩，而使自己的权益得到最好的保障。同样，在适用无过错责任原则的场合，依据被规范行为的危险程度不同，采取不同的层级对民事主体的权益进行保护，正是侵权法逻辑的体现。这不是打破了传统法理和逻辑自洽，而是根据维护社会生活安全环境的实际需要，突破传统法理和逻辑，构建新的法理，完全符合侵权法的逻辑要求。这正是我国《民法典》规定绝对责任条款，排除侵权人主张任何抗辩事由减免责任所追求的社会价值。

三、适用《侵权责任编司法解释（一）》补充绝对责任条款规定的具体规则

《侵权责任编司法解释（一）》对《民法典》规定的两个绝对责任条款的补充解释都是必要的，司法实践中应当依照这些解释统一裁判规则。

---

① 王利明主编：《中国民法典评注·侵权责任编》，人民法院出版社 2021 年版，第 389 页。

（一）适用拼装车或者报废车交通事故损害绝对责任条款的规则

1.《道路交通事故损害赔偿解释》第4条对《民法典》第1214条规定规则的补充

对《民法典》第1214条规定的转让拼装车、报废车交通事故损害责任，《道路交通事故损害赔偿解释》第4条规定："拼装车、已达到报废标准的机动车或者依法禁止行驶的其他机动车被多次转让，并发生交通事故造成损害，当事人请求由所有的转让人和受让人承担连带责任的，人民法院应予支持。"这一规定针对《民法典》第1214条的规定补充了以下两个内容。

第一，增加承担绝对责任的禁止交易机动车的种类。《民法典》第1214条之规定针对的是拼装车和报废车，《道路交通事故损害赔偿解释》第4条增加的是依法禁止行驶的其他机动车，只要是禁止行驶的机动车，都在禁止转让之列。依法禁止行驶的其他机动车，除了报废车、拼装车之外，还有以下几个类型：一是不符合标准的改装车，二是未注册的车，三是未年检的车，四是未购买交强险的车，五是尾气排放未通过环保检测的车，六是黄标车。其中黄标车是高污染排放车辆的简称，是连国Ⅰ排放标准都未达到的汽油车，或排放达不到国Ⅲ排放标准的柴油车，因其贴的是黄色环保标志，故称为黄标车。这些汽车的尾气排放量大，对环境造成严重污染，只有经过改装，尾气排放检验合格者，才可换领绿色环保标志，升级为"绿标车"。对这些禁止行驶的机动车非法进行转让的，都适用绝对责任条款。这个范围显然足够大，在具体适用法律时应当有所限制。

第二，增加非法转让行为的责任主体。《民法典》第1214条只规定了报废车、拼装车的转让。该条司法解释补充规定，上述机动车被多次转让的，任何一次转让的转让人和受让人都是连带责任主体，都要对交通事故受害人承担连带责任。这是我国侵权法的惯常做法，即增加连带责任人，让被侵权人的损害赔偿权利能够得到更好的保障。相应地，连带责任的增加显然会使每一个连带责任承担的份额越来越少，但是却能使每一个转让行为人都须承担自己应当承担的责任份额，更能起到绝对责任条款的阻吓作用。

2. 认知被转让的拼装车、报废车的客观标准

拼装机动车，是指使用报废汽车发动机、方向机、变速器、前后桥、车架（统称“五大总成”）以及其他零配件组装的机动车。报废机动车，是指达到国家报废标准或者虽未达到国家报废标准，但发动机或者底盘严重损坏，经检验不符合国家机动车运行安全技术条件或者国家机动车污染物排放标准的机动车。[①]

违法转让拼装车、报废车的行为人对交易标的物是否有认知，《民法典》第1214条没有明确规定，只是说“以买卖或者其他方式转让拼装或者已经达到报废标准的机动车”，并未明确规定采用主观标准还是客观标准。主观标准是对转让标的物为拼装车或者报废车应当明知或者应知，这个标准较高；客观标准则是不问转让行为人在主观上对交易的拼装车、报废车是否有认知，只要交易的是依法禁止交易的拼装车、报废车，就适用该条绝对责任条款的规定，承担连带责任。相比较而言，采用主观标准对转让行为人有利，也比较符合交易的实际。但是，采用客观标准认定更为妥当，其理由一是能够明确法律对这种非法交易行为的强烈谴责态度，二是能够更好地维护交通秩序，为非机动车驾驶人或者行人以及其他交通参与者的交通安全提供保障。

对此，《侵权责任编司法解释（一）》第20条规定，转让行为人对非法转让拼装车、报废车的主观认知采取客观标准，即以买卖或者其他方式转让的拼装或者已经达到报废标准的机动车，发生交通事故造成损害的，转让人、受让人以其不知道或者不应当知道该机动车是拼装或者已经达到报废标准为理由，主张不承担侵权责任的，法院不予支持。这里说的是，转让行为人在诉讼中采用主观标准进行抗辩，而司法解释规定的是客观标准，因此，不支持转让行为人的免责抗辩，只要交易的是拼装车或者报废车，无论行为人是否有认知，都应当承担连带责任。

对转让的拼装车或者报废车无认知，是因欺诈所致的，是否也适用客观标

---

① 石宏主编：《〈中华人民共和国民法典〉释解与适用·人格权编侵权责任编》，人民法院出版社2020年版，第218页。

准，值得研究。有学者认为，因出卖人之欺诈，买受人并不知道购买的是拼装或者报废的机动车。此时，如果该机动车发生交通事故造成他人损害，那么只要买受人能够证明其因欺诈而不知悉所购机动车为拼装或报废的机动车，就可以无须承担连带责任，但是，机动车使用人仍须依据《道路交通安全法》第76条的规定承担相应的责任。[①] 在《侵权责任编司法解释（一）》第20条对此没有明确规定的情况下，被欺诈者进行转让取得拼装车、报废车，令其承担连带责任，似乎有违情理和法理，因此颇难斟酌。对此，还是应当依照该条司法解释认定，既然司法解释没有规定被欺诈而不知者例外的规定，就应当适用一般规则，不能使其不承担连带责任。如果仅以受欺诈的受让人依照《道路交通安全法》第76条规定承担责任，[②] 反倒使欺诈一方转让人逃脱了侵权责任的制裁，有违侵权法的逻辑要求，因为通常的拼装车、报废车的转让，欺诈方是转让人，发生交通事故的是受让方，因欺诈而不知拼装车、报废车而由使用人承担责任，是不公平的。

采用客观标准认定拼装车、报废车转让行为的责任构成，实践中容易认定。因为明知的认定需要证明转让行为人已知，应知的认定则需要提供转让行为人应当知道的证据，并且须达到高度盖然性的标准。客观标准要求的是不论知与不知，都在客观标准之内，因为采用客观标准不需要考察转让行为人的主观认知状态，直接看转让标的物是否为拼装车、报废车，如是即构成此种侵权责任。

3.《侵权责任编司法解释（一）》第20条的规定是否受《道路交通事故损害赔偿解释》第4条规定的约束

《道路交通事故损害赔偿解释》第4条和《侵权责任编司法解释（一）》第20条都是对《民法典》第1214条规定的拼装车、报废车发生交通事故责任的解释。这两条司法解释的关系如何，即第20条是否受第4条的约束，需要进行说明。笔者认为，对此不能一概而论，而应当把握以下两个方法。

一是《侵权责任编司法解释（一）》第20条没有使用“其他禁止行驶的机

---

① 王利明主编：《中国民法典评注·侵权责任编》，人民法院出版社2021年版，第282页。
② 王利明主编：《中国民法典评注·侵权责任编》，人民法院出版社2021年版，第282页。

动车”，而且在规定拼装车和报废车的列举之后也没有规定“等”字，因此，这一表述是封闭结构，因而其他依法禁止行驶的机动车不在适用客观标准确定认知的范围内。其他禁止行驶的机动车只适用于承担连带责任的规则，不适用客观标准确定认知。这样的规定是适当的，因为不符合标准的改装车、未注册的车、未年检的车、未购买交强险的车、尾气排放未通过环保检测的车和黄标车，对交通安全和交通秩序的危害小于拼装车和报废车，因此，可以推导出的规则是：拼装车和报废车，转让行为人的认知标准是客观标准，其他依法禁止行驶的机动车，转让行为人的认知标准是主观标准，须知道或者应当知道才承担连带责任。

二是对于拼装车和报废车的交易次数，《侵权责任编司法解释（一）》第20条没有规定，按照侵权责任法的逻辑推理，应当受到《道路交通事故损害赔偿解释》第4条规定的约束，即只要是拼装车和报废车的转让，不论转让次数多少，所有的转让行为人都须对发生交通事故致人损害的后果承担连带责任，不得以转让在先为由进行抗辩。因此，对拼装车、报废车多次违法转让的所有出让人和受让人，都采用客观标准认定侵权责任。

典型案例解读

李某甲与李某乙机动车交通事故责任纠纷案①

【案情】2021年2月9日，沈某醉酒后驾驶摩托车与马某驾驶的电动自行车发生碰撞，造成马某死亡及车辆损坏的道路交通事故。《道路交通事故认定书》认定，沈某负本次事故的全部责任，马某无责任。皖S 1××号普通二轮摩托车所有人为李某甲，该摩托车初次登记日期是2009年9月29日，检验有效期至2011年9月30日，该车逾期未检验，达到报废标准。大约在2016年李某甲将该摩托车以1000元的价格卖给了沈某，后一直由沈某使用。本次事故给马某的亲属李某乙造成了损失，至今未得到赔偿。

① 参见安徽省亳州市中级人民法院（2021）皖16民终2418号民事判决书。

【裁判】一审法院认为，公民享有生命权、健康权。行为人因过错侵害他人民事权益，应当承担侵权责任。在本次事故中，沈某负此次事故的全部责任，马某不负此事故的责任。该事故认定系公安机关依职权作出，该院予以确认并作为确定赔偿的依据。本案中，沈某违反道路交通安全法规，醉酒驾驶已经达到报废标准的皖 S 1×× 号普通二轮摩托车，发生交通事故，造成李某乙等人的亲属马某在事故中死亡，且负事故的全部责任，具有重大过错，故其对因马某死亡造成的损失应承担全部赔偿责任。《民法典》第 1214 条规定："以买卖或者其他方式转让拼装或者已经达到报废标准的机动车，发生交通事故造成损害的，由转让人和受让人承担连带责任。"肇事摩托车登记所有人李某甲在将该摩托车卖给沈某时，双方均知道该摩托车已达到报废标准。国家在报废汽车管理中，禁止任何单位或者个人出售已经达到报废标准的机动车给非报废汽车回收企业的单位或者个人。李某甲和沈某的这种转让行为，违反了国家的禁止性规定，对转让后发生交通事故致人损害具有共同过错，因此，李某甲对沈某的赔偿责任应承担连带责任。

李某甲不服上诉。理由是，第一，李某甲将摩托车出卖给沈某时，摩托车未达到报废标准。根据《机动车强制报废标准规定》第 4 条第 4 项的规定，"在检验有效期届满后连续 3 个机动车检验周期内未取得机动车检验合格标志的"应当强制报废。本案摩托车初次登记日期为 2009 年 9 月 29 日，检验有效期至 2011 年 9 月 30 日。此后 3 个检验周期应当到 2015 年 9 月 30 日止。李某甲出卖摩托车时，摩托车还在 3 个检验周期内，未达到报废标准。一审认定李某甲在 2016 年左右将摩托车出卖给沈某，是事实认定不清。第二，摩托车是否达到报废标准，不是买卖双方主观认定的，而是应当根据法律规定确认。李某甲此前不知道摩托车怎样才算报废，对报废的概念认识错误。一审庭审期间，沈某的诉讼代理人发问李某甲卖车时是否知道该车已报废，是在诱导李某甲。李某甲回答知道，是知道当时摩托车有毛病，而不是表述该车已达到法定报废标准。

二审法院认为，本案的争议焦点为：（1）涉案摩托车买卖时是否已达到报废标准；（2）李某甲是否应承担连带责任。

关于争议焦点之一，一审庭审时，沈某陈述摩托车买了大概五六年，并认可摩托车当时已经报废。李某甲亦陈述卖车大概五六年，并陈述知道卖车时车辆已经报废，故综合沈某、李某甲陈述，一审认定涉案摩托车系在2016年交易且买卖时已达到报废标准并无不当。李某甲作为拥有摩托车多年的车主，其知道或应当知道摩托车年审及脱审后果的基本常识，对其上诉称其主观上并不知道摩托车怎样才算报废的理由不予采纳。

关于争议焦点之二,《民法典》第1210条规定：当事人之间已经以买卖或者其他方式转让并交付机动车但是未办理登记，发生交通事故造成损害，属于该机动车一方责任的，由受让人承担赔偿责任。第1214条规定，以买卖或者其他方式转让拼装或者已经达到报废标准的机动车，发生交通事故造成损害的，由转让人和受让人承担连带责任。因李某甲转让的系已达报废标准的机动车，故不适用《民法典》第1210条规定，而应该适用该法第1214条规定，因此李某甲应承担连带赔偿责任。

【解读】已经达到报废标准的机动车，安全系数不符合要求，既不应当在道路上行驶，也不应当进行转让。为了防止报废的机动车上路行驶，危害他人的人身安全与财产安全,《民法典》第1214条的规定强化了报废车辆交易主体的民事责任，即转让人和受让人承担连带责任。与此同时,《侵权责任编司法解释（一）》第20条规定，转让人和受让人都不得以其不知道或者不应当知道为由进行抗辩，更是表达了对报废车辆上路驾驶行为的否定性评价。

系争案件中，第一，客观上案涉摩托车已经达到了报废标准。根据《机动车强制报废标准规定》第4条第4项的规定，“在检验有效期届满后连续3个机动车检验周期内未取得机动车检验合格标志的”应当强制报废。本案摩托车初次登记日期为2009年9月29日，检验有效期到2011年9月30日。此后3个检验周期应当到2015年9月30日止。李某甲出卖摩托车时，已经是2016年，摩托车不在3个检验周期内，属于达到报废标准。第二，转让人李某甲和受让人沈某是否知道摩托车达到报废标准，不影响双方承担连带责任。一方面，对于转让人李某甲而言，其作为原来的车主，应当及时进行车审，了解脱审后的法律后果。因此，其主张不知道车辆已达到报废标准，并不成立。另一方面，对于买受人沈某而言，尽管存在转让人隐瞒的可能，但是在其取得机动车辆后，也应当对车审等材料进行合理审查。买受人沈某以其不知道或者不应当知道为由进行抗辩，同样不成立。

不过，如果转让人进行了欺诈，受让人尽到了合理注意义务依旧未发现案涉车辆属于报废车辆，则可以在依法承担连带责任后，按照连带责任的规定向转让人进行追偿或者依据瑕疵担保责任请求转让人承担违约损害赔偿责任。

（二）适用饲养烈性犬等危险动物损害绝对责任条款的规则

《侵权责任编司法解释（一）》第 23 条规定的基本含义，是禁止饲养的烈性犬等危险动物造成他人损害，适用绝对责任条款，不得以任何理由主张免责或者减责。

1. 饲养动物损害责任归责原则的演进

我国的饲养动物损害责任适用何种归责原则，70 多年来有多次演变。

在《民法通则》实施之前，受苏联民法思想影响，我国的饲养动物损害责任采用二元归责原则体系，即对构成高度危险来源的凶猛动物适用无过错责任原则，对家庭饲养的比较温顺的家畜家禽采用过错推定原则。[①]《民法通则》采用一元体制，凡是饲养动物致人损害一律适用无过错责任原则，不再区分动物的种类。[②]《侵权责任法》对饲养动物损害责任采用了复杂的归责原则体系，即首先，依据《侵权责任法》第 78 条，饲养动物造成他人损害时，无论动物的饲养人、管理人有无过错，均适用无过错责任原则，都要承担侵权责任。其次，适用绝对责任条款，该法第 79 条和第 80 条规定，一是违反管理规定，未对动物采取安全措施，造成他人损害的侵权责任，二是禁止饲养的烈性犬等危险动物造成他人损害的情形。绝对责任就在于受害人对于损害的发生，无论具有故意还是重大过失，都不能减轻饲养人、管理人的侵权责任。最后，对动物园饲养的动物，不仅不适用绝对责任，也不适用普通无过错责任，而适用过错推定原则，动物园饲

① 杨立新：《侵权责任法》，法律出版社 2021 年版，第 624 页。

② 王家福主编：《中国民法学·民法债权》，法律出版社 1991 年版，第 523 页。

养的动物造成他人损害的，可以通过证明动物园尽到管理职责而免除责任。[①]

立法专家在编纂《民法典》中一致认为，对违反管理规定未对动物采取安全措施造成他人损害的饲养动物损害责任适用绝对责任条款过于严苛，因而将其排除在绝对责任条款之外，只有禁止饲养的烈性犬等危险动物损害责任才适用绝对责任条款。因此，《民法典》规定的饲养动物损害责任的归责原则分为四个层级：一是饲养普通动物致人损害的，适用无过错责任，受害人具有故意或者重大过失的，可以减责和免责；二是违反管理规定饲养动物致人损害的，适用无过错责任原则，受害人故意可以减轻饲养人、管理人的责任；三是禁止饲养的烈性犬等危险动物致人损害的，不得减轻或者免除饲养人、管理人的侵权责任；四是动物园饲养的动物致人损害，适用过错推定责任，不适用无过错责任原则。

由于《民法典》第1247条的条文十分简洁，没有明文规定不得减轻责任也不得免除责任，因而很多人并未意识到该条款在归责上的严苛性，甚至持否定态度。《侵权责任编司法解释（一）》第23条规定的根本目的，就在于宣示《民法典》第1247条规定是绝对责任条款。

2. 烈性犬等危险动物的范围

《民法典》第1247条规定的烈性犬等危险动物的外延究竟应当如何界定，没有明确解释。有的学者指出，烈性犬并非动物学上的概念，其具体范围如何，目前我国尚无法律和法规的统一规定，地方性法规对禁止饲养的烈性犬或者大型犬的品种规定不等，大致在18种至40种。[②] 实践中规定烈性犬范围的文件效力层级比较低，一般是由各地的公安、农业部门加以确定，范围上各地存在差别，主要包括以下犬种：藏獒犬、比特斗牛梗犬、阿根廷杜高犬、巴西非拉犬、日本土佐犬、中亚牧羊犬、川东犬、苏俄牧羊犬、牛头梗、英国马士提夫、意大利卡斯罗、大丹犬、俄罗斯高加索、意大利纽玻利顿、斯塔福、阿富汗猎犬、波音达犬、威玛猎犬、雪达犬、寻血猎犬、巴仙吉犬、英国斗牛犬、秋田犬、纽芬兰

① 对此，笔者一直持不同态度，参见杨立新：《修订侵权责任编应对动物园动物损害责任归责原则进行调整》，载《河南财经政法大学学报》2018年第2期。

② 王胜明主编：《中华人民共和国侵权责任法释义》，法律出版社2013年版，第444页。

犬、贝林登梗、凯利蓝梗、中华田园犬。其他危险动物包括各类毒蛇、食人鱼、狮子、老虎、大象、鳄鱼等。[①] 有些地方还规定大型犬禁止饲养，例如，《北京市养犬条例》规定，禁止饲养成年体高超过 35 厘米的大型犬种；《苏州市养犬管理条例》规定，大型犬的标准是成年犬肩高 61 厘米。[②] 这些意见比较准确，也有地方法规、规章的规定，可以参考。

3. 无过错责任绝对责任条款的基本含义是不得免责和减责

绝对责任的基本含义，就是适用《民法典》规定的绝对责任条款，行为人不得主张免责或者减责，无论被侵权人是否有故意或者过失，也不论是否为不可抗力，都不能免除行为人的赔偿责任。这意味着，无论基于何种原因，禁止饲养的烈性犬等危险动物的饲养人或者管理人都须对其造成的损害全额赔偿。例如，如果某人因故意挑衅而被藏獒咬伤，尽管其有重大过失，也不能减轻或者免除藏獒的饲养人或者管理人的赔偿责任。

无过错绝对责任与普通无过错责任的区别在于，普通的饲养动物损害责任下，如果受害人故意或者重大过失造成损害，饲养人或者管理人可以减轻责任或者免除责任；而适用无过错绝对责任条款则不得减责、免责，任何免责或者减责的抗辩均不予支持。所以，《侵权责任编司法解释（一）》第 23 条规定，禁止饲养的烈性犬等危险动物造成他人损害时，动物饲养人或管理人主张不承担责任或减轻责任的，人民法院不予支持。这正是绝对责任条款效力的真实体现。

在具体的司法操作中，只要确认饲养人、管理人饲养或者管理的烈性犬等危险动物致人损害，有因果关系，即可确定其承担责任，且不考虑关于减责和免责的抗辩，也不必查明该事实，直接驳回即可。

4. 饲养人和管理人的责任关系

解读和适用《侵权责任编司法解释（一）》第 23 条，还应当研究烈性犬等

---

① 程啸：《最高人民法院民法典侵权责任编司法解释理解与适用》，中国法制出版社 2024 年版，第 252~253 页。

② 石宏主编：《〈中华人民共和国民法典〉释解与适用（人格权编侵权责任编）》，人民法院出版社 2020 年版，第 285 页。

危险动物的饲养人、管理人怎样承担责任。因为《民法典》第1247条只规定饲养人或者管理人承担赔偿责任，并未规定二者之间如何承担。

有学者认为，烈性犬等危险动物的饲养人、管理人应当承担连带责任。理由是，当动物的饲养人与管理人为同一主体时，那么在动物造成他人损害时，承担责任的就是动物的饲养人。如果饲养人和管理人不是同一主体，由于管理人对于动物具有管理和控制力，因此，应当由动物的管理人承担饲养动物损害责任。然而，就禁止饲养的危险动物而言，因为此类动物本身是禁止饲养的，因此，在该类动物的饲养人将动物委托给他人管理时，管理人对于该动物的管理本身也是违法的，是法律所禁止的，这就如同《民法典》第1214条规定的那样，拼装的机动车与报废的机动车不得进行转让，否则只要发生交通事故造成损害的，转让人和受让人就要承担连带责任。基于这一法理，为了更好地预防非法饲养危险动物，应当认为禁止饲养的烈性犬等危险动物造成他人损害，动物饲养人和管理人不是同一人的，饲养人和管理人应当向被侵权人承担连带责任。①

笔者一直认为，饲养动物损害责任中的饲养人、管理人承担责任的方式是不确定并列责任主体的，其中不存在构成共同侵权行为和分别侵权行为的可能，一般情况下是单独侵权行为，或者竞合侵权行为。例如《民法典》第1246条关于违反管理规定，未对动物采取安全措施造成他人损害的，动物饲养人或者管理人承担的责任，就是单独责任，是饲养人的责任或者管理人的责任。《民法典》第1249条规定的遗弃、逃逸的动物致人损害，动物饲养人或者管理人的责任承担，也是谁遗弃，动物在谁的掌控下逃逸的，谁就要承担单独责任。但是，《民法典》第1247条规定烈性犬等危险动物损害责任，由于饲养行为本身就是违法的，在动物由管理人占有时造成损害，动物管理人要承担无过错绝对责任，动物饲养人也应当承担无过错绝对责任，因此，认为此时的饲养人和管理人承担连带责任的理由是能够成立的。但是，在禁止饲养的动物先由管理人占有，后转由饲养人占

① 程啸：《最高人民法院民法典侵权责任编司法解释理解与适用》，中国法制出版社2024年版，第257页。

有的，对造成的损害应当由饲养人单独承担责任，管理人不承担责任。至于饲养人、管理人是同一人的，承担单独责任，不存在连带责任的可能。

可见，《民法典》在饲养动物损害责任的条文中，虽然都使用“动物饲养人或者管理人”这一表述，但是责任主体承担责任的方式是不一样的。实务中，首先须确定动物饲养人或者管理人的行为是单独责任，还是构成共同侵权而承担连带责任。

（三）《侵权责任编司法解释（一）》第 20 条和第 23 条之间的关系

《民法典》侵权责任编只规定了两个绝对责任条款，其他法律还没有同样的规定。对于这两个绝对责任条款，《侵权责任编司法解释（一）》分别作了具体规定，解释的重点却不一样。《侵权责任编司法解释（一）》第 20 条规定解决的是非法转让拼装车或者报废车转让行为人对标的物性质认知的客观标准问题，第 23 条规定的是饲养危险动物致人损害的绝对责任效力，即不得减轻责任和免除责任。要研究的问题是，这两个司法解释条文是何种关系，在实务操作中是否可以相互参照适用。

首先，程啸教授提出，确定危险动物损害绝对责任条款中，认定行为违反法律情节的严重性，可以借鉴违法转让拼装车、报废车的客观违法性的认定，即违反法律的一方当事人，尽管其没有进行实际占有，但只要有客观的违法性，就应当承担连带责任，[①] 因而与对方违法行为人之间具有客观关联共同。这是借鉴《民法典》第 1214 条和《侵权责任编司法解释（一）》第 20 条规定的做法。

其次，非法转让拼装车、报废车后果的绝对责任条款准许参照适用《侵权责任编司法解释（一）》第 23 条规定的后果，这是因为《民法典》第 1214 条没有规定绝对责任条款的后果，当然，《民法典》第 1247 条也没有对此作出规定。《侵权责任编司法解释（一）》第 23 条只规定了《民法典》第 1247 条绝对责任

---

① 程啸：《最高人民法院民法典侵权责任编司法解释理解与适用》，中国法制出版社 2024 年版，第 257 页。

后果的适用规则，第20条对绝对责任条款的适用后果却没有规定。依照相同的法律关系应当适用相同的法律规则的适用法律原则，适用《民法典》第1214条绝对责任条款的后果，应当参照《侵权责任编司法解释（一）》第23条规定的规则，即侵权人“主张不承担责任或者减轻民事责任的，人民法院不予支持”，非法转让拼装车、报废车发生交通事故造成他人损害，符合《民法典》第1214条规定的，参照适用《侵权责任编司法解释（一）》第23条规定，确定饲养人或者管理人不得主张任何减轻责任或者免除责任的抗辩。

最后，对《侵权责任编司法解释（一）》第20条规定的认知客观标准，第23条是否可以参照适用，值得研究。从表面上看，第20条规定的是认知拼装车、报废车的规则，第23条规定的危险动物似乎没有参照适用客观标准的必要。但其实不然，饲养人或者管理人对于危险动物也存在认知标准问题。在究竟何为危险动物没有法律、法规明文规定，只有地方法规、规章等有规定，且规定不一致的情况下，当然存在对危险动物的认知问题。饲养人或者管理人对危险动物的认知，在适用《侵权责任编司法解释（一）》第23条规定时，应当参照适用该解释第20条的规定采用客观标准，只要是地方性法规规定为禁止饲养的动物，就应当认定为危险动物，而不必证明饲养人或者管理人明知或者应知饲养的动物为危险动物。对危险动物的认定应当依照法律、法规、规章、地方法规、规章等的规定认定，也可以依照社会生活经验作出认定。

典型案例解读

徐某某诉刘某某饲养动物损害责任纠纷案[①]

【案情】2019年8月10日，徐某某跟随王某某在某小区内玩耍，偶遇刘某某及其饲养并牵引的阿拉斯加犬，王某某和徐某某主动挑逗狗，致徐某某被狗抓伤面部，先后在吉林市某医院和吉林市某第二医院门诊就医，花费了大额医疗费

① 参见吉林省高级人民法院（2022）吉民再18号民事判决书。

用。刘某某饲养的阿拉斯加犬于2017年5月2日出生，事故发生前已进行了免疫接种。2019年7月14日，刘某某向某区犬证办理处申请办理养犬证，但未通过审核，刘某某被告知携犬到现场审核、办理犬证，而事故发生时，该犬尚未取得证件。徐某某向法院起诉，请求刘某某赔偿损失。刘某某认为，徐某某被犬只抓伤，主要是由于王某某和徐某某挑逗狗所导致，两人存在重大过错。根据《侵权责任法》第83条的规定，王某某作为完全民事行为能力人存在重大过错，应承担赔偿责任，并应当依法减轻刘某某的责任。

【裁判】一审法院认为，刘某某对徐某某的损失承担80%赔偿责任，王某某承担20%的责任。徐某某不服，提出上诉。二审法院改判为刘某某承担70%责任，王某某承担30%责任。

经再审，再审法院认为，动物饲养人在享受饲养动物乐趣的同时应承担较高的管理义务，严格遵守相关管理规定，避免动物给他人健康和人身安全带来的危险，营造安全的居住环境，维护社会公共秩序。《侵权责任法》第80条规定，禁止饲养的烈性犬等危险动物造成他人损害的，动物饲养人或者管理人应当承担侵权责任。该条规定表明，禁止饲养的烈性犬等危险动物的饲养人或者管理人应当承担严格的无过错责任，无权抗辩减少或者免除责任。饲养人或者管理人违反规定饲养烈性犬等危险动物，具有严重的主观过错，饲养人或者管理人应承担侵权责任。该市《城区养犬管理条例》第4条规定："本市城市建成区内允许饲养小型犬，限制饲养中型犬，禁止饲养烈性犬、大型犬。"本案中，刘某某饲养的阿拉斯加犬属于该市禁止饲养的大型犬，该犬将徐某某抓伤，徐某某由此产生的合理费用刘某某均应予赔偿。虽然徐某某逗犬有过错，但也不能减轻刘某某的责任。最终法院判决刘某某就徐某某全部损失承担责任。

【解读】本案值得讨论的是，徐某某是跟随王某某来挑逗狗。徐某某是幼儿，对动物的危险性缺乏明确的认知，王某某应当尽到监护职责，保护徐某某不受侵害。王某某未尽到谨慎看护的义务，是否也应当承担一定的责任，还是应当由刘某某承担全部责任。

《民法典》第1247条规定，禁止饲养的烈性犬等危险动物造成他人损害，动物饲养人或者管理人应当承担侵权责任，但是对是否存在减责、免责事由进行了“留白”处理。为此，争议较多。

有观点认为，《民法典》第1247条规定不存在减责、免责事由，其规范依据是，《民法典》第1247条前后的两个条文第1246条、第1248条均对减责、免责事由作出了明确规定，因此第1247条未作出规定就意味着不存在减责、免责事由。系争案件中，再审法院的判决正是采纳了这样的观点。据此，尽管受害人徐某某曾故意挑逗狗，但是刘某某仍应当承担全部损害赔偿责任。

也有观点认为，《民法典》第1247条存在减责、免责事由，其规范依据是，第1245条是饲养动物损害责任的原则性规范，第1247条不属于例外规定，也应当依据第1245条确定减责、免责事由。系争案件中，一审判决、二审判决正是认为受害人徐某某挑逗狗，存在过错，遂减轻刘某某的责任。

《侵权责任编司法解释（一）》第23条规定明确，《民法典》第1247条属于绝对责任条款，不存在任何减责、免责事由，解决了上述争议。如此一来，只要涉及“禁止饲养的烈性犬等危险动物”造成他人损害，动物的饲养人、管理人就应当承担赔偿责任，不论受害人是否存在故意挑逗或者重大过错等行为。

结 语

《民法典》第1214条关于非法转让拼装车、报废车发生交通事故损害责任和第1247条关于非法饲养烈性犬等危险动物致人损害责任的规定，是我国独有的绝对责任条款。制裁这两种具有严重危害性的侵权行为适用绝对责任条款，对保护民事主体的合法权益、警示社会、预防可能严重危害民事主体权益的侵权行为发生，具有重要的社会价值。《侵权责任编司法解释（一）》第20条和第23条对这两个绝对责任条款的具体适用作出具体解释，能够统一实务中的裁判规则，在理论研究上也有重要指导意义，能够使司法实务和理论研究都统一到《民法典》以及《侵权责任编司法解释（一）》的规定上来，让《民法典》的规定真正落地，成为维护社会安全、保护民事主体权益的法律武器。

第十章 高空抛坠物责任的建筑物管理人责任

法律与司法解释

《中华人民共和国民法典》

第1254条第2款 物业服务企业等建筑物管理人应当采取必要的安全保障措施防止前款规定情形的发生；未采取必要的安全保障措施的，应当依法承担未履行安全保障义务的侵权责任。

《最高人民法院关于适用〈中华人民共和国民法典〉侵权责任编的解释（一）》

第24条 物业服务企业等建筑物管理人未采取必要的安全保障措施防止从建筑物中抛掷物品或者从建筑物上坠落的物品造成他人损害，具体侵权人、物业服务企业等建筑物管理人作为共同被告的，人民法院应当依照民法典第一千一百九十八条第二款、第一千二百五十四条的规定，在判决中明确，未采取必要安全保障措施的物业服务企业等建筑物管理人在人民法院就具体侵权人的财产依法强制执行后仍不能履行的范围内，承担与其过错相应的补充责任。

第25条 物业服务企业等建筑物管理人未采取必要的安全保障措施防止从建筑物中抛掷物品或者从建筑物上坠落的物品造成他人损害，经公安等机关调查，在民事案件一审法庭辩论终结前仍难以确定具体侵权人的，未采取必要安全保障措施的物业服务企业等建筑物管理人承担与其过错相应的责任。被侵权人其余部分的损害，由可能加害的建筑物使用人给予适当补偿。

具体侵权人确定后，已经承担责任的物业服务企业等建筑物管理人、可能加害的建筑物使用人向具体侵权人追偿的，人民法院依照民法典第一千一百九十八条第二款、第一千二百五十四条第一款的规定予以支持。

解析与适用

《民法典》规定了第1254条第2款后，由于司法实务对物业服务企业等建筑物管理人侵权责任成立的认定以及高空抛坠物侵权责任分配的不统一，导致出现“类案不同判”的现象。[①] 为明晰物业服务企业高空抛坠物侵权责任的分配标准等，减少司法偏差的产生，实现司法公正，《侵权责任编司法解释（一）》第24条和第25条对高空抛坠物损害责任中物业管理企业等建筑物管理人的地位及责任作出了最新规定，一是解决高空抛坠物具体侵权人能够确定时，物业服务企业等建筑物管理人的责任形态、顺位抗辩、法律适用及裁判主文，二是解决高空抛坠物具体侵权人难以确定时物业服务企业等建筑物管理人与可能加害的建筑物使用人的责任顺位和追偿。加之2019年《最高人民法院关于依法妥善审理高空抛物、坠物案件的意见》第12条的规定，形成了适用《民法典》第1254条第2款规定的物业服务企业等建筑物管理人在高空抛坠物责任中的地位和责任的完整规则。下文对如何理解和适用这些规则进行说明。

① 参见田国兴、于佳欣：《物业服务企业高空抛坠物侵权责任承担的实证研究》，载《南阳师范学院学报》2022年第5期。

一、《侵权责任编司法解释（一）》第 24 条和第 25 条的解释基础

（一）《民法典》第 1254 条规定高空抛坠物损害责任的要旨

我国以往法律法规对高空抛物致害中物业服务企业的侵权责任并未作出相关规定。《民法典》首次将物业服务企业列为高空抛物致害中侵权责任主体，作出具体规定，[①] 即《民法典》第 1254 条第 2 款："物业服务企业等建筑物管理人应当采取必要的安全保障措施防止前款规定情形的发生；未采取必要的安全保障措施的，应当依法承担未履行安全保障义务的侵权责任。"因此，对于高空抛坠物损害责任，物业服务企业等建筑物管理人负有安全保障义务，违反者应当承担侵权责任。[②]《民法典》起草专家作出的说明，[③] 与条文的内容几乎一样，没有作出具体的说明。

《民法典》的这一规定是在《侵权责任法》第 87 条基础上增补的新规则。总的来说，发生高空抛坠物损害责任案件的绝对数并不多，也不可能有很多。为解决对高空抛坠物受害人的救济，《侵权责任法》规定了第 87 条，自 2010 年 7 月 1 日实施以来，虽然对于保护受害人具有重要意义，[④] 但实际效果不够好，社会反响不够正面，加之高空抛坠物损害案件时有发生，判决不能证明自己不是加害人的人就要承担补偿责任，被群众称为"连坐法"，是一人犯法、多人"连坐"的

① 参见王杰：《论高空抛物致害中物业服务企业的责任认定与承担》，载《住宅与房地产》2024 年第 1 期。

② 参见杨立新：《〈民法典（草案）〉对高空抛坠物损害责任规则的完善》，载《当代法学》2020 年第 3 期。

③ 参见黄薇主编：《中华人民共和国民法典侵权责任编释义》，法律出版社 2020 年版，第 255 页。

④ 参见杨立新：《〈侵权责任法草案〉应当重点研究的 20 个问题》，载《河北法学》2009 年第 2 期。

翻版。[①] 尽管这样的侵权责任规则确有《埃塞俄比亚民法典》第 2142 条[②],《智利民法典》第 2328 条[③],《巴西民法典》第 938 条[④],《阿根廷共和国民法典》第 1118 条、第 1119 条、第 1121 条[⑤]等立法例为借鉴依据，但是存在的问题还是比较明显的。

对此,《最高人民法院关于依法妥善审理高空抛物、坠物案件的意见》第 12 条规定了“物业服务企业不履行或者不完全履行物业服务合同约定或者法律法规规定、相关行业规范确定的维修、养护、管理和维护义务，造成建筑物及其搁置物、悬挂物发生脱落、坠落致使他人损害的，人民法院依法判决其承担侵权责任。有其他责任人的，物业服务企业承担责任后，向其他责任人行使追偿权的，人民法院应予支持。物业服务企业隐匿、销毁、篡改或者拒不向人民法院提供相应证据，导致案件事实难以认定的，应当承担相应的不利后果”的规则，虽然这一规定是在《民法典》出台之前公布实施的，但是其内容与《民法典》第 1254 条的规定基本一致，仍有适用价值。

《民法典》第 1254 条规定的完整内容是：第一，禁止从建筑物中向外抛掷物品是每个人均须负担的法定义务；第二，从建筑物中抛掷物品或者坠落物品造成的损害由侵权人承担责任；第三，经调查难以确定具体侵权人的才由可能加害的建筑物使用人给予补偿；第四，可能加害的建筑物使用人对受害人给予补偿后有权向侵权人追偿；第五，建筑物管理人未采取安全保障必要措施的，依法承担责任；第六，公安等机关应当依法及时调查查清责任人。[⑥]

《民法典》第 1254 条规定的上述六项规则中，第 5 项的规定就是本书讨论

① 参见杨立新:《〈民法典（草案）〉对高空抛坠物损害责任规则的完善》，载《当代法学》2020 年第 3 期。

② 参见《埃塞俄比亚民法典》，薛军译，中国法制出版社 2002 年版，第 392 页。

③ 参见《智利共和国民法典》，徐涤宇译，金桥文化出版（香港）有限公司 2002 年版，第 433 页。

④ 参见《巴西新民法典》，齐云译，中国法制出版社 2009 年版，第 130 页。

⑤ 参见《最新阿根廷共和国民法典》，徐涤宇译注，法律出版社 2007 年版，第 275~276 页。

⑥ 参见杨立新:《〈民法典（草案）〉对高空抛坠物损害责任规则的完善》，载《当代法学》2020 年第 3 期。

的新规则，[①] 也是《侵权责任编司法解释（一）》第 24 条和第 25 条规定的法律依据。

（二）《民法典》第 1254 条第 2 款规定物业服务企业等建筑物管理人承担安全保障义务责任的立法目的

从原则上说，《民法典》第 1254 条规定高空抛坠物责任条款的立法已经突破了中国损害赔偿法教义学的框架，具有一定的法政策性，是法教义和法政策的融合。从法教义上来看，该条文中的教义内容对于安全保障义务的规定并不全面，缺乏对建筑物所有权人安全保障义务的规定，在适用中会受到教义冲突的挑战。从法政策内容来看，高空抛坠物责任基于法政策的目的将可能实施侵权的主体纳入了归责范围，这突破了自己责任原则。但是，该法政策内容缺乏体系的法政策分析方法，在具体适用中会受到宪法中平等权、自由权的挑战。[②]《民法典》第 1254 条第 2 款规定物业服务企业等建筑物管理人责任的理论基础主要包括以下四个方面。

1. 以保护受害人的权利为首要规范目标

侵权责任法以保护受害人的权利为首要目标。《民法典》侵权责任编设立违反安全保障义务侵权责任规范是为了实现这个目标，其实质是建立在“以受害人权利为中心”的理念基础之上，基于道德义务和社会整体利益层面，对安全保障义务人施加义务，以求达到相当程度的公平。[③] 民法的基本逻辑是“权利—义务—责任”，[④] 民法的出发点是民事主体的权利，落脚点也是通过责任保护民事主体的权利。在高空抛坠物损害责任中，将物业服务企业等建筑物管理人列为侵权

---

① 参见杨立新、李怡雯：《中国民法典新规则要点》，法律出版社 2020 年版，第 674 页。

② 参见刘志阳：《〈民法典〉中法政策与法教义的立法融合与适用挑战——以高空抛物条款为考察对象》，载《云南社会科学》2021 年第 2 期。

③ 参见姚辉、金骑锋：《民法典高空抛物致人损害责任的解释论展开》，载《法律适用》2021 年第 7 期。

④ 参见杨立新：《民法典对我国民事权利保护方法的成功改造》，载《国家检察官学院学报》2022 年第 4 期。

责任主体之一，承担违反安全保障义务的赔偿责任，就是为了更好地保护民事主体的权利，在受害人因高空抛坠物受到损害时，只要物业服务企业等建筑物管理人未尽安全保障义务，就应当承担赔偿责任，使权利受到损害的民事主体得到应有的救济。这种立法体现的正是"以受害人权利为中心"的理念。在高空抛坠物造成损害后，物业服务企业等建筑物管理人隐匿、销毁、篡改或者拒不向人民法院提供相应证据，导致案件事实难以认定的，依照《最高人民法院关于依法妥善审理高空抛物、坠物案件的意见》第12条的规定，应当令其承担相应的不利后果，因为这违反了"以受害人权利为中心"的立法理念。

2. 实现预防损害义务的有效分配

高空抛坠物造成损害，行为人实施的行为是对不特定民事主体造成损害的行为，具有行为突发性和侵害对象非特定性的特点。为防范这种损害的发生，须将预防损害的义务分配给更多的相关主体，使其各司其职，高度注意、预防高空抛坠物造成不特定人的损害。立法对建筑物管理人设立安全保障义务，就是从预防义务的有效分配角度考量的产物。正如学者所言，相对于随机的受害人而言，管理人无疑是预防损害发生所付出的成本较小的一方；而损害的合理分担或许正是我国创设补充责任制度以契合安全保障义务的意图所在。经济人作为追求自身利益最大化的理性行为者，是一切经济分析的基础。自利被视为人类行为的核心动机，而理性行为正是行为人实现自利的途径。[①] 新古典主义经济学将经济人的智力化解为追求效用（或预期效用）最大化，波斯纳将智力转化为财富最大化，因而人们面对法律规则和制度时，会选择使用让自身效用最大化的行为。[②] 将安全保障义务赋予物业服务企业等建筑物管理人，就是用最小的成本实现保护公众安全的利益最大化。实践也表明，将物业服务企业等建筑物管理人作为防范高空抛坠物损害行为的安全保障义务人，对于防范损害是最有效的方法。通过这样的方

---

① 参见姚辉、金骑锋：《民法典高空抛物致人损害责任的解释论展开》，载《法律适用》2021年第7期。

② 参见黄本莲：《法经济学视野下的事故损害分担机制》，载《福建论坛（人文社会科学版）》2011年第3期。

式，将预防高空抛坠物损害发生义务进行合理分配，能够更好地保护公众安全。

3. 实现民事法律关系当事人之间的利益平衡

民法规范民事法律关系的基本点，是通过权利义务的合理分配，使民事法律关系的当事人之间各得其所，实现利益平衡，满足当事人自己的利益要求，防止当事人之间的利益失衡。物业服务企业等建筑物管理人管理区分所有建筑物有自己的期待利益，业主等缴纳物业费寻求的也是区分所有建筑物及其小区的安全和秩序，这本身就是利益平衡的产物。赋予物业服务企业等建筑物管理人以安全保障义务，就是要实现双方的利益诉求，即使造成业主等人的损害，物业服务企业等建筑物管理人承担赔偿责任，其担责比例也应全面综合考量补充责任人的过错、原因力、各方的经济状况、安全保障义务人的风险转移能力、保险存在与否等要素，以合理分配风险，实现最终的利益平衡。[①] 在发生高空抛坠物损害后，物业服务企业等建筑物管理人承担未尽安全保障义务的赔偿责任，也是实现矫正正义，维持物业服务企业等建筑物管理人与受害人之间的利益平衡。

4. 通过相应的补充责任促使物业服务企业等建筑物管理人善尽安全保障义务

物业服务企业等建筑物管理人对区分所有建筑物的业主以及访客等负有安全保障义务。当区分所有的建筑物区划内出现抛掷物、坠落物致害业主或者访客等人时，物业服务企业等建筑物管理人如果未善尽安全保障义务，就应当对造成他人的损害承担民事责任。

对这种民事责任的性质，一种观点认为，物业服务人与业主之间以及物业服务人相互之间的权利义务关系，由物业服务合同规定。根据当事人约定或者法律规定，物业服务企业等建筑物管理人应当采取必要的安全保障措施，以防止从建筑物中抛掷物品并造成业主、行人等人身财产损害情形的发生。物业服务管理人违反约定或法定义务，未采取必要的安全保障措施，以致从建筑物中抛掷物品的情形发生造成他人损害的，物业服务管理人应当依法承担其未履行安全保障义务

---

① 参见姚辉、金骑锋：《民法典高空抛物致人损害责任的解释论展开》，载《法律适用》2021年第7期。

的侵权责任。按照《民法典》关于物业服务合同的专章规定，物业服务人的责任应当属于合同责任的性质。①

一种观点认为，依据《民法典》第 1254 条第 2 款的规定，物业服务企业等未采取必要的安全保障措施的，应当依法承担未履行安全保障义务的侵权责任。物业服务企业等承担的此等法律责任是侵权责任而不是违反合同的违约责任，也就是说，此等责任是由法律直接加以规定的，不依赖于物业服务合同等是否有规定。②

笔者认为，认定建筑物管理人未尽安全保障义务造成他人损害应当承担民事责任的性质，应当认真斟酌。显而易见，这种民事责任是《民法典》侵权责任编规定的，性质当然属于侵权责任，但也不能否定其具有违约责任的属性。故物业服务企业等建筑物管理人对业主承担的这种赔偿责任构成责任竞合，责任性质为侵权责任，但也不妨碍业主作为物业服务合同的相对方选择违约责任起诉保护自己权益的可能，但没有与物业服务企业签订物业服务合同的其他人作为受害人不能作此选择，应以侵权责任请求损害赔偿。

（三）《侵权责任编司法解释（一）》第 24 条和第 25 条着重解释的问题

尽管《民法典》第 1254 条第 2 款的规定比较完善，但是在司法实践中还是存在需要进一步明确的问题。《侵权责任编司法解释（一）》第 24 条和第 25 条对存在问题的解释，选择的是“物业服务企业等建筑物管理人与具体侵权人的责任承担”和“物业服务企业等建筑物管理人与可能加害的建筑物使用人的责任承担”这两种情形。

---

① 参见王明锁、胡芳、张鹏飞：《论从建筑物中抛掷物品的法律责任——以〈民法典〉第一千二百五十四条规定为中心》，载《晋阳学刊》2023 年第 2 期。

② 参见张新宝：《侵权责任法讲义》，人民法院出版社 2024 年版，第 571 页。

二、物业服务企业等建筑物管理人与具体侵权人的责任承担

《侵权责任编司法解释（一）》第 24 条规定："物业服务企业等建筑物管理人未采取必要的安全保障措施防止从建筑物中抛掷物品或者从建筑物上坠落的物品造成他人损害，具体侵权人、物业服务企业等建筑物管理人作为共同被告的，人民法院应当依照民法典第一千一百九十八条第二款、第一千二百五十四条的规定，在判决中明确，未采取必要安全保障措施的物业服务企业等建筑物管理人在人民法院就具体侵权人的财产依法强制执行后仍不能履行的范围内，承担与其过错相应的补充责任。"这一规定看似比较简单，但实际上是比较复杂的，涉及的主要问题如下。

（一）《民法典》第 1254 条第 2 款的属性是准用条款

物业服务企业等建筑物管理人因负有安全保障义务，在高空抛坠物损害责任中的地位是责任主体之一，其承担责任的形态是补充责任。

在确定高空抛坠物损害责任中的物业服务企业等建筑物管理人的责任承担，以及与具体侵权人责任的关系上，最重要的是要厘清《民法典》第 1254 条第 2 款和第 1198 条第 2 款的关系。

在这个问题上，关键是《民法典》第 1254 条第 2 款究竟是引致条款还是特别条款。如果是引致条款，实际适用的应当是《民法典》第 1198 条第 2 款；如果是特别条款，则直接适用《民法典》第 1254 条第 2 款，而不必适用《民法典》第 1198 条第 2 款。

主张该条第 2 款是引致条款的学者认为，《民法典》第 1254 条第 2 款条文采用"应当依法承担"这样的表述，表明第 2 款规定属于指引性规定，而不具有裁判规范（请求权基础）的性质。受害人起诉"物业服务企业等建筑物管理人"的案件，法庭不能直接依据该条第 2 款的规定判决，而应当依据所指引的法律条文（应"依"之"法"）判决。显而易见，《民法典》第 1198 条关于安全保障义务的

规定，即本条第 2 款所指引的应“依”之“法”、法庭裁判受害人起诉“物业服务企业等建筑物管理人”的案件所应当适用的裁判规范（请求权基础）。[①]

认为《民法典》第 1254 条第 2 款的规定是特别条款的学者认为，在有些案件中，物业服务企业没有尽到安全保障义务是损害发生的主要乃至唯一原因，其承担全部赔偿责任当无争议。而在另一些案件中，物业服务企业没有尽到安全保障义务对于损害发生所起的作用比较小，由其承担全部赔偿责任显然不合理。在此等情况下，可以考虑参考《民法典》第 1198 条第 2 款的规定确定物业服务企业的侵权责任。[②]

笔者认为，《民法典》第 1254 条第 2 款既不是引致性条款，也不是特别条款，而是准用条款。理由是，《民法典》第 1198 条的规定是《民法典》参考借鉴德国“交易安全义务理论”创设的“安全保障义务”制度。[③]《民法典》第 1254 条第 2 款规定中虽然有“依法”二字，但是，物业服务企业等建筑物管理人应当采取必要的安全保障措施而未尽此义务的，并不包含在《民法典》第 1198 条第 2 款的主体和违反安全保障义务行为的范围中，因此，该条款是特别条款。然而，《民法典》第 1254 条第 2 款并未规定具体责任规范，只是用“依法”二字，体现的是准用《民法典》第 1198 条第 2 款的规定确定物业服务企业等建筑物管理人的赔偿责任。《民法典》没有使用“准用条款”的概念，“参照适用”包含准用条款，以实现简化条文、规范储存、增进体系化和查缺补漏的功能。[④]

进一步论证《民法典》第 1254 条第 2 款的规定不是引致条款的理由，是《民法典》第 1198 条规定的安全保障义务的适用范围，限于“宾馆、商场、银行、车站、机场、体育场馆、娱乐场所等经营场所、公共场所”以及“群众性活动”所发生的损害案型。如果受害人依据《民法典》第 1198 条第 2 款的规定起诉“物业服务企业等建筑物管理人”，请求其承担赔偿责任，被告“物业服务企

① 参见梁慧星：《建筑物和物件损害责任的理解与适用》，载《法治研究》2023 年第 1 期。
② 参见张新宝：《侵权责任法讲义》，人民法院出版社 2024 年版，第 572 页。
③ 参见梁慧星：《建筑物和物件损害责任的理解与适用》，载《法治研究》2023 年第 1 期。
④ 参见王利明：《民法典中参照适用条款的适用》，载《政法论坛》2022 年第 1 期。

业等建筑物管理人”必定主张“适用范围抗辩”。抗辩理由是，被告依据物业服务合同所负责管理的区分所有建筑物（及住宅小区）为业主私有财产，并非“经营场所、公共场所”，更与所谓的“群众性活动”无关，“当事人不适格抗辩”，法庭可能会以本案不属于第1198条第2款的适用范围、被告（当事人）不适格为由，驳回受害人的诉讼请求。[①]所以，只有将《民法典》第1254条第2款规定确定为准用条款，才能对抗物业服务企业的“适用范围抗辩”和“当事人不适格抗辩”主张。

（二）物业服务企业等建筑物管理人承担的责任形态是补充责任

《民法典》第1254条第2款对物业服务企业等建筑物管理人未尽安全保障义务的责任形态未作具体规定，但是，依照准用的《民法典》第1198条第2款规定确定其赔偿责任，物业服务企业等建筑物管理人承担的违反安全保障义务的责任形态，是“相应的补充责任”。在高空抛坠物损害责任案件中，是否存在可以适用《民法典》第1198条第1款规定的情形，即物业服务企业没有尽到安全保障义务是损害发生的主要乃至唯一原因，由其承担全部赔偿责任[②]的情形，应当进行说明。由于在高空抛坠物损害责任中存在具体侵权人，不存在物业服务企业等建筑物管理人违反安全保障义务行为是损害发生的“主要乃至唯一原因”时，具体侵权人的行为才是造成损害的“主要乃至唯一原因”。在高空抛坠物事件中造成他人损害，建筑物管理人未尽管理职责，例如墙皮等脱落致害的，建筑物管理人的行为是造成损害的主要乃至唯一原因，似乎可以准用《民法典》第1198条第1款的规定，但是，对此适用《民法典》第1253条的规定更为稳妥。

承担相应的补充责任的责任主体，是物业服务企业等建筑物管理人。之所以规定“等建筑物管理人”，是因为除了物业服务企业之外，还包括建筑物在未作为物业使用阶段对建筑物行使管理权的主体，主要包括建筑物处于施工阶段的施

① 参见梁慧星：《建筑物和物件损害责任的理解与适用》，载《法治研究》2023年第1期。

② 参见张新宝：《侵权责任法讲义》，人民法院出版社2024年版，第572页。

工单位、施工完成尚未交付阶段的建设单位以及建筑物被废弃之后尚未被拆除时的实际管理人等。在上述情形中，建筑物的管理人缺位的，建筑物的所有人被视为管理人。[①] 例如，烂尾楼中发生抛掷物品、坠落物品致害他人的，烂尾楼的管理人也是建筑物管理人，承担同样的责任。

（三）补充责任的份额

最高人民法院民事审判第一庭负责人认为："具体侵权人是第一责任主体，未采取必要安全保障措施的物业服务企业等建筑物管理人在人民法院就具体侵权人的财产依法强制执行后仍不能履行的范围内，承担与其过错相应的补充责任。"[②] 物业服务企业等建筑物管理人承担的这种在直接侵害人不明的高空抛坠物致害场景下承担的补充责任具有一定的特殊性，在侵权人难以确定的情况下，是顺位在先的"按份责任"，须对其担责份额进行划分。《民法典》第 1198 条第 2 款沿用了《侵权责任法》第 36 条有关安全保障义务人承担"相应的补充责任"的表述，此处的"相应"应作何理解，不可不议。[③]

确定物业服务企业等建筑物管理人违反安全保障义务的补充责任份额，关键在于确定物业服务企业等建筑物管理人违反安全保障义务的过错程度和原因力大小。换言之，就是确定物业服务企业等建筑物管理人未尽安全保障义务的具体程度。

学者认为，司法实践一般围绕以下三个方面认定物业服务企业是否尽到安全保障义务：事前的预防、事中的处置以及事后的防范。[④]"必要的安全保障措施"主要包括安全警示、宣传和教育措施，消除危险措施和高空抛物坠物来源监控措

---

① 参见王竹：《〈民法典〉高空抛物坠物责任新增规则评述》，载《厦门大学学报（哲学社会科学版）》2021 年第 3 期。

② 参见《最高法民一庭负责人就民法典侵权责任编司法解释（一）答记者问》，载中国法院网，最后访问时间：2024 年 9 月 27 日。

③ 参见姚辉、金骑锋：《民法典高空抛物致人损害责任的解释论展开》，载《法律适用》2021 年第 7 期。

④ 参见张刚刚：《高空抛物致害中物业服务企业的安全保障义务》，载《齐齐哈尔师范高等专科学校学报》2022 年第 2 期。

施三个方面。未采取上述三方面的必要措施，建筑物管理人承担补充责任的情形，既包括经调查难以确定具体侵权人的情形，也包括能够确定具体侵权人，但具体侵权人逃逸或者无法完全承担赔偿责任的情形。在抛掷物致害情形下，补充责任人的追偿权并不减少受害人向具体侵权人寻求赔偿的金额。①

物业服务企业等建筑物管理人作为安保义务人，其承担的补充责任的“相应”，就是与其过错程度的相应，与其行为的原因力大小相应。不过，有观点认为，认定物业的过错时，只有第三人为故意侵权的情况下，安保义务人才承担补充责任，并对第三人享有追偿权；若第三人为过失侵权，则安保义务人承担按份责任，并无追偿权。实际加害的第三人无法确定时，推定实际加害人为主观故意，由可能的加害人承担补偿责任，物业服务企业承担违反安保义务的补充责任，可能的加害人与物业之间无相互追偿权。②这样的看法是没有法律根据的。所谓第三人，是高空抛坠物中的具体侵权人，其对抛掷物或者坠落物致人损害的后果一般不会是故意所为，因为故意以抛掷物或者坠落物致人损害，物不过是致人损害的工具，行为人承担的是直接责任，而非致害物的间接责任或者替代责任，③不存在适用高空抛坠物规则的可能性。抛掷物或者坠落物造成损害，只有行为人是过失所致，才成立适用《民法典》第 1254 条第 2 款的条件。同样，准用《民法典》第 1198 条第 2 款的规定，违反安全保障义务的物业服务企业等建筑物管理人承担赔偿责任后，对具体侵权人当然享有追偿权。因此，认为从本条第 2 款规定的“建筑物管理人应当采取必要的安全保障措施防止前款规定情形的发生”的防止范围来看，不是特指第四种情形即追偿权的行使，④也是没有根据的。

---

① 参见王竹:《〈民法典〉高空抛物坠物责任新增规则评述》，载《厦门大学学报（哲学社会科学版）》2021 年第 3 期。

② 参见王兆赫:《高空抛物坠物中可能的加害人与物业的关系问题研究》，载《南海法学》2021 年第 3 期。

③ 参见杨立新:《侵权责任法》，法律出版社 2021 年版，第 86~88 页。

④ 参见王竹:《〈民法典〉高空抛物坠物责任新增规则评述》，载《厦门大学学报（哲学社会科学版）》2021 年第 3 期。

（四）责任抗辩

1. 物业服务企业等建筑物管理人的责任顺位抗辩

对物业服务企业等建筑物管理人的责任与具体侵权人的责任之间的顺位关系，有学者认为，《民法典》第 1254 条第 2 款规定与第 1 款规定之间构成特别法与一般法的逻辑关系。按照特别法优先适用原则（《民法典》第 11 条），受害人起诉物业服务企业等建筑物管理人的案件，应当优先适用第 2 款规定，鉴于第 2 款属于指引性规定，故应当优先适用第 2 款所指引的应“依”之“法”，即《民法典》第 1198 条关于安全保障义务的规定。[①] 这种意见是不对的。补充责任本身就是第二顺位责任，而非第一顺位责任，否则何以为责任的“补充”呢？这是学界的共识。具体侵权人是直接加害人，应当承担自己责任，违反安全保障义务人的行为不过是为直接加害人实施侵权行为提供了一定的条件，[②] 因而才是补充责任。如果补充责任的顺位优先于具体侵权人的责任，则颠倒了责任的主次关系，错误适用了法律。

所以，《侵权责任编司法解释（一）》第 24 条才对两种民事主体的责任顺位规定为：“未采取必要安全保障措施的物业服务企业等建筑物管理人在人民法院就具体侵权人的财产依法强制执行后仍不能履行的范围内，承担与其过错相应的补充责任。”这意味着，不论被侵权人只起诉物业服务企业等建筑物管理人，还是共同起诉具体加害人和物业服务企业等建筑物管理人，都不能改变物业服务企业等建筑物管理人承担补充责任的性质而先承担赔偿责任。须待法院对具体侵权人的财产依法强制执行后仍不能履行的部分，物业服务企业等建筑物管理人才承担补充责任。这一解释也对《民法典》规定的其他补充责任条款的适用提供了具体方法，例如，《民法典》第 1201 条规定学生伤害事故责任的“幼儿园、学校或者其他教育机构未尽到管理职责的，承担相应的补充责任”，也须“在人民法院对具体侵权人的财产依法强制执行后仍不能履行的部分，承担与其过错相应的补

① 参见梁慧星：《建筑物和物件损害责任的理解与适用》，载《法治研究》2023 年第 1 期。
② 参见杨立新：《多数人侵权行为及责任理论的新发展》，载《法学》2012 年第 7 期。

充责任”。

2. 物业服务企业等建筑物管理人以未约定安全保障义务的免责抗辩

有学者认为，物业服务企业等建筑物管理人有可能以未约定安全保障义务为由进行免责抗辩。这是因为物业服务合同在现实生活中具有复杂性，如果建筑物所有人与物业服务企业只约定了特定服务，并不负责安全保障，或者建筑物所有人与物业服务企业明确约定排除安全管理秩序，依据意思自治原则，物业服务企业并不负有安全保障义务，对物业服务企业应该排除《民法典》第 1254 条第 2 款中的安全保障义务。高空抛坠物引发的相应责任应由建筑物的所有人来承担。[①] 这样的见解不妥，因为物业服务企业等负有的安全保障义务并非基于约定，而是法定义务。《民法典》第 1254 条第 2 款关于“物业服务企业等建筑物管理人应当采取必要的安全保障措施防止前款规定的情形发生”的规定，是“应当”而不是“可以”，因而排除物业服务企业等建筑物管理人与业主不承担安全保障义务的约定，凡是物业服务企业等建筑物管理人依照法律规定都负有安全保障义务，以约定为由进行的责任抗辩，法院不予支持。

典型案例解读

沈阳某物业管理有限公司与兰某违反安全保障义务责任纠纷案[②]

【案情】案涉地点的木板掉落，造成兰某财产损失，兰某遂向法院起诉，请求沈阳某物业管理有限公司承担赔偿责任。

【裁判】《民法典》第 1254 条规定，禁止从建筑物中抛掷物品。从建筑物中抛掷物品或者从建筑物上坠落的物品造成他人损害的，由侵权人依法承担侵权责任；经调查难以确定具体侵权人的，除能够证明自己不是侵权人的外，由可能加害的建筑物使用人给予补偿。可能加害的建筑物使用人补偿后，有权向侵权人追

① 参见刘志阳：《〈民法典〉中法政策与法教义的立法融合与适用挑战——以高空抛物条款为考察对象》，载《云南社会科学》2021 年第 2 期。

② 参见辽宁省沈阳市中级人民法院（2021）辽 01 民终 14328 号民事裁定书。

偿。物业服务企业等建筑物管理人应当采取必要的安全保障措施防止前款规定情形的发生；未采取必要的安全保障措施的，应当依法承担未履行安全保障义务的侵权责任。发生本条第1款规定的情形的，公安等机关应当依法及时调查，查清责任人。本案中，虽然公安机关经过调查未能确定具体侵权人，但根据兰某提供的视频显示，在本次事件发生前，某便利店雨搭上方住户的外窗台就存在堆放杂物的情形，且该位置与木板掉落的位置一致，根据上述法律规定，一审法院应合理确定并追加相关建筑物使用人为本案当事人，故将本案发回重审。发回重审后，一审法院除审查相关建筑物使用人应否承担责任外，还应对沈阳某物业管理有限公司是否尽到了必要的安全保障措施进行重新审查，在明确各方当事人责任的基础上，再行裁判。

【解读】高空抛物（坠物）行为中，物业服务企业既有可能适用《民法典》第1198条第1款的规定确定责任，也有可能适用第2款确定责任。第1款针对的是违反安全保障义务人直接侵权的类型。比如，在朱某、刘某与邓州某公司等违反安全保障义务责任纠纷案中，物业公司未对已损害的窗户限开器进行修复，对朱某（幼儿）的坠亡应当负有一定的责任。[①] 第2款针对的是涉及第三人侵权的类型。《侵权责任编司法解释（一）》第24条、第25条分别针对的是《民法典》第1198条第2款中第三人侵权时的两种情形，第24条指向的是能够确定的具体侵权人，第25条指向的是不能具体确定的侵权人。如果能够确定具体侵权人，则物业服务企业应当按照《民法典》第1198条第2款的规定，承担相应的补充责任；如果不能确定具体侵权人，则物业服务企业应当承担与其过错相应的责任。

本案的特殊性在于，尽管公安机关经过调查未能确定具体侵权人，但是根据原告提供的视频显示，某便利店雨搭上方住户的外窗台存在堆放杂物的情形，且该位置与木板掉落的位置一致，则不排除是某便利店雨搭上方住户的木板掉落导

① 朱某、刘某与邓州某公司等违反安全保障义务责任纠纷案，河南省邓州市人民法院（2023）豫1381民初9822号民事判决书。

致兰某遭受了财产损失。如果经查证，确实是某便利店雨搭上方住户的木板掉落，则应当由某便利店雨搭上方住户作为具体侵权人承担侵权责任。沈阳某物业管理有限公司是否承担补充责任，则有必要查明其是否尽到了必要的安全保障义务。比如，沈阳某物业管理有限公司作为案涉小区的管理人，是否及时查看、清理各楼堆放杂物的情况，是否安装便于对小区内高空抛物（坠物）行为监测取证的相关设施设备。如果查明沈阳某物业管理有限公司未尽到安全保障义务，则应由该公司承担与其过错相应的补充责任。此时该责任的性质，类似于一般保证中保证人的责任，法律效果是其享有“先诉抗辩权”。只有在具体侵权人的财产强制执行后仍不能履行的范围内承担相应的责任。如确实无法查实具体侵权人，则本案链接至《侵权责任编司法解释（一）》第25条，由沈阳某物业管理有限公司承担与其过错相应的责任，其余的部分由可能加害的建筑物使用人补偿。

三、物业服务企业等建筑物管理人与可能加害的建筑物使用人的责任承担

《侵权责任编司法解释（一）》第25条规定：“物业服务企业等建筑物管理人未采取必要的安全保障措施防止从建筑物中抛掷物品或者从建筑物上坠落的物品造成他人损害，经公安等机关调查，在民事案件一审法庭辩论终结前仍难以确定具体侵权人的，未采取必要安全保障措施的物业服务企业等建筑物管理人承担与其过错相应的责任。被侵权人其余部分的损害，由可能加害的建筑物使用人给予适当补偿。具体侵权人确定后，已经承担责任的物业服务企业等建筑物管理人、可能加害的建筑物使用人向具体侵权人追偿的，人民法院依照民法典第一千一百九十八条第二款、第一千二百五十四条第一款的规定予以支持。”理解和适用这一规定的要点如下。

（一）适用《民法典》第1254条第2款和第1253条规定的界限

对物业服务企业等建筑物管理人未尽安全保障义务造成他人损害的，依

照《民法典》第1254条第2款的规定确定责任，似乎也可以适用《民法典》第1253条的规定确定责任。其中的连接点在于物业服务企业等既可以是《民法典》第1254条规定的“建筑物管理人”，也可以是《民法典》第1253条规定的“管理人”。

比较两个条文的责任构成，《民法典》第1253条规定建筑物、构筑物及其他设施的致害行为包括脱落和坠落，《民法典》第1254条规定建筑物的致害行为是抛掷和坠落。可见，《民法典》第1253条规定的致害物件范围比较宽，致害方式包括物件的脱落和坠落；而《民法典》第1254条规定的物件只有建筑物，致害行为可能是行为人的抛掷行为，也可能是物件（包括悬挂物和搁置物）的坠落，但是显而易见，不包括脱落行为。[①] 这两个条文重合的部分，就是建筑物的致害方式为“坠落”行为。

坠落与脱落的共性在于，均是失去附着或者支撑后基于地球引力垂直下降而导致损害；区别在于，脱落是工作物的组成部分与工作物主体分离。因此，脱落部分在脱落前与工作物主体是结合在一起的；而坠落是工作物上的搁置物或悬挂物从工作物上落下，搁置物或悬挂物在坠落前与工作物并非结合在一起。[②] 一般从致害物品是否具有与不动产结合的痕迹可以作出区分，而坠落通常针对的是悬挂物和搁置物。[③] 笔者赞成这样的区分。《民法典》释义书所称“房屋天花板坠落、吊灯坠落、屋顶瓦片滑落”其实都不是坠落而是脱落，只有“阳台上放置的花盆坠落”才属于坠落，[④] 因为天花板、吊灯等都不是搁置物、悬挂物，只有花盆才是搁置物、悬挂物，才能够发生因坠落而伤人的后果。

《民法典》第1253条规定的脱落、坠落发生的范围，既包括在建筑物之外，

---

① 参见王竹：《〈民法典〉高空抛物坠物责任新增规则评述》，载《厦门大学学报（哲学社会科学版）》2021年第3期。

② 参见王利明：《论高楼抛物致人损害责任的完善》，载《法学杂志》2020年第1期。

③ 参见王洪亮：《交往安全义务基础上的物件致损责任——〈侵权责任法〉第11章“物件损害责任”的理解与适用》，载《政治与法律》2010年第5期。

④ 参见黄薇主编：《中华人民共和国民法典侵权责任编释义》，法律出版社2020年版，第249页。

也包括在建筑物之内。《民法典》第1254条规定的“坠落”，主要发生在建筑物之外，类似阳台上放置的花盆坠落等发生在专有部分可归责于具体建筑物区分使用人的情形，并且不包括发生在共有部分可归责于全体建筑物区分所有人的情形，如外墙瓷砖脱落和“屋顶瓦片滑落”应该归入“脱落”的范畴。[①] 至于“房屋窗户玻璃被风刮碎坠落”则介于两者之间，由于没有直接的人的因素，故认定为脱落更为稳妥。

基于以上分析，当建筑物的部分物件坠落造成他人损害时，似乎有可能形成物业服务企业等建筑物管理人的责任竞合。

学者认为，物业服务企业等建筑物管理人依上述何种规则承担责任，不取决于将案件事实定性为高空抛物还是高空坠物，而取决于“侵权人”身份之认定。《民法典》第1254条第1款的“侵权人”既包括抛物行为实施者，也包括《民法典》第1253条的“所有人、管理人或者使用人”。物业服务企业何时依《民法典》第1253条承担管理人责任，宜以坠物来源为标准。物业服务企业违反安保义务，依第三人之故意或过失分别适用第1198条第2款或第1172条，对前一条文之适用范围应作限缩解释。[②]

诚然，物业服务企业等建筑物管理人在就建筑物的物件坠落致人损害承担责任时，不取决于高空抛物还是高空坠物的定性，也不取决于高空坠物的来源，而在于物件造成损害是否为第三人的行为所致。如果高空坠物造成他人损害不是第三人的行为所致，而是因管理不善或者自然原因所致，应当适用《民法典》第1253条的规定确定其责任；如果高空坠物造成他人损害为第三人所致，即有具体侵权人，则应当适用《民法典》第1254条第2款的规定确定责任。至于高空抛物致害是行为人的责任，没有适用《民法典》第1253条的可能。

综上，《民法典》第1253条和第1254条第2款之间并非没有界限，即使物

---

① 参见王竹：《〈民法典〉高空抛物坠物责任新增规则评述》，载《厦门大学学报（哲学社会科学版）》2021年第3期。

② 参见施涵琪：《高空抛（坠）物致害中物业服务企业责任的法律适用》，载《嘉兴学院学报》2024年第1期。

业服务企业等建筑物管理人作为“管理人”，在物件坠落时致人损害的也有界限，不会发生责任竞合而存在选择适用法律的问题。

（二）物业服务企业等建筑物管理人与可能加害的建筑物使用人的共同责任

《侵权责任编司法解释（一）》第 25 条规定的法律适用场景是物业服务企业等建筑物管理人未采取必要的安全保障措施防止从建筑物中抛掷物品或者从建筑物上坠落的物品造成他人损害，经公安等机关调查，在民事案件一审法庭辩论终结前仍难以确定具体侵权人，与其责任发生关系的不再是与具体侵权人之间的责任分担，而是与有可能加害的建筑物使用人之间的责任分担。物业服务企业等建筑物管理人未尽安全保障义务的，应当承担责任。物业服务企业等建筑物管理人应当承担责任，可能加害的建筑物使用人承担的亦是侵权责任，作为“侵权人”，自然应对管理人赔偿不能的部分担责。[①]

对于同一个损害，不同的责任主体均须承担责任，通常称为共同责任。物业服务企业等建筑物管理人和建筑物使用人对同一损害都承担责任，也是共同责任的方式，只不过一个是“补充责任”，一个是“给予补偿”，都对被侵权人的损害承担自己的责任。只不过《民法典》第 1254 条第 2 款规定的可能加害的建筑物使用人承担的是“给予补偿”，并未称其为“责任”。《侵权责任编司法解释（一）》第 25 条进一步规定为“给予适当补充”，增加了“适当”二字，表明法官享有自由裁量权。

（三）两个责任主体的责任顺位

既然《民法典》第 1254 条第 2 款规定物业服务企业等建筑物管理人承担的责任是“相应的补充责任”，当然有责任的先后顺序问题。学者认为，“补偿责

① 参见姚辉、金骑锋：《民法典高空抛物致人损害责任的解释论展开》，载《法律适用》2021 年第 7 期。

任人”优先于“补充责任人”追偿，但劣后于受害人的赔偿请求权，[①]值得斟酌。在高空抛坠物损害责任中，具体侵权人为第一顺位责任人，承担补充责任的物业服务企业等建筑物管理人为第二顺位责任人，有可能加害的建筑物使用人是第三顺位责任人。认为适用《民法典》第1254条第2款的规定优先于第1款规定的见解，[②]在物业服务企业等建筑物管理人与具体侵权人之间的关系上是不正确的，在物业服务企业等建筑物管理人与可能加害的建筑物使用人之间的责任承担上，则是正确的，即“无法确定高空抛坠物、坠落物致害的具体侵权人的，未采取必要安全保障措施的物业服务企业等建筑物管理人先行承担与其过错相应的责任。被侵权人其余部分的损害，由可能加害的建筑物使用人给予适当补偿”。[③]

这就是《侵权责任编司法解释（一）》第25条规定“在民事案件一审法庭辩论终结前仍难以确定具体侵权人的，未采取必要安全保障措施的物业服务企业等建筑物管理人承担与其过错相应的责任。被侵权人其余部分的损害，由可能加害的建筑物使用人给予适当补偿”规则的理论基础。补充责任人承担的是侵权责任，给予补偿人承担的并非严格的侵权责任，这也是两个责任孰为优先的依据。

（四）物业服务企业等建筑物管理人“相应的补充责任”的确定

所谓相应的补充责任，是指安全保障义务人承担责任的大小取决于具体责任人承担责任的大小而予以补充。由实施侵权行为的第三人或其他负有责任的人承担全部责任的，违反安全保障义务人不承担责任；只有在具体侵权人无法确定，或者能够确定具体侵权人，但其财力不足以承担全部责任的，剩余部分才由违反安全保障义务的人承担相应的补充责任。所谓“相应”，是指与其过错大小和程度相当。“相应的补充责任”并不意味着全部补充责任。[④]物业服务企业等建筑物

① 参见王竹：《〈民法典〉高空抛物坠物责任新增规则评述》，载《厦门大学学报（哲学社会科学版）》2021年第3期。

② 参见梁慧星：《建筑物和物件损害责任的理解与适用》，载《法治研究》2023年第1期。

③《最高法民一庭负责人就民法典侵权责任编司法解释（一）答记者问》，载中国法院网，最后访问时间：2024年9月27日。

④ 参见张新宝：《侵权责任法讲义》，人民法院出版社2024年版，第242页。

管理人承担相应的补充责任，应当按照上述规则进行。应当说明的是，“相应的补充责任”的确定，既要依据物业服务企业等建筑物管理人的过错程度，也要根据未尽安全保障义务行为的原因力大小，将过错程度和原因力大小作为依据，就能够确定补充责任的具体数额。规则是，具体侵权人承担赔偿责任后剩余的部分高于相应补充责任数额的，以该数额为限赔偿，而非全额补充赔偿；具体侵权人承担责任的剩余部分数额低于相应责任数额的，以该剩余部分的损失为赔偿数额。

（五）可能造成损害的建筑物使用人的“给予适当补偿”

当物业服务企业等建筑物管理人承担了补充责任，仍然存在没有赔偿的数额时，由可能加害的建筑物使用人“给予补偿”，但不应对建筑物使用人过分苛责。[1] 这里应当注意的是，《民法典》第 1254 条第 1 款规定的是“给予补偿”，而不是承担补偿责任。《侵权责任编司法解释（一）》第 25 条进一步规定为“适当补偿”，说明可能加害的建筑物使用人的给予补偿，是适可而止的，意味着他们并非就是侵权人，给予适当补偿也不是严格意义上的责任。可能加害的建筑物使用人承担给予补偿的行为也不是严格的侵权行为，只是基于救济受害人的目的而承担给予补偿的“责任”。所以，认为《民法典》第 1254 条“突破了中国赔偿法教义学的框架”[2]，“没有民法上的直接功能和意义，不是民法的典型规范”[3]，并非没有道理。

（六）追偿权

在《侵权责任编司法解释（一）》第 25 条规定的场景中，有学者认为，物

---

① 参见姚辉、金骑锋：《民法典高空抛物致人损害责任的解释论展开》，载《法律适用》2021 年第 7 期。

② 刘志阳：《〈民法典〉中法政策与法教义的立法融合与适用挑战——以高空抛物条款为考察对象》，载《云南社会科学》2021 年第 2 期。

③ 参见张新宝：《侵权责任法讲义》，人民法院出版社 2024 年版，第 572 页。

业服务企业与可能加害的建筑物使用人独立承担责任，相互间并无追偿权，[①] 须各自承担自己的责任。

这种场景中的追偿权，指的是物业服务企业等建筑物管理人和可能加害的建筑物使用人在承担了相应的补充责任和给予适当补偿后，对具体侵权人享有的追偿权。这与《最高人民法院关于依法妥善审理高空抛物、坠物案件的意见》第12条关于“有其他责任人的，物业服务企业承担责任后，向其他责任人行使追偿权的，人民法院应予支持”的规定是一致的。这是因为，高空抛坠物造成他人损害，高空抛坠物的行为人应当全部承担侵权赔偿责任，物业服务企业等建筑物管理人和可能加害的建筑物使用人承担补充责任和给予补偿，都是为具体侵权人“背锅”。既然是“背锅”，追偿权就是“甩锅”，将“背锅”承担的赔偿归于具体侵权人自己承担，实现侵权责任的矫正正义。[②] 行使追偿权应当全额追偿，即承担了多少赔偿、补偿，就应当追偿多少。所以，《侵权责任编司法解释（一）》第25条第2款规定，具体侵权人确定后，已经承担责任的物业服务企业等建筑物管理人、可能加害的建筑物使用人向具体侵权人追偿的，法院依照《民法典》第1198条第2款、第1254条第1款的规定予以支持。

典型案例解读

和田某物业公司与吴某某等高空抛物、坠物损害责任纠纷案[③]

【案情】 吴某某与吴某甲、付某某、陈某某、艾某、曾某、排某、海某、周某某、阿某均系和田市某小区业主，和田某物业公司系入驻某小区为业主提供物业服务的物业公司。2023年9月28日，吴某某将自己车辆停放在某小区2号楼2单元门口的停车区域后回家。当日晚上11：40，吴某某车辆天窗被高空坠落物

① 参见施涵琪：《高空抛（坠）物致害中物业服务企业责任的法律适用》，载《嘉兴学院学报》2024年第1期。

② 参见杨立新：《侵权责任追偿权的“背锅”理论及法律关系展开——对〈民法典〉规定的侵权责任追偿权规则的整理》，载《求是学刊》2021年第1期。

③ 参见新疆维吾尔自治区和田地区中级人民法院（2024）新32民终1059号民事判决书。

砸中。2023年9月29日吴某某发现车辆天窗被高空抛物砸坏后，立即报警，警察当时到现场进行勘验，但未能确认具体侵权人。吴某某现起诉和田某物业公司以及其他业主赔偿损失。

【裁判】一审法院认为，《民法典》第1254条第1款规定："禁止从建筑物中抛掷物品。从建筑物中抛掷物品或者从建筑物上坠落的物品造成他人损害的，由侵权人依法承担侵权责任；经调查难以确定具体侵权人的，除能够证明自己不是侵权人的外，由可能加害的建筑物使用人给予补偿。可能加害的建筑物使用人补偿后，有权向侵权人追偿。"《民法典》第1254条第2款规定："物业服务企业等建筑物管理人应当采取必要的安全保障措施防止前款规定情形的发生；未采取必要的安全保障措施的，应当依法承担未履行安全保障义务的侵权责任。"本案中，根据各方当事人陈述及庭审查明，足以认定吴某某车辆损失系高空抛物所致，在其报警后，因和田某物业公司未在涉案事故发生地点设置监控，无法提供监控录像，导致公安部门无法确认直接侵权人，故吴某某主张应由停车位所在位置的住户及和田某物业公司承担赔偿责任，符合法律规定，依法予以支持。《最高人民法院关于依法妥善审理高空抛物、坠物案件的意见》第10条规定："人民法院在适用侵权责任法第八十七条裁判案件时，对能够证明自己不是侵权人的'可能加害的建筑物使用人'，依法予以免责"，本案中，停车位所在位置的业主中阿某能证实其在涉案事故发生的期间不在某小区居住，故不应承担责任。被诉其他住户以事故发生时在上班、在营业、不在家、家中窗户安装护栏等陈述抗辩不具备高空抛物条件，但并未向法庭提交有效证据予以证明，上述陈述不能证实在此期间家中无人居住的状况，也不能排除实际使用人不是高空抛物侵权人的可能性，故应承担相应的赔偿责任。《民法典》第937条第1款规定："物业服务合同是物业服务人在物业服务区域内，为业主提供建筑物及其附属设施的维修养护、环境卫生和相关秩序的管理维护等物业服务，业主支付物业费的合同。"第942条第1款规定："物业服务人应当按照约定和物业的使用性质，妥善维修、养护、清洁、绿化和经营管理物业服务区域内的业主共有部分，维护物业服务区域内的基本秩序，采取合理措施保护业主的人身、财产安全。"综上，物业服务人在物业服务区域内，为业主维护物业服务区域内的基本秩序，采取合理措施保护业主的人身、财产安全义务。本案中，吴某某已交清2023年物业费用，和田某物业公司作为物业服务人，应采取合理措施保证其管理经营的物业服务区域内的基本秩序，保障业主的人身、财产安全。和田某物业公司未能提供证据证明其已采取安全保障措施，且因和田某物业公司在该小区安装的监控设备不全面、不完整（事故发生后才在该区域高处安装监控），导致无法确认直接侵权人，根据过错程度认定其承担50%的赔偿责任，被诉业主中，除阿某以外，其余业主吴某甲、付某某、陈某某、艾某、曾某、排某、海某、周某某对吴某某的剩余50%损失承担分摊责任。

和田某物业公司不服，提出上诉。理由是：（1）一审法院认为和田某物业公司未在涉案事故发生地点设置监控，无法提供监控录像，导致公安部门无法确认直接侵权人，故和田某物业公司应承担赔偿责任。上诉方认为一审法院适用法律不严谨，因为没有任何法律法规要求物业公司要在服务的小区建设或新增设施设备。现有法律法规只是要求物业公司对现有的设施、设备进行养护和维护，保证设施设备的正常运行。如果因为小区物业没有安装监控设备而要求承担赔偿责任，则没有硬性的法律法规依据。另外，没有提供监控录像导致公安部门无法确认直接侵权人，不能作为物业公司承担赔偿责任的理由。（2）吴某某交清物业费是吴某某根据该小区物业服务合同约定而履行的义务。根据该小区物业服务合同约定，物业公司只需做好该小区的秩序维护。关于高空抛物的违法行为物业公司在小区张贴了多种关于高空抛物的禁止图画和作了各种宣传，已经采取了合理措施。物业公司没有任何执法权。根据《物业管理条例》的规定，物业公司的职责是协助公安机关做好小区的秩序维护工作，不是无限度地确保业主在小区内的人身、财产安全，不能要求物业公司去做自身做不到的事情。根据《物业管理条例》和《民法典》的规定，物业公司协助公安机关已采取告知和禁止行为，做到了采取合理的措施。物业公司不能违法采取任何强制措施。只能采取告知、宣传、上报的措施，维护物业服务区域内的基本秩序，保护业主的人身财产安全。物业公司在小区安全方面代替不了公安部门的职能。

二审法院认为，本案的争议焦点为和田某物业公司承担案件侵权责任应该如何认定。根据《民法典》第1254条的规定："禁止从建筑物中抛掷物品。从建筑物中抛掷物品或者从建筑物上坠落的物品造成他人损害的，由侵权人依法承担侵权责任；经调查难以确定具体侵权人的，除能够证明自己不是侵权人的外，由可能加害的建筑物使用人给予补偿。可能加害的建筑物使用人补偿后，有权向侵权人追偿。物业服务企业等建筑物管理人应当采取必要的安全保障措施防止前款规定情形的发生；未采取必要的安全保障措施的，应当依法承担未履行安全保障义务的侵权责任。发生本条第一款规定的情形的，公安等机关应当依法及时调查，查清责任人。"本案中，和田某物业公司作为小区物业管理人，应当采取必要的安全保障措施，防止高空抛物、坠物等损害情形的发生。且吴某某将车辆停放在和田某物业公司规划的停车位，和田某物业公司未做好高空抛物、坠物的防范措施。加之和田某物业公司在案发位置安装的监控设备不全面、不完整，导致无法确认直接侵权人，未尽到应尽的义务。因此，一审判决和田某物业公司向吴某某承担50%的赔偿责任处理结果并无不当，二审法院予以维持。

【解读】《侵权责任编司法解释（一）》第24条、第25条共同明确了具体侵权人、物业服务企业、可能加害的建筑物使用人的责任位阶。第一，确定具体侵权人时，由具体侵权人与物业服务企业承担责任。而且，物业服务企业承担的是与其过错相应的补充责任。第二，不确定具体侵权人时，由物业服务企业先承担与其过错相应的责任。剩余的损失，由可能加害的建筑物使用人给予适当补偿。

系争案件中，公安机关未能侦破案件确定具体侵权人，应当适用《侵权责任编司法解释（一）》第25条的规定。第一，和田某物业公司具有两方面的过错。一是未能妥善管理、维护停车位。二是监控设备不齐全。诚如和田某物业公司所言，监控并不是公安机关侦破案件，找到具体侵权人的唯一方式，但是设置完备的监控设施属于和田某物业公司作为物业服务企业应当承担的安全保障义务内容之一。违反这一义务，导致受害人的损失无法及时获得救济，物业服务企业应当承担相应的责任。第二，可能加害的建筑物使用人应当给予补偿。《侵权责任编司法解释（一）》第25条第1款规定，就剩余的损失，给予"适当补偿"，而不是“全额补偿”。就此而言，一审判决判令可能加害的建筑物使用人就剩余 50% 损失补偿分摊，有失妥当。

值得注意的是，受害人是否可以只起诉物业服务企业或者可能加害的建筑物使用人一方。如果可以，双方之间是否能够互相追偿？

就起诉而言，《侵权责任编司法解释（一）》第 25 条第 1 款规定了物业服务企业的赔偿责任是第一顺位；可能加害的建筑物使用人的补偿是第二顺位。据此，如果只起诉物业服务企业，并不存在障碍。比如，王某某与某物业服务公司违反安全保障义务责任纠纷一案中，王某仅起诉了某物业服务公司，法院认为，原告王某某的车辆系停放在被告某物业服务公司所服务的小区停车位内，被相邻楼房内抛掷出的物品坠落致损。事故发生后，虽然被告某公司为原告寻找侵权人提供了协助，但被告某物业服务公司作为案涉小区的管理人，未安装便于对小区内高空抛物行为进行监测取证的相关设施设备，存在管理疏忽，故其应当承担未履行安全保障义务的侵权责任。[①] 如果只起诉可能加害的建筑物使用人，则法院应当查明物业服务企业是否存在过错，才能准确判定可能加害的建筑物使用人是否需要补偿、补偿多少。如此一来，有必要将物业服务企业列为共同被告。本案即为典型案例。

就追偿而言，物业服务企业、可能加害的建筑物使用人均是在无法找到具体侵权人时承担赔偿或者补偿责任，彼此之间并不存在代为承担责任的情形。因此，《侵权责任编司法解释（一）》第 25 条第 2 款规定了物业服务企业、可能加害的建筑物使用人向具体侵权人的追偿，而未回应双方之间的追偿。但如果物业服务企业或者可能加害的建筑物使用人承担了超过自己责任的部分，则可以向对方追偿。比如，在舒某鹏与林某英等违反安全保障义务责任纠纷案中，舒某鹏、林某英已对受损车辆的受害人给予了补偿。某物业公司作为涉案小区的建筑物管理人，对高层建筑物楼下危险区域亦有管理义务，而某物业公司对于在正楼下危险区域设置停车位的风险是明知的，但未采取必要的安全保障措施警示或阻却危险的发生，未尽到相应的安全保障义务，对涉案事故的发生，存在过错，应当承

① 参见河南省洛阳市洛龙区人民法院（2023）豫 0311 民初 8606 号民事判决书。

担相应的侵权责任，综合考虑某物业公司的过错原因力大小，法院酌情认定某物业公司应当对损害后果承担30%的责任。因此，舒某鹏、林某英主张向某物业业某公司追偿16500元。[①]

结　语

《民法典》第1254条规定的高空抛坠物损害责任规则，是在《侵权责任法》第87条的基础上进行的全面改进，形成的比较完善的侵权责任法规则，但是，在具体适用上还存在需要进一步明确的具体问题。其中，《民法典》第1254条第2款规定的物业服务企业等建筑物管理人与具体侵权人的责任承担和物业服务企业等建筑物管理人与可能加害的建筑物使用人的责任承担这两个问题还不够明确，司法实践中认识不一致，需要统一。《侵权责任编司法解释（一）》作出具体规定，确认建筑物管理人在高空抛坠物损害责任中，适用《民法典》第1198条第2款的规则，在具体侵权人不能承担赔偿责任的部分承担相应的补充责任；确认在一审法庭辩论终结前难以确定具体侵权人的，建筑物管理人承担相应的补充责任的顺位在先，有可能加害的建筑物使用人的适当补偿的顺位在后。这样，就使这两个问题有了统一的裁判规则，法院能够做到类案同判，理论上的研究也有了共同的基础。以此为基点，将《民法典》第1254条第2款和第1198条第2款的规定融会贯通，就能够实现对物业服务企业等建筑物管理人防范和制止高空抛坠物行为进行合理规制的目的，更好地保护人民群众“头顶上的安全”，使业主和其他人在区分所有建筑物小区中能够安全生活，不再受高空抛物、坠物的侵扰甚至造成损害。

① 舒某鹏、林某英等违反安全保障义务责任纠纷案，湖北省武汉市中级人民法院（2022）鄂01民终142号民事判决书。